GOLDMANN

Asien verändert sein Gesicht. Davon sind nicht nur die Großmächte China und Japan betroffen: Auch die Länder am Mekong – Kambodscha, Laos, Vietnam und Thailand – kommen nicht zur Ruhe. An vielen Orten haben Krieg und Terror ihre blutigen Spuren hinterlassen; was die Zukunft bringen wird, ist ungewiß. Allein das traditionsreiche Königreich und beliebte Fernreiseziel Thailand scheint den Veränderungen gelassen entgegenzublicken. Winfried Scharlau, Moderator des „Weltspiegel", ist einer der intimsten Kenner Südostasiens. In eindringlichen Reportagen berichtet er über seine Erlebnisse und Erfahrungen in den vier Ländern am Mekong. Er tut dies, ohne sich von westlichen Vorurteilen leiten zu lassen, und vermittelt dabei auch einen Eindruck von der Würde, den Lebensformen und der tropischen Schönheit Südostasiens.

Autor

Winfried Scharlau, Jahrgang 1934, studierte Geschichte, Philosophie und Öffentliches Recht. Nach seiner Promotion begann 1964 seine Karriere als Redakteur beim Norddeutschen Rundfunk. 1967/68 war er Kriegsreporter in Vietnam, 1973–1977 Korrespondent für Südostasien mit Sitz in Hongkong, 1978–1981 NDR-Chefredakteur in Hamburg und 1981–1987 Korrespondent in Singapore. Seit 1987 moderiert er den „Weltspiegel" des ARD-Fernsehens.

WINFRIED SCHARLAU

VIER DRACHEN AM MEKONG

ASIEN IM UMBRUCH

GOLDMANN VERLAG

Für Christiane, Melanie und John,
die in Asien dabei waren
und den Ruhe heischenden Autor
im Haus ertragen haben.

Der Goldmann Verlag
ist ein Unternehmen
der Verlagsgruppe Bertelsmann

Made in Germany · 6/92 · 1. Auflage
Genehmigte Taschenbuchausgabe
© 1989 by Deutsche Verlags-Anstalt GmbH, Stuttgart
Umschlaggestaltung: Design Team München
Umschlagfoto: dpa
Karten: Horst W. Auricht, Stuttgart
Druck: Presse-Druck Augsburg
Verlagsnummer: 11695
SK · Herstellung: Heidrun Nawrot
ISBN 3-442-11695-3

Inhalt

Thailand: Anna und der König von Siam

Das Ende einer Zeit

Vorwort

Südostasien hat sich in den vergangenen zwanzig Jahren erheblich verändert. Wichtige, dramatische Ereignisse habe ich als Fernsehkorrespondent für die ARD miterlebt.

Das vorliegende Buch ist persönliche Erinnerung, Reportage und historische Reflexion zugleich. Krieg und Revolution nehmen darin einen breiten Raum ein. Vietnam hat seine Unabhängigkeit in einem dreißigjährigen Krieg gegen Frankreich und Amerika erkämpft. Millionen von Menschen sind dabei getötet worden. Die materiellen Verluste belasten das Land bis heute. Laos ist durch den Ho-Chi-Minh-Pfad in den Konflikt verwickelt worden. Kambodscha hat die Öffentlichkeit durch eine der brutalsten Revolutionen der Menschheitsgeschichte schockiert, deren Sinn schier unbegreiflich erscheint. Einzig Thailand hat sich den Frieden bewahrt, hat Putsche und innere Rebellionen durch kluge Politik abzumildern verstanden und ins Positive gewendet.

Persönliche Erinnerungen haben eine eigene Perspektive, die in der Erzählung durchweg erhalten geblieben ist. Sie wird verständlich machen, warum ich nie aufhören konnte, über das äußere Geschehen nachzudenken, Dokumente, soweit sie nur verfügbar waren, auszuwerten, Interpretationen anderer Autoren zu studieren, als Historiker zu arbeiten, der ein Bild anstrebt, das über die eigenen Erlebnisse hinaus nach einer Gesamtperspektive sucht.

Der ständige Wechsel des Blickwinkels soll dem interessierten Leser die Vielschichtigkeit der Ereignisse verdeutlichen helfen. Ich wollte aber für Leser schreiben, nicht nur für akademische Experten. Informieren wollte ich, und zwar möglichst anschaulich.

In den Presseclubs Südostasiens kennt man die Geschichte von einem Hongkong-Besucher, der in den New Territories, auf dem Hügel von Lok Ma Chau, das Münzfernrohr nicht mehr freigeben will, mit dem man über den Bambusvorhang in das kommunistische China blicken kann. Die Schlange der Wartenden hinter ihm wird länger und zunehmend ungeduldig. Nach einer halben Stunde greift ein Polizist ein und fragt den gebannt über die Grenze blickenden Störenfried: »Warum geben Sie das Fernrohr nicht frei?«

»Ich schreibe ein Buch über China«, erwidert der Angesprochene.

»In diesem Fall«, so konzediert der Polizist, »sollten Sie Ihre Beobachtungen noch etwas ausdehnen, damit es Ihnen nicht ergeht wie anderen Autoren, die über China ganz ohne Anschauung der Wirklichkeit geschrieben haben.«

Als 1965 die ersten *marines,* die amerikanischen Ledernacken, in Da Nang an Land gingen, erhielt der Vietnam-Krieg einen Nachrichtenwert, der ein stärkeres Engagement auch der deutschen Medien verlangte. Die ARD wünschte, durch einen vor Ort, in Saigon, stationierten Korrespondenten beliefert zu werden. Die Reiseberichterstattung von Studio Neu-Delhi aus genügte nicht mehr. Im Februar 1967 bezog ich Posten in Südvietnam. Eine neue, fremde Welt nahm mich gefangen und hat mich seither nie wieder losgelassen.

Der Krieg hat bei der ersten Begegnung mit Asien eine wichtige Rolle gespielt. Er hat mich, wie eigentlich alle Kriegsreporter, in extreme Situationen gebracht und mir zugleich eine außergewöhnliche Erfahrung vermittelt: vor allem die, in einem Krieg unbehindert und ohne Zensur arbeiten zu können. Diese Bedeutung ist mir, auch darin allen Beteiligten gleich, erst im nachhinein bewußt geworden. Der Krieg hat die Fassaden und Schutzmauern der asiatischen Gesellschaften durchlöchert und im Angesicht von Tod und Zerstörung ihre Eigenarten und inneren Strukturen deutlicher offenbart als in normalen Zeiten. Mir dämmerte eine Ahnung von der historisch geprägten Würde und den besonderen Lebensformen inmitten der tropischen Schönheit Südostasiens, die schwer in Worte zu fassen ist. Sie zu beschreiben, traue ich mir erst jetzt, zwanzig Jahre später, zögernd und zaghaft zu.

In der Mythologie vieler Völker spielt der Drache eine wichtige Rolle. Das Europa des frühen Mittelalters hat ihn sich mehrköpfig und feuerspeiend vorgestellt. Es bedurfte eines Helden, ihn im offenen Kampf zu besiegen. Die Völker Asiens verbinden mit dem Bild des Drachen positive Eigenschaften. Er symbolisiert Fruchtbarkeit und Wasser. Seine Wirkung ist wohltätig und glückbringend.

Auf die Politik übertragen, hat sich China als der große Drache empfunden, der die kleineren Staaten an seinen Außengrenzen schützt und überwacht. Chinas Nachbarstaaten in Südostasien nennt man die kleinen Drachen. Sie existieren im Schatten Chinas oder wehrten sich durch die Jahrhunderte gegen die Oberherrschaft des Kaiserhofes in Peking und entwickelten dabei nationale Identität.

Dieses Buch handelt von vier kleinen Drachen am Mekong: von Vietnam und Laos, von Kambodscha und Thailand, Anrainern allesamt des großen lebenspendenden Wasserlaufs, der in Tibet entspringt und durch die chinesische Provinz Jünan hindurch nach Süden strömt.

Der von den Franzosen verwendete Begriff Indochina umfaßte nur das eigene Kolonialreich: Vietnam, Laos und Kambodscha. Diese historische Gruppierung aus kolonialer Zeit dürfte in Zukunft an Bedeutung verlieren und erweitert werden zu einer mehr geographischen Gliederung, die Thailand einbezieht. In diesem Sinn will der Titel verstanden werden.

Hamburg, im Frühjahr 1989   *Winfried Scharlau*

Vietnam:
Die Wirklichkeit des Krieges

Supermarkt Saigon

Zu den vielen prominenten Amerikanern, die sich durch eigenen Augenschein ein Bild vom Krieg in Vietnam machen wollten, um darüber zu schreiben und öffentlich zu räsonieren, gehörte auch die Schriftstellerin Mary McCarthy. »Als ich im Februar 1967 nach Vietnam reiste«, bekennt sie in ihrem wenige Monate später publizierten »Report from Vietnam«, »suchte ich nach Material, das die amerikanischen Interessen verletzen würde.« Wo sie nur hinschaute, sie fand die Bestätigung für das, was sie schon wußte. Aber nicht alle Erkenntnisse hielten der Nachprüfung stand.

Ganz flüchtig war ich Frau McCarthy auf der Frankfurter Buchmesse begegnet, wo sie ihren Bestseller »Die Clique« präsentiert hatte. Durch Zufall saß ich in derselben Maschine von Paris nach Saigon – nicht vorn, wie die berühmte Autorin, sondern ganz hinten in der »Holzklasse«. Nach Zwischenlandungen in Athen, Teheran, Karachi und Bombay, die damals auf den Fernstrecken noch üblich waren, gab es Frühstück für die Passagiere auf dem Flughafen von Bangkok. In einer flachen Baracke war ein langer Tisch gedeckt worden, den die Fahne der Airline krönte. Frau McCarthy saß neben mir. Sie wirkte übernächtigt, aber man merkte ihr die Spannung an, mit der sie die nächste Station, Saigon, erwartete.

Draußen am Rande der Rollwege standen Dutzende von Düsen-Kampfbombern. Einige starteten mit schmerzhaftem Getöse. Hubschrauber schwebten ein. Ein starker Geruch von Kerosin erfüllte die Luft. Das war schon der Krieg, so glaubten wir, eine Vor-Schau beim Frühstück. Dabei waren wir noch tausend Kilometer von Vietnam entfernt.

Man hätte gedacht, sie würden ihr Handwerk wenigstens vor den Touristen zu tarnen versuchen, bemerkte die sich streng, ganz schmucklos gebende Autorin, die nach Pariser Intellektuellenart den Verzicht auf *styling* zum Stil gemacht hatte. So ahnungslos von der Wirklichkeit des Krieges waren wir beide, daß wir die

Zeichen auf den Kampfmaschinen übersahen, die das völlig veraltete Waffenarsenal als Eigentum der thailändischen Luftwaffe auswiesen. Einsätze nach Vietnam wurden vom Flughafen Don Muang gar nicht geflogen. Die US-Basen draußen im Land blieben vom zivilen Luftverkehr unbehelligt.

Den Inhalt unserer beiläufigen Diskussion konnte ich später in McCarthys »Vietnam-Report« nachlesen. Aufklärung über die Thai-Luftwaffe habe ich ihr offenbar nicht bieten können. Bestenfalls hätte ich den Flugzeugtyp, mit dem wir nach Bangkok gekommen waren, als eine »Boeing 707« zu identifizieren vermocht. Frau McCarthy wähnte sich in einer »Caravelle«. Nur im ältesten Gewerbe der Welt, so hat General Dwight D. Eisenhower einmal gespottet, dürfen Amateure sich für etwas Besseres halten als die Fachleute. Bei den Militärs machen Anfänger und Amateurstrategen eine komische Figur, eine Erfahrung, die keinem Kriegsreporter zu Beginn erspart bleibt.

Vorbereitet auf die Aufgabe in Vietnam hatte mich ein anderer Autor: Graham Greene, dessen Buch »Der stille Amerikaner« noch immer zum Besten gehört, was über den Krieg in Indochina geschrieben worden ist. »Ich wollte mich nicht einmischen«, läßt Greene die Hauptfigur, den englischen Journalisten Fowler, sagen. »Meine Kollegen nannten sich Korrespondenten. Ich bevorzugte die Bezeichnung Reporter. Ich schrieb, was ich sah. Ich griff nicht ein, sogar eine Meinung ist ein Eingriff. Gott schütze uns vor den Unschuldigen und den Guten.«

In Saigon hatte ich ein Zimmer im Hotel »Continental Palace« gebucht, in dem auch Greene 1952/53 während des französischen Krieges gewohnt hatte. Der leuchtendweiß gestrichene Bau aus der Zeit der Jahrhundertwende besaß einen altmodischen Charme, dem Besucher aus Europa spontan und für immer erlagen. Im »Continental« wohnten denn auch vor allem die Reporter aus Europa, und natürlich die *old China hands*, die Asien-Veteranen, die den Lebensstil der Kolonialzeit weiterpflegten.

Die große Mehrheit der jungen Reporter aus Amerika, allen voran die Fernsehteams der drei großen Kanäle CBS, NBC und ABC, wohnten im modernen, vollständig klimatisierten und da-

Im Saigoner Hotel »Continental Palace« wohnten die
meisten Reporter aus Europa und die »old China hands«,
die Asien-Veteranen, die den
Lebensstil der Kolonialzeit weiterpflegten.

durch unterkühlten »Caravelle«-Hochhaushotel, das erst Ende
der fünfziger Jahre gebaut worden war. Beide Hotels, das »Continental« und das »Caravelle«, lagen an der schattigen Flanier-
straße, der einmal eleganten *Rue Catinat*, die nun *Tu Do* hieß,
»Straße der Freiheit«. Man benötigte keine hundert Schritte, um
an der Oper vorbei von einem Hotel zum anderen zu gelangen;
und doch verlief hier eine unsichtbare Grenze, die zwei Welten
trennte.

Am späten Nachmittag, wenn die untergehende Sonne dem
schwindenden Licht ein leichtes Grün oder Violett beimischte,
wurde die Terrasse des »Continental« zu einem der wichtigsten
Informationsbasare der Stadt. Vier Stockwerke hoch war das
Hotel, mit breiten Eingängen und hohen Fluren, damit die Luft
zirkulieren konnte. In den riesigen Zimmern mit Korbstühlen
oder plastikbezogenem Mobiliar ratterten veraltete Klimaanlagen,
die ihr Kondenswasser auf die Straßen tropfen ließen und die
Atmosphäre mit einem kräftigen Grundton sättigten. Im Parterre,
zur Straßenseite hin, bot das Hotel eine große Terrasse, auf der die
Gäste dem Treiben auf der Straße zusahen und sich zugleich von
den Passanten draußen beobachten ließen.

»Aussi bien qu'en France«, meinte der französische *patron*. Phi-
lippe Franchini war korsisch-vietnamesischer Abstammung, be-
gabt für das Geschäft wie für die schönen Künste. Er kannte die
literarischen Anspielungen an sein »Etablissement« in den Werken von Greene, André Malraux und auch in den Bühnenstücken
von Noël Coward, der auf dieser Terrasse seine »Mad dogs and
Englishmen« konzipiert hatte. Wer sich mit diesem Milieu be-
freundete, sah das Saigon, das ihn umgab, mit kritischen Augen,
nicht ohne ein bißchen Wehmut. Eine Dollarflut hat wesentliche
Teile der französischen Kolonialatmosphäre hinweggespült. Saigon veränderte sich rapide im Rausch einer Kriegskonjunktur.

Eine kleine Minderheit auf der Terrasse waren blonde, bürsten-
köpfige Obristen aus den amerikanischen Stäben, die Mary
McCarthy besonders verachtet hat, selten in Uniform, häufiger in
großkarierten Bermuda-Shorts, die in dieser Umgebung wie Zir-
kuskostüme anmuteten. An der Treppe zur Terrasse, auf der altge-

diente Oberkellner *citron pressé soda* oder das lokale »Bier 33«
servierten, drängten sich bettelnde Kinder, zudringliche Lolitas,
zumeist Mischlinge, und ambulante Buchhändler, die ihre Stapel
Exemplare auf dem Arm balancierten und beim Versuch, Käufer
an den Tischen anzusprechen, von den Kellnern energisch und
lautstark wieder auf die Straße gewiesen wurden. Geduldet wurden dagegen die jugendlichen Schuhputzer, die auf dem Trottoir
Stiefel polierten, während ihre Kunden unbeschuht ihre *sundow-
ner* schlürften.

»My, my« – »Amerikaner«, riefen die Kinder inzwischen allen
»Weißen« zu. Für die überwältigende Mehrheit der Vietnamesen
zählte nur die Rasse, nicht die Nationalität. Die Wertskala reichte
im Volksmund von einer Eins bis zur Zehn. »Nummer eins« war
das größte Kompliment. Vor der Treppe der Terrasse hörte man
immer wieder den lauten Ruf: »You, Merican, nambach ten.«

Als einen großen Supermarkt hat man Saigon damals beschrieben. Allenthalben wurde Geld getauscht, »grüne« US-Dollar zum
Schwarzmarktkurs in Piaster, die in den ungezählten Bars die
Puppen tanzen ließen. Mehr Geld und Devisen sind in Südvietnam nie verfügbar gewesen als in den Jahren des amerikanischen
Engagements. Durch Diebstahl, Schiebung, Korruption und
Unterschlagung versickerten Millionen, am Ende wohl Milliar-
denbeträge in eine Gesellschaft, die Großgewinnler und Benach-
teiligte kannte, die den Profit ganz ungleich verteilte, indirekt aber
fast alle, zumindest in den großen Städten, daran beteiligte. Eine
erstaunlich große Zahl von Menschen konnte vom Fahrrad auf
das Moped wechseln. Die Masse der qualmenden japanischen
Motorräder veränderte das Stadtbild mehr als alle anderen Konsequenzen des Krieges.

Die wuchtigen, ockerfarbenen Kolonialgebäude, in denen der
Staatsapparat hauste, waren durch Stacheldrahtverhaue abgesi-
chert, die den Verkehr behinderten, weil Fußgänger dadurch vom
Gehweg auf die Straße verwiesen wurden, auf der schon Hondas
den Platz beanspruchten. Nato-Draht, »Spanische Reiter« und
Stahlnetze vor den Fenstern zeugten von der allgegenwärtigen
Bedrohung durch Bombenwerfer und Attentäter. Künstlicher

Wohlstand, ein Verkehrsstrom, an dem die Stadt zu ersticken drohte, und Stacheldraht allenthalben haben Saigon damals ein neues, ein häßliches Gesicht gegeben. In den »Anti-Memoiren« erinnert sich André Malraux an die »Ereignislosigkeit Kotschinchinas«, an die Tropenhelme, die grüne Stunde auf der Terrasse des »Continental«, »wenn der kurze Abend sich auf die Johannisbrotbäume niedersenkte, auf die offenen Wagen, die auf der Rue Catinat im Geläut ihrer Schellen vorüberfuhren«. Das Saigon der dreißiger Jahre war untergegangen, versunken in den Fluten einer Dollarschwemme, die nicht nur das äußere Bild, die auch den Geist der Stadt verändert hatte.

Bars, Massagesalons und Bordelle hatte es schon in französischer Zeit gegeben. Aber sie waren damals im Verborgenen geblieben, verhüllt und verheimlicht vor den Augen einer scheinbar wohlanständigen Gesellschaft. Die Doppelmoral war jetzt nicht mehr vonnöten. Das Laster zeigte sich nackt und ehrlich. Die Dimension und der Stil hatten sich verändert. Straßenmädchen machten deutlich, daß für Geld buchstäblich alles zu kaufen war. Die Moral war nie anders gewesen, wohl aber der Geschmack. Die französische Lebensart hatte Diskretion zur Pflicht gemacht. Die Amerikaner wirkten dagegen, vor allem auf vietnamesische Beobachter, vulgär, aufdringlich, abstoßend.

Aber sie waren reich, und sie waren mächtig. Selbstsicher blickten sie auf die Franzosen herab, die in Südvietnam geblieben waren. Die französische Volksgruppe, die in Hotels, Restaurants und Service-Betrieben noch ihren Platz behauptete, wurde nachsichtig geduldet als eine Bereicherung des städtischen Milieus. Auch die Verfeinerung der Gastronomie wußte die Mehrheit der amerikanischen Offiziere durchaus zu schätzen. Nur von den politischen und militärischen Erfahrungen, die Frankreich in Vietnam gemacht hatte, wollten die Amerikaner keine Kenntnis nehmen. Die Probleme der Vergangenheit, so glaubten die neuen Beschützer Südvietnams, rührten allesamt aus der Kolonisierung, der Unterdrückung und Ausbeutung durch Paris. Amerika kämpfte dagegen selbstlos, im Interesse der Südvietnamesen. Frankreich mußte scheitern. Seine Erfahrungen lehrten nichts. Sie bestätigten nur die offenkundige Erkenntnis, daß die Kolonialzeit unwiederbringlich vorbei sei.

Die Franzosen erwiderten die Abneigung aus tiefster Seele. Sie empfanden Saigon als Supermarkt, in dem »Supermonkeys« sich tummelten. Sie mochten von der Überzeugung nicht lassen, daß sie die Vietnamesen weitaus besser verstünden als die ahnungslosen Amerikaner. Südvietnam betrachteten sie als ihren Besitz, als ihre Geliebte, die mit einem häßlichen Reichen durchgebrannt war. Eines Tages würde dieses Land an die Seite Frankreichs zurückkehren.

Bis zum Klischee ist die Behauptung verkommen, Saigon sei damals ein einziges großes Bordell gewesen, bevölkert von Kriegsgewinnlern, Schiebern, Zuhältern und Dirnen. Amerikanische Vietnam-Filme wie Stanley Kubricks »Full Metal Jacket« reduzieren die gesellschaftliche Realität Südvietnams auf solche Verhältnisse, die auch den französischen Kritikern genügt haben, um daraus ein Urteil über das Land insgesamt zu fällen.

Tatsächlich verblüffte Südvietnam insgesamt eher durch das Nebeneinander von Krieg und Frieden, von Deformation und unberührter Normalität, von Vulgarität und Idylle, die der großen Mehrheit der Menschen sogar erlaubten, in einer von Krieg, Gewalt und Umwälzung geprägten Gesellschaft ihre Eigenart und Würde zu behaupten. Vor allem in den Provinzen und in den Dörfern hielten die Menschen an ihren Traditionen fest, die dem Einfluß der französischen Zivilisation widerstanden hatten und auch jetzt die amerikanische Offensive zur Gewinnung der »Herzen und Köpfe« überlebten.

Saigon, die große, auf mehr als zwei Millionen angewachsene Hauptstadt im Süden, war ein Sonderfall, in dem sich gesellschaftlich mehr verändert und aufgelöst hatte als im Rest des Landes. Dabei waren die Menschen hier vom wirklichen Krieg, von den Zerstörungen, die eine hochmoderne Kriegsmaschinerie bewirkt, damals, 1967, noch völlig verschont geblieben.

Allerdings konnte man abends, sogar von der Terrasse des »Continental« aus, die *flairs*, die »Christbäume«, wie man im Zweiten Weltkrieg sagte, an Fallschirmen vom Himmel schweben sehen, damit sie für Minuten ein Schlachtfeld beleuchteten, das bis an den Stadtrand Saigons heranreichte. Die »Christbäume« am Himmel vermittelten dem Neuling eine erste Ahnung davon, wie nahe beieinander hier Krieg und Frieden lagen.

Eine Verschwörung gegen das Publikum

Den Passierschein für die Front gab es beim »Military Assistance Command Vietnam«, MACV abgekürzt (und »Mäk-wi« gesprochen). Das Informationsamt von MACV war im früheren Hotel »Rex« untergebracht, am breiten Le-Loi-Boulevard gelegen, keine 200 Meter von den Karawansereien der Presseleute, dem »Continental« und »Caravelle«, entfernt. Stacheldrahtverhaue begrenzten den seitlichen Eingang. Eine Wache prüfte die Personalien. Der Großraum im Erdgeschoß war durch Holzwände in Kleinbüros aufgeteilt worden, die lange, enge Flure miteinander verbanden. Besucher mußten sich buchstäblich durchschlängeln, weil allenthalben auf den Fluren große Trinkwasserflaschen standen, ohne die das Personal offenbar der unterkühlten Atmosphäre nicht standhalten konnte. Weiße dünne Papptütchen lagen bereit, damit jeder nach Bedarf trinken konnte.

In den engen Boxen saßen die Repräsentanten von JUSPAO, dem »Joint United States Public Affairs Office«, und die Presseoffiziere der vier Waffengattungen: Armee, Ledernacken, Luftwaffe und Marine. Die Schreibarbeiten erledigten englischsprechende Vietnamesinnen, allesamt im »Ao Dai«, in der langen Seidentracht mit weiten langen Hosen und einem geschlitzten Rock, der bis über die Knie reichte. Hinter den mit einem Namensschild bestückten Schreibtischen saßen durchtrainierte Offiziere in gestärkten Uniformen, zumeist Oberstleutnants, die in der Brusttasche neben dem Kugelschreiber den ausziehbaren metallenen Zeigestock bereithielten, um jedes Problem durch Kurzreferate an Karten und Grafiken zu erläutern.

Zur Akkreditierung genügten ein Schreiben der Heimatredaktion, eine Empfehlung der Botschaft und ein paar Paßphotos.

Der Presseausweis des Autors, ausgestellt
vom »Military Assistance Command, Vietnam«.

Bevor die kleine laminierte Pressekarte ausgehändigt wurde, war
noch ein Dokument zu unterzeichnen, das die USA von allen
Folgekosten entband, die Heimschaffung im Sarg inklusive.

Die Pressekarte für den Krieg verlieh dem Inhaber den Status
eines Hauptmanns, der befugt war, die Transportmittel der Streitkräfte in Anspruch zu nehmen, im ganzen Land herumzureisen,
soweit die Flugzeuge und die Hubschrauber nur flogen. Quartier
erhielt er bei der jeweiligen Einheit, die Pressebesucher durch
eigene PR-Abteilungen betreuen ließ und dabei in der Regel Groß-
zügigkeit und Hilfsbereitschaft bewies. Es war nützlich, Besuche
bei Truppenteilen durch die Pressebüros der Waffengattungen im
JUSPAO anmelden zu lassen. Wer es aber vorzog, ohne Voran-
kündigung loszufahren, sich vom Zufall treiben zu lassen, dorthin
zu eilen, wo die Gefechte Schlagzeilen machten, wurde auch empfangen und mit allem versorgt, was er benötigte.

Kein Begleiter, kein Aufpasser mischte sich in die Arbeit der
Journalisten. Die Presse war frei, und sie war eingeladen, sich ein
eigenes Bild zu machen. Nur das Risiko für Leib und Leben mochten die Streitkräfte nicht übernehmen. Alle verwundeten Journalisten sind dennoch ganz selbstverständlich von Rettungshub-
schraubern ausgeflogen und in Militärhospitälern versorgt wor-

den. Nicht wenige – ich gehöre dazu – empfinden dafür bis heute
große Dankbarkeit.

Bevor Journalisten freilich zum Krieg draußen im Reisfeld und
im Dschungel reisen konnten, wurden sie einer massiven *public-
relations*-Bemühung durch die vereinten Informationsorgane der
zivilen und militärischen Behörden der Vereinigten Staaten von
Amerika ausgesetzt. Zugleich mit der Pressekarte erhielt der Neuling den *press-kit*, Broschüren stapelweise, die den Sinn des amerikanischen Engagements in Südvietnam erklärten und keinen
Zweifel daran aufkommen ließen, daß diese Herausforderung der
westlichen Führungsmacht erfolgreich bestanden werden würde.
»Frage: Warum kämpfen die Vereinigten Staaten in Vietnam?«, so
hieß es in einem *talking paper* vom Februar 1967: »Antwort: In
wesentlichen Punkten: Die Vereinigten Staaten sind in Südvietnam, weil a) der Friede und die Sicherheit Südostasiens von vi-
taler Bedeutung sind für die nationalen Interessen der USA; b) die
USA eine feierliche Verpflichtung haben, Südvietnam gegen eine
Aggression von außen zu schützen.«

Anders als in früheren Kriegen hat das Engagement in Vietnam
keinen nationalen Rausch entfacht, den die Propaganda nur zu
stützen brauchte. Im Ersten und Zweiten Weltkrieg, sogar noch in
Korea, war der Gegner deutlich identifizierbar, die nationale Sache schien gerecht, die Nation stand hinter der Armee und hinter
der Regierung, um der Freiheit, der Gerechtigkeit, der eindeutig
guten Sache zum Sieg zu verhelfen. Der durch das Parlament
bestätigte Ausnahmezustand erlaubte Zensur und Beschränkung
der Informationsfreiheit im Interesse der nationalen Sicherheit.

Im Vietnam-Krieg war dagegen die vom deutschen Kriegsphilo-
sophen Carl von Clausewitz empfohlene »Dreieinigkeit« von
Volk, Regierung und Armee nicht zusammengekommen. Das Volk
war an den Entscheidungen, die zum Landkrieg in Südostasien
geführt hatten, nicht beteiligt worden. Eine PR-Kampagne der
Regierung mit beispiellosem Aufwand sollte die amerikanische
Nation und die Öffentlichkeit des Westens von der Notwendigkeit
und der Vernünftigkeit des Krieges überzeugen.

Täglich um fünf Uhr nachmittags fand im Theatersaal des Ho-

tels »Rex« eine Pressekonferenz statt. Ein Sprecher der amerikanischen Botschaft informierte über politisch-gesellschaftliche Probleme; die Militärs verteilten ihr »News release«, das Kommuniqué des Stabes, das die Operationen vom Vortage summierte und
quantifizierte. Ein Militärsprecher erläuterte das Kommuniqué
und beantwortete Fragen der Journalisten.

Regie im Hintergrund führte ein kettenrauchender, stämmiger
PR-Manager, Barry Zorthian. In seinem scharfgeschnittenen Gesicht verbarg er nur mühsam seine Empfindung über die Qualität
der dargebotenen Show. Für aggressiv fragende Journalisten bewies er erstaunlich viel Verständnis. Verdruß bereiteten ihm vor
allem die vermeidbaren Pannen, die seine eigenen Mitarbeiter
verursachten, besonders aber die Vertreter der Waffengattungen.
Auf die Bühne bemühte er sich nur im Notfall: wenn die Sprecher
sich in den Fallstricken der nachfragenden Journalisten verfangen
hatten. Zorthian bevorzugte die »Einzelmassage« in seinem holz-
getäfelten Dienstzimmer oder auch beim Lunch in seiner Privatwohnung. Er hat seinen schwierigen Auftrag mit soviel Überzeugungskraft und Geschicklichkeit ausgeführt, daß *Time/Life* ihn
später für das Topmanagement verpflichtete.

Auf die Informationspolitik der Armee hatte Zorthian keinen
spürbaren Einfluß. General William C. Westmoreland, der amerikanische Oberkommandierende in Südvietnam, und sein Stab
ignorierten jeden Rat und jede Kritik. Sie reduzierten die militärischen Informationen auf ein Niveau, das den Sinn zerstörte und
nur noch Brocken, Teilstücke bestehenließ, die mit der Realität
nichts mehr gemein hatten. »Elemente der 25. (südvietnamesischen) Infanterie-Division«, so lautete eine typische Aussage,
»und das 11. amerikanische Luftkavallerie-Regiment töteten gestern nachmittag 142 Vietcong 15 Meilen südwestlich von Saigon.« Eine solche Formulierung stellt mehr Fragen, als sie beantwortet. Wer waren die 142 Vietcong? Ist eine gleiche Zahl von
Waffen erbeutet worden, die Gewißheit hätten geben können, daß
keine Zivilisten getötet und als gefallene Soldaten verbucht worden sind? Wie hoch waren die eigenen Verluste? Wer hat das
Gefecht initiiert?

Das My-Lai-Massaker, bei dem ein Infanteriezug, geführt von Leutnant William Calley, einige hundert wehrlose Zivilisten, zumeist Frauen und Kinder, erschossen hatte, erschien im Kommuniqué des Tages in folgender Formulierung: »... töteten 128 Gegner nahe der Stadt Quang Ngai«. Fehlwürfe, die irrtümliche Bombardierung eigener Truppen oder der Zivilbevölkerung, wurden in folgenden Euphemismus verpackt: »Zufälliger Abwurf von Sprengmitteln«.

Graham Greene hat im »Stillen Amerikaner« eine Pressekonferenz des französischen Oberkommandos geschildert, in der die Wahrheit über die eigenen Verluste auf sehr plumpe und dadurch komische Weise verheimlicht wird. Die Dialoge waren wirkliche Zitate; sie waren der Niederschrift eines *briefing* entnommen. Die Realität übertraf die Imagination.

Die Unwilligkeit und Unfähigkeit, den Ablauf militärischer Operationen angemessen und sinnvoll zu beschreiben, scheinen ohne Ansehen der Nationalität allen Militärs eigen zu sein. Bei den Amerikanern in Saigon wirkte die Desinformation besonders schädlich, weil im »Rex« ein Pressecorps versammelt war, das sehr bald allen Funktionsträgern mißtraute, im besonderen Maße den Generalen; und das Mittel und Wege fand, um mehr Fakten zusammenzutragen, als die Militärs publizieren wollten.

Einer, der fast immer die 5-Uhr-Konferenz besuchte und die Sprecher durch gezielte Fragen »grillte«, war Joe Fried, ein kleingewachsener, traurig dreinblickender Reporter, der die *New York Daily News* vertrat. Joe Fried zerrte Widersprüche ans Licht, machte Fälschungen offenkundig und brachte die Sprecher durch zermürbende, nervtötende Beharrlichkeit zum Stottern. Er bewies täglich die Unglaubwürdigkeit der Kommuniqués. Die offiziellen Auskünfte mit mehr Realität aufzufüllen, ist freilich auch ihm nicht gelungen.

Dem Neuling in Saigon wurde schon nach wenigen Tagen klar, welche Propagandaschau ihm im »Rex« geboten wurde. Die amerikanische Botschaft verbreitete Optimismus auf der ganzen Linie. Die historische »Bürde des weißen Mannes« war umdeklariert worden zur »Bürde der freien Welt«. Und »Free World Forces«

wurden die eigenen Truppen, Südvietnamesen, Amerikaner, Süd-
koreaner, Australier, Neuseeländer, Filipinos und Thais, die in
unterschiedlicher Stärke am Krieg beteiligt waren, auch tatsächlich genannt.

»Alle verfügbaren quantitativen Daten deuten darauf hin, daß
wir diesen Krieg gewinnen«, hatte 1962 schon Verteidigungsminister Robert S. McNamara verkündet. Durch die Eskalation, durch
Aufstockung der Truppenstärke auf über 400000 Mann und
durch den Bombenkrieg gegen den Norden sah die Johnson-Ad-
ministration den Zeitpunkt heranreifen, an dem die Vietcong im
Dschungel versickerten, den Kampf einfach einstellten, ohne die
Niederlage förmlich einzugestehen. Die »Pentagon-Propagandamaschine«, die Senator Fulbright später kritisch sezierte, ver-
sorgte die Medien täglich mit Informationen, die allesamt nur
einen Schluß zuließen: daß der Krieg erfolgreich verlief und kein
Zweifel daran bestand, daß das Licht am Ende des Tunnels zu
leuchten begonnen hatte.

Schon seit 1962, seit der Endphase des südvietnamesischen
Diktators Ngo Din Diem, haben in Saigon akkreditierte amerikanische Reporter diesen offiziellen Optimismus als Illusion entlarvt. Neil Sheehan, David Halberstam, Peter Arnett und François
Sully, um nur vier Namen zu nennen, haben durch Recherchen im
Feld den sicheren Eindruck gewonnen, daß Amerikas Krieg
keinen Erfolg versprach, daß die Generale die Öffentlichkeit
täuschten, wenn sie einen baldigen Sieg in Aussicht stellten.
Diese erste Generation der journalistischen Kritiker in Saigon
zweifelte noch gar nicht am Sinn, an der Notwendigkeit und
Rechtmäßigkeit des Krieges. Wohl aber mißtraute sie der Metho-
dik, der Strategie und vor allem der auf Sieg gestimmten Informationspolitik.

Die Generale und die amerikanische Botschaft in Saigon zeigten sich verbittert darüber, daß Journalisten Fakten höherstellten
als die Ehre der Nation. Als Peter Arnett, Reporter der Associated
Press, Admiral Felt eine kritische Frage stellte, lautete dessen be-
zeichnende Antwort: »Get on the team« – »Stellen Sie sich auf
unsere Seite!«

Nach vier Wochen Aufenthalt in Saigon schickte ich dem NDR einen Bericht über die Informationspolitik der amerikanischen Botschaft, der im nachhinein fast milde erscheint: Die Pressearbeit überforderc die Kräfte des gesunden Menschenverstands. Sie sei ungeschickt, dilettantisch, irreführend, mit einem Wort: unglaubwürdig. Die Botschaft sei erfolgreich darum bemüht, diesen ungünstigen Eindruck täglich zu bekräftigen.

Douglas Pike, ein CIA-Spezialist für die Analyse erbeuteter Dokumente, der sechs Jahre lang im Saigoner Informationsapparat tätig gewesen war, bevor er 1966 in den akademischen Beruf zurückfand und eine grundlegende Studie über den Vietcong und die Organisation der Nationalen Befreiungsfront veröffentlichte, hat darin den vernichtenden Satz geschrieben: »Vietnam war ein kafkaesker Alptraum für jeden, der die Fakten kennen wollte. Vieles blieb geheim. Hinter den publizierten Statistiken lag der Bereich der ›verschlüsselten Informationen‹, das, was Marschall Foch einmal den ›Nebel des Krieges‹ genannt hat.«

Schon in der Schlußphase der Diem-Diktatur, als noch weniger als ein Dutzend amerikanischer Korrespondenten dauerhaft in Saigon stationiert waren, haben die Nachrichtenagenturen AP und UPI, vor allem aber die *New York Times* und *Newsweek* Zweifel angemeldet, ob der Verlauf des Krieges den offiziellen Optimismus rechtfertige. Der selbstbewußte und arrogante Präsident Diem hat die fremden Kritiker schikaniert und behindert, den *Newsweek*-Mitarbeiter François Sully sogar des Landes verwiesen, ohne dadurch der journalistischen Opposition ihre Wirkung auf die öffentliche Meinung nehmen zu können.

1967, fünf Jahre später, waren mehr als zweihundert ausländische Korrespondenten in Saigon akkreditiert, die mehrheitlich den Fakten nachspürten, sich draußen im Lande ein eigenes Bild von den Verhältnissen machten und die offizielle Informationspolitik ergänzten oder konterkarierten. Die PR-Manager der Botschaft und der Streitkräfte haben die kritischen Analysen und Warnungen der Presse nicht verhindern können. Wegen des nichterklärten Krieges fehlten die Rechtsmittel, die Pressefreiheit einzuschränken und eine Zensur zu verhängen. Unter den Journalisten gab es inzwischen auch nicht wenige, die mehr als nur die Methoden bezweifelten. Sie verurteilten den Krieg aus rechtlichen und ethischen Gründen und recherchierten nach Fakten, die, wie Mary McCarthy bekannte, »den amerikanischen Interessen schadeten«.

Diem war gestürzt. Seine Nachfolger, die rivalisierenden Generale Nguyen Van Thieu und Nguyen Cao Ky, besaßen keine Autorität, die den Handlungsraum der Presse hätte wesentlich einengen können. Das Schlimmste, was einem opponierenden Journalisten in Südvietnam passieren konnte, war die Verweigerung des Wiedereinreisevisums.

Nur wenigen Korrespondenten ist diese Aufmerksamkeit der südvietnamesischen Regierung zuteil geworden. 1970 habe ich eine Zeitlang auf der schwarzen Liste gestanden, weil ich in einem Artikel daran erinnert hatte, daß General Thieus nationale Glaubwürdigkeit dadurch begrenzt sei, daß er sein Offizierspatent von der französischen Kolonialmacht erhalten habe, während Ho Chi Minh im Kampf gegen Frankreich zum Symbol des Widerstands herangewachsen sei. Bei der Wiedereinreise im Oktober 1970 wurde ich dafür auf dem Flugplatz Than Son Nhut von den Paßbeamten in einen Quarantäneraum gesperrt, bis die Maschine, mit der ich aus Bangkok gekommen war, zum Rückflug startete. Nach einer Stunde wurde ich zum Flugzeug eskortiert und abgeschoben. Durch geräuschlose Intervention der deutschen Botschaft in Saigon und des Auswärtigen Amtes ist die Strafmaßnahme bald wieder aufgehoben worden.

Auch die amerikanischen Behörden haben sich, wann immer notwendig, schützend vor die Journalisten gestellt, die von den südvietnamesischen Militärs mit Ausweisung oder Aussperrung bedroht wurden. Viele Ideale sind im schmutzigen Vietnam-Krieg mißachtet und beschädigt worden. Die Informations- und Pressefreiheit ist weitgehend unberührt geblieben. Eine Presse, die ihre Funktion erfüllte, nämlich die Öffentlichkeit nach bestem Wissen und Gewissen über die Fakten zu informieren und die offiziellen Informationen zu überprüfen und zu ergänzen, hat ganz wesentlichen Einfluß gewonnen auf den Verlauf und auf das Ergebnis

dieses Krieges. Weil von 1960 bis 1975 ein einzigartiges medien-
politisches Lehrstück zu beobachten war, dessen Folgen bis heute
nachwirken, verdient die Rolle der Presse in Vietnam grundsätzliche Aufmerksamkeit. Die Journalisten haben in diesem Stück
keineswegs nur eine heroische Rolle gespielt, die ihnen Selbstkritik ersparen würde. Sie haben ihre eigenen Fehler gemacht, die
während der Tet-Offensive deutlich wurden.

Exkursionen in den Krieg

Im militärischen Teil des Saigoner Flughafens Than Son Nhut gab
es spezielle Abfertigungshallen für Luftpassagen zu den Truppenteilen. Hubschrauber flogen von hier nach Cu Ci in das »Eiserne
Dreieck«, nordwestlich von Saigon gelegen, wo Vietcong-Einheiten sich buchstäblich eingegraben hatten und aus geheimnisvollen
Verstecken heraus die amerikanischen Außenposten immer
wieder angriffen. Zweimotorige C-123-Transportmaschinen bedienten die Strecken ins Mekong-Delta, nach My Tho und Can
Tho. Die viermotorigen »Herkules«-C-130 waren auf der Strecke
nach Norden eingesetzt. Hue und Da Nang lagen etwa tausend
Kilometer weit entfernt.

Inhaber der Pressekarte durften den Transportdienst der Luftwaffe praktisch unbegrenzt in Anspruch nehmen. Nur Handgepäck bis zur Größe eines Seesacks wurde allerdings akzeptiert.
Die Reporter wurden wie Angehörige der Armee behandelt. Das
Eintauchen in den militärischen Apparat gelang am leichtesten,
wenn die Journalisten sich auf dem schwarzen Markt eine grüne
Tropenuniform besorgten und wie Soldaten gekleidet, mit einge-
sticktem Namen auf der Jacke, sich in die Schlange der Wartenden
einreihten. Niemand wurde gezwungen, eine Uniform zu tragen.
Die äußerliche Identifizierung mit der Truppe erleichterte jedoch
den Kontakt und verkürzte den Abstand, der zwischen Soldaten,
die Befehlen folgten, und Journalisten bestand, die aus freien
Stücken an die Front gingen.

Auch in Uniform habe ich mich nie als Soldat gefühlt. Die Reise-

schreibmaschine an der Hand machte für jedermann deutlich, daß
Schreiben und Beschreiben der Auftrag war, nicht Handeln und
Kämpfen, schon gar nicht mit der Waffe. Dennoch haben nicht
wenige der Kriegsreporter eine Pistole bei sich getragen, um sich
im Notfall verteidigen zu können. Aus prinzipiellen Gründen
habe ich mit der Mehrheit der Journalisten daran festgehalten,
unbewaffnet zu bleiben, in letzter Konsequenz nur Beobachter,
Berichterstatter und nicht einmal zur Selbstverteidigung Kombat-
tant zu sein.

Die aus Gurten geflochtenen Sitzreihen in den militärischen
Transportmaschinen sind längs, nicht quer zur Flugrichtung gestellt. In der »Herkules« waren es vier durchgehende Sitzreihen,
zwei mit dem Rücken zur Außenwand, zwei in der Mitte des
Rumpfes. Nur ein paar Bullaugen brachten Licht in das Innere. So
schmerzhaft intensiv ist der Lärm der Motoren, daß die Passagiere
sich nur durch Handzeichen verständigen können. Sie sind allein
gelassen, auf sich selbst reduziert. Sie fühlen sich einem höheren
Schicksal ausgeliefert, das zu ergründen hier im Flugzeug zu
einem Zwang wird.

Wenn man über den Krieg schreibe, so heißt es an einer Stelle in
Greenes »Der stille Amerikaner«, »dann verlangt es der Selbst-
respekt, daß man gelegentlich das Risiko der Soldaten teilt«. Journalisten besitzen eine Rückfahrkarte. Das unterscheidet sie von den
Soldaten, die den Besuchern diese Freiheiten neiden und eine
daraus erwachsende Abneigung ganz spontan und zuweilen heftig
zum Ausdruck bringen. Sich absetzen, den Rückzug antreten, kann
der Besucher freilich nicht während des Gefechts, sondern erst
danach. Wenn er in eine Aktion gerät, dann teilt er wirklich das
Risiko. Er erleidet die Spannung, die psychischen Folgen wahrscheinlich noch mehr als die Soldaten neben ihm. Denn der Reporter beobachtet nur, er handelt nicht, kann den inneren Druck auch
nicht durch Gewehrsalven ableiten. Der Reporter des Krieges muß
wissen, worauf er sich einläßt. Auch wer das Gefecht nicht sucht,
muß damit rechnen, durch Zufälle in die Schußlinie zu geraten. Nur
hier draußen war die Wirklichkeit des Krieges zu erfahren. Die
Pressekonferenz im »Rex« vermittelte allenfalls eine Ahnung.

Mit Hilfe der amerikanischen Luftwaffe habe ich im Laufe der Jahre die strategisch wichtigsten Provinzen Südvietnams vom 17. Breitengrad bis zum Mekong-Delta kennengelernt. In den dunklen, dröhnenden Transportmaschinen war den Passagieren der Blick nach draußen verwehrt. Nervenstarke GIs konnten auch hier schlafen. Die übrigen studierten die Physiognomien der Gegenüber, versanken in eine Stimmung, in der Traumvisionen vom friedlichen Leben sich mischten mit einer unterschwelligen Flugangst.

Hatte man die großen Flugbasen Phu Bai, Da Nang im Norden und My Tho im Süden erreicht, dann erfolgte der Weitertransport zu den kämpfenden Einheiten mit Hubschraubern. Vom ersten Hubschrauberflug in das Waldgebiet an der kambodschanischen Grenze, nahe der Stadt Tay Ninh, notierte ich damals: »Beide Seiten eines schnurgeraden Ochsenpfades, dem wir in etwa 400 Meter Höhe nach Norden folgten, waren mit chemischen Mitteln entlaubt und ›durchsichtig‹ gemacht worden. Die Bordschützen an den offenen Kabinentüren reagierten auf jede Bewegung im verdörrten grauen Bodensatz des Dschungels mit einer peitschenden Gewehrsalve. Wir überflogen eine ›free kill area‹, in der alles niedergeschossen wird, was sich bewegt. Am Horizont stiegen weiße Rauchsäulen auf, die Einschläge der Artillerie markierten. Die seltenen Lichtungen waren von Bombentrichtern vernarbt. Im schmutziggrauen Grundwasser spiegelte sich die Sonne.«

Andere Landschaften, vor allem im Mekong-Delta, wirkten unversehrt. Die Bauern arbeiteten auf den in sanftem Grün wogenden Reisfeldern. Die plumpen Wasserbüffel stoben verschreckt auseinander, wenn die Hubschrauber sie in geringer Höhe überflogen. Aus der Vogelperspektive erlebte man besonders eindrucksvoll die geometrische Ordnung der bis zum Horizont sich erstreckenden, schnurgeraden Kanäle, die das in extrem kleine und exakt rechteckige Felder aufgeteilte Gelände bewässern. Neben den Holzhäusern, die fast alle am Kanal stehen, erkennt man kreisrunde Wasserlöcher, die man jetzt im Krieg leicht als Bombenkrater mißdeutete.

Die Presseoffiziere der amerikanischen Einheiten, die eingeflogene Reporter in Empfang nahmen, waren durchweg großzügige und hilfsbereite Gastgeber. Hubschrauber wurden umgeleitet, um Reporter an den Ort militärischer Aktionen zu bringen. Kompanien im Feld sahen sich plötzlich durch ein Fernsehteam verstärkt, das aus der zweiten Reihe die Aktion filmte. Ganz selbstverständlich teilte die Truppe ihren Nachschub mit den zufällig angereisten Gästen. Im Dschungel an der Grenze von Kambodscha brachte der Hubschrauber am späten Nachmittag ein großes Faß Frischwasser zum Duschen und ein Riesenpaket mit *ice cream*. Auch die Presse hat davon profitiert, daß dieser Krieg mit großem materiellen Aufwand geführt wurde.

Niemand, der sich an die Front wagte, hat Risiken und Gefahren ganz vermeiden können. Eine Reihe von Journalisten haben Tollkühnheit, die auf Unkenntnis gründet, mit dem Leben bezahlt. Andere haben mit Augenmaß und Vorsicht gehandelt und sind doch bei der Ausübung ihres Berufes zu Tode gekommen. Zu ihnen gehört Bernard Fall, ein aus Frankreich stammender, aber in Amerika lehrender Professor, der sich durch brillante Bücher über Vietnam international einen Namen gemacht hatte.

Wenige Tage nach meiner Ankunft in Saigon war ich Bernard Fall im Büro des amerikanischen Diplomaten Bill Steerman begegnet. Der damals 41 Jahre alte Historiker und Politikwissenschaftler Fall reiste regelmäßig zur Recherche nach Vietnam. Ohne Augenschein der Kriegsrealität mochte er über Indochina nicht schreiben. Fall verheimlichte keineswegs die Ambivalenz seiner Gefühle, auch nicht den psychischen Streß in Augenblikken der Gefahr. In solchen Situationen, so bekannte er, bedrängte ihn immer wieder die Frage: »Was, zum Teufel, hast du hier verloren?«

Fall beeindruckte durch die Bereitschaft, sein umfangreiches Wissen und seine Erfahrungen mit Kollegen selbstlos zu teilen. Mehrere Stunden nahm er sich Zeit, um mir, dem Neuling aus Deutschland, die Lage in Saigon zu erklären. Fall war es auf exemplarische Weise gelungen, akademische und journalistische Arbeitsweisen zu verbinden. Seine hilfsbereite Persönlichkeit, der

Der Historiker und Politikwissenschaftler
Bernard Fall mochte ohne Augenschein der
Kriegsrealität nicht über Indochina
schreiben. Er starb im Februar 1967 bei einem
Patrouillengang in einer Minen-Falle.

Anmaßung und Überheblichkeit fremd waren, hat mich tief beeindruckt. Fall hat durch seine Recherchen im Feld und durch seine literarischen Produktionen Maßstäbe gesetzt.

Wenige Tage nach unserer Begegnung ist Fall nach Da Nang geflogen, um die Strategie und Taktik der Ledernacken zu studieren. Mit einem Tonband in der Hand, auf das er seine Beobachtungen diktierte, hat er sich nördlich von Da Nang einer Patrouille angeschlossen, die eine *search and destroy*-Operation ausführte.

Die Gegend war Bernard Fall besonders vertraut. Über die Militäraktionen der Franzosen an der »Straße ohne Freude« zwischen Da Nang und Hue hatte er ein bewegendes Buch geschrieben, das seinen Ruf begründete. Jetzt war er mit den *marines* losgezogen, um die Unterschiede der Taktik zu erforschen, um seine These, die ihn schier verzweifeln ließ, zu überprüfen, daß die Amerikaner unfähig und unwillig seien, aus den Erfahrungen der Franzosen zu lernen.

In seinen letzten Lebensmomenten beobachtete Fall, wie die *marines* das Feuer auf Vietnamesen eröffneten, die er, aus 1100 Meter Entfernung, unmöglich als Vietcong identifizieren konnte. Auf das Tonband sprach er die Sätze: »Ich habe durch das Fernglas des Zugführers geguckt. Ich sah Leute, die zu den Booten flohen und die (süd-)vietnamesische Regierungsfahne schwenkten, mit drei roten Streifen und dem gelben Untergrund. Ich werde später mehr herausfinden.« Dann folgt eine Zeitlang Schweigen auf dem Band. Schließlich der letzte Satz: »Die Schatten werden länger. Wir haben unsere Linie erreicht nach dem Feuergefecht. Es riecht schlecht hier, scheint ein bißchen verdächtig ... könnte ein Hinter ...« Ende der Aufzeichnung. In einem Hinterhalt, einer Minen-Falle, die die Amerikaner *booby trap* nannten, ist er am 21. Februar 1967 getötet worden.

Den ausgeschriebenen Text der letzten Reportage von Bernard Fall hat seine Frau Dorothy dem posthum erschienenen Buch »Last Reflections on a War« beigegeben. Es ist dem Marine-Sergeanten Byron G. Highland gewidmet, dem »Kriegsphotographen, Partner im Tod«.

Insgesamt sind in Kambodscha, Laos und Vietnam in der Zeit von 1965 bis 1975 mehr als 40 Journalisten getötet worden. Von nicht wenigen kann man den Tod freilich nur vermuten, weil sie als vermißt gelten, einer Truppe in die Hände gefallen sein müssen, die kurzerhand liquidierte, ohne sich um die Identität der Opfer zu kümmern. Dieses Schicksal drohte besonders in Kambodscha, wo die Roten Khmer mit Pressevertretern, die in ihre Gewalt gerieten, kurzen Prozeß machten.

Das Risiko bestand darin, daß die Territorien der sich bekämpfenden Armeen durch keine klar erkennbare Grenze markiert waren. Eine Frontlinie bestand nur dort, wo Truppen aufeinanderstießen und sich beschossen. Wenn eine Seite den Kampf abbrach, verschwand auch die Frontlinie. In einem Guerillakrieg gibt es kein sicheres Gelände. Der Gegner ist unsichtbar und allgegenwärtig, überall und nirgends.

Wer sich in Phnom Penh oder in Saigon ein Auto mietete und in die umgebende Provinz reiste, ging schon wenige Kilometer hinter der Stadtgrenze das Risiko ein, durch Territorium zu fahren, das von Roten Khmer oder Vietcong kontrolliert wurde. Die persönliche Sicherheit der auf eigene Faust recherchierenden Journalisten hing im wesentlichen von der Geschicklichkeit und der Zuverlässigkeit der sie begleitenden örtlichen Fahrer und *stringer* ab. Bei jedem Stopp fragten sie Bauern und Soldaten aus, wo die eigenen Truppen stünden und wo die Positionen der Kommunisten zu vermuten seien. Aus einer Vielzahl von Meinungen formulierten sie am Ende die Entscheidung: noch ein Stück auf der Straße weiterzufahren oder umzukehren. Die Fähigkeit, durch Gespräche am Straßenrand herauszufinden, wo die unsichtbare Grenze verlief, die man nicht überschreiten wollte, machte den lokalen Mitarbeiter unersetzlich und verschaffte ihm eine Rolle, die ihn auch persönlich und ganz emotional mit den ausländischen Journalisten verband. Dith Pran, der kambodschanische *stringer* in dem Film »Das schreiende Land«, ist ein gutes Beispiel für die Zuneigung und Freundschaft, die in existentieller Situation zwischen einem Auslandskorrespondenten und dem lokalen Mitarbeiter wachsen.

Auch die *stringer* der ARD in Phnom Penh, David Ma Chen und Savonn Chea, haben unsere Kamerateams mit Umsicht und großem Verantwortungsbewußtsein durch den Krieg geleitet. Beide sind 1975 beim Sieg der Roten Khmer im Lande geblieben, weil sie sich damals ein Leben in der Emigration nicht vorstellen konnten. 1980 haben sie sich aus einem Flüchtlingslager an der thai-kambodschanischen Grenze mit einem Brief gemeldet, der mit dem Satz begann: »Dear boss, we are still alive« – »Wir leben noch«. Über das Wiedersehen mit David und Savonn habe ich 1981 einen »Weltspiegel«-Film gedreht, der die Rührung, die uns überkam, gar nicht verbergen konnte. Der NDR und der Hamburger Senat haben danach ganz unbürokratisch, alle Bestimmungen und Hausregeln außer Kraft setzend, geholfen, um zwei Khmer-Familien mit ihren Kindern aus den Lagern an der Grenze zu holen. Nach einer Umschulung in Hamburg sind beide Familien

Der Autor mit Kameramann Henning Huge und
»stringer« Ung Kim Seng im Januar 1974 auf der Straße
Nr. 11 nach An Loc.

zur Verstärkung des Studios nach Singapur versetzt worden, wo
das alte Team wieder versammelt war, das einmal gemeinsam die
Risiken der Kambodscha-Berichterstattung geteilt hatte.

Ung Kim Seng hieß unser *stringer* in Saigon, dessen Sprachmix
aus Englisch, Französisch und Verballhornungen die Verständigung komisch und dennoch präzise machte. »You go yap yap«,
baten wir, wenn uns ein Gespräch mit Vietnamesen am Straßenrand notwendig erschien, um die Sicherheit einer Weiterfahrt ab-
zuschätzen. Immer fand »Hai«, der »zweite Sohn«, wie er von
allen genannt wurde, den richtigen Ton, um von Bauern oder
Soldaten wichtige Informationen zu erhalten. Wenn er keine Ge-

fahr erkennen konnte, meldete er sich mit dem knappen Ausspruch zurück: »No sweat, no tears« – »Kein Schweiß, keine Tränen«. Im Ernstfall rief er militärisch knapp: »Beaucoup VC« – »Viele Vietcong«.

Mit sicherem Instinkt hat er alle ARD-Teams durch die Minenfelder dieses Krieges geführt. Auch er mochte 1975 nicht fliehen. Krank und altersgeschwächt lebt er heute in Saigon. Ich habe ihn dort häufig besucht. Er weiß, daß er sich auf seine ARD-Freunde so vorbehaltlos verlassen kann, wie wir uns im Krieg auf ihn verlassen haben. Nach zeitweiligen Problemen mit den kommunistischen Behörden meldete er wieder bescheiden und optimistisch: »No sweat, no tears.«

Der Lohn der Angst

Nichts liegt mir ferner, als durch die Schilderung beruflicher Ausnahmesituationen einen Heroismus zu suggerieren, der die Saigoner Zeit in einem verklärten Licht erstrahlen ließe. Die *émotions fortes*, die starken Gefühle, die junge Menschen auf der Suche nach Abenteuer und nach Selbsterkenntnis in den Krieg trieben, waren mir fremd. Meine Jugenderlebnisse in der Endphase des Zweiten Weltkrieges hatten mich gegen Kriegsromantik immunisiert.

Mit Skepsis und Unverständnis habe ich damals jene Passagen von Graham Greenes Roman »Der stille Amerikaner« gelesen, in denen eine gewisse Faszination, eine genußvolle Erregung zum Ausdruck kommen, die der Krieg auf den Protagonisten Fowler ausübte. »Es gibt keinen Mut, wo es keine Gefahr gibt«, heißt es an einer Stelle und »sogar die Liebe mag das Produkt eines aktiven Krieges sein«. Die Angst vor der Langeweile hat Greene in der Jugend veranlaßt, mit dem Revolver »russisches Roulett« zu spielen und später Abenteuer an den Krisenherden der Weltpolitik zu suchen. Vom »Gefühl einer freudigen Inspiration« hat er gesprochen, das »eine Dosis von Gefahr dem Besucher mit einem Rückfahr-Ticket verschafft«.

Auch von Ernest Hemingway, der die italienische Front im Ersten Weltkrieg als amerikanischer Soldat und den Spanischen Bürgerkrieg als Reporter erlebt hat, ist berichtet worden, daß die Extremsituation des Kampfes ihn in seiner »Bestform« gezeigt hätte, so *cool* und gelassen wie die Romanhelden, die er nach dem eigenen Bild geschaffen hat.

Ich habe Gefahr nie als Genuß empfinden können. In Augenblicken höchster Gefahr, sei es unter Beschuß im offenen Gelände oder im Hubschrauber bei der Evakuierung Saigons im April 1975, als Boden-Luft-Raketen des Vietcong bereitstanden, die die Helikopter hätten vom Himmel holen können, habe ich nur ein starkes, fast unerträgliches Gefühl empfunden: Angst, unkontrollierbare Angst, die mit Entsetzen und Wut darüber einherging, daß niemand mich gezwungen hatte, hier zu sein, daß keine Erkenntnis, keine Story eine Verwundung oder den Tod rechtfertigten. Wer in solchen Situationen keine Angst hatte, so schien mir, dem fehlte die Phantasie, der wußte nicht, was vor sich ging. Im Moment der tödlichen Gefahr verlieren die rationalen Steuerungsmechanismen ihre Kraft. Blanke, pure Angst überwältigt den Körper.

Erst im Laufe der Jahre habe ich aus solchen Erfahrungen die Merkmale einer guten, kampferprobten Truppe erkannt: auch im Chaos der einschlagenden Granaten die Nerven zu behalten, trotz Toter und Verwundeter rundum die Kaltblütigkeit zu bewahren, um nicht irrational, sondern planmäßig zu handeln. Nicht die Vernunft ist der ausschlaggebende Faktor, sondern die innere Kraft, um die Panik des Unterbewußtseins zu dämpfen und zu überwinden. Die Ratio allein ist unfähig, die lähmende Angst zu besiegen.

Niemand hatte mich, wie gesagt, gezwungen, nach Vietnam zu gehen und über den Krieg zu berichten. Der Job, den ich mir zugetraut hatte, verlangte nun, die sichere Herberge in Saigon zu verlassen, um das Frontgeschehen durch eigenen Augenschein kennenzulernen. Nur dort, wo die Armeen aufeinander schossen, wo die Maschinerie des Todes ganze Dörfer und Landschaften zerstörte und auch der Zivilbevölkerung schwere Opfer zumutete, war die Wirklichkeit zu beobachten, über die zu berichten Reporter hierhergeschickt wurden. Auf der Terrasse des Hotels »Continental« war von Kampf, von Zerstörung, von den schrecklichen Folgen für die Zivilbevölkerung wenig zu bemerken. Dem Medium Fernsehen helfen auch Augenzeugenberichte, eben doch Informationen aus zweiter Hand, nicht weiter. Kampfszenen waren nur draußen bei der Truppe zu filmen.

Das Risiko jeder Exkursion konnte reduziert und begrenzt werden. Kalkulierbar war der Ablauf nicht, und »Friktionen«, wie Clausewitz die Unwägbarkeiten und Zufälle des Krieges nennt, konnten Situationen heraufbeschwören, in denen Reporter das höchste Risiko mit der kämpfenden Truppe teilen mußten.

Es gab in Vietnam »Söldner«-Teams, tollkühne taiwanesische, koreanische und südvietnamesische Kameraleute, die sich auf *action* spezialisierten und ihre Sensationsbilder den amerikanischen »Networks« verkauften. Im Regelfall ging ein Kamerateam jedoch gemeinsam mit dem Korrespondenten ins Feld. Mehr zu riskieren, als dem Teamchef selber vertretbar erschien, durfte dem Kameramann nicht zugemutet werden. Dennoch sind viele Teams aus eigenen Stücken weitergegangen, als von ihnen erwartet werden konnte. Meine ARD-Kamerakollegen, allen voran der engagierte und umsichtige Henning Huge, haben das Risiko geringer geachtet als den Auftrag, starke und wirklichkeitsnahe Szenen eines schmutzigen Krieges zu filmen.

Die Erlebnisse bei der Truppe glichen sehr bald die Tatsache aus, daß die Reporter keine militärischen Experten waren und sich ohne die Ausbildung eines Generalstäblers zutrauten, zu einem eigenen Urteil über den Verlauf und die Aussichten des Krieges zu kommen. Die immer großräumiger angelegten *search and destroy*-Operationen, mit denen der amerikanische Oberkommandierende, der hölzern und simplistisch wirkende General Westmoreland, den Vietcong zu dezimieren versuchte, erwiesen sich bei genauerem Hinsehen als Fehlschläge, die nur in der Statistik der täglichen Verlautbarungen als Erfolge drapiert werden konnten.

Die bis dahin größte Operation, »Junction City«, ließ Ende Februar 1967 35000 amerikanische und südvietnamesische Soldaten in die sogenannte Kriegszone C, nördlich von Saigon, an der kambodschanischen Grenze gelegen, einrücken, um dort stationierte Vietcong-Einheiten zu vernichten. Drei Tage lang hatten B-52-Verbände das Gebiet zuvor mit Bombenteppichen belegt. Zum erstenmal seit dem Korea-Krieg waren größere Verbände mit dem Fallschirm im Rücken der vermuteten Gegner abgesetzt worden, um den Fluchtweg auf kambodschanisches Gebiet zu versperren.

Dennoch ist es zu keiner klassischen Schlacht gekommen. 35000 Soldaten jagten einen Gegner, der nicht mehr aufzufinden war. Im Kommandozelt der 196. Leichten Brigade, die mich als Gast beherbergte, standen die Offiziere ratlos vor den großen Landkarten. Tausend Mann hatte der Kommandeur, Oberst Murroy, zum Durchkämmen des Dschungels ausschwärmen lassen. An den Fingern einer Hand waren die Gegner zu zählen, die sich im Laufe des Tages zum Kampf stellten. Bunker und Tunnelsysteme fanden die amerikanischen Soldaten zuhauf. Munition und Reis waren zurückgelassen worden. Die Vietcong hatten sich offenbar rechtzeitig, vermutlich schon vor der B-52-Bombenoffensive, in Sicherheit bringen können. Jeder Pfeil auf der Landkarte im Kommandozelt markierte in Wirklichkeit einen Stoß ins Leere. Die in Saigon publizierten Erfolgszahlen über getötete Gegner standen in einem grotesken Mißverhältnis zur Realität.

Wer einige Zeit bei der kämpfenden Truppe verbrachte, erkannte rasch, wie die Statistik verfälscht und manipuliert wurde. Den amerikanischen Truppen war es schier unmöglich, zwischen Soldaten und Zivilisten zu unterscheiden. Durchsuchten sie ein Dorf, zumeist nur aus ein paar strohgedeckten Holzhäusern, einem Weiher, dem Wasserreservoir, und einem Strohhaufen bestehend, dann konnte die Mehrzahl der scheinbar zivilen Bewohner getarnte Guerilleros sein. Frauen beteiligten sich aktiv am Kampf, und auch Kinder haben nicht selten tödliche Waffen gegen die fremden Eindringlinge gezündet.

Es war leicht und für die Argumentation ungemein wirksam, den amerikanischen GIs brutales Verhalten gegen die vietnamesische Zivilbevölkerung vorzuwerfen. Mit Entsetzen hat die Fernsehöffentlichkeit der Welt auf eine *action story* reagiert, die einen jungen Zugführer im Mekong-Delta zeigte, der die Strohhütten eines Dorfes in Brand setzte. Die amerikanischen Einheiten erschienen dabei unmenschlich und absichtsvoll zerstörerisch gegen eine scheinbar friedliche und harmlose Bauerngemeinschaft.

Für den jungen Wehrpflichtigen aus Amerika, der alles daransetzte, um seine genau abgezählten 365 Tage, die er in Vietnam verbringen mußte, heil zu überstehen, zeigte sich die Situation in einem ganz anderen Licht. Jeder der traditionell schwarzgekleideten Bauern konnte ein bewaffneter Kämpfer sein, der die fremden Soldaten überlisten und in einem Hinterhalt angreifen würde. Die Frauen und auch die Kinder beschworen die gleiche Gefahr herauf. Die kommunistischen Untergrundkämpfer lebten inmitten der Zivilbevölkerung. Ihre Waffen waren versteckt. Nichts unterschied sie äußerlich von unbeteiligten Zivilisten. Jedes vietnamesische Dorf war in Wirklichkeit ein gefährliches, abweisendes, unheimliches Milieu, das die patrouillierenden Soldaten aus Amerika nicht zu durchschauen vermochten.

Ein tiefer Graben trennte die vietnamesische Zivilbevölkerung von den amerikanischen Truppen, denen ihre Führer aufgetragen hatten, dieses Land und seine Bewohner vor dem Kommunismus zu schützen. Es gab kein Mittel der Kommunikation, das den Graben hätte überbrücken können. Stumm, angespannt, innerlich wie eingefroren, befolgten die GIs ihre Befehle. Ohne Dolmetscher konnten sie ihr Handeln nicht erläutern und von den Bauern weder Verständnis noch Kooperation erwarten. Herrisch, mit lauten amerikanischen Kommandos, trieben sie die Zivilbevölkerung wie Vieh vor sich her. Alle Klischees, die Romane und Filme seit jeher über Asiaten verbreitet hatten, glaubten die amerikanischen Soldaten hier bestätigt zu finden: die Heimtücke, Falschheit, Verschlagenheit und Grausamkeit einer Gesellschaft, deren wirkliche Gefühle und Empfindungen sie nicht lesen und entziffern konnten.

Tatsächlich sind amerikanische Patrouillen immer wieder aus scheinbar harmlosen und friedlichen Dörfern heraus beschossen worden. Wenn Kameraden in einem Hinterhalt ihr Leben verloren, dann bemächtigte sich eine ungemein aggressive Stimmung

der Truppe, die keinem Zivilisten mehr traute und Rache suchte
für den Tod eines Freundes. Aus Wut und aus Sorge um die eigene
Sicherheit wurde dann auf jedermann, der sich im Felde bewegte,
das Feuer eröffnet. Die Rasse war am Ende das einzige Merkmal,
das den Gegner kennzeichnete. Die schiere Unmöglichkeit, sich in
einem fremden Land, dessen Kultur und Sprache man nicht verstand, zurechtzufinden, hat den naiven *goodwill* und die Hilfsbereitschaft der jungen amerikanischen Soldaten aufgezehrt. Sie
haben dadurch ein zweites Klischee bestätigt, das die kulturell
überheblichen Vietnamesen sich von der Natur der weißen Eindringlinge gemacht hatten. Die Amerikaner waren in ihren Augen
plump, tolpatschig, häßlich und dumm.

Beide Klischees bezeugen die Unverträglichkeit von zwei Zivilisationen, die sich gegenseitig nicht verstehen und nicht deuten
konnten. Die südvietnamesischen Bauern, die ihre dörfliche Auto-
nomie durch die Jahrhunderte verteidigt hatten, ließen die weißen
Eindringlinge ihre Abneigung gegen alles Fremde spüren. Die Geringschätzung der Fremden, die Abneigung, ja der Haß gegen die
Amerikaner waren nicht weniger rassistisch als die aus der Angst
um die eigene Sicherheit und dem Bewußtsein einer technischen
Überlegenheit resultierende Arroganz der amerikanischen
Schutztruppe.

Den Zustand der gesellschaftlichen Verhältnisse in den vietnamesischen Dörfern haben damals nur wenige Spezialisten an-
nähernd erfassen können. Ihre Einsichten sind von den Stäben
in Saigon erst gar nicht zur Kenntnis genommen worden. Auch
die Journalisten haben sich von den Klischees nicht befreien können.

Tatsächlich haben die vietnamesischen Bauern 1967 dem Vietcong fast ohne Nötigung ihre Hilfe zukommen lassen, weil die
instinktsicheren Dorfältesten überzeugt waren, daß die Kommunisten den Krieg gewinnen würden. »Die flexibelste Bauernschaft der Welt«, wie ein kluger Beobachter sie genannt hat, war
bemüht, die Richtung der politischen Entwicklung zu ahnen und
Vorsorge zu treffen, um am Ende auf der richtigen Seite zu stehen.
Die bäuerliche Bevölkerung handelte pragmatisch. Ihr ungemein

starker Selbsterhaltungstrieb kannte wenig Prinzipien. Am liebsten freilich wäre ihnen gewesen, die Zeitläufte hätten sie unbehelligt gelassen und sie zu keiner Parteinahme genötigt. Das Gefühl für drohende Gefahr veranlaßte sie, mit dem Vietcong zu kooperieren. Weil die Bereitschaft zur Unterstützung vorhanden war, benötigten die Kommunisten nur eine kleine Eliteorganisation, um die Zivilbevölkerung bei der Stange zu halten. Die große Mehrheit der bäuerlichen Bevölkerung Südvietnams duldete und deckte den bewaffneten Kampf, aber nur eine sehr kleine Minderheit war aktiv daran beteiligt.

Eine solche Grundstimmung erklärt, warum die von massivem Feuerschutz begleiteten Suchoperationen des amerikanischen Expeditionsheeres kontraproduktiv wirkten. Der Apparat, B-52-Bomber, Artillerie, Napalm und schwere Schützenpanzer, war völlig ungeeignet zur Bekämpfung einer Untergrundarmee, die von der Zivilbevölkerung gedeckt wurde. Je stärker die Amerikaner auf die Kriegsmaschinerie setzten, auf ihre technischen Fähigkeiten, jedes Problem zu lösen und jeden Gegner zu schlagen, und sei es im Dschungel von Vietnam, desto weniger bestand eine Chance, die »Herzen und Köpfe« der südvietnamesischen Bevölkerung zu gewinnen. Denn die schlimmsten Opfer der von General Westmoreland gewählten Strategie wurden der Zivilbevölkerung abverlangt.

Das Bild des jungen Mädchens, das mit brennendem Napalm auf der nackten Haut aus dem Inferno flüchtend der Kamera entgegenläuft, ist zu einem Symbol dieses Krieges geworden. Nur wer draußen im Feld die Realität beobachtete, gewann eine Vorstellung davon, welches Ausmaß an Leid und Zerstörung der Zivilbevölkerung des Landes zugemutet wurde.

Die Leichen der Männer wurden statistisch als Vietcong verbucht. Die wohl noch größere Zahl der getöteten Frauen und Kinder wurde unterschlagen. Der schrecklichste Teil des Krieges kam in den täglichen Kommuniqués der Militärs in Saigon gar nicht vor. Ihn zu schildern, der Weltöffentlichkeit bewußtzumachen, war eine Aufgabe der Presse, die sie nur ganz unzulänglich erfüllt hat. Besonders den amerikanischen Medien ist später mit

Recht vorgeworfen worden, sie hätten in hohem Maße ethnozentrisch berichtet, vornehmlich über die Rolle und das Schicksal der eigenen Armee, weit weniger über die Opfer der Südvietnamesen oder gar über die Folgen für die Zivilbevölkerung.

Überhaupt besaß dieser Krieg für die amerikanischen Medien nur dann einen hohen Stellenwert, wenn Truppen der eigenen Nation daran beteiligt waren. Von einer Presse, die sich am Markt behaupten muß, kann auch keine andere Nachrichtenwertung erwartet werden.

Weniger als ein Dutzend amerikanische Korrespondenten waren in Saigon akkreditiert vor der Landung der ersten amerikanischen Bodentruppen im März 1965 am weißen Sandstrand von Da Nang, wo 80 Jahre früher auch die ersten französischen Soldaten, die das Kolonialreich in Indochina errichteten, an Land gegangen waren. Mit der Zahl der amerikanischen Truppen in Südvietnam stieg die Zahl der Medienrepräsentanten. Während der Tet-Offensive waren es mehrere hundert, die zumeist mit Berichten über ihre *boys* das Interesse eines heimischen Publikums befriedigten. Nach dem Abzug der amerikanischen Truppen 1973 schrumpfte die amerikanische Pressevertretung wieder auf eine kleine Gruppe zusammen, die etwa 30 Personen umfaßte.

Als der Krieg in Laos, Kambodscha und Vietnam die größte Zahl an Opfern kostete, als der Bürgerkrieg noch mehr Flüchtlinge in die Städte trieb, die gesellschaftliche Ordnung ruiniert wurde, als mehr Menschen ihr Leben verloren als je zuvor, hatte Amerika längst den Blick abgewendet. Das Sterben der Asiaten hatte geringen Nachrichtenwert. Noch heute werden die 53 000 gefallenen Amerikaner so in den Vordergrund gerückt, daß die Millionen Opfer der vietnamesischen Zivilbevölkerung und auch der südvietnamesischen Armee fast vollständig verdeckt werden. Der alltägliche Rassismus wird in seinen feineren Verästelungen gar nicht mehr als Problem empfunden. Die vietnamesischen Opfer galten wenig, sie werden über den Tod hinaus mißachtet und diskriminiert.

Die westeuropäische Presse hat sich in Vietnam ein etwas weiteres Blickfeld bewahrt, als die amerikanischen Medien nach dem

Abzug der eigenen Truppen noch wahrnehmen wollten. Weil aber die amerikanische Presse erheblichen Einfluß auf den Problemhaushalt der Weltöffentlichkeit ausübt und dadurch auch das Interesse und die Aufnahmebereitschaft des europäischen Publikums mitbestimmt, schrumpfte die Bedeutung der Journalisten in Saigon erheblich.

Das nachlassende Interesse an Nachrichten aus Indochina seit dem sogenannten Pariser Frieden von 1973 hat sich unmittelbar auch auf unsere Arbeit ausgewirkt. Der Krieg hatte forthin einen reduzierten Stellenwert. Hinzu kam noch, daß die Watergate-Affäre auch in Europa den Blick auf die andauernden Leiden der indochinesischen Völker verstellte.

An den amerikanischen Presseoffizieren in Vietnam hat es jedenfalls nicht gelegen, wenn die Opfer der Zivilbevölkerung unzulänglich registriert wurden. Sie haben der Berichterstattung keine Hindernisse in den Weg gelegt, wenngleich die Reporter ständig daran erinnert wurden, daß die durch amerikanische Waffen bewirkten Opfer der Zivilbevölkerung nicht beabsichtigt seien. Sie seien der tragische Nebeneffekt einer Strategie, die sich große Beschränkungen auferlege, um nur die bewaffneten Kämpfer zu treffen, die Zivilbevölkerung aber zu schonen.

Am guten Willen der amerikanischen Truppen war in Wahrheit nicht zu zweifeln. »Die Automatik der angewärmten Kriegsmaschinerie«, so notierte ich damals, »scheint den Strategen das Tempo vorzugeben. Der Krieg gerät in den Teufelskreis, wo er sich selber ernährt.«

Body count: Eine makabre Leichenschau

Nach jedem »Kontakt mit dem Gegner«, wie der militärische Fachausdruck lautete, wurde das Gelände abgesucht, um die Zahl der getöteten Gegner zu bestimmen. Anders als im Zweiten Weltkrieg, als die amerikanische Öffentlichkeit ein klares und durchaus negatives Bild von den deutschen und japanischen Gegnern besaß, entzogen die Vietcong sich der propagandistischen Verformung. Sie stimulierten keinen wirklichen Haß. Sie wirkten »gesichtslos«, fremd und unbegreiflich.

Die amerikanischen Computer rechneten mit Zahlen. In jedem Monat wurde nach der Statistik der Saigoner Stäbe eine exakt definierte Zahl von Vietcong getötet. Wenn man die Stärke der gegnerischen Armee zahlenmäßig taxieren konnte, dann war durch den *body count*, das Zählen der Leichen, der Verlauf des Krieges zu quantifizieren. Der gesichtslose Vietcong stellte sich in zwei Zahlen vor: die der Lebenden, die von Monat zu Monat abnahm; die der Gefallenen, die ständig wuchs. Der Tag, so glaubten die Rechenkünstler im Pentagon, konnte nicht mehr weit sein, an dem der Gegner eliminiert war. Die mächtige amerikanische Kriegsmaschinerie hatte dann ihr Ziel erreicht.

Um die Zahl der gefallenen Vietcong zu ermitteln, ließen die Kommandeure häufig die Leichen zusammenlegen. So bot man zudem den Fernsehkameras ein besonders eindrucksvolles Bild vom tatsächlichen Erfolg einer Operation.

Viele abstoßende Szenen sind dabei gefilmt worden. GIs mit der Zigarette im Mund posierten an den Leichen wie Großwildjäger, die nicht einmal darauf verzichten mochten, ein Bein, leicht angewinkelt, auf die Brust des toten Gegners zu stellen. Panzer haben Leichen am Seil hinter sich hergeschleppt.

Photographen und Kameraleute haben solche Akte exzessiver Schändung festgehalten und der Öffentlichkeit zugänglich gemacht. Aber auch der einfache *body count*, die Zurschaustellung zum Beweis des militärischen Erfolgs, bot ein makabres, abstoßendes, erschreckendes Bild.

Für den Nachtangriff hatten die Vietcong-Soldaten ihre Gesichter geschwärzt. Alle trugen den schwarzen Baumwollstoff der Bauern. Viele lagen barfuß. Sie waren so gefunden worden, oder man hatte ihnen die Schuhe ausgezogen. Standardfußbekleidung waren die aus Autoreifen gefertigten sogenannten Ho-Chi-Minh-Sandalen. Kämpfer, die Turnschuhe trugen, galten als »Reguläre«, nicht als Freizeitsoldaten.

Nicht die Verstümmelung, die die tödlichen Waffen bewirkt hatten, bewegte die Phantasie des Betrachters, sondern der Ausdruck der Gesichter der zumeist sehr jungen Menschen. Sie waren mit leichten Waffen gegen die feuerspeiende Maschinerie der amerikanischen Weltmacht angestürmt. Unerhörter Mut und Todesverachtung wurden ihnen auch von jenen amerikanischen Soldaten zugebilligt, die sie mit den rassistischen Bezeichnungen *gooks* oder *dinks* bedachten, ihnen aber dennoch den Respekt für die Kampfmoral nicht versagten.

Was motivierte diese Truppe, so mutig anzugreifen, in der Dunkelheit durch Stacheldrahtverhaue zu robben, Minenfelder zu durchqueren und mit ihren Leibern sich gegen die Maschinerie des Todes zu werfen? Um dies herauszufinden, mußte man die Kleider der Leichen durchsuchen. Notizbücher, Briefe, persönliche Erinnerungsstücke ließen auf die innere Verfassung einer Truppe schließen, deren Heroismus unmenschlich erschien. So makaber die Aufgabe auch war, sie mußte erfüllt werden, wollte man Erklärungen dafür finden, daß Vietcong, wie später bei der Schlacht um die Stadt An Loc 1972, sich freiwillig an ihre Waffen ketteten, um nicht fliehen zu können, und daß so viele mit Bandagen und schweren Verwundungen bis zum letzten Augenblick gekämpft hatten, todesverachtend im wahren Sinne des Wortes.

Schon damals wußten die amerikanischen Stäbe in Saigon aus erbeuteten Dokumenten von der psychologischen Stärke und Belastbarkeit der kommunistischen Gegner. Soldaten, die aus dem Norden stammten, blieben jahrelang im Dschungel, ohne Urlaub und Erholungspausen. Nachrichten von zu Hause kamen selten zu ihnen durch. An der Trennung von ihren Familien haben sie alle besonders schwer gelitten.

Sie wußten auch, daß sie von ihrer militärischen Führung skrupellos geopfert wurden, wenn diese es für erforderlich hielt. Der Sieger von Dien Bien Phu, General Vo Nguyen Giap, hatte den Ruf erworben, Regimenter wie Kompanien abzuschreiben und auch 50 Prozent Verluste hinzunehmen. »Auf der Erde sterben hunderttausend Menschen in jeder Minute«, hatte er verächtlich der italienischen Journalistin Oriana Fallaci anvertraut. »Leben und Tod haben keine Bedeutung.«

Schrecklich traf es besonders jene, die schwer verwundet wurden. Feldlazarette der Vietcong, die Saigoner und amerikanische Truppen entdeckt hatten, legten die Vermutung nahe, daß mit einfachsten Mitteln und häufig ohne Narkose operiert wurde, daß Schwerverwundete kaum eine Chance hatten zu überleben. Die Gefallenen wurden verscharrt. Kein Zeichen markierte die Gräber.

Douglas Pike, der CIA-Spezialist für die Auswertung erbeuteter Vietcong-Dokumente, hat aus Tagebüchern und Briefen ein Bild vom Gegner gezeichnet, das eine »Mischung von Priester, Polizist und Leitartikler« offenbarte. *Dau tranh* war der Begriff, den die Partei für die gestellte Aufgabe verwendete. Das Wort »Kampf«, so schien es Pike, vermittelte keine zureichende Vorstellung von der Totalität der darin enthaltenen Idee. *Dau tranh* definierte die Haltung, das Denken und die Moral. Die hohe Moralität dieser Truppe sei bemerkenswerter als ihre ideologische Imprägnierung. »Weil er tugendhaft war«, so urteilte Pike, »überragte der Anhänger der Befreiungsfront seinen Gegner, und deshalb war er auch politisch und militärisch überlegen.«

Romantisch, sentimental und tugendhaft erschienen die Verfasser von kleinen, offenbar heimlich geführten Tagebüchern, die man aus den schwarzen Bauernkitteln geborgen hatte. Durch ihren Idealismus und ihre Opferbereitschaft haben die Vietcong-Soldaten eine starke Faszination auf die Jugend in Amerika und ganz besonders auf die Achtundsechziger-Generation in Westeuropa ausgeübt. Im Dschungel Vietnams, so wollte vielen Studenten scheinen, kämpften junge Männer nicht nur für ihr Recht auf Einheit und nationale Unabhängigkeit, sondern gegen alle Erzübel der Menschheit: gegen die Hegemonie einer Weltmacht, die Unterdrückung der Dritten Welt, gegen Ungerechtigkeit, Entmündigung und Korruption durch den westlichen Kapitalismus.

Die Presseleute in Südvietnam hatten beim sogenannten *body count* die intensivste Gelegenheit, sich mit der anderen Seite auseinanderzusetzen. Die Kameras der Fernsehteams haben von den blutigen Fleischklumpen, die zur Besichtigung aneinandergereiht waren, erschreckende, ekelerregende Bilder geliefert, die dem Fernsehpublikum auch immer wieder zugemutet worden sind.

Daß die Toten und Verwundeten der gegnerischen Seite gezeigt wurden, war kein neues Privileg der Kriegsreporter, wenngleich der brutale Realismus, mit dem die Kameras die blutverschmierten Leichen auf die Fernsehschirme brachten, weit über die Schamgrenze in früheren Kriegen hinausging. Neu und unerhört war die Freiheit, auch die Opfer der eigenen Seite zu photographieren und zu filmen. Zum erstenmal in der Geschichte des modernen Journalismus wurde die ganze Realität eines Krieges ins Bild gerückt: unzensiert und unverfälscht.

Nie zuvor seit dem Ersten Weltkrieg und der Herausbildung von Massenmedien haben Journalisten ohne Behinderung über einen Krieg berichten können. Die eigenen Verluste waren tabu. Nur die Opfer der anderen Seite durften präzisiert werden. Wort- und Bildberichte mußten durch einen militärischen Zensor geprüft und freigegeben werden. Die Militärs entschieden letztlich, welches Bild vom Krieg der Heimat vermittelt wurde. Eine ungefilterte Berichterstattung, so glaubten bis dahin Regierungen und Generalstäbe überall auf der Welt, würde die Moral der eigenen Truppe und den Wehrwillen der Nation insgesamt untergraben. Sogar im Korea-Krieg, 1950 bis 1953, ist die Presse noch zensiert worden.

Ein wichtiger und folgenreicher Test der Beziehungen zwischen einer freien, unzensierten Presse und den Militärs in Saigon begann Ende 1967 in der Bergfestung Khe Sanh (Ke Schan gesprochen), die General Westmoreland zum Brückenkopf ausgebaut hatte, um von hier aus einen Vorstoß nach Laos, zur Blockade des Ho-Chi-Minh-Pfades, einzuleiten.

30 Kilometer südlich des 17. Breitengrades liegt an der offenen Seeküste die Hafenstadt Dong Ha. Hier beginnt eine Ost-West-Verbindung, die schmale, aber strategisch wichtige Straße Nummer 9, die sich durch eine Mittelgebirgslandschaft windet, die nur ganz dünn von *montagnards*, von Bergstämmen, besiedelt war. Kurz vor der laotischen Grenze erreicht die Straße den Flecken Khe Sanh, den Zivilisten keiner näheren Beschäftigung für wert befunden hätten, den die französischen Militärs aber seiner exponierten Lage wegen mit einem kleinen Flugplatz ausgestattet hat-

ten. Von Khe Sanh führt die Straße Nummer 9 nach Laos, über die Kreisstadt Tschepone nach Savannaketh, wo sie die große, bis heute wichtige, ins nördliche Vientiane führende Hauptstraße erreicht.

General Westmoreland hatte von Präsident Lyndon B. Johnson keine Genehmigung erhalten, den Krieg auf Kambodscha und Laos auszuweiten. Als Kompensation für die aus politischen Gründen unerwünschte Bodenoperation über die Grenze hinweg hielt der Stab in Saigon es für wünschbar, Khe Sanh, nahe der Grenze gelegen, zu einer Bastion auszubauen, die den Gegner veranlassen könnte, sich zu stellen und in größeren Formationen als bisher zu kämpfen. Denn den großen Suchoperationen waren die Vietcong zumeist ausgewichen. An den wenigen »Schlachten« waren bislang Bataillone, aber noch keine größeren Verbände beteiligt gewesen. Die Kriegsmaschinerie der Vereinigten Staaten wartete auf ein Ziel, das »militärisch vernünftig und strategisch lohnend war«, wie Westmoreland in seinen Memoiren formulierte. Khe Sanh sollte der Köder sein, um Hauptstreitkräfte des Gegners in die Falle zu locken.

Mitte 1967 begann der Ausbau des Bergdorfes. 2500 Ledernakken und eine fast gleich große Anzahl südvietnamesischer Elitesoldaten gruben sich in Khe Sanh ein. Über die Straße Nummer 9 rollte schwere Artillerie in die Festung. Das alte französische Rollfeld wurde durch Stahlmatten so weit ausgebaut, daß Transportmaschinen landen konnten, die im Notfall die Besatzung aus der Luft versorgen würden.

Der Stab in Saigon hatte offenbar nur die Computer und die Nachschub-Offiziere befragt, auf das Studium der französischen Erfahrungen in der Festung Dien Bien Phu allerdings verzichtet. Frankreich hatte im April 1954 nur unzulängliche technische Mittel besessen, um sich dort gegen die Belagerer zu behaupten. Die mächtige amerikanische Expeditionsarmee mit einer Luftwaffe, für die es kein Beispiel in der bisherigen Kriegsgeschichte gab, würde dagegen jedem Angriff standhalten, so glaubten die Planer. Den Hinweis auf Dien Bien Phu empfanden sie als lästig, in Wahrheit wohl auch als Beleidigung.

Im Dezember 1967 bemerkten die *marines* in Khe Sanh, daß vier nordvietnamesische Divisionen begannen, die Festung einzukreisen. Am 21. Januar 1968 eröffnete die Vietcong-Artillerie das Feuer, das fünf Monate lang nicht mehr verstummen sollte. Am 5. Februar überrollten nordvietnamesische Panzer vom sowjetischen Typ PT-76 die vorgeschobene Position Lang Vei. Zum erstenmal hatten die gegnerischen Truppen Panzer in Südvietnam auffahren lassen.

Trotz hoher Risiken und begrenzter Transportkapazität flog die amerikanische Luftwaffe von der Basis Phu Bai aus, südlich von Hue gelegen, die internationale Presse nach Khe Sanh. Die Straße Nummer 9 war blockiert. Die Festung wurde mit allem, was sie benötigte, aus der Luft versorgt. Das Rollfeld lag unter beständigem Beschuß. Die meisten Cargo-Maschinen ließen in geringer Höhe ihre Fracht aus der Hinterluke gleiten, um sofort durchzustarten und nach Phu Bai zurückzufliegen. Andere Maschinen blieben mit laufendem Motor nur wenige Minuten auf dem Rollfeld stehen, um Passagiere aussteigen zu lassen und Verwundete auf Bahren aufzunehmen, aber auch in Plastik gewickelte Leichen gefallener *marines*. Die Wolken hängen tief im Januar. Es regnet viel. Die Temperatur sinkt auf unter 10 Grad. Khe Sanh unter schwerem Dauerbeschuß, berannt und bedrängt von Offensiv-Operationen gegen den aus massiven Stacheldrahtverhauen und Minenfeldern gebauten Perimeter, war nicht weniger als die Hölle, in der auch die Profis das Fürchten lernten.

Die Kooperation der Presseoffiziere bewährte sich auch in der militärischen Ausnahmesituation. Die Truppe teilte ihren Unterstand mit Journalisten und Photoreportern, die sich nun ganz der Not und dem Opfer der eigenen Seite zuwandten und schonungslos schilderten, was sie in der Festung Khe Sanh, die sich mit äußerster Kraft gegen die anstürmenden Divisionen aus Nordvietnam verteidigte, beobachteten und erlebten.

Tag und Nacht war ein großes Feuerwerk zu sehen, das die amerikanische Luftwaffe über den Positionen des Gegners veranstaltete. Operation »Niagara« schüttete wie ein Wasserfall Sprengstoff in Fülle auf die nordvietnamesischen Divisionen. Die

Erde bebte. Das Ende der Welt schien gekommen zu sein, wenn die B-52-Formationen aus großer Höhe ihre Bombenteppiche kaum 200 Meter vor den eigenen Positionen niedergehen ließen. Es fällt schwer, das markerschütternde Chaos, das die Bombenlast verursachte, in Worte zu fassen, um die innere Panik, die jeden in der Nähe ergriff, nachvollziehbar zu machen. Auf einen ganz engen Raum von vielleicht 50 Quadratkilometern hat die amerikanische Luftwaffe in neun Wochen etwa 75 000 Tonnen Sprengstoff geworfen. Kein Platz der Welt war zuvor so massiv bombardiert worden wie jetzt die Außenregion von Khe Sanh.

Den Angreifer vor den Stacheldrahtverhauen konnten die Kameras nicht erfassen. Durch das Fernrohr waren zuweilen Leichen zu erkennen, die im Niemandsland lagen und erst nachts in der Dunkelheit geborgen wurden. Die *action*, die die Reporter in Khe Sanh erlebten, richtete sich nach innen, gegen die amerikanischen Verteidiger. Die Ledernacken lagen genauso unter Sperrfeuer wie die belagernden Nordvietnamesen. Die Kriegsszenen, die die Kameras ablichteten, zeigten den Heroismus, aber auch die Angst und die Verzweiflung einer Truppe, die sich gegen das Schicksal stemmte, gegen die Gefahr, so wie die Besatzung von Dien Bien Phu von den Divisionen Vo Nguyen Giaps überrannt zu werden.

Im Kessel von Khe Sanh haben Photographen und Kameraleute einige der bewegendsten und erschreckendsten Bilder von der amerikanischen Armee »geschossen«. Vier junge verdreckte und erschöpfte Soldaten tragen unter Beschuß einen schwerverwundeten Kameraden, dessen entblößter Kopf ohne Kontrolle im Rhythmus der Laufenden baumelt, in Sicherheit. Die Münder der unter Streß rennenden Soldaten sind geöffnet. Sie rufen, reagieren ihre Angst ab. In den Augen spiegelt sich der Schrecken des Augenblicks.

Ein schwerverwundeter *marine* liegt auf der matschigen Erde, das Gesicht und die Haare von Schlamm bedeckt, die Hose bis zu den Knien abgetrennt, um die Beine verbinden zu können; mit der Hand des weit ausgestreckten linken Arms sucht er Halt an einem kurzen Holzpflock: es könnte der letzte Augenblick sein, bevor das Bewußtsein schwindet und die Nacht hereinbricht.

Im Kessel von Khe Sanh an der Grenze zu Laos haben
Photographen und Kameraleute einige der
bewegendsten und erschreckendsten Bilder »geschossen«.
Die Photos von Larry Burrows zeigen auf exemplarische Weise
die Opfer und Verluste auch der »eigenen« Seite.

Nie zuvor sind solche dokumentarischen Bilder noch während
des Krieges freigegeben und publiziert worden. Der Besitz eines
Photoapparats war im Ersten Weltkrieg ein Delikt, das mit stand-
rechtlicher Erschießung geahndet wurde. Photos aus dem Felde,
die von streng überwachten Armeephotographen damals geschossen worden waren, zeigten vornehmlich Sieghaftes, Heroisches,
optimistisch leuchtende Gesichter oder aber »Totalen«, die den
Kampf wohl ahnen ließen, dem Beobachter aber Details vorent-

hielten und das Grauen verheimlichten. Wenn Opfer zu erkennen waren, dann betrafen sie den Gegner. Die Leiden und Verluste der eigenen Armee waren tabuisiert. Was macht das Wesen des Krieges aus, die existentielle Atmosphäre eines Kampfes auf Leben und Tod?

Der Presse war bis dahin noch niemals gestattet worden, realitätsnahe, wahrhaftige Antworten auf diese Frage zu versuchen. Die Zensur eliminierte alle Informationen, die das Gemetzel,

Schweiß und Blut hätten sichtbar machen können. Die Berichte wirkten allesamt abstrakt, aseptisch, wie populär-wissenschaftliche Schilderungen von chirurgischen Eingriffen, die dem Leser die blutigen Umstände, unter denen operiert wird, ersparen.

Sehr nahe an die Wirklichkeit des Krieges sind Romanautoren herangekommen, die wie Ernst Jünger, Arnold Zweig, Erich-Maria Remarque, Theodor Plivier oder Ernest Hemingway und Norman Mailer mit der Kraft dichterischer Darstellung die Angst, die Brutalität und die Not der kämpfenden Soldaten beschrieben haben. Aber solche Romane sind Jahre nach dem Ereignis erschienen. Sie enthielten eine Wahrheit im höheren Sinne. Die Schilderungen des Krieges waren aus der Wirklichkeit geschöpft, durch die künstlerische Gestaltung jedoch überhöht und der Phantasie des Lesers anheimgegeben. Mit Recht haben die Generale in allen Ländern dennoch die Wirkung der Kriegsliteratur auf den Wehrwillen der Nation beklagt. Wenn die Völker Europas die Wirklichkeit der Schlachten im Ersten Weltkrieg hätten realistisch nacherleben, einsehen können, wenn sie nur eine Ahnung gehabt hätten, was die Namen Ypern oder Verdun wirklich bedeuteten, das Hinmetzeln von Millionen junger Menschen hätte ein Ende gefunden, die Heimat hätte weitere Massaker verhindert.

Ähnlich waren die Verhältnisse im Zweiten Weltkrieg. Hätte die amerikanische Bevölkerung die Zahl der abgeschossenen eigenen Flugzeuge beim Bombenkrieg gegen Deutschland gekannt, die Operation wäre abgebrochen worden, weil die Öffentlichkeit den damit verbundenen Preis nicht hätte verkraften können. Auch die US-Verluste in der Ardennen-Offensive Ende 1944, die man in Amerika »the battle of the bulge« nennt, hätten die Nation erschüttern und in ihrer Entschlossenheit gefährden können. Die Wahrheit über den Verlauf des Krieges ist deshalb unterdrückt, zumindest manipuliert worden.

Im Krieg sei die Wahrheit so wertvoll, hat der britische Premierminister Winston Churchill erklärt, »daß sie immer von einer Leibwache von Lügen bewacht werden müßte«. Nur in Vietnam war die Presse frei, die Wirklichkeit des Krieges zu schildern. Zu den Zeitungskorrespondenten und den Photographen gesellten sich zum erstenmal mit einer geradezu elementaren Wirkung die Fernsehteams, die ihre Farbfilme mit *actions*, mit Spannung und Panik, mit dem Feuerregen der Kriegsmaschinerie, aber auch mit dem Schicksal der Menschen, dem Leiden und Sterben der eigenen *boys* belichteten und diese Bilder ohne Zensur in die Heimatredaktionen schickten, die die Reportagen vom Krieg den Zuschauern abends, morgens, nicht selten beim Essen, servierten.

Khe Sanh, wo amerikanische und südvietnamesische Truppen in Gefahr waren, vernichtet oder überrannt zu werden, hat der Weltöffentlichkeit ungemein dramatische und erschreckende Bilddokumente zugänglich gemacht, die dem Zuschauer im Heimkino nichts ersparten. Gewiß sind die Kampfbilder aus Khe Sanh unvollkommen und unzulänglich, um die ganze Wirklichkeit der Situation einer kämpfenden und leidenden Truppe darzustellen. Realistischer als hier ist der Krieg dennoch nie zuvor geschildert worden. Viele Photos und Fernsehsequenzen erinnern an Hollywood-Filme. Nur sind sie kein Kintopp, in aufwendigen Kulissen gedreht, sondern das Abbild einer gefährlichen, schrecklichen Wirklichkeit. Und anders als bei der Filmproduktion gehörten in Khe Sanh Mut und Nervenstärke dazu, um mit der Kamera dabeizubleiben, wenn die Artillerie- und Mörsergeschosse auf die Festung niedergingen.

Neil Davis, ein wortkarger Australier aus Tasmanien, der damals für die Agentur *Visnews* arbeitete, gehörte zu den couragierten Bildreportern, denen die Öffentlichkeit einige der eindrucksvollsten Bilder vom Krieg verdankt. Er war ein Ein-Mann-Team, nur für sich selber verantwortlich, so kühl, nervenstark und kriegserfahren, wie nur ein Veteran von vielen Schlachten sein kann. Risiken in Fülle hat er überlebt. Am Ende stand Neil Davis als einziger mit einer Filmkamera im April 1975 vor dem Präsidentenpalast in Saigon, als nordvietnamesische Panzer das große Eisentor niederrollten und die Besatzungen ins Hauptportal stürmten, um an der Stirnwand im ersten Stock die Vietcong-Fahne zu hissen.

Bei einem »Operettenputsch« im September 1985 in Bangkok ist Neil Davis zehn Jahre später erschossen worden; von der Hand

eines nervösen, naiven Thai-Soldaten, den der Anblick einer Kamera in Panik versetzt hatte. Es bedeutet keine Herabsetzung der
Leistung anderer, vor allem der eigenen Kameraleute, wenn man
den hilfsbereiten, abergläubischen, selbstkritischen und bescheidenen Neil Davis als jenen hervorhebt, der viele Jahre hindurch
höchste Risiken eingegangen ist, um den Krieg so wirklichkeits-
nah und wahrhaftig wie nur möglich zu filmen.

Das Gespenst von Dien Bien Phu

Es wurde bedrohlich für die Besatzung von Khe Sanh. Trotz der
Luftoperation »Niagara« ließen die Angriffe der nordvietnamesischen Truppen nicht nach. Die in der Bergfestung mit den Soldaten lebenden und leidenden Journalisten spürten sehr bald die
inneren Zweifel und die Sorgen der militärischen Führung, die
sich der eigenen Stärke durchaus bewußt war, die aber keine Klar-
heit gewinnen konnte über die Absichten des Gegners.

Als die amerikanischen Generale jeden Vergleich mit der französischen Festung Dien Bien Phu als Belästigung empfanden, begannen die Presseleute, die in Saigon Zugang zu historischer Literatur besaßen, die militärischen Klassiker zu studieren, die die
Entscheidungsschlacht von Dien Bien Phu vor genau 14 Jahren
analysiert hatten. Die Bücher von Jules Roy und Bernard Fall
inspirierten die Diskussion der Journalisten, die immer mehr Parallelen zwischen Dien Bien Phu und Khe Sanh entdeckten.

Hier wie dort war das Gelände hügelig, weit abgelegen, ungünstig für Panzer und Bodentransportgerät. Damals wie heute hatten die Nordvietnamesen reagiert, nicht initiiert. Französische
und amerikanische Strategen hatten sich ohne Not zum Bau und
zur Befestigung einer Außenposition entschlossen, deren militärischer Wert höchst zweifelhaft erschien. In Dien Bien Phu, das
bewiesen die Bücher von Roy und Fall, waren die selbstsicheren
Prognosen der französischen Militärführung schon Stunden nach
dem Beginn des gegnerischen Sturmangriffs in sich zusammengebrochen. Der Artillerie-Chef hatte versprochen, jeden Beschuß

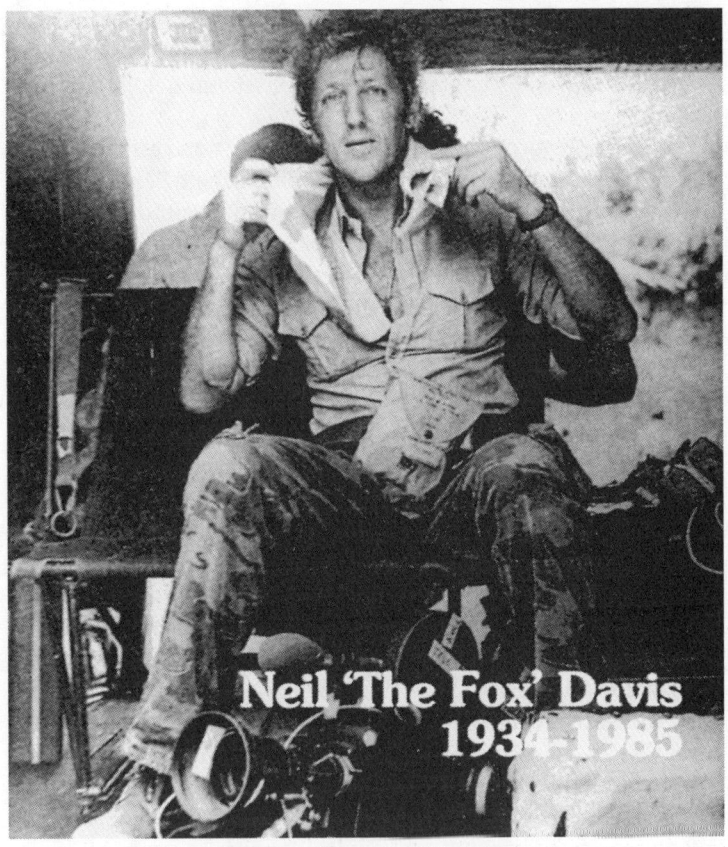

Neil 'The Fox' Davis
1934-1985

Neil Davis, ein wortkarger Australier aus Tasmanien,
gehörte zu den couragiertesten Bildreportern im
Vietnam-Krieg. Im September 1985 wurde er bei einem
»Operettenputsch« in Bangkok erschossen.
Die Abbildung zeigt das Titelblatt einer
Gedenkschrift für »The Fox«, wie er von Kollegen
respektvoll genannt wurde.

der Vietnamesen innerhalb kurzer Frist zum Schweigen zu bringen. Oberst Piroth hat noch in der ersten Nacht, in der die Artilleriesalven auf die Festung niederregneten, seinem Leben ein Ende gesetzt.

Das Offizierscorps vieler Armeen hätte nur noch aus einer kleinen Gruppe bestanden, wenn alle militärischen Sektionsführer den Drang verspürt hätten, ihren Irrtum mit Freitod zu sühnen, um die Ehre zu wahren. Die amerikanische Armee hat sich den europäischen Ehrbegriff nie zu eigen gemacht. In Khe Sanh fragten die *marines* in grimmigem Scherz nach dem Unterschied zwischen dem Marinecorps und den Pfadfindern. Die Pfadfinder, so lautete die von Michael Herr, dem Reporter des *Esquire* und späteren Romanautor, notierte Antwort, »haben erwachsene Anführer«.

In Dien Bien Phu, das machte der historische Rückblick offenkundig, hatten die Vietminh Ziele und Strategien definiert, die die Vorstellungskraft und das Verantwortungsbewußtsein westlicher Militärs überforderten. Kein Blutopfer schien den Männern um Ho Chi Minh zu hoch, um eine Festung zu stürmen, die militärisch geringe Bedeutung besaß, inzwischen aber zu einem politischen Symbol geworden war. Nur der politische Nutzen, der psychologische Schock auf die Öffentlichkeit der westlichen Welt zählten, nicht die Verluste, die Opfer in einem schrecklichen Gemetzel.

In Khe Sanh würden die Opfer der Angreifer noch weitaus höher sein als in Dien Bien Phu. Aber die Journalisten nährten den Verdacht, daß General Vo Nguyen Giap, der legendäre Sieger von damals, auch jetzt wieder beauftragt worden war, den Sieg um jeden Preis zu erringen, um die gleiche weltweite Reaktion auszulösen, die Frankreich veranlaßt hatte, den Krieg zu beenden, obgleich der Verlust von 5000 Soldaten die gesamtstrategische Lage nicht wesentlich verändert hatte.

Dien Bien Phu wurde ein Reizwort, das die Journalisten fast täglich in ihre Berichte einflochten. Die »große, melodramatische Fernsehshow« schürte plötzlich die Angst. Die Zuschauer weltweit empfanden Mitgefühl für die hart bedrängten amerikanischen Verteidiger. Natürlich war auch in Khe Sanh das Interesse der Medien in erster Linie auf die weißen, die amerikanischen Soldaten gerichtet. Die zweite Hälfte der leidenden und sterbenden Truppen, die Rangers der südvietnamesischen Armee, die mit dem Rücken zur Wand stehend gar keine Alternative hatten, als sich genauso tapfer wie die Verbündeten ihrer Haut zu erwehren, wurde in den Berichten der amerikanischen Mediengiganten fast durchweg unterschlagen. Khe Sanh war das Drama der Ledernakken, eine amerikanische Tragödie. Die Vietnamesen waren dabei entbehrlich.

Mit Kugelwesten und Stahlhelmen ausgerüstet, wichen die Journalisten und Bildreporter den kämpfenden *marines* nicht von der Seite. Die amerikanische Nation sah in ganz wörtlichem Sinne der Armee bei der Schlacht zu; und die Konsumenten zu Hause begriffen rasch, daß sich in den Bildern die blutige Realität spiegelte. »So was wie Jugend«, so schildert Michael Herr die jungen Soldaten, »hielt sich nicht sehr lange in ihren Gesichtern. Es waren die Augen: Weil sie immer entweder überanstrengt oder ausgebrannt oder einfach leer waren, hatten sie nie was mit dem übrigen Gesicht zu tun, und das gab allen das Aussehen extremer Erschöpfung oder sogar den Anschein von Wahnsinn.«

Als der Druck der Angreifer nicht nachließ und als sich nach dem Beginn der Tet-Offensive gegen die Städte am letzten Januartag des Jahres 1968 die Situation noch zuspitzte, klangen in den Berichten der Reporter nicht nur Skepsis und Sorge über die Stärke der gegnerischen Seite an, sondern auch unverhüllte Kritik an der eigenen militärischen Führung, die mehr Verluste hinnehmen mußte, als den Journalisten notwendig erschien. Warum, so fragten am Ende auch die publizistischen Bannerträger des Marinecorps, haben die Soldaten ihre Unterstände und Bunker nicht solider befestigt? Warum ist ihnen nicht rechtzeitig befohlen worden, sich tiefer einzugraben? Die *marines*, eine mobile Eingreiftruppe, waren auf einen Grabenkrieg gar nicht vorbereitet. Angriff war ihre Devise, nicht Verteidigung. Die psychologische Überheblichkeit des Marinecorps hat die Verluste der kämpfenden Truppe in Khe Sanh noch wesentlich erhöht.

Das Oberkommando in Saigon und auch die Spitzen des Penta-

gon spürten den Druck der öffentlichen Meinung, die sich für
Zweifel, Sorgen und Skepsis in den Berichten der Korrespondenten außerordentlich empfänglich zeigte. Das Gespenst von Dien
Bien Phu ging um. Die amerikanische Öffentlichkeit erlebte nicht
nur die Feuerkraft der Kriegsmaschinerie und den Heroismus der
Truppe, sondern auch die Opfer, die Angst der jungen Wehrpflichtigen, im Kessel von Khe Sanh verwundet oder getötet zu werden.
Vietnam beherrschte nun die Schlagzeilen und das Bewußtsein
der Heimat.

Zweifel an der Tauglichkeit der amerikanischen Strategie waren
in den Meinungsorganen der liberalen Ostküste schon seit 1962
geäußert worden. Jetzt in Khe Sanh schienen sie eine sichtbare,
eine fernseh-dramatische Bestätigung zu finden.

Niemanden hat das Gespenst von Dien Bien Phu mehr erschreckt als den schwer unter seiner Verantwortung leidenden
amerikanischen Präsidenten Lyndon B. Johnson. Er hat sich von
seinen Generalen, denen zu mißtrauen ihn die parlamentarische
Arbeit gelehrt hatte, eine schriftliche Garantie geben lassen, daß
die Festung Khe Sanh gehalten werden könne und daß ihm die
Schockwirkung einer spektakulären Niederlage im Bergnest Khe
Sanh erspart bleiben würde. Die wachsende Anteilnahme der
amerikanischen Öffentlichkeit am Verlauf der Operationen in
Vietnam brachte den sensiblen Präsidenten in eine psychologische Abhängigkeit von den Berichten und Stimmungsvorgaben
der Medien. Ein typisches Photo zeigt Johnson mit einem Haus-
rock bekleidet, wie er im Schlafzimmer mit seinen engsten Beratern die letzten Filmnachrichten aus Vietnam auf sich wirken läßt.
Das Urteil der Presse war für ihn genauso wichtig wie die Lageanalysen und Prognosen der Militärs.

Die offiziellen Verlautbarungen des Oberkommandos in Saigon
versuchten, durch Optimismus und positive Deutung den alarmie-
renden Nachrichten der Medien entgegenzuwirken. Die innere
Anspannung, die Zweifel und Sorgen, denen General Westmoreland durch die anhaltend starken Angriffe der nordvietnamesischen Divisionen gegen Khe Sanh ausgesetzt worden war,
versuchte er vor der Öffentlichkeit zu verheimlichen. Tatsächlich

aber wagte Westmoreland seit dem Beginn der Belagerung von
Khe Sanh nicht mehr, die Kommandozentrale zu verlassen. Bis
zum Abschluß der Operation hat er, wie er erst später in seinen
Memoiren bekannte, auf einem Feldbett im Lagezentrum genäch-
tigt.

Wie ernst der Oberkommandierende und seine engsten Mitarbeiter die Lage in Khe Sanh damals eingeschätzt haben, ist auch
erst in den Memoiren offenbart worden. Er habe, so berichtete
Westmoreland, an den Einsatz von »kleinen taktischen Atomwaffen«
fen« gedacht, um Hanoi das Fürchten zu lehren. Aus Angst vor
dem Spürsinn der Presse und auch vor einem Bruch der Geheimhaltung hat der Nationale Sicherheitsrat in Washington dem
Oberkommandierenden verboten, dazu auch nur eine Studie an-
fertigen zu lassen.

Westmoreland beweist noch einmal seine Unfähigkeit, die Rolle
und Wirkung der unzensierten Medien im Vietnam-Krieg zu begreifen, wenn er seine damaligen Überlegungen zum Einsatz takti-
scher Atomwaffen in den Memoiren mit einem trotzigen Bekennt-
nis abschließt: »Ich glaubte damals und glaube heute noch mehr,
daß es ein Fehler war, diese Alternative nicht in Betracht zu ziehen. Sie hätte den Krieg vielleicht zu einem schnellen Ende gebracht.«

Schon eine Ahnung von den atomstrategischen Überlegungen
des Oberkommandierenden in Vietnam hätte die amerikanische
Öffentlichkeit aufs höchste erregt und unkalkulierbare Reaktionen ausgelöst. Johnson und der Nationale Sicherheitsrat besaßen
ein gutes Gespür für die Stimmungslage des Publikums, das von
den Medien sensibilisiert und im Falle Khe Sanh sogar verängstigt
worden war.

Politiker und Militärs verloren mehr und mehr die Fähigkeit,
das Erscheinungsbild des Krieges in Vietnam selber zu bestimmen. Eine unzensierte Presse, die eigene Informationen sammelte
und interpretierte und dadurch dem Propagandaapparat des Pentagon einen großen Teil seiner Wirkung nahm, ermunterte die
Öffentlichkeit, den Verlautbarungen der Generale zu mißtrauen.
Einen schnellen Sieg, das hatten die führenden Pressevertreter

schon seit 1962 aus Saigon berichtet, werde es nicht geben. Durch Khe Sanh wurde der amerikanischen Öffentlichkeit nun bewußt, daß die Truppe im Dschungel Asiens in eine Falle geraten war, daß sie nicht nur Schläge austeilte, sondern trotz technischer Überlegenheit schwere Opfer bringen mußte und nicht einmal ausschließen konnte, auch partielle Niederlagen hinnehmen zu müssen.

Auf Opfer in dieser Dimension war Amerika nicht vorbereitet. Die Gründe und Ziele des militärischen Engagements waren für die Mehrheit undurchschaubar; sie lösten keine wirkliche Anteilnahme aus und schon gar keinen nationalen Überschwang. In Korea hatte es schon an der Begeisterung gemangelt. Südvietnam war den Bürgern der Vereinigten Staaten in Wahrheit nicht das Leben eines einzigen Grenadiers wert. Daß in Südvietnam die Volksrepublik China eingedämmt werden sollte, um Südostasien vor der roten oder gelben Flut zu bewahren, mochte Geopolitiker und Leitartikler überzeugen. Für das Fernsehpublikum in Amerika war die Domino-Theorie eine Abstraktion, die wenig vom Sinn und von der Notwendigkeit des Krieges vermittelte. Die Medien bedienten mit Bildern aus der vordersten Front das Gefühl und das Gemüt des Publikums. Die Stimmung begann umzuschlagen. Politiker und Militärs gerieten unter den Druck der öffentlichen Meinung.

Kaum eine Woche nach Beginn der Belagerung Khe Sanhs begann die Tet-Offensive gegen die Städte tiefer im Süden. Presse und Militärs verwickelten sich in einen schwerwiegenden Konflikt. Das Medienereignis in Südvietnam näherte sich dem Höhepunkt. Weil die Militärgeschichte bloß die Kulisse ist, vor der die Rolle und die Wirkung der Presse in Vietnam unsere Überlegungen bestimmen, soll hier das Ende der Schlacht um Khe Sanh nur mit wenigen Sätzen geschildert werden. 67 Tage lang dauerte der Beschuß durch nordvietnamesische Artillerie, die trotz der Operation »Niagara« nicht ausgeschaltet werden konnte. Vor allem nachts trugen nordvietnamesische Einheiten immer neue, blutige Angriffe gegen den Außenring der Festung vor, die nur mühsam abgeschlagen wurden und den amerikanischen Verteidigern hohen Respekt vor der Motivation und Kampfkraft der Vietcong abnötigten. Khe Sanh hielt am Ende dem Druck stand.

Im April 1968 flauten die Gefechte plötzlich ab. Die nordvietnamesischen Divisionen versickerten im Dschungel. Sie gaben sogar die Straße Nummer 9 wieder frei, über die General Abrams, der Westmoreland inzwischen als Oberkommandierender abgelöst hatte, die Mannschaften an die Küste nach Dong Ha, in sicheres Territorium, zurückmarschieren ließ.

Auf zehntausend Gefallene werden die nordvietnamesischen Verluste geschätzt. In amerikanischen Geschichtsbüchern wird die Zahl der gefallenen Ledernacken mit rund 500 angegeben. Die Zahl der südvietnamesischen Verluste in Khe Sanh wird nicht erwähnt.

Sinn und Bedeutung der Schlacht sind bis heute umstritten. War es militärisch vernünftig, Khe Sanh zu einer Bastion auszubauen und damit in Kauf zu nehmen, vom Gegner in ungünstigem Territorium festgenagelt zu werden und den Vorteil der Mobilität zu verlieren? Haben die *marines* die Stärke des Gegners unterschätzt? Wollte Giap Khe Sanh erobern und ein zweites Dien Bien Phu erzwingen? Oder haben die Journalisten die Schlacht nur »hochgejubelt«, um mit *action* und Dramatik das Publikum zu beeindrucken, um Auflagen und Einschaltquoten zu erhöhen?

Nordvietnams Stratege Vo Nguyen Giap hat sich noch im selben Jahr 1968 in einem Interview mit Oriana Fallaci geäußert: »O nein, Khe Sanh war kein und konnte kein zweites Dien Bien Phu sein. Es war gar nicht von so großer Bedeutung. Oder es war nur bedeutend, weil es für die Amerikaner so wichtig war, deren Prestige auf dem Spiel stand. Das übliche amerikanische Paradoxon! Solange sie Khe Sanh verteidigten, um ihr Prestige zu wahren, behaupteten sie, es sei wichtig. Als sie Khe Sanh aufgaben, sagten sie, es hätte nie eine große Bedeutung gehabt ... Khe Sanh war ein Sieg für uns.«

Auch General Westmoreland reklamiert in seinen Memoiren den Sieg für sich. Khe Sanh, so glaubt er, habe »Giaps militärisches Genie diskreditiert«. Es sei Giap nicht gelungen, Dien Bien Phu zu wiederholen.

Die Mehrzahl der amerikanischen Analytiker neigt heute dazu, die Befestigung von Khe Sanh für einen Fehler zu halten. Giap sei ermöglicht worden, starke Kontingente der amerikanischen Streitkräfte im unzugänglichen Bergland Zentral-Annams zu binden, während die Hauptmacht des Vietcong zur gleichen Zeit eine Totaloffensive gegen die Städte im Süden begann. War Khe Sanh also nur eine Ablenkung, eine Kriegslist Hanois, um der Tet-Offensive die bestmögliche Voraussetzung zu verschaffen? Für eine Kriegslist wären 10 000 Gefallene ein sehr hoher Preis gewesen.

Die wirklichen Absichten der nordvietnamesischen Führung enthüllte mir 18 Jahre später ein Kurator des Militärmuseums in Hanoi, Oberst Nguyen Van Cam, der als Hauptmann an der Operation beteiligt gewesen war. »Welche Ziele hat die ›Befreiungsarmee‹ verfolgt?« so lautete meine zuvor schriftlich eingereichte Frage, »als sie die amerikanische Festung Khe Sanh berannte und den Kampf ohne Entscheidung im April 1968 beendete?«

Vor einer großen Karte stehend, die die Verästelungen des Ho-Chi-Minh-Pfads zeigte (dessen Existenz zu leugnen bis zum Sieg 1975 zur nordvietnamesischen Propaganda gehörte), mit einer Uniform bekleidet, einer Schirmmütze ohne Abzeichen auf dem Kopf, erklärte Oberst Nguyen Van Cam vor unserer Kamera wörtlich: »Man muß den Tiger aus dem Wald locken. Nur im Wald ist er stark. Die *marines* sind geübt, im Tiefland oder an der Küste zu kämpfen. Wir haben sie hierher gelockt, in ein ungünstiges, fremdes Gelände. Während Amerika fürchtete, daß wir Khe Sanh eroberten, haben wir die Offensive gegen die Städte im Süden begonnen. Die Amerikaner sind von uns getäuscht worden, weil sie unsere Absichten nicht deuten konnten. Schließlich ist Khe Sanh auch eine Generalprobe gewesen. Wir haben zum erstenmal mit Divisionen operiert. Viele Einheiten hatten dafür keine Erfahrung. Deshalb haben wir nacheinander Divisionen ausgewechselt, um diese Form des Kampfes zu lernen. Khe Sanh war ein Anziehungspunkt für die Amerikaner und zugleich ein Übungsplatz für unsere Truppen.«

»Man sieht nur unscharf mit verweinten Augen«

Anfang 1968 war Vietnam die alles beherrschende Nachricht, »the biggest story in the world«. Die Öffentlichkeit in den USA, aber auch in den Staaten Westeuropas zerfiel in Gegner und Befürworter des amerikanischen Engagements. Mit dem Interesse wuchs der Bedarf an Informationen und Meinungen über den Gang der Ereignisse. »Polyglotte Horden von sogenannten Kriegsberichterstattern«, wie der Thriller-Autor John Le Carré gespottet hat, fielen in Saigon ein, um sich vor einem staunenden Publikum selber als Helden in Szene zu setzen.

Die Reporter der älteren Generation, die schon im Zweiten Weltkrieg und auch in Korea dabeigewesen waren, blickten mit Verachtung und Entsetzen auf das Journalistengetümmel herab. Für Joseph Alsop, Marguerite Higgins, Kenneth Crawford, um nur ein paar amerikanische Veteranen zu nennen, verdiente die US-Armee, von der Öffentlichkeit und der Presse unterstützt zu werden. Und auch für die Korrespondenten aus der Bundesrepublik, für Hans Walter Berg, Christian Roll, Eckehard Budewig, Thilo Bode und Klaus Mehnert, stand ganz außer Frage, daß die Vereinigten Staaten einen politisch notwendigen Krieg führten. In diesem Kreis hegte niemand Illusionen über den kommunistischen Gegner. Ein Sieg der Kommunisten, schrieb Douglas Pike schon 1967, würde bedeuten, »Tausende von Vietnamesen, darunter viele persönliche Freunde, dem Tod, Gefängnis oder dem permanenten Exil zu überantworten. Für mich ist das Leid des vietnamesischen Volkes kein abstrakter Begriff; und ich habe keine Nachsicht mit jenen, die Vietnam so betrachten.«

Die jüngere Generation der Reporter, zu der auch ich gehörte, die den Zweiten Weltkrieg und den Beginn des Ost-West Konflikts weit weniger intensiv erlebt hatte und Amerikas Führungsrolle mit ziemlich unbefangenen Augen betrachtete, fragte dagegen nach Berechtigung und Sinn des schmutzigen Krieges im Dschungel. Ein Blick auf die französischen Kriegserfahrungen und die Beschäftigung mit den Wurzeln des vietnamesischen Nationalismus ließen uns daran zweifeln, daß die Vereinigten Staaten von Amerika ein höheres Recht besaßen, die Teilung Vietnams, die 1954 in Genf vereinbart worden war, mit Waffengewalt aufrechtzuerhalten, nur weil eine Wiedervereinigung das ganze Vietnam unter kommunistische Herrschaft bringen würde. Wir fragten uns, ob die Mittel angemessen seien, um den Staat von Saigon zu erhalten, ob die Kriegsmaschinerie, die so viele Zivilopfer forderte, bedenkenlos eingesetzt werden dürfe. Nimm keine Muskete, so rät ein asiatisches Sprichwort, um einen Schmetterling zu töten.

Vor allem aber mißtrauten wir den offiziellen Informationen. Wir fühlten uns von den Sprechern der Botschaft und der Militärs des-informiert. Die Pentagon-Propagandamaschine spornte nachgerade an, eigene Informationen zu sammeln, die offizielle Version zu überprüfen, den »Tatsachen« Vorrang zu geben ohne Rücksicht auf das Prestige der westlichen Führungsmacht. Wir recherchierten und urteilten, wie es gemeinhin die Aufgabe der Presse in einer freien Gesellschaft ist. Daß es dergleichen Unabhängigkeit und Freiheit noch nie in einer nationalen Krisensituation, in einem Krieg gegeben hatte, ist den Reportern in Vietnam kaum bewußt geworden. Wir hielten das Fehlen von Zensur für selbstverständlich. Wir haben den Behörden der Vereinigten Staaten nicht einmal den gebührenden Respekt bezeigt.

Nicht wenige aus der »polyglotten Horde der Kriegsreporter« benutzten die schier grenzenlose Freiheit in Südvietnam, um den Vietcong zu heroisieren, die amerikanische Kriegführung zu kriminalisieren und der kommunistischen These vom amerikanischen Völkermord in Vietnam Glaubwürdigkeit zu verschaffen. Der Staat von Saigon erschien in diesem Bild wie ein faschistisches Monster, in dem ausschließlich gefoltert und gemordet wurde.

Selbst solche den Gegner glorifizierende und die eigene Position diskreditierende Berichterstattung wurde in Saigon toleriert. Die südvietnamesischen Behörden versuchten, ihren erklärten publizistischen Gegnern Beschränkungen aufzuerlegen, sie auszuweisen oder die Wiedereinreise zu verhindern. Die amerikanische

Botschaft hat die Regierung Südvietnams immer wieder genötigt, zumindest dem ausländischen Pressecorps die Meinungs- und Informationsfreiheit zu belassen, auch jene Kritiker und Aktivisten zu tolerieren, die, wie beispielsweise Mary McCarthy, kein Hehl daraus machten, daß es ihr Ziel war, den amerikanischen Interessen zu schaden.

Diese Toleranz hat bis zum Ende des Krieges im April 1975 gewährt. Sie hat den Vereinigten Staaten von Amerika weltweite Empörung über den Einsatz von Napalm, Agent Orange zum Entlauben und über Massaker an Zivilisten, wie in My Lai, eingebracht. Die Regierung in Washington wurde auf die Anklagebank gesetzt.

Die Glorifizierung des Vietcong und die Denunzierung der amerikanischen Streitkräfte als Verbrecherbande haben meine Zustimmung nicht finden können. Sosehr Amerika weltweite eigene Interessen in Vietnam verfolgte, sosehr waren die Vereinigten Staaten doch auch gleichzeitig bemüht, die Ideale einer freiheitlichen Gesellschaftsordnung zu verteidigen, die sie von einer kommunistischen Aggression bedroht sahen. Ihre Weltsicht mochte naiv, überheblich, sogar missionarisch genannt werden, kriminell und moralisch verwerflich erschien sie mir nicht.

Ganz ohne Skrupel und innere Anfechtung erlebte eine dritte Gruppe von Reportern den Krieg, die Haschisch und Heroin kiffte und der Gewalt einen ästhetischen Reiz abgewann. Der sehr junge britische Photograph Tim Page gehörte dazu, den im Laufe der Jahre mehrere Verwundungen zum Kriegskrüppel gemacht haben. Zusammen mit Sean Flynn, dem tollkühnen Sohn des Schauspielers Errol Flynn, riskierte Page die gefährlichsten Missionen, um sich in der Wirklichkeit eines Krieges auszuleben, den er zuvor nur im Kino und auf dem Fernsehschirm erlebt hatte. Rockmusik aus Transistorgeräten, die sie auch in der vordersten Front dröhnen ließen, und Drogen versetzten diese Gruppe junger Leute in einen Rauschzustand, den das Schauspiel der kriegerischen Gewalt noch zu steigern imstande war. Im Zustand verminderter Angst- und Schutzreflexe haben Page, Flynn und Dana Stone, auch er ein »Hemingway-Zigeuner«, ganz außeror-

dentliche Kampfphotos »geschossen«, die in den renommierten
Illustrierten und Bildmagazinen in Amerika und Europa gedruckt
wurden.

Wer nüchtern, ohne Hasch oder Heroin sich der Realität des
Krieges aussetzte, der mochte zuweilen durchaus Scham empfinden. Wen der Krieg nicht abgestumpft hatte, den erfüllte eine
gewisse Peinlichkeit, wenn in der Hektik der Operation die Kame-
ralinse auf die Gefallenen und Verwundeten gerichtet wurde, auf
junge Soldaten, die unter Angst und Streß ihre Kameraden bar-
gen, während begleitende Journalisten bei der Rettung nicht mit-
halfen, weil sie den dramatischen Vorgang filmten oder photogra-
phierten. Nur mit innerer Beklemmung habe ich auch meine Kamerateams begleitet, wenn wir an den Ort eines Raketenanschlags
eilten, wo schwerverletzte, heftig blutende Zivilisten auf den Ab-
transport ins Krankenhaus warteten und die Toten mit weit geöff-
neten Augen im Schmutz der Straße lagen. Hilflose Kinder irrten
weinend durch die Szenerie. Flammen loderten im Hintergrund,
weil die Explosion zumeist die Kerosinöfen in den Hütten hatte
umstürzen lassen und dadurch einen Flächenbrand bewirkte.

In solch infernalischer Situation nicht zu retten, zu helfen und
zu trösten, sondern zu filmen, hat den Empfindsamen unter den
Journalisten schwere innere Qualen bereitet, die den Selbstzweifel
gelegentlich zum Selbsthaß gesteigert haben.

Larry Burrows, der *Life*-Photograph, der in einer Bilderstory mit
dem Titel »Yankee Papa 13« die tragische und erfolglose Aktion
zur Rettung eines abgeschossenen amerikanischen Piloten dokumentiert hatte, glaubte dabei die Abneigung, ja die aggressiven
Gefühle der Betroffenen gespürt zu haben, die den Photographen
als Leichenfledderer erlebten. »Ich war hin- und hergerissen zwischen meiner Rolle als Photograph und meinen normalen
menschlichen Empfindungen«, so hat Burrows später bekannt.
»Es ist nicht leicht, einen Piloten zu photographieren, der in den
Armen seines Freundes stirbt, und danach auch noch den psychischen Zusammenbruch dieses Freundes zu beobachten... Habe
ich vielleicht aus dem Leid eines anderen Kapital geschlagen?
Manchmal fühlt man sich wie ein Bastard.«

Larry Burrows, »compassionate photographer« wie
ihn *Life* nannte. Im Februar 1972 ist er in Laos mit dem
Hubschrauber abgestürzt.

Besonders brutal in der Ablichtung der Wirklichkeit war das neue Medium Fernsehen, das den Verwundeten und Sterbenden die Linsen und die Mikrophone entgegenhielt und auch den vom Schauder umwehten Anblick des Todes festhielt. Je mehr *action stories* die Teams aus Saigon lieferten, um so höher wurden die Ansprüche der Redaktionen. Hatten zunächst die Lebenden und die Toten genügt, so mußten es sehr bald die Sterbenden sein.

»Man sieht nur unscharf mit verweinten Augen«, hat der britische Photograph Philipp Jones Griffith einmal bemerkt, der sich den leidenden vietnamesischen Zivilisten zugewandt und ihre Not in eindrucksvollen Bildern belegt hat. »Es ist unser Job, die Fakten für die Geschichte aufzuzeichnen. Man darf keine Gefühle zulassen, die einen in das Geschehen verwickeln. Man muß die Aufgabe erfüllen, notfalls mit einer Seele aus Stahl. Zusammenbrechen darf man erst später in der Dunkelkammer.«

Sensibilität gegenüber dem Opfer und ein Gefühl für die Würde des Augenblicks waren bei der Presse in Vietnam eher die Ausnahme als die Regel. »Der Krieg ist immer glanzvoll gewesen«, hat Tim Page geäußert. »Mit einer Waffe in der Hand fühlt man sich größer.« In den Herzen der professionellen Kriegsberichterstatter sei ein Stück der Romantik von Ernest Hemingway lebendig geblieben, glaubte eine Kritikerin der *New York Times* zu ahnen: »Die schlimmste Wahrheit ist, daß der Krieg für Korrespondenten keineswegs die Hölle ist. Er ist ein großes Vergnügen.«

Niemand, der bewußt den Vietnam-Krieg erlebt hat, mag bestreiten, daß »die größte Nachrichtengeschichte der Welt« den Journalisten, die sie täglich lieferten, eine gewisse Faszination vermittelt hat. Weil die Stories allesamt gedruckt und gesendet wurden, weil das Interesse der Weltöffentlichkeit sich zeitweilig so auf Vietnam konzentrierte, daß alle anderen Ereignisse dahinter zurücktraten, gewannen die Reporter in Saigon ein Übermaß an Aufmerksamkeit und Zuwendung, das ihnen einen Namen machte. Kein Journalist sollte leugnen, daß dies der begehrteste Preis ist, den der Beruf zu vergeben hat. Vietnam war eine journalistische Bewährung und Erprobung, die das damit verbundene Risiko gering erscheinen ließen.

Mit nüchternen, kalten Augen zu registrieren, aufzuzeichnen und zu schildern, ist mir dennoch häufig eine kaum erträgliche Last gewesen. Larry Burrows' selbstquälerische Zweifel haben auch mich damals verfolgt. Konnte und durfte man unbeteiligt zusehen? War es nicht viel eher angemessen, menschliche Solidarität zu zeigen, die Kamera niederzulegen und bei der Rettung zu helfen, statt zu filmen, sich auf die Rolle des Zeugen, des Chronisten zurückzuziehen?

Der früh verstorbene deutsche Schriftsteller Nicolas Born hat in seinem letzten Roman »Die Fälschung« den inneren Konflikt eines Kriegsreporters gestaltet, der am Elend des Libanon-Konflikts zu ersticken droht. Born hat die professionellen Reporter selber bei der Arbeit beobachtet und Ekel, abgrundtiefe Verachtung empfunden.

Laschen, sein Held, wird krank an der »Unbeteiligtheit und der Verantwortungslosigkeit des Berichterstattens«. Er leidet an der Kälte des Blicks, mit der die Profis das Elend erfaßten. Sie lieferten »für Geld ein Entsetzen, für das es eine Nachfrage gab, eine unersättliche«. Strolche nennt er sie, die »Tatsachen-Berichterstatter«, »die immer auf Hautnähe aus waren, alles und jedes in eine gute, allgemeine Verträglichkeit ummünzten, die Weltweite einbrachten in ein Welt-Unterhaltungsprogramm ... Er wollte nur einen Zustand beenden, den des Fälschens ebenso wie den der moralischen und kritischen Empörung, diesen Zustand beenden, ohne völlig der Gleichgültigkeit zu verfallen, das wäre das Kunststück.«

Nicolas Born alias Laschen ist an diesem Kunststück gescheitert. Der neue, alternative Bericht, der nicht nur Fakten registrierte, der nicht fälschte, sondern offenlegte, den Leser betroffen machte, der sich einmischte, die Distanz überwand, die schreckliche, grausame Wahrheit herausposaunte, dieser Bericht wird den Lesern vorenthalten. Der Roman entwickelt nur eine Theorie dazu. Die Ausführung unterbleibt, weil es einen solchen Bericht nicht gibt und nicht geben kann.

Die zähe, erdenschwere Wirklichkeit läßt sich durch nichts, schon gar nicht durch Idealismus oder Mitleid auf den Kopf stellen. Der vermeintliche Zynismus der »Tatsachen-Berichterstatter«

erweist sich als Bescheidenheit, als Einsicht in die Unzulänglichkeit der eigenen Fähigkeiten und Möglichkeiten. Der Autor Nicolas Born hat ein Ideal entworfen, das unerreichbar bleibt. Das
Eingeständnis des Scheiterns hat er seinen Lesern vorenthalten.

Die Tet-Offensive

Tet markiert in Vietnam den Beginn eines neuen, nach dem chinesischen Mondkalender berechneten Jahres. Das Fest ist der Höhepunkt des Daseins: Karneval und Familienfest, das wenigstens
drei Tage lang gefeiert wird. 1968 fiel Tet auf den 1. Februar. Nord-
und Südvietnam hatten einen Waffenstillstand erklärt, um das
Jahr des Affen gebührend zu begrüßen.

Seit Tagen hallte durch die Straßen Saigons der Lärm der Kra-
cher und Böller, die rund um die Uhr gezündet wurden. »Früher
reichten ein paar Knalleffekte aus«, so berichtete ich am Vorabend
per Telex dem NDR-Hörfunk in Hamburg, »um die bösen Geister
in die Flucht zu schlagen. Dann machten chinesische Kaufleute
aus dem Feuerwerk ein Statussymbol, um mit lang dauerndem,
nervtötendem Krach die Kunde ihres Reichtums zu verbreiten.
Wenn das zehn Tage während Feuerwerk ein Indiz ist, dann muß
Südvietnam ein reiches Land sein. Heute werden alle Geister vertrieben, die bösen und die guten auch.«

Am gleichen Tag, dem 31. Januar 1968, erreichte Saigon die
Nachricht, daß der Vietcong mit massiven Kräften eine Offensive
in den zentral-annamitischen Provinzen begonnen hatte gegen die
Städte Pleiku, Nha Trang, Kontum und Da Nang. Die Hauptstadt
des Südens ließ sich das Fest dennoch nicht verderben. Saigon
hatte noch nie selber den Krieg erlebt. Es feierte weiter, ohne die
Zeichen an der Wand zu erkennen.

Der Tet-Trubel in Saigon erinnerte mich damals an einen Text
von Søren Kierkegaard. Der dänische Philosoph hatte darin einen
Clown beschrieben, der dem Publikum mitteilte, daß Feuer im
Saal ausgebrochen sei. Die Zuschauer applaudierten. Sie hielten
seinen Auftritt für einen Scherz.

Ein befreundeter Militärattaché, Major Weste, weckte mich am nächsten Morgen gegen fünf Uhr im Hotel »Continental«. Ob ich ihn begleiten wollte auf einer Inspektionsfahrt durch die Stadt, so fragte er. Draußen sei Kampflärm zu hören.

Vom Hotel bis zur katholischen Kathedrale beträgt die Entfernung kaum 500 Meter. Ein Kontrollposten der Militärpolizei stoppte unseren Wagen. Durch das Hinaushalten der Identitätskarten versuchten wir, uns der Kontrolle zu entziehen und weiterzufahren. Mit der Waffe wurden wir genötigt anzuhalten. Die amerikanische Botschaft am Boulevard Thong Nhut, den wir an der Kathedrale soeben erreicht hatten, werde von Vietcong-Soldaten belagert, sprudelte der junge Soldat heraus. Ein Blick in Richtung Botschaft erklärte die innere Erregung des Militärpolizisten. Der Krieg hatte an diesem 1. Februar tatsächlich Saigon erreicht. Der Boulevard Thong Nhut war ein Gefechtsfeld. Schüsse peitschten durch die Dunkelheit. Die Bedeutung der Aktion war allerdings auf den ersten Blick nicht zu erkennen.

Wir wendeten den Wagen, umfuhren das umkämpfte Viertel bei der Botschaft und bewegten uns in Richtung Flughafen Than Son Nhut. An vielen Stellen der Stadt hatten die Vietcong Gebäude angegriffen. Die philippinische Botschaft auf dem Weg zum Flugplatz war erheblich beschädigt worden. Die Türen standen offen. Vor dem Eingang lagen mehrere Leichen.

Auf der Rückseite des Präsidentenpalastes waren Vietcong schon bei der Anfahrt einem Jeep der amerikanischen Militärpolizei begegnet. Der Vietcong-Trupp eröffnete das Feuer und tötete die vier Polizisten. Danach flohen die Angreifer in einen Hotel-Rohbau, in dem sie sich verbarrikadierten. Der Angriff auf den Regierungssitz scheiterte vorzeitig.

Der Flughafen wurde von mehreren Seiten gleichzeitig angegriffen. An der Haupteinfahrt, ganz in der Nähe eines Feldhospitals und des Hauptquartiers der südvietnamesischen Armee, flogen den amerikanischen und Saigoner Soldaten, die im Graben oder hinter Mauerresten Deckung gesucht hatten, die Kugeln über die Köpfe. Verwundete wurden geborgen. Das »dit-dit-dit« der Handfeuerwaffen erfüllte die Luft. Je näher man am Geschehen ist, so lehrt freilich die Erfahrung im Krieg, desto weniger weiß man, was wirklich geschieht.

Ich habe nie aufgehört, mich zu wundern, wie man in diesem gefährlichen Chaos herumwandern konnte, so als beobachte man nur ein Manöver. Viel Glück gehörte dazu, immer am Rande zu bleiben und ohne Kenntnis der Positionen das Schußfeld zu meiden. Ein gutes Schicksal muß uns an diesem Morgen geführt haben. Mit einem ersten Eindruck vom Ausmaß der Offensive, von der erschreckend großen Zahl der Opfer, die auf dem Pflaster der Straße verblutet waren, erreichten wir gegen acht Uhr wieder die amerikanische Botschaft, wo gerade der Endkampf begonnen hatte.

Mit dem klassischen »Ganoven-Auto« amerikanischer Kriminalfilme, dem alten schwarzen Citroën, waren um 2.47 Uhr morgens Angehörige einer Vietcong-Sondereinheit, »Dac song«-Soldaten, von den Amerikanern *sapper* genannt, vor dem Haupteingang der US-Botschaft vorgefahren. Noch ehe die beiden wachhabenden *marines* die Situation im Halbdunkel erfaßten, wurden sie durch Schnellfeuersalven niedergestreckt. Mit einer Bazooka, einer Panzerabwehrwaffe, schossen die Angreifer ein metergroßes Loch in die weiße Schutzmauer, durch das sie in den Botschaftsgarten eindrangen und das Hauptportal angriffen.

Keine Stunde später begann die Gegenaktion der amerikanischen Truppen. Von allen Seiten wurde in den amerikanischen Botschaftsgarten geschossen, in dem schwere, riesige Blumenschalen aus Beton den Vietcong vorzügliche Deckung gaben. Die äußere Schutzmauer versperrte zudem den Amerikanern den Blick. Sie konnten aufgrund der Feuerstärke nur schätzen, wie viele Vietcong das Gelände besetzten. Auch die Lokalisierung machte erhebliche Probleme. Die amerikanischen Entsatzer vermochten nicht zu klären, ob die Vietcong in das Hauptgebäude eingedrungen und, sofern dies geschehen war, bis in welches der sechs Stockwerke sie gelangt waren.

Schließlich rammte ein Jeep die Eisentür in der Außenmauer. Kampfhubschrauber feuerten aus der Luft in den Botschaftsgarten. Aus etwa 250 Metern Entfernung beobachteten wir Journali-

sten, jetzt etwa zwanzig Personen, den letzten Akt des Dramas.
Hubschrauber der 101. Airborne Division waren auf dem Dach
der Botschaft gelandet. Der Schlußangriff wurde von der eingeflo-
genen Verstärkung von innen heraus, aus dem Hauptgebäude der
Botschaft, geführt. Um 9.08 Uhr war die Schlacht vorbei. Die Waffen schwiegen. Um 9.20 Uhr inspizierte General Westmoreland
den Ort des Geschehens. Begleitet von Journalisten, betrat der
Oberkommandierende den Vorgarten, der mit Leichen übersät
war und den das Blut der Gefallenen an vielen Stellen rot gefärbt
hatte.

Zunächst wurden die Leichen der zwei amerikanischen *marines*
geborgen, die in den ersten Minuten des Angriffs ihr Leben verloren hatten. Danach wurden auch die Vietcong-Soldaten oder das,
was von ihnen übriggeblieben war, abtransportiert. 19 tote Angreifer waren im Gelände entdeckt worden. In das Hauptgebäude
hatte kein Vietcong eindringen können. Die massive Holztür
hatte dem Beschuß standgehalten. Die Stärke der im Haus verbarrikadierten Verteidiger hatten die Vietcong nicht ahnen können.
Hätten sie gewußt, daß nur zwei weitere *marines* das Gebäude
verteidigten, wäre ihr Angriff wohl noch erfolgreicher gewesen.
Nur ein Vietcong hat in ein Nebengebäude eindringen können,
wo er als letzter der Truppe von einem couragierten US-Vetera-
nen, einem Obristen mit Namen George Jacobson, mit der Pistole
niedergestreckt wurde.

Die Gruppe der Journalisten bestand fast nur aus Amerikanern.
Eine unsichtbare Hand hatte die Korrespondenten der wichtigsten amerikanischen Medien, der Nachrichtenagenturen, der drei
Fernsehstationen, von *Time*, *Newsweek* und der *New York Times*
hierher beordert. Der deutsche Militärattaché und ich waren
durch Zufall hinzugekommen.

Abseits von den Journalisten, auf dem blutgetränkten Rasen
neben den hinderlichen Blumenkübeln aus Beton stehend, beriet
General Westmoreland mit dem Chef des Informationsstabes,
Barry Zorthian. Die Linie wurde festgelegt, der Tenor der Informationen, die der Presse gegeben werden sollten.

Dennoch geriet die improvisierte Pressekonferenz, die der

Oberkommandierende im Garten der Botschaft an diesem Morgen gab, zu einem Rohrkrepierer, um in der Sprache der Militärs zu bleiben. Westmoreland und Zorthian verkannten den Symbolwert der amerikanischen Botschaft. Sie ignorierten die innere Erregung der Journalisten, die 1000 Meter von ihrem Hotelzimmer entfernt dem wirklichen Krieg begegnet waren. Eine Offensive hatte die Hauptstadt, die bislang fast unbehelligt geblieben war, in ein Schlachtfeld verwandelt. Westmoreland schien unfähig, die psychologischen Faktoren der neuen Situation zu erkennen.

Die Kommunisten, so erklärte Westmoreland, der von den Journalisten eingekreist wurde und dabei so steif wirkte wie seine gestärkte grüne Tropenuniform, hätten das Tet-Fest hinterhältig mißbraucht, um durch eine selbstmörderische Operation gegen Saigon vom Hauptkriegsschauplatz in Khe Sanh abzulenken. Das Täuschungsmanöver sei aber mißlungen. Die Pläne des Vietcong seien gescheitert. Die militärische Situation sei im wesentlichen unter Kontrolle.

Die Journalisten glaubten einem Phantasten zuzuhören, der von einem anderen Krieg sprach als von jenem, der Saigon ins blutige Chaos gestürzt hatte. Presse und Militärs haben zwei völlig unterschiedliche Versionen der Tet-Offensive verbreitet. Die Sicht des Oberkommandos ist dabei von der amerikanischen Öffentlichkeit, aber auch von der Weltöffentlichkeit kaum beachtet worden. Die dramatische, eine Niederlage implizierende Version der Medien hat sich durchgesetzt. Die Militärs und die Administration Lyndon B. Johnsons sind von der emotionalen Wirkung der nun beginnenden Berichterstattung überwältigt worden.

Wohl erst beim Niederschreiben seiner Memoiren hat General Westmoreland die Mienen der ihn ungläubig ansehenden Journalisten richtig gedeutet: »Ihre Gesichter spiegelten Entsetzen und Fassungslosigkeit, so als sei das Ende der Welt gekommen.« Hätte er dies schon damals in seiner ganzen Bedeutung erkannt, die Militärs wären der nun einsetzenden psychologischen Schockwirkung weniger hilflos ausgesetzt gewesen.

Die Medien-Schlacht

Westmorelands Versicherung, die Lage in Saigon sei unter Kontrolle, bewies, wie realitätsfern und schlecht informiert der Oberkommandierende sein mußte. Zwei Stunden nach der Entsetzung der Botschaft gab Generalleutnant Frederick C. Weyand, der Kommandeur der US-Streitkräfte im Raum Saigon, im JUSPAO-Pressezentrum eine hastig anberaumte Pressekonferenz, in der die Lageanalyse Westmorelands als Gesundbeterei entlarvt wurde.

Der elegante und präzise formulierende General Weyand, der erst gar keinen Versuch machte, seine intellektuelle Überheblichkeit zu verbergen, nannte den Angriff auf Khe Sanh im Norden ein Täuschungsmanöver Nordvietnams, um den jetzt geführten Hauptstoß gegen die Bevölkerungszentren im Süden abzusichern. Nachdem die *search and destroy*-Operationen den Vietcong in den Dschungel abgedrängt und damit von der Zivilbevölkerung isoliert hätten, versuche der Gegner nun, in einer Großoperation in die Städte und dichtbesiedelten Regionen zurückzukehren. Saigon sei dabei das Hauptziel. General Weyand enthielt sich jeder Äußerung, die als Beweis dafür gedeutet werden könnte, die Lage sei schon jetzt, kaum zwölf Stunden nach Beginn der Offensive, unter Kontrolle.

Ein peinlicher Zufall spielte an diesem Morgen eine folgenreiche Rolle. Die Armeedruckerei hatte den Bericht des Oberkommandos in Saigon für das verflossene Jahr 1967 fertiggestellt, der jetzt den Journalisten ausgehändigt wurde. Auf dem blauen Deckblatt der 70 Seiten starken Broschüre prangte der Titel: »1967: Ein Jahr des Fortschritts«. Am Ende der Berichtszeit, so konstatierten die Autoren in der einleitenden Zusammenfassung, »war die militärische Stärke des Gegners auf dem geringsten Niveau seit den Jahren 1965 und 1966. Dreißig Prozent seiner Kampftruppen sind nicht mehr einsatzfähig.«

Tatsächlich aber war der Vietcong, wie später exakt ermittelt worden ist, mit einer Gesamtstärke von 4000 Mann zum Angriff allein gegen den Großraum Saigon und die benachbarte Chinesen Stadt Cholon angetreten. Elf Bataillone waren in das Zentrum eingedrungen, in den Kernraum zwischen dem Hafen, der amerikanischen Botschaft und dem Flugplatz Than Son Nhut.

Als ich gegen 13 Uhr mit einigen Kollegen aus dem Pressezentrum auf die leere Straße trat, um zum 200 Meter entfernten Hotel »Continental« zurückzukehren und einen weiteren Telexbericht nach Hamburg abzusetzen, gerieten wir unter Beschuß von Scharfschützen. Mit der Broschüre »The year of progress« unter dem Arm hasteten wir von Deckung zu Deckung, bis wir die Terrasse und den Seiteneingang unseres Hotels erreicht hatten. Die Erfolgsbilanz der Militärs, die an diesem Tag verteilt worden war, hatte die Stimmung der Reporter bis zur verbalen Aggression angeheizt. Die Armeeführung hatte ihren letzten Kredit verspielt.

Die Tet-Offensive schien den Reportern jetzt endlich den Beweis dafür zu liefern, daß die Militärs die Wirklichkeit mißdeuteten und die Entschlossenheit des Gegners unterschätzten. Triumphierend schilderten sie die Schlacht um Saigon. Über Telex- und Radioleitungen übermittelte die Presse ihre Erlebnisberichte, die den Konsumenten zu Hause in eine Art Schlachthaus-Atmosphäre versetzten, die der Realität durchaus angemessen war. »Die Bevölkerung verkriecht sich in ihre Wohnungen«, berichtete ich am 1. Februar nach Hamburg, »sie ist hilflos, verängstigt und leidet an der Ungewißheit über die Dauer des Ausnahmezustands. Sogar der Anblick von Verwundeten und von verstümmelten Leichen, die stündlich auf offener Pritsche mit Sirenengeheul durch die Straßen gefahren werden, hat längst den Schauder des Außergewöhnlichen verloren.«

Die Suggestivkraft der Reportagen und Bilder überraschte die Militärs, aber auch die Presse selber. Schon in den ersten Stunden der Tet-Offensive verengte sich das öffentliche Interesse auf eine Frage, die militärisch völlig belanglos war: Waren die Vietcong-Einheiten in der Nacht nur durch die Außenmauer in den Botschaftsgarten eingedrungen, oder war es ihnen auch gelungen, das Hauptgebäude zu besetzen? Die US-Botschaft in Saigon gewann plötzlich eine unerhörte Symbolkraft. Sie war in den Augen der amerikanischen Öffentlichkeit der Sitz der militärischen und poli-

tischen Macht in Saigon. Hier wehten die Stars and Stripes. Die
Erstürmung der Botschaft hätte den Zweckoptimismus der Militärs entlarvt. Wenn der Vietcong den Hauptsitz der amerikanischen Macht in Südvietnam handstreichartig nehmen konnte,
dann würde er auch den Rest der südvietnamesischen Administration liquidieren können.

Peter Arnett, ein drahtiger Reporter von *Associated Press*, der
seit Diems Zeiten in Südvietnam dabei war und zu den erfahrenen
und preisgekrönten Veteranen der Journalistenzunft gehörte,
hatte am frühen Morgen vom Ort der Besetzung über Telefon an
seine Redaktion in New York gemeldet, daß »eine noch unbekannte Zahl von Vietcong-Soldaten in die amerikanische Botschaft eingedrungen« sei.

Die erste Meldung von AP lieferte die Schlagzeilen des Tages.
Peter Arnett, der wie alle anderen Pressebeobachter nur von
außen auf die weiße Schutzmauer hatte blicken können und über
die Vorgänge im Inneren des Geländes oder gar im Inneren des
Hauptgebäudes nur Vermutungen anstellen konnte, hatte sich auf
ein »worst case scenario« eingelassen, auf die schlimmste der
denkbaren Möglichkeiten, und eine solche Mutmaßung als Tatsache nach New York gemeldet.

Die Meldung von AP traf den Nerv der Öffentlichkeit. Der Sitz
der amerikanischen Macht war erstürmt worden. Eine Detail-
nachricht, die sich als falsch erwies, bewirkte die Grundstimmung des Publikums, das mit der Kraft des Gemüts, ohne nachzudenken und abzuwägen und ohne die Bestätigung der Militärs
abzuwarten, für sich entschied, daß der Vietcong einen erfolgreichen Stoß geführt und der westlichen Führungsmacht eine
schmerzhafte, das Prestige beeinträchtigende Niederlage beige-
bracht hatte.

Waren die Vietcong in das Hauptgebäude eingedrungen oder
nicht? Die Reporter in Saigon, die von der Schlacht in der Renn-
bahn berichteten, von den Kampfbombern, die ihre Angriffe jetzt
gegen Hauptgebäude im Zentrum der Stadt flogen, in denen Vietcong sich verbarrikadiert hatten, verstanden die Nachfragen der
Heimatredaktionen nicht, die sich von den Vorgängen an der US-

Botschaft nicht lösen wollten und immer neues Material anforder-
ten, um die Vorgänge auf dem Botschaftsgelände detailgenau rekonstruieren zu können. Nicht die ersten umfassenden Schilderungen, die vorläufigen Bilanzen und Analysen der Lage bestimmten das Grundgefühl der westlichen Öffentlichkeit, sondern das
symbolträchtige Detail.

Die Wirkung der Tet-Berichterstattung beruhte auf wenigen
Symbolgeschichten. Der Rest der umfangreichen Reportagen und
Analysen hatte die Gemüter der Leser und TV-Konsumenten
nicht erreicht. Auch als mehr Fakten und Informationen über den
Gesamtverlauf der Offensive verfügbar geworden waren, hatten
sie die ersten instinktiven Reaktionen der Öffentlichkeit nicht
mehr korrigieren können. Und die Presse selbst war außerordentlich zögerlich, die ersten Schockberichte zu ergänzen und einzuschränken, weil dies fast ein Eingeständnis gewesen wäre, daß die
anfänglichen Meldungen der Reporter voreilig und womöglich
auch übertrieben gewesen waren.

Schon nach wenigen Tagen war klar, daß die Vietcong ihr Ziel
nicht erreichen würden. Der Tagesbefehl zu Beginn der Offensive
nannte diesen Zweck: »Den imperialistischen Willen der Vereinigten Staaten zu brechen«, die Marionetten-Administration in
Saigon zu zerstören und »die Welt zu erschüttern«. Das Kommando zum Angriff am 30. Januar 1968 hatte Ho Chi Minh mit
einem Gedicht begleitet, das die Prognose wagte: »Dieses Frühjahr überstrahlt alle früheren.«

Das amerikanische Oberkommando hat sich später vehement
gegen den Vorwurf gewehrt, von der Offensive überrascht worden
zu sein und ein »Aufklärungsdesaster« erlebt zu haben, vergleichbar nur mit Pearl Harbor 1941 und der Ardennen-Offensive
1944.

Tatsächlich besaß der amerikanische Stab in Saigon schon Wochen vor dem Beginn der Großoperation eine präzise Beschreibung der Absichten und der Ziele des Gegners. Der Pressestab
von Barry Zorthian hatte das brisante Dokument, das schon im
November erbeutet worden war, am 5. Januar 1968 der Öffentlichkeit zugänglich gemacht. Wörtlich hieß es darin: »Führt sehr

starke militärische Angriffe in Koordination mit einem Aufstand
der lokalen Bevölkerung, um die Städte zu erobern. Truppen sollen das flache Land überfluten. Sie sollen vorwärtsmarschieren
und die Hauptstadt befreien. Ergreift die Macht und versucht,
freundliche Brigaden und Regimenter nacheinander auf unsere
Seite zu ziehen.«

Die Presse hatte dem Dokument damals wenig Aufmerksamkeit
geschenkt. Auch in meinen Notizen findet sich kein Hinweis darauf, daß ich den Bericht gelesen und in seiner Bedeutung erkannt
hätte.

Die amerikanischen Aufklärungsoffiziere, so berichtet Westmoreland in seinen Erinnerungen, hätten dem erbeuteten Dokument keinen Glauben schenken wollen: es widersprach ihrer militärischen Logik. Denn einen solchen Befehl auszuführen, hieß in
den Worten Westmorelands, »katastrophale Verluste und die sichere Niederlage heraufzubeschwören«.

So wenig kannten und verstanden die Amerikaner ihren Gegner, daß sie auch schriftlich formulierte Angriffsbefehle, die ihnen
rechtzeitig in die Hände fielen, mißdeuteten und darin keinen
Fingerzeig erkennen konnten, was die Partei in Hanoi im Schilde
führte. Tet ist kein »Aufklärungsdesaster«. Tet ist ein frappieren-
des Beispiel für das Unvermögen, eine fremde Zivilisation mit
anderen Werten und Maßstäben zu begreifen. Weil Westmoreland
und sein Stab einen Frontalangriff für unvernünftig und selbst-
mörderisch hielten, glaubten sie auch, daß die Führung in Hanoi
ein identisches Lagebild zeichnen würde. Die Kosten wurden in
Hanoi jedoch anders kalkuliert als in Washington. Tet ist in letzter
Konsequenz ein Kulturschock, der dem Krieg in Vietnam die entscheidende Wende gegeben hat.

Schon bald war erkennbar, daß Ho Chi Minh seine Armee in
den Fleischwolf geschickt hatte, in das gnadenlose Feuer der amerikanischen Kriegsmaschinerie, die jetzt, als der Gegner sich
stellte, ihre beispiellose Wirkung entfalten konnte. Der Vietcong
wurde dezimiert wie nie zuvor in diesem Krieg. Eine ganze Generation von revolutionären Kämpfern, die der Befreiungsfront eine
eigene, südliche Prägung gegeben hatten, ist in der Tet-Offensive

verheizt worden. Der Vietcong, der genuine Revolutionär aus dem
Süden, hat in der Tet-Offensive seinen letzten, tödlichen Auftrag
erfüllt. 30000 bis 50000 Soldaten, so ist später geschätzt worden,
haben auf kommunistischer Seite den Tod gefunden.

Die Lücken sind nach der Tet-Offensive durch reguläre Einheiten aus Nordvietnam aufgefüllt worden. Die Vietcong haben sich
auf Befehl Hanois selber zum Opfer gemacht. Die Chance einer
eigenständigen politischen Entwicklung in Südvietnam ist dadurch zunichte gemacht worden.

Tet hat auch den Weg bereitet für die Wiedervereinigung des
Landes unter Führung und unter Kontrolle der kommunistischen
Partei in Nordvietnam.

Zerstören, um zu befreien

In Saigon hatten die Angreifer keines ihrer Ziele erreicht. Weder
die amerikanische Botschaft noch den Präsidentenpalast, weder
die Radiostation noch den Flughafen hatten sie erobert. Die
größte Enttäuschung für die Partei in Hanoi muß allerdings die
Tatsache gewesen sein, daß die Zivilbevölkerung in Südvietnam
sich zu keiner Volkserhebung bereitfand, zur *khoi nghia*, die in
der Ideologie der vietnamesischen Kommunisten eine zentrale
Rolle spielte. Die Bevölkerung hielt auf gleiche Distanz zu den
Vietcong wie zu den Amerikanern. Von einer erhofften Ketten-
reaktion, die die Offensive auslösen sollte, konnte im Februar
1968 keine Rede sein.

Diese unbestreitbaren Grundtatsachen der Tet-Offensive haben
in der breiten und detaillierten Berichterstattung vom Kriegsschauplatz nur unzureichenden Platz gefunden. Die Fernseh-
stories zeigten Kampf, Dramatik, Blut, Trümmer und Leichen. Um
den 10. Februar herum habe ich dem »Weltspiegel« einen Filmbericht geschickt, der den Polizeichef Nguyen Ngoc Loan bei der
Säuberung in der Chinesenstadt Cholon zeigte. Der folgende Aus-
schnitt aus dem Filmtext vermittelt eine Vorstellung von der Atmosphäre in Saigon.

»Im 8. Bezirk von Cholon sind Vietcong lokalisiert worden. Polizeichef Loan schickt am späten Nachmittag seine Truppen in den Kampf. Brigadegeneral Loan, kamerascheu aus Sicherheitsgründen, hat kürzlich traurige Berühmtheit erlangt, als er auf offener Straße eigenhändig einen gefangenen Vietcong-Offizier erschoß. Vietnamesische Marine-Infanteristen werden zur Verstärkung herangefahren. Der Vietcong schießt vom oberen Teil der Straße. Die Polizisten suchen Deckung in ihrem eigenen Gelände, in einem der vielen kleinen Polizeiposten von Cholon. Von hier aus verfolgt auch der amerikanische Berater der vietnamesischen Einheit den Verlauf der Operation. Über Funk kann er im Notfall Kampfhubschrauber anfordern, um die Vietcong aus der Luft mit Raketen zu beschießen. Ein Rotkreuzwagen holt die ersten Verletzten von der Straße.

Im Moment einer Feuerpause verlassen die letzten Bewohner des Straßenzuges ihre umkämpften Häuser. Sie hatten ausgehalten aus Furcht vor Plünderung und Diebstahl. Drei Vietcong sind gefangengenommen worden. Man mißtraut ihnen und behandelt sie mit großer Vorsicht. Die Vietcong haben aus derselben Straße, aus der eben noch flüchtende Zivilisten kamen, eine Anti-Tank-Waffe, eine sogenannte Bazooka, gefeuert, die den Panzer verfehlt und in der Luft explodiert. Der Luftdruck hat die Kämpfenden zu Boden geworfen. Einige Polizisten sind verletzt, verletzt sind auch die beiden amerikanischen Kameraleute, die mit uns die Operation gefilmt haben. Wieder kommt der Rotkreuzwagen, um die Verletzten ins Spital zu fahren. Für sie ist der Kampf zu Ende.«

Die Bereitschaft der amerikanischen Armee, den Journalisten die Arbeit zu erleichtern, ihnen jede gewünschte Hilfe und Unterstützung zu gewähren, bewährte sich auch im Augenblick höchster Anspannung und Gefahr. Als am ersten Tag der Flughafen Than Son Nhut unter Beschuß geriet und der zivile Flugbetrieb eingestellt werden mußte, transportierten amerikanische Lazarettmaschinen, die Schwerverwundete nach Tokio ausflogen, auch die Filmbeutel der amerikanischen Fernsehstationen mit den Bildern

von der Belagerung der amerikanischen Botschaft. Von Tokio, wo
der Film entwickelt worden war, sind die Sequenzen ungeschnit-
ten, ohne daß die Redaktion in New York den Inhalt kannte, live
per Satellit in die Huntley-Brinkley-Show von NBC eingespielt
worden. 36 Stunden später erlebten die Fernsehkonsumenten den
dramatischen Auftakt der Offensive in Saigon. Eine schnellere
Bildübermittlung war damals mit herkömmlichem Farbfilmmate-
rial noch nicht möglich. Saigon besaß kein Kopierwerk für Farb-
material. Hätte es damals schon die elektronische Bildtechnik gegeben, die heute weltweit benutzt wird, wäre die Schockwirkung
der unzensierten Kriegsberichterstattung mit Gewißheit noch wesentlich größer gewesen.

Nach der Schlacht um die Botschaft, die tagelang die Schlagzeilen beherrschte, wandte sich das öffentliche Interesse der Straßen-
exekution zu, die General Loan bei Säuberungen in Cholon nahe
der An-Quang-Pagode vollzogen hatte. Niemand hat sich damals
für die Gründe der Hinrichtung interessiert. Loan erschien als
Schlächter, der gefangene Gegner niederknallte, sobald sie ihm
vorgeführt wurden.

Eddy Adams, der nachdenkliche AP-Photograph, der die Szene
photographiert hat, mochte sich später mit der vordergründigen
Bildaussage nicht länger zufriedengeben. In einem Sonderheft
von *Newsweek*, das im April 1985, zehn Jahre nach dem Ende von
Saigon, erschien, berichtet Adams von der Vorgeschichte der Exekution, die den Reportern damals nicht bewußt war: »Ich habe
kürzlich herausgefunden, daß der Vietcong-Leutnant, der auf den
Photos exekutiert wurde, zuvor einen südvietnamesischen Polizei-
Major ermordet hatte, einen von Loans besten Freunden, und
dazu noch die ganze Familie mit Frau und Kindern. Alle haben
Loan verurteilt, weil er den Gefangenen erschossen hat. Aber
wenn man sich in die Lage von Loan versetzt: Wenn es Krieg gäbe
und die eigenen Leute würden dabei getötet, wie kann man dann
wissen, ob man selber einen solchen Gefangenen nicht auch erschossen hätte?«

Der Blick auf die Oberfläche schockierte; er offenbarte aber nur
einen Teil der Wirklichkeit, die sehr viel komplexer, widersprüch-

licher war, als in der Berichterstattung deutlich wurde. Ein Aus-
schnitt aus dem Gesamtbild zog das gebündelte Interesse auf sich.
Details gewannen Symbolkraft. Die Tet-Offensive, ja der ganze
Krieg in Vietnam verdichtete sich in einem Bild oder in einem
einzigen Satz, wie Peter Arnett mit einer zweiten journalistischen
Einzelleistung bewiesen hat.

Auf Wunsch einiger amerikanischer Medienrepräsentanten, des
inneren Kreises, der sich der publizistischen Prominenz wegen
besonderer Aufmerksamkeit des militärischen Pressestabes er-
freute und der auch in der Nacht der Botschaftsbelagerung zu-
sammengerufen worden war, organisierte das Oberkommando in
der zweiten Woche der Tet-Offensive eine Reihe von Tagesexkur-
sionen, um das Blickfeld der Presse zu weiten und die Dimensionen des Vietcong-Desasters sichtbar zu machen. Draußen im
Lande wurde von der Feuerkraft der Kriegsmaschinerie weitaus
rücksichtsloser Gebrauch gemacht als in der dichtbesiedelten
Hauptstadt. Die Vietcong-Angreifer wurden von Bomben und von
Artillerie zermalmt. Noch grauenhafter waren dabei allerdings die
Opfer der Zivilbevölkerung und die materiellen Zerstörungen, die
der Kriegsapparat verursachte.

Am 7. Februar 1968 startete eine Sondermaschine mit einer
Gruppe amerikanischer Journalisten zu einem Tagesausflug nach
Ben Tre, einer Provinzstadt im Mekong-Delta, die sich seit Jahren
als Bastion in einem vom Gegner infiltrierten Gebiet behauptet
hatte und dabei häufig von Vietcong-Einheiten mit Raketen beschossen worden war. Gegen Ben Tre hatten die gegnerischen
Strategen im Zuge der Tet-Offensive eine besonders starke Truppe
antreten lassen, um den Außenposten der Thieu-Administration
endlich zu erobern.

Den Soldaten Saigons und ihren amerikanischen Beratern war
angesichts des enormen Drucks und der Gefahr, überrannt zu
werden, nichts anderes übriggeblieben, als Artillerie und Luftun-
terstützung anzufordern und die Angreifer, die in die Stadt eingedrungen waren, mit massiven Mitteln auszuschalten. Solche Aktionen verursachten zwangsläufig massive Zerstörungen, und sie
trafen zugleich die Zivilbevölkerung. Mit den Vietcong wurden

auch Frauen und Kinder, die sich in die Häuser geflüchtet hatten, getroffen und getötet.

Die Pressegruppe aus Saigon beobachtete einige Stunden lang die Kampfhubschrauber, die über den Dächern der Häuser schwebten und mit schwerem Maschinengewehr in den Kampf eingriffen. Ben Tre wurde dabei zum größeren Teil in Schutt und Asche gelegt. In den Berichten der Korrespondenten kam dieser Umstand auch durchweg zur Sprache. In der Reportage von Peter Arnett fand sich zudem noch ein Zitat, das die Situation wie in einem Brennglas verdichtete. Einen nicht mit Namen genannten amerikanischen Major ließ Peter Arnett einen Satz sprechen, der zum geflügelten Wort geworden ist und der schlaglichtartig das amerikanische Dilemma in Vietnam enthüllte: »Es war notwendig, die Stadt zu zerstören, um sie zu retten.«

Keiner der übrigen Reporter aus der Besuchergruppe in Ben Tre hat diesen Satz gehört und notiert. Die Armeeführung hat später eine Untersuchung angeordnet, um den Urheber des schmerzhaften, nachgerade subversiven Zitats ausfindig zu machen. Die Quelle ist niemals identifiziert worden. Peter Arnett muß geahnt haben, daß es in diesem Fall besser war, seine Quelle vor den Nachforschungen des Pentagon zu schützen; oder er hat den Satz selber formuliert und einem anonymen Major aus stilistisch-dramaturgischen Gründen in den Mund gelegt. Ein solches Verfahren ist im amerikanischen Journalismus durchaus üblich und akzeptabel. Peter Arnett wahrt sein Geheimnis bis heute. Seine Story hat mehr als viele andere Bilder und Berichte aus Saigon die Einstellung der amerikanischen Öffentlichkeit zum Krieg in Vietnam beeinflußt.

Der Schock, der Hanoi zum Sieg verhalf

General Westmoreland hatte im Herbst 1967 bei einer Vortragstour durch die Heimat ein so positives Bild gezeichnet, daß die Öffentlichkeit auf einen baldigen Sieg eingestellt war. Im »Bericht zur Lage der Nation«, den Präsident Lyndon B. Johnson wenige

Tage vor Tet vorgetragen hatte, war eine mögliche Offensive Hanois mit keinem Wort erwähnt worden. Auf einen militärischen Rückschlag in Vietnam war Amerika nicht vorbereitet.

Die Tet-Offensive löste einen Schock aus, den die unzensierte Presseberichterstattung nur verstärkt, nicht aber eigentlich bewirkt hat. »Ich dachte, wir würden den Krieg gewinnen«, äußerte der populäre Fernseh-Moderator Walter Cronkite, der durch Tet seine bisherige Position korrigierte. Cronkite, der noch während der Offensive nach Saigon reiste, um sich ein eigenes Bild von den Verhältnissen zu machen, gab damals die Hoffnung auf, daß dieser Krieg in Südostasien mit militärischen Mitteln zu gewinnen sei.

Robert Kennedy, der sich anschickte, Lyndon B. Johnson bei der 1968 anstehenden Präsidentschaftswahl durch eine Gegenkandidatur herauszufordern, formulierte eine Lagebeurteilung, die vielen Amerikanern spontan einzuleuchten schien: »Seit zwanzig Jahren leben wir mit einer Illusion. Die Kriegsgeschichte verzeichnet keinen ähnlich langdauernden Irrtum. Es ist Zeit, von einem Wahnbild Abschied zu nehmen und die Wirklichkeit zu erkennen. Ein militärischer Sieg ist nicht in Sicht, und er wird auch in Zukunft nicht zu erreichen sein.«

Während der Vietcong in Südvietnam von der amerikanischen Kriegsmaschinerie dezimiert wurde und eine Niederlage strategischen Ausmaßes erlitt, verhalf die Panikreaktion der amerikanischen Öffentlichkeit dem Regime in Hanoi zu einem politischen Sieg. Mit der emotionalen, am *worst case* orientierten Berichterstattung der Medien ist der Schock der Öffentlichkeit jedoch allein nicht zu erklären. Die Gründe sind vielfältig, und sie reichen tief in die Bewußtseinsstrukturen der amerikanischen Gesellschaft hinein.

Seit sechs Jahren schon waren amerikanische Truppen in Südvietnam stationiert. Inzwischen war die Zahl auf eine halbe Million vor allem Wehrpflichtiger gewachsen, und der in Aussicht gestellte Sieg war noch längst nicht errungen worden. Alle zwei Jahre wird in Amerika gewählt. Das Repräsentantenhaus wird zur Gänze neu gewählt, ein Drittel der Senatoren muß sich zur Wiederwahl stellen. Politiker brauchen rasche Erfolge, um sich in der Rotation behaupten zu können. Das System der amerikanischen Demokratie gewährt den Bürgern erheblichen Einfluß auf die Politik. Die Stimmungslage des Wahlvolks setzt sich um in wechselnde Mehrheiten. Der geduldigen und beharrlichen Verfolgung außenpolitischer Konzeptionen ist die amerikanische Demokratie nicht förderlich. Die modernen Medien, die Telekratie haben die Schwachstellen des Systems noch vergrößert.

Im Ersten und im Zweiten Weltkrieg hat die amerikanische Öffentlichkeit die Geduldsprobe bestanden, weil der Gegner als das Böse schlechthin erschien und der Kreuzzugscharakter starke emotionale Reserven zu mobilisieren vermochte. In Vietnam war Amerika nur mit dem Verstand, nicht mit dem Herzen engagiert. »Onkel Ho« und die opferbereiten Vietcong zogen keinen wirklichen Haß auf sich, der sich in Prinzipienstärke und Siegeswillen hätte umsetzen lassen. Die Präsidenten Kennedy und Johnson hatten Amerika in den Krieg geführt, ohne die Öffentlichkeit umfassend und ehrlich zu informieren und ohne je den Versuch zu machen, die Nation geschlossen hinter die kämpfende Truppe zu bringen. Die amerikanische Armee, so hat der gescheite und selbstkritische General Frederik Weyand schon 1976, ein Jahr nach dem Krieg, geschrieben, ist »nicht in erster Linie ein Instrument der Exekutive, sondern der Arm des Volkes. Die Truppe kann deshalb nicht leichtfertig eingesetzt werden.«

Die Bilanz der militärischen Selbstanalyse, die der Kriegshistoriker Oberst Summers vorgetragen hat, lautet denn auch klar und unmißverständlich: »Der größte strategische Fehler im Vietnam-Krieg lag in der Unfähigkeit, den nationalen Willen einzubinden. Dadurch entstand eine strategische Verletzbarkeit, die der Gegner ausnutzen konnte.«

Gemeinsam mit den Militärs hat Präsident Lyndon B. Johnson der amerikanischen Nation zu verheimlichen versucht, daß der Krieg Schritt für Schritt ausgeweitet und der Einsatz erheblich erhöht werden mußte. In einem Memorandum des Nationalen Sicherheitsrats vom April 1965 sind die Irreführung und Desinformation des Publikums auf exemplarische Weise formuliert worden. Eine Erhöhung der Truppenstärke um 18 000 Mann sollte nach dem Willen des Präsidenten so dargestellt werden, daß sie »graduell und vollständig in Einklang stünde mit der bisherigen Politik«. Es war eine Eskalation, die keine sein sollte. In dieser Nachrichtenpolitik, so urteilt ein kluger Analytiker, »lag die Essenz dessen, was fundamental falsch war in der amerikanischen Politik und Strategie«.

Der Presse kam es zu, die Verschwörung gegen das Publikum aufzudecken und den Optimismus des Pentagon zu durchlöchern. Aufs Ganze gesehen haben die Medien ihre systemgerechte Rolle erfolgreich wahrgenommen. Für Westmoreland steht dagegen seit Tet fest, »daß die Haltung auf seiten der amerikanischen Reporter zweifellos dazu beigetragen hat, daß der Gegner in den Vereinigten Staaten einen psychologischen Sieg erringen konnte«. In dieser neuen Dolchstoßlegende wird freilich übersehen, daß nicht nur die Presseleute, daß auch die militärische Führung in Saigon eine Panikreaktion gezeigt hat, die der Tet-Offensive erst die entscheidende Wende gegeben hat.

Westmoreland proklamierte zwar einen großen Sieg über den Vietcong, ließ sich aber zugleich vom Chef der gemeinsamen Stäbe, von General Earl Wheeler, veranlassen, aufgrund eines *worst case scenario* zusätzlich 206 000 Soldaten für den Kriegsschauplatz in Vietnam zu verlangen. Diese Forderung der Militärs ließ Präsident Johnson resignieren. Er ordnete die De-Eskalation des Krieges in Vietnam an, und er erklärte zugleich seine Absicht, aus dem Amt zu scheiden, sich nicht für eine zweite Amtszeit nominieren zu lassen.

Jetzt erst hatte Hanoi in Amerika einen Sieg errungen. Die Generale, nicht die Journalisten haben Johnson veranlaßt, das Kriegsziel zu revidieren und Verhandlungen mit Nordvietnam anzustreben. Die Presseberichte über die Tet-Offensive haben diese Kurskorrektur nur indirekt unterstützt.

Auch wenn die neue Dolchstoßlegende der Militärs um Westmoreland nicht überzeugen kann, muß dennoch eingeräumt werden, daß die Medien sich während der Tet-Offensive zu stark von der Dramatik der äußeren Ereignisse haben fesseln lassen. Auf der

Jagd nach Kampfaktionen und emotionsgeladenen Symbolbildern ist es der Mehrheit der Reporter nicht gelungen, den wirklichen Stellenwert der Ereignisse zu erkennen und Berichte zu liefern, die ein zutreffendes Bild von der militärischen Lage gegeben hätten. Nach dem ersten Schock hätte eine ruhige, analytische Berichterstattung folgen müssen, in der das Scheitern der Vietcong-Offensive und die erschreckenden Verluste der Angreifer sichtbar gemacht worden wären.

Erst nach Wochen, als die Straßenkämpfe in Saigon und in Hué abflauten, schimmerte die Erkenntnis durch, daß die Vietcong ihre proklamierten Offensivziele nicht erreicht hatten. Mehr als eine Andeutung, von Zweifeln relativiert, wurde der Weltöffentlichkeit freilich nicht vermittelt. Dies wäre die Stunde des Pentagon-Informationsapparates gewesen. Aber die Militärs hatten jede Glaubwürdigkeit verloren. Die Mehrheit der amerikanischen Nation hatte dem Oberbefehlshaber in Vietnam geglaubt, als er den Sieg in Aussicht stellte. Kaum jemand mochte ihm jetzt noch glauben, als er nach Tet einen wirklichen strategischen Erfolg zu präsentieren hatte.

Peter Braestrup, der seine journalistischen Erfahrungen bei der *New York Times* und der *Washington Post* gesammelt hat und danach in die Kommunikationswissenschaft übergewechselt ist, hat der Berichterstattung über die Tet-Offensive eine gründliche Studie gewidmet, die der amerikanischen Presse insgesamt vorwirft, in Panik geraten zu sein und den militärischen Ablauf der Ereignisse in Südvietnam verkannt und mißdeutet zu haben. »Big story« heißt der Titel der schon 1977 erschienenen Analyse, die zu folgendem vernichtenden Urteil kommt: »Selten hat sich – in der Rückschau betrachtet – moderner Krisenjournalismus so weit von der Wirklichkeit entfernt wie damals.«

Auch ein anderer Autor, Philip Knightley, der das Verhältnis der Militärs zur Presse seit dem Krim-Krieg, dem Beginn der eigentlichen Kriegsberichterstattung, untersucht hat, räumt ein, »daß die meisten Korrespondenten Tet falsch gesehen«, daß sie vor allem das militärische Desaster bei den Vietcong ignoriert hätten. Jeder Reporter in Südvietnam, so versucht Knightley die Gründe zu erklären, verfügte nur über Teil-Informationen, überblickte »ein zu kleines Feld der Erkenntnis«. Weil den Reportern die Gesamtschau mißlang, wandten sie sich den Symbolen zu, der Exekution durch Loan, der Zerstörung Ben Tres, den Napalmtragödien und schließlich dem My-Lai-Massaker. Vietnam habe die Reporter zu der Hybris verleitet, alles schildern und alles leisten zu können. Tatsächlich aber sei Vietnam eine so komplexe Tragödie gewesen, daß die Journalisten, wie alle anderen Beteiligten auch, davon überwältigt worden seien. »Vorsicht vor zu vielen Symbolen«, rät Knightley, »sie sind der bequeme Ausweg.«

Die Defizite der Kriegsberichterstattung aus Vietnam sind erst später, als das Ereignis längst Geschichte geworden war, gründlich untersucht und samt den Ursachen begriffen worden. Einen anderen Mangel haben die Reporter schon während der Kriegsjahre erkannt und beklagt. Die Freiheit der Berichterstattung gab es nur auf *einer* Seite, in Südvietnam bei den amerikanischen Einheiten und bei der Armee von Saigon.

Der Vietcong und die Armee Nordvietnams verschlossen sich vor den Blicken der internationalen Medien. Nur wenigen ausgewählten Journalisten ist im Laufe der Kriegsjahre gestattet worden, Hanoi zu besuchen und sich ein eigenes Bild von den Verhältnissen zu machen.

Besuch in Hanoi

Nach Nordvietnam zu reisen, war der Wunsch fast aller Reporter, die nur den Süden kannten und sich mit Mutmaßungen und Spekulationen über die kommunistische Seite begnügen mußten. Linientreue Parteigänger, die keine unbequemen Fragen stellten und die Nordvietnams Hauptthesen der Kriegspropaganda bestätigten, wurden häufiger eingelassen als kritische »bürgerliche« Beobachter, die zwar Sympathie für die rüstungstechnisch unterlegene Seite hegten, die aber mit offenen Augen durch das Land fuhren und die offizielle Version mit der ihnen zugänglichen Realität verglichen.

1965 hatten die Behörden als erstem westlichen Fernsehteam einem britischen unter der Leitung des liberalen Journalisten James Cameron die Einreise gestattet. Ohne erkennbaren Anlaß wurden die Dreharbeiten indes vorzeitig beendet und die Gäste gebeten, mit der nächsten Aeroflot-Maschine auszufliegen. Camerons Film offenbarte viel Verständnis und Sympathie für die unter dem Bombenkrieg leidende Bevölkerung. Dem britischen Team war bei der Produktion bewußt, daß es nur eingelassen worden war, weil die Regierung im Lancieren gewisser Bildsequenzen einen eigenen Vorteil zu gewinnen hoffte. Zur freien, distanzierten Berichterstattung, die die Propaganda Hanois hätte erschüttern können, waren Cameron und das britische Team nicht nach Hanoi eingeladen worden. Wer damals in den Norden reiste, so urteilt der Pressehistoriker Philip Knightley, mußte damit rechnen, daß seine Verläßlichkeit und Kompetenz sowie seine professionellen Prinzipien auf die Probe gestellt werden würden.

Als Walter Cronkite, der populäre Moderator der CBS-Nachrichtenschau, auf dem Höhepunkt der Tet-Offensive seine Meinung über den Krieg in Vietnam öffentlich korrigierte und zum Abbruch des militärischen Engagements riet, empfand Präsident Lyndon B. Johnson dies als einen schweren Schlag gegen seine Politik. Hanoi reagierte auf den Kurswechsel eines wichtigen liberalen Meinungsträgers mit einer Einladung nach Nordvietnam.

Walter Cronkite, der den Zweiten Weltkrieg als Reporter für UPI mitgemacht hatte, besaß das Gespür eines erfahrenen Journalisten. Geprägt vom konservativen Milieu des mittleren Westens, hatte er noch nie Zweifel an seinem Patriotismus empfunden.

1966, ein Jahr zuvor, hatte er sich vergeblich um ein Visum für Nordvietnam bemüht. Daß die Einladung jetzt, nach seiner Empfehlung an die Regierung Johnson, den Krieg zu beenden, erfolgte, erschien dem nüchternen, unbestechlichen Walter Cronkite wie eine Belohnung vom kommunistischen Gegner. Er wußte, daß eine große Story auf ihn wartete. Die Publikumsreaktion auf seinen Auftritt in Hanoi wäre wahrscheinlich noch größer gewesen als die Aufmerksamkeit, die seine Reise nach Saigon gefunden hatte. Cronkite bat CBS, die Einladung dennoch abzulehnen. Er glaube nicht, so telegraphierte er von seinem Urlaubsort in der Karibik, daß er reisen solle.

Ein Parteigänger, der linientreu blieb und doch wesentliche Informationen über den Norden und seine Armee publizierte, war der australische Journalist Wilfred Burchett, der in Hanoi stets offene Türen fand, weil er als Sprachrohr und Informationskanal die speziellen Bedürfnisse der nordvietnamesischen Regierung verläßlich befriedigte.

Auf Empfehlung von Wilfred Burchett lud die Regierung in Hanoi einige Jahre später den renommierten Mitarbeiter der *New York Times*, Harrison Salisbury ein. Salisbury hat mit seinen Berichten aus Nordvietnam den Maßstab gesetzt, an dem alle nachfolgenden Besucher aus dem Westen gemessen wurden. Denn der Reporter der *New York Times*, der im Zweiten Weltkrieg die Belagerung Leningrads miterlebt und die Leidensfähigkeit der sowjetischen Bevölkerung anrührend geschildert hatte, sah auch Nordvietnam mit den Augen der Sympathie.

Salisburys Artikelserie in der *New York Times* warf der amerikanischen Luftwaffenführung vor, nicht nur militärische und strategische Ziele in Nordvietnam zu bombardieren. Sogar Deiche, so verbürgte sich Salisbury, seien von Luftminen zerstört worden, um das Delta des Nordens zu überspülen. Mit dem Zeugnis Salisburys, das vom Pentagon als kommunistische Propaganda denunziert wurde, stützte die Regierung Hanois eine These ab, die Amerika nicht nur zum Angreifer, sondern zum Verbrecher stempelte. Die Vereinigten Staaten, so lautete die Behauptung, bombardierten planvoll und systematisch die dichtbesiedelten Wohngebiete, um die Zivilbevölkerung auszurotten. Der Luftkrieg zerstöre auch die Deiche und damit die Lebensgrundlage Nordvietnams. Amerika mache sich des Terrors und des Völkermordes schuldig.

Peter Weiss, der zeit seines Lebens an den Erfahrungen litt, die er in den Jahren des Faschismus gemacht hatte, der deutsche Autor, der mit dem Herzen, nicht nur mit dem kalten Verstand urteilte, war schon 1968 nach einer Reise durch Nordvietnam zu der Überzeugung gekommen, daß »Amerika den Völkermord will ... Die amerikanische Absicht war Genozid, und die besteht noch weiter«, formulierte Peter Weiss in einem *Spiegel*-Gespräch, das ich im Sommer 1968 gemeinsam mit Georg Wolf in Stockholm geführt habe.

Im Frühjahr 1974 erhielt auch ich eine Einladung nach Nordvietnam. Literaten und Zeitungsreporter aus der Bundesrepublik waren bis dahin eingelassen worden, darunter Werner Holzer von der *Frankfurter Rundschau*, aber noch kein Fernsehreporter, weder von der ARD noch vom ZDF. Die Einladung an den ARD-Studioleiter in Hongkong war durch eine japanische Filmgesellschaft, die mit dem einzigen Kamerateam aus einem nichtkommunistischen Land in Hanoi akkreditiert war, vermittelt worden. Die Kooperation mit dem japanischen Team war die Bedingung, an die das Visum geknüpft worden war. Mit Hilfe von Nihon Denpa News, Tokio, gelang es mir als einzigem deutschen Fernsehreporter, während des Krieges Nordvietnam zu besuchen und das Land bis zur südlichen Grenze, die damals am Thak-Han-Fluß bei der Stadt Quang Tri verlief, zu besuchen.

Am 10. April 1974 flog ich von der laotischen Hauptstadt Vientiane aus, wo Nordvietnam eine Botschaft unterhielt, die das Visum einstempelte, nach Hanoi. Als ich die Aeroflot-Maschine verließ, wurde ich von einem Empfangskomitee mit Blumen begrüßt. Die folgenden Seiten sind Tagebuchnotizen, die im Frühsommer 1974 als Funk-Feature in fast allen Radioprogrammen der ARD gesendet worden sind.

10. April 1974

»Als Journalist mit Blumen empfangen zu werden, weckt zwiespältige Empfindungen. Politiker werden so begrüßt, Staatsmänner immer, vorzüglich natürlich die begleitenden Damen, und gelegentlich lassen auch Wahlkämpfer dafür sorgen, daß dicke Blumenbündel, Gladiolen am liebsten, bereitgehalten werden, um den eintreffenden Kandidaten gebührend in Szene zu setzen. Journalisten mit Blumen zu empfangen, läßt auf Hintersinn schließen.

Hier kommt niemand unangemeldet in die Wartehalle. Die Reisenden allesamt haben einen Adressaten, einen Empfänger, der alles vorbereitet hat für den Aufenthalt in Hanoi.

Die Blumen bestätigen einen Sachverhalt, der offenkundig ist.
Daß die Geste der Herzlichkeit zum Nachsinnen anregt, hat mit
der prekären Situation zu tun, in die ein Journalist sich begibt, der
eine Einladung akzeptiert und dennoch entschlossen ist, seine
Unabhängigkeit zu bewahren. Das Risiko liegt diesmal auf beiden
Seiten. Ich mag für unsere Arbeiten nichts versprechen. Schon gar
keine Objektivität, die bestenfalls eine Lebenslüge der Medienpo-
litiker ist. Ich halte es mit der Parteilichkeit: Parteilichkeit für die
Fakten.

11. April

Eindrücke von den Gängen durch die Stadt lassen mich die tatsächliche Misere dieses Landes ahnen. Hanoi hat die Besucher
schon in den vergangenen zehn Jahren durch die Zeichen von
Armut und Farblosigkeit überrascht.

Bernard Fall, der die Hauptstadt noch zu Zeiten der französischen Kolonialverwaltung erlebt und der Vietnam, beide Vietnam,
immer mit den Augen der Liebe gesehen hat, spricht in einem
seiner Bücher von der ›unglaublichen Schäbigkeit‹ Hanois. Aus
dem Stadtbild müsse man beinahe schließen, daß die abziehenden
Franzosen alle Farbpinsel mitgenommen hätten und auch alles
Werkzeug zur Reparatur der Bordsteine.

Mary McCarthy, die Hanoi 1968, noch vor dem konzentrischen
Bombenkrieg gegen die Industriezentren besuchte, hat die Stadt
mit einer alten Badewanne verglichen, die vom Putzen mit schar-
fen Reinigungsmitteln stumpf und schäbig geworden sei.

Die Stadt, so will mir scheinen, hat in den vergangenen sechs
Jahren noch mehr an Substanz verloren und gleicht heute einem
Monument, das vom tropischen Wachstum der Natur nach und
nach mit Pflanzen überzogen wird. Die Häuser aus der Kolonialzeit, große Villen, deren hellbraune Farbe man gelegentlich nur
noch erahnen kann, sind vom Wetter gezeichnet. Erker und Win-
kel sind mit Moos überzogen. Die Feuchtigkeit hat die Wände
durchdrungen und eine Patina geschaffen, die keinen Glanz verbreitet, sondern Heimweh weckt nach besseren Zeiten.

12. April

Ein Wohnbezirk an der Khom Thiem Straße, noch beinahe zum Zentrum Hanois gehörend, ist am zweiten Weihnachtstag 1972 von einem B-52-Bombenteppich zerstört worden. Nach offiziellen Angaben sind damals 534 Häuser völlig zerstört und 1200 beschädigt worden. Die Bomben dieses Nachtangriffs haben 283 Menschen getötet und 266 verletzt. Photographien des zerstörten Wohnkomplexes hängen heute im Museum für Revolutionäre Geschichte.

Wir haben heute Khom Thiem besucht und von der erhöhten Empore eines Denkmals für die Opfer des B-52-Angriffs aus über das betroffene Gebiet blicken können. Die Photographie im Museum vermittelt den Eindruck einer Zerstörung, die an die Bombardierung der deutschen Großstädte während des Zweiten Weltkriegs erinnert. Tatsächlich jedoch handelt es sich um die Verwüstung eines relativ begrenzten Gebiets von 200 Metern Breite und 600 Metern Länge. Die Schuttberge sind abgetragen und die Krater zugeschüttet worden. Auf dem planierten Gelände stehen jetzt Bambushütten, die die Zerstörung des Jahres 1972 nur noch ahnen lassen.

Für Besucher aus der Bundesrepublik, die noch Flächenangriffe im vergangenen Weltkrieg erlebt haben, liefert Khom Thiem den klaren Beweis, daß die amerikanische Luftwaffe in Vietnam keine systematischen und planvollen Terrorangriffe gegen die Zivilbevölkerung geflogen hat wie im Krieg gegen Deutschland und Japan.

Die Wirkung des Bombenteppichs auf Khom Thiem soll damit nicht verniedlicht werden; und ich will keineswegs suggerieren, es sei alles nicht so schlimm, weil ein Fehlwurf unterlaufen sei und keine böse Absicht vorliege. Hanoi hat im Dezember 1972 einen schrecklichen Bombenkrieg erlebt, dessen psychologischen Effekt nur ermessen kann, wer einmal aus der Nähe die Explosion eines B-52-Bombenteppichs erlebt hat. Aber diese Stadt ist im Prinzip nur selektiv bombardiert worden; abgesehen von der Zerstörung Khom Thiems und einiger anderer Plätze, zum Beispiel des Bach-Mai-Krankenhauses, haben die amerikanischen Piloten ihre Bomben sehr gezielt geworfen, der Stadt jedenfalls das Los einer massiven Zerstörung erspart.

Es scheint mir bemerkenswert, daß sich das Komitee zur Untersuchung der amerikanischen Kriegsverbrechen vor allem mit der Stadt Hanoi beschäftigt und die massive Bombardierung weiter im Süden, in der Nähe der Demarkationslinie, nur zweitrangig behandelt. Die Gründe sind offenkundig. Hätte die Regierung die Schäden so vehement beklagt wie die Bombardierung Hanois, sie hätte indirekt damit eingestanden, daß die amerikanische Luftwaffe jenen Effekt erzielte, den sie auch erreichen wollte. Militärische Erwägungen sprachen dafür, Nebenplätze des Bombenkriegs in den Mittelpunkt der öffentlichen Kampagne zu rücken, und dies um so mehr, als einige der Plätze, wie Khom Thiem oder das Bach-Mai-Krankenhaus in Hanoi, eine größere Wirkung auf die Weltöffentlichkeit versprachen als die weitaus größeren Verwüstungen an der Demarkationslinie.

Diese These mag in den Ohren derer, die sich aus Gewissensgründen an der Kampagne gegen den amerikanischen Bombenkrieg beteiligen, blasphemisch klingen. Ich sehe auch durchaus die Gefahr, die darin liegt, den Bombenkrieg Amerikas nachträglich plausibel zu machen und seine grauenvollen Folgen rational zu erklären. Dennoch mag ich auch hier in Hanoi, am Ort des Geschehens selbst, nicht davon ablassen, die Mechanik der psychologischen Kriegführung auf beiden Seiten offenzulegen, scheinbar ohne innere Anteilnahme darüber zu reflektieren, zu welchen Mitteln, zu welchen Notwehrmaßnahmen dieses kleine Land hat greifen müssen, um sich die öffentliche Meinung der Welt zum Verbündeten zu machen in der Auseinandersetzung mit der militärischen Supermacht Amerika. Denn es war ja kein Naturereignis, daß außer den sozialistischen Staaten auch die Völker und viele Regierungen der westlichen Länder für Nordvietnam Partei ergriffen und die amerikanische Administration den Druck des Weltgewissens spüren ließen.

Die Führung Hanois hat ihre propagandistische Auseinandersetzung mit Amerika so ernst genommen, wie sie es verdiente, die eigenen Gefühle nicht schonend und zuweilen auch nicht die

Wahrheit. Vom Erfolg der Bemühungen, Amerika in den Augen des Westens als eine aggressive, brutale, verbrecherische Macht erscheinen zu lassen, hing es ab, ob Washington gezwungen würde, den Bombenkrieg zu begrenzen und ihn später sogar einzustellen. Die Sache war zu wichtig, als daß man sie Moralisten und Philanthropen überlassen konnte.

Ich mag kein unfreundliches Wort niederschreiben über die Regisseure der psychologischen Kriegführung in Hanoi; wohl aber über Autoren, denen die Kraft oder der Mut gefehlt hat, der Wahrheit die Ehre zu geben. Denn es war ja nicht genug, in den Jahren der Eskalation aus vernünftigen Gründen gegen den amerikanischen Bombenkrieg Stellung zu beziehen. Die wahren Aktivisten im Westen verlangten aus prinzipiellen Gründen die Anerkenntnis der kriminellen Motive Amerikas und der finsteren Absichten der Präsidenten Johnson und Nixon, das nordvietnamesische Volk auszurotten.

Ich habe die Argumente für die These des Genozids in der Vergangenheit nie überzeugend gefunden. Meine bisherigen Beobachtungen in Nordvietnam haben diese Vorbehalte und Zweifel bestätigt.«

Soweit die Auszüge aus dem Tagebuch von 1974. Deutlich spiegelt sich darin die Erfahrung, daß die Regierung in Nordvietnam ein Informationsmonopol besaß, von dem sie rigorosen Gebrauch machte. Der militärische Bereich war allen Medienvertretern aus dem Westen versperrt. In der Stadt Dong Hoi, 30 Kilometer nördlich des 17. Breitengrades, zeigten die Begleiter allen Besuchern die von amerikanischen Bomben zerstörte katholische Kirche am Hafen, von der nur der Turm stehengeblieben war, der wie ein rauchgeschwärztes Symbol der Anklage in den Himmel ragte.

Nicht gefilmt werden durfte das nur wenige Meter entfernt liegende Nachschubdepot der Armee. In schier endloser Reihe fuhren Lkw, mit der Fahne des Vietcong geschmückt, von hier auf den weiter westlich gelegenen Ho-Chi-Minh-Pfad. Ehrlicherweise hätten alle Photographen, die mit dem Bild der Kirchenruine die Weltöffentlichkeit mobilisiert haben, diesen Sachverhalt sichtbar

Von der bei einem amerikanischen Bombenangriff zerstörten
Kirche von Dong Hoi in Nordvietnam 30 km nördlich
des 17. Breitengrades blieb nur der Turm stehen. Das wenige Meter
entfernt liegende Nachschubdepot der
nordvietnamesischen Armee durfte nicht gefilmt werden.

machen müssen. Aber die vietnamesischen Begleiter achteten darauf, daß nur die Kirche, nicht das Munitionslager abgelichtet wurde. Mit der Kirche von Dong Hoi war der amerikanischen Luftwaffe in Wahrheit nicht der Prozeß zu machen.

Kein Gesprächspartner in Hanoi gab Informationen, die die offizielle Version hätten in Frage stellen können. Bei den »Freiheitskämpfern« im Süden handelte es sich ausschließlich um Revolutionäre aus Südvietnam, so lautete die erste These. Die Armee Nordvietnams war am Krieg im Süden gar nicht beteiligt. General Giap, der Verteidigungsminister und legendäre Sieger von Dien Bien Phu, hat Oriana Fallaci sogar glauben machen wollen, daß Nordvietnam »nichts mit der Tet-Offensive zu tun gehabt hat. Die Front (NLF) hat sie ausgeführt.«

Weil Nordvietnam den Krieg gar nicht nach Süden getragen hatte, so lautete die zweite These, besaßen die Vereinigten Staaten von Amerika auch kein Recht, sich in die inneren Angelegenheiten Südvietnams einzumischen. Amerikas Militär-Engagement war deshalb eine Aggression mit dem Ziel, Nordvietnam zu zerstören und das Volk auszurotten. Der Bombenkrieg gegen Nordvietnam war der Beweis für diese These. Besucher in Nordvietnam wurden vornehmlich an jene Stellen geführt, wo Sachverhalte die offizielle Version zu stützen schienen.

Die eigenen Opfer wurden dabei verschwiegen. Soldatenfriedhöfe stammten allesamt aus der Zeit des französischen Krieges. Den im Kampf gegen Amerika Gefallenen hat man erst nach dem Sieg 1975 Ehrenplätze errichten dürfen. Der eigenen Bevölkerung wurden die Leiden und Opfer der Armee in Südvietnam verheimlicht. Im Lagebild, das die nordvietnamesische Regierung ihrer Bevölkerung präsentierte, gab es keinen Ho-Chi-Minh-Pfad, keine nordvietnamesische Armee im Süden, keine Niederlagen und keine Opfer. Das Bild zeigte nur Heroismus, Entschlossenheit und natürlich Gewißheit, daß der Sieg über den tumben, häßlichen und barbarischen Angreifer aus Amerika unvermeidlich sei.

Jedem Journalisten, der an die Freiheit und die Unabhängigkeit der Presse glaubt, fällt es schwer zuzugeben, daß Nordvietnam mit einer rigiden Zensur nach innen und einer Abschottung nach außen, mit einer planmäßigen und gelenkten Pressearbeit, die der Weltöffentlichkeit Propagandathesen und kaum Fakten unterbreitete, erstaunlichen Erfolg gehabt hat.

Der amerikanische Kriegshistoriker Harry G. Summers erzählt in einem Buch, das die Gründe der Niederlage analysiert, von der Begegnung eines amerikanischen und eines nordvietnamesischen Stabsoffiziers nach der Unterzeichnung des Pariser Waffenstillstands im Winter 1973. »Ihr habt uns nie besiegt«, behauptete der amerikanische Gesprächspartner.

»Das mag sein«, antwortete der Oberst aus Hanoi, »aber das ist unerheblich.«

Tatsächlich haben die Vereinigten Staaten den Krieg politisch, nicht militärisch verloren. Die Presse- und Informationspolitik der Regierung in Hanoi hat dabei eine zentrale Rolle gespielt. Während der Krieg im Süden von den amerikanischen und internationalen Medien in seiner ganzen brutalen Wirklichkeit geschildert und ins öffentliche Bewußtsein gerückt worden ist, hat Nordvietnam nur Optimismus und Siegesgewißheit gelten lassen, hat die Nachrichtenpolitik in den Dienst der nationalen Sache gestellt und zugleich die Schwachstellen im politischen System Amerikas geschickt genutzt.

Es war kein Zufall, daß die Tet-Offensive in die Inkubationszeit des amerikanischen Wahlkampfs fiel. Innerhalb von Tagen hatte man auch in Hanoi begriffen, daß die Frage, ob Vietcong beim Eröffnungsangriff in die Botschaft eingedrungen waren oder nicht, in den Augen des amerikanischen Publikums eine zentrale Bedeutung besaß. Die Regierung druckte Erlebnisberichte, die zweifellos erfunden waren, die aber den Trend in Amerika stützten und ein erstaunlich sicheres Gefühl dafür verrieten, wie der politische Wille der amerikanischen Öffentlichkeit, den Krieg fortzusetzen, erschüttert werden könnte.

Seit Vietnam ist die Frage gestellt worden, ob die eine Seite in einem Konflikt Pressefreiheit gewähren darf, wenn die andere Seite Zensur und Desinformation zum Prinzip erhebt und die Medien allesamt in den Dienst der Regierung stellt. Der Krieg in Vietnam, der mit der Niederlage Amerikas endete, die als Höhe-

punkt der erfolgreichen Pressearbeit Hanois in vielen Teilen der
Welt als Sieg, als Triumph gefeiert wurde, hat wohl nicht nur die
Frage gestellt, sondern auch die Antwort geliefert.

Hat die Presse den Sieg vereitelt?

Bei der kritischen Analyse der Ursachen für die amerikanische
Niederlage in Vietnam ist den Medien der Vorwurf gemacht worden, die Moral der »Heimatfront« untergraben und dadurch die
erste Niederlage, die die Vereinigten Staaten in ihrer Geschichte
erlitten, gefördert zu haben.

Robert S. Elegant, ein langjähriger Asien-Korrespondent, der
sich auch als Romanautor (»Dynastie«) einen Namen gemacht
hat, fühlte sich 1981 gedrängt, die eigene Zunft zu provozieren,
indem er ihr die Hauptschuld für das Desaster in Vietnam anla-
stete. Elegant gehört zu jener Generation von Journalisten, die
durch den Zweiten Weltkrieg geprägt worden ist und für die es
selbstverständlich war, sich mit der Mission Amerikas, mit der
Sache der »freien Welt« vorbehaltlos zu identifizieren.

Die *old hands*, die alten Kenner der Verhältnisse Asiens, so
schrieb er in einem polemischen Essay, hätten sich nie eingeredet,
daß Südvietnam ein erfreuliches Regime genösse. »Aber wir
glaubten, daß die Herrschaft des Nordens für die Mehrheit der
Bevölkerung schlimmer sein würde.« Die jüngeren Reporter, so
klagt Elegant, hätten Illusionen über Nordvietnam verbreitet. Weil
sie dem Pentagon mißtrauten, hielten sie Hanoi für den Hort der
Wahrheit; und sie machten die Welt glauben, es sei auch gut für
den Westen, wenn das korrupte Regime Saigons zusammenbräche, weil es danach eine friedliche, unabhängige und nationalisti-
sche Entwicklung in Südvietnam geben werde. »Zum erstenmal in
der modernen Geschichte ist der Ausgang eines Krieges nicht auf
dem Schlachtfeld, sondern auf den Zeitungsseiten und noch mehr
auf dem Fernsehschirm entschieden worden.«

General Westmoreland und viele konservative Offiziere im Pentagon mögen in der Polemik Elegants eine Bestätigung der selbst-

gezimmerten neuen »Dolchstoßlegende« gesehen haben. Um den Militärs nicht nachträglich zu einem unverdienten Sieg zu verhelfen, den sie doch immer zum Greifen nahe wähnten, sind fast alle Journalisten, die sich betroffen fühlten, zur Relativierung oder Zurückweisung der Thesen Elegants angetreten.

Ein anderer Veteran unter den Kriegsreportern, Keyes Beech, bekannte sich immerhin zu einer Mitschuld der Presse an der Niederlage Amerikas. »Ich würde nicht ganz so weit gehen wie Elegant. Aber die Medien haben mitgeholfen, daß der Krieg verloren wurde.«

Die Mehrheit jener, die sich an der Diskussion Anfang der achtziger Jahre beteiligten, wies dagegen die Kritik Elegants entschieden zurück. Dabei wurde argumentiert, daß die Presse die Stimmung der Bevölkerung nicht schuf, sondern nur reflektierte, daß der Meinungstrend der Journalisten die Befindlichkeit des Publikums nicht veränderte. Walter Cronkite, so schrieb der zum liberalen Presse-Establishment zählende Stanley Karnow, hätte weit hinter dem Meinungsstand der amerikanischen Öffentlichkeit zurückgelegen. Das Publikum hätte längst den Sieg in Vietnam abgeschrieben gehabt, bevor der Moderator, dessen Glaubwürdigkeit vom Fernsehpublikum höher eingeschätzt wurde als die des amerikanischen Präsidenten, seine Haltung korrigierte. »Cronkite reflektierte Meinungen, aber er machte sie nicht.«

Im Februar 1983 hat die Universität von Südkalifornien in Los Angeles ein Symposium veranstaltet, das die Erfahrungen des Vietnam-Kriegs überprüfte und die Lehren debattierte, die aus dem Verhalten und der Wirkung einer freien, unzensierten Presse in Südvietnam zu ziehen seien.

Barry Zorthian räumte dabei im Rückblick ein, daß die Lage in Vietnam von den Medien zutreffender dargestellt worden sei als von den staatlichen Institutionen, also Botschaft und Militär. Zorthian ersparte den Journalisten allerdings nicht den Vorwurf, die eigene Seite besser durchleuchtet zu haben als die Position des kommunistischen Gegners. »Viel zu selten, eigentlich nie haben Reporter die Politik und die Ziele der Nationalen Befreiungsfront und der Regierung in Hanoi angemessen vermittelt.«

Defizite und Mängel der journalistischen Leistung in Vietnam sind nicht zu verkennen. Mir scheint dennoch die Einschätzung des britischen Pressehistorikers Philip Knightley zutreffend, der geurteilt hat, daß der Vietnam-Krieg besser und umfassender dargestellt worden sei als alle Kriege zuvor. Noch nie in der Geschichte sind die Wirklichkeiten, die sich hinter den Wörtern Blut, Schweiß und Tränen verbergen, so schonungslos, ohne Rücksicht auf die Moral der eigenen Truppe und die Gefühle der Heimatfront, ins Bild gerückt worden wie in Vietnam. Die Schrecken haben die Weltöffentlichkeit beeindruckt. Die Reporter haben sie nicht verursacht, sondern lediglich sichtbar gemacht.

Die Lehre aus solcher Erkenntnis kann nur heißen, so urteilt Harry G. Summers, daß zukünftige Kriege noch blutiger und abstoßender sein werden als jener, den die Welt in Vietnam erlebt hat. Es sei absurd, an einen »menschlichen Krieg« zu glauben; und es sei nicht weniger illusorisch anzunehmen, daß die Fakten eines solchen Krieges vor der Öffentlichkeit verheimlicht werden könnten. Zensur, so gibt Oberst Summers den Politikern zu bedenken, sei keine Lösung für die Probleme der Zukunft.

»Amerika«, ergänzt General Frederik Weyand in einer Analyse der Vietnam-Erfahrungen, »glaubt an Sachen, an Artillerie, Bomben, massive Feuerkraft, um das Leben der eigenen Soldaten zu schonen. Der Gegner kompensiert andererseits seinen Mangel an ›Sachen‹, indem er Menschen vorschickt anstelle von Maschinen, und er erleidet dabei enorme Verluste. Die Armee hat das schon in Korea erlebt. Wir hätten diese Wirklichkeit dem amerikanischen Volk vermitteln sollen, bevor die Bürger sie auf dem Fernsehschirm erlebten. Die Armee muß den Preis eines Engagements klipp und klar benennen, bevor wir die Truppen losschicken, so daß Amerikaner die Kosten an Blut und Schrecken abwägen können gegen die Gefahr, die droht, wenn wir uns heraushalten.«

Im Ersten Weltkrieg ist weder in einer deutschen noch in einer englischen oder französischen Zeitung auch nur ein einziges Photo gedruckt worden, das ein Opfer der Kämpfe, eine Leiche gezeigt hätte. 1915 hat die britische Regierung sogar den Malern verboten, in den Schlachtengemälden die Toten zu zeichnen.

Hätte die Presse damals die Wirklichkeit schildern dürfen, hätten die europäischen Völker die schockierenden Verlustzahlen gekannt und sich ein Bild machen können von den Massakern an Millionen, der Krieg hätte ein früheres Ende gefunden. Politiker und Generale wären dem Druck, dem Abscheu und Entsetzen der Öffentlichkeit erlegen; sie hätten dem Frieden früher, viel früher eine Chance geben müssen.

Der hypothetische Gedanke verleitet dazu, die letzten 150 Jahre unter dem Aspekt zu überdenken, ob die Weltgeschichte den gleichen Verlauf genommen hätte, wenn allzeit eine freie Presse dabeigewesen wäre, die den Menschen die Opfer an Blut und Leben bewußtgemacht hätte. Wäre das britische Kolonialreich überhaupt entstanden, wenn die Politiker und Bürger in London die blutige Wirklichkeit des indischen Aufstands von 1854 miterlebt hätten? Hätte Amerika den Seekrieg gegen Japan im Pazifik durchhalten können, wenn die amerikanische Öffentlichkeit Genaueres von der Schlacht bei Guadalcanal (1942) erfahren hätte; mehr jedenfalls als nur die geographische Position und den schließlichen Sieg? Wäre der Krieg gegen Hitler, wären die Angriffe auf Hamburg, Dresden, Tokio von der Öffentlichkeit in den alliierten Ländern psychologisch verkraftet worden, wenn eine realistische Berichterstattung wie in Vietnam stattgefunden hätte?

»Wenn es das Fernsehen schon bei der Schlacht von Gettysburg gegeben hätte, bestünde Amerika aus zwei Staaten«, schrieb der konservative Kolumnist George F. Will in der Zeitschrift *Newsweek.* »Die Schlächterei dort hätte den Norden veranlaßt, den Süden seinen Weg gehen zu lassen. Es ist eine noch unbeantwortete Frage, ob eine Demokratie mit moderner Kommunikationstechnologie und mit moderner Empfindlichkeit überhaupt noch den Preis dafür zahlen kann, eine Großmacht zu sein.«

Der Krieg bleibt kein Mittel der Politik mehr, wenn die Medien ihn wahrhaftig und realitätsnah schildern. Vietnam hat die Machtpolitiker gelehrt, daß Kriege nur dann durchgestanden werden können, wenn die Medien manipuliert und zensiert, rücksichtslos in den Dienst der Regierung gestellt werden, die nur noch unterstützt, nicht mehr kritisiert werden darf.

Der Falkland-Krieg, den Großbritannien 1982 im Südpazifik gegen Argentinien geführt hat, war der erste große Test für die Freiheit der Presse nach Vietnam. Die britische Regierung hat durch massiven Druck bewirkt, daß die Presse sich in den Dienst der nationalen Sache stellte. Ausländische Korrespondenten wurden auf britischer Seite gar nicht zugelassen. Nur wenige britische Reporter von ausgewählten Organen durften auf dem Flaggschiff der Marine mitreisen; sie haben die Kampfhandlungen nur aus der Distanz, vom Schiff aus unter der Kontrolle des Militärs, erleben können. Die Berichte der Journalisten wurden zensiert, die Militärs entschieden ganz autonom, was und wann publiziert werden durfte.

Allein die BBC hat sich damals kämpferisch darum bemüht, ihren Informationsauftrag gegenüber der Gesellschaft zu erfüllen. Sie hat sich dafür schelten lassen, daß sie nicht nur den argentinischen Kommuniqués, sondern auch den Behauptungen der eigenen Regierung mißtraute. »Wir können nicht beweisen«, sagte einmal ein Moderator der BBC-Abendnachrichten, »daß unsere Regierung gelogen hat – von den Argentiniern wissen wir es.«

Ein Jahr später, 1983, bewies auch die amerikanische Regierung unter Präsident Ronald Reagan, daß sie ihre Lektion nach Vietnam gelernt hatte. Die Besetzung Grenadas fand ohne die Medien statt. Reporter wurden erst eingeflogen, als die Aktion erfolgreich abgeschlossen worden war.

In der Bundesrepublik Deutschland hat sich der frühere Berliner Innensenator Wilhelm Kewenig mit der Äußerung hervorgetan, am Tatort müsse die Pressefreiheit schon mal zurücktreten. Allein der Auflauf von ein paar tausend Chaoten beim Jahrestag der Weltbank im September 1988 rechtfertigte in den Augen Kewenigs die Einschränkung der Informationsfreiheit, ohne die es keine wirkliche Pressefreiheit geben kann.

Die Geringfügigkeit des Anlasses läßt ahnen, welchen Freiheitsraum die Medien in einer inneren oder äußeren Bedrohung noch besitzen würden. Keinen, so ist zu befürchten. Eine öffentliche Debatte über die Rolle der Medien im Notstand hat es trotz Falkland und Grenada hierzulande (noch) nicht gegeben.

Laos:
Die Maus, die brüllte

»Gleichmut vor allem!«

Ein zeitweiliges Einreiseverbot nach Südvietnam, das die Regierung in Saigon wegen kritischer Bemerkungen über Präsident Nguyen Van Thieu gegen mich ausgesprochen hatte, nutzte ich im Oktober 1970 zu einem Besuch in Laos. Schon bei dieser ersten Reise nach Vientiane beeindruckte mich der besondere Charakter der laotischen Gesellschaft, die sich in ihrem Wertesystem und ihren Lebensformen deutlich vom benachbarten Vietnam unterschied. Der Flug war eine erste Einweisung in neue Verhältnisse.

In Bangkok wartete die DC 6 der »Royal Air Laos« auf die Passagiere für den 17-Uhr-Flug nach Vientiane. Etwas Besseres als eine viermotorige Propellermaschine, von einer amerikanischen Airline ausgemustert, hatte die königliche Luftfahrtgesellschaft nicht zu bieten. Sogar die Khmer hatten damals schon Anschluß an den Jet-Verkehr gefunden. Bei den Laoten schien die Umstellung keine Eile zu haben. Was Menschen im Westen verlorene Zeit nennen, erscheint jenen wie ein Gewinn, eine Prämie an Muße und Beschaulichkeit.

Laos kannte höhere Werte als Präzision und Perfektion. Diese Lektion wurde mir vermittelt, als ich von meinem Sitz in der Kabine aus, auf dem ich eingezwängt zwischen Körben und Bündeln der lokalen Mitreisenden den Start in den bedrohlich wirkenden Monsunhimmel erwartete, auf den Tarmac hinuntersah. Der Kapitän hatte noch einmal das Cockpit verlassen und sich die Gangway heruntergemüht, um die Motoren zu inspizieren. In der Hand hielt er einen großen, fettigen Lappen, mit dem er liebevoll die untere Außenverkleidung der Motoren trockenrieb. Mein Vertrauen in den Piloten wurde durch den Anblick erheblich gestärkt.

Das Mißtrauen gegenüber dem »Fluggerät« hat mir den zweistündigen Slalom um die gefährlichen Turmwolken herum zu einem qualvollen Erlebnis gemacht. Ich mußte mich der Einsicht öffnen, daß man in Laos gleichsam blind dem Schicksal vertraute. Das Schicksal wollte es, daß dieser Flug in die Abenddämmerung mit einer großen Schleife über dem breiten, vom Monsunregen überfließenden Mekong gekrönt wurde, bevor die Maschine ruhig und sicher auf dem Rollfeld von Vientiane aufsetzte.

Mit im Flugzeug saß Hans Walter Berg, der erfahrene Korrespondent aus Neu-Delhi. Er widmete dem Öllappen und dem Zustand der Maschine keine Beachtung; längst hatte er gelernt, dem Schicksal zu vertrauen. Keine drohende Turmwolke nahm er zur Kenntnis. Er schlief unbeeindruckt.

Ein britischer Beobachter der Verhältnisse in Laos besuchte einmal einen der kommandierenden laotischen Generale, der seine Bürotür mit einem bemerkenswerten Slogan dekoriert hatte. Nicht »Feind hört mit« oder »Erkenne Deine Gegner« stand dort geschrieben, wie man es in einer Kaserne erwartet hätte, sondern: »La tranquillité avant tout« – »Gleichmut vor allem«. Das Motto des Generals liefert den Schlüssel zum Verständnis eines Landes, das damals auf großen Plakaten mit diesem Spruch für sich warb: »Fall in love with a small country, let it happen to you.«

Bangkok, Djakarta und Manila veränderten damals in raschem Tempo ihr Erscheinungsbild. Hochhäuser prägten die neue Silhouette. Sogar Saigon und Phnom Penh erlebten den Einbruch der Moderne. Vientiane hielt beharrlich am alten fest. Nur die Stupas der Pagoden, die zylindrischen Türme, in denen Reliquien lagern, ragten höher in den Himmel als die Bäume. Die Häuser lagen im Schatten der Baumkronen. Diese Hauptstadt hatte nichts Pompöses, nichts Großmäuliges und Anmaßendes aufzubieten. Hier galten noch Diskretion, Privatheit, Bescheidenheit, zumindest in der äußerlichen Fassade.

In fast jeder Beschreibung des Landes taucht das Wort »verschlafen« auf. Gemeint ist damit die unscheinbare Routine einer asiatischen Gesellschaft, die sogar in der Hauptstadt ihre Gemächlichkeit, ihre »tranquillité« bewahrt. Engagement, Leidenschaft, Aufwallungen der Seele scheinen den Menschen unbekannt zu sein. Das »macht nichts«, das auch in Thailand als Lebensweisheit gilt, heißt im Laotischen »bau pinh yanh«. Die darin enthaltene Lethargie und Gelassenheit ließen »mañana«, so hat ein Spötter gesagt, wie »Achtung!« klingen. Man glaubt, hier

einem Volk zu begegnen, das die Lehre Buddhas im praktischen
Leben ernster nimmt als die übrigen Gesellschaften Asiens. Wenn
das Leben Leid ist, dann lohnt es nicht, sich dagegen aufzubäu-
men. Wenn alles nur Schein ist, dann ist das Vorläufige und Provisorische gerade gut genug, um damit die Probleme des Alltags zu
bewältigen. »Wer auf der Matte schläft, der fällt nicht tief«, lautet
eine tiefsinnige laotische Weisheit. Der Gleichmut dieser Gesellschaft speist sich aus der religiösen Überzeugung, daß allein das
Karma zählt, die Bilanz des Lebens und der darin erworbenen
Verdienste, nicht aber Besitz, Rang und Prestige. »Der wichtigste
Augenblick im Leben ist der Tod«, so haben die Laoten die Lehre
Buddhas gedeutet. Diese Weltsicht beeinflußt die Wirklichkeit von
der privaten Existenz bis hin zur Politik.

Residenz des Königs war das nördlich von Vientiane gelegene
Luang Prabang, eine kleine Stadt im Bergland, die durch die Viel-
zahl der Pagoden wie ein buddhistisches Zentrum wirkt. Die fran-
zösischen Kolonialbehörden mochten sich im abgelegenen Luang
Prabang nicht ansiedeln. Sie haben das in der Ebene, direkt am
Mekong gelegene Vientiane bevorzugt und zur administrativen
Hauptstadt von Laos gemacht.

Alles, was in Vientiane an eine wirkliche Stadt erinnerte,
stammte aus französischer Zeit: drei oder vier Asphaltstraßen, die
ziemlich gradlinig durch das Stadtbild gezogen worden waren, ein
paar bescheidene Bürohäuser, Cafés und Restaurants, von französischen *patrons* auf beachtlichem Niveau gehalten, dazu einige
Bars und Etablissements, die unter Kennern in Asien den Ruf
besonderer Verruchtheit besaßen. In Laos wurden vor 1975, vor
dem Sieg der Kommunisten, Haschisch und Opium ganz offen
und legal auf dem Markt gehandelt. Hier gab es noch Opiumhöhlen, in denen man sein Pfeifchen konsumieren konnte, liegend auf
schmuddeligem, abgewetztem Mobiliar, in einem Milieu, das Besucher in die Traumwelt kitschiger Asien-Filme versetzte. Sogar
der Ministerpräsident des Landes, der Aristokrat Souvanna
Phouma, machte aus der Tatsache keinen Hehl, daß er sich ein
paar Pfeifchen am Tage gönnte und diesen Genuß für zuträglich
und vertretbar hielt.

Der weitaus größere Teil von Vientiane war ungepflastert. Sandwege mit tiefen Wasserlöchern führten in die Villenviertel, wo die Elite des Landes, durch Mauern und Hecken vor dem Einblick Fremder geschützt, ein komfortables, keineswegs luxuriöses Dasein führte. Wer ohne Empfehlung nach Vientiane kam, keinen Kontaktmann fand, der den Zugang in die Gesellschaft öffnete, der mochte den Eindruck gewinnen, in einem rückständigen, von Sichtblenden verbauten Dorf am Rande der Steppe zu sein, in dem das Leben beinahe zum Stillstand gekommen war. In Vientiane zählte die Form. Fremde waren nur willkommen, wenn sie protokollgerecht eingeführt wurden und wenn sie ihrerseits die Tradition achteten, die Bräuche ehrten und die Tabus respektierten.

Es ist nur schwer nachzuvollziehen, daß das unterbevölkerte Laos mit 91 000 Quadratmeilen, der größte Teil davon Bergland, landverschlossen, ohne Zugang zum Meer und seit Jahrhunderten Objekt und häufig Opfer der Politik starker Nachbarn, der Vietnamesen und der Thais, daß dieses arme, rückständige, wahrlich harmlose Land Anfang der sechziger Jahre im Brennpunkt der Weltpolitik stand. Die im Genfer Abkommen von 1954 verordnete Neutralisierung hat Laos nicht davor bewahrt, in den Sog des eskalierenden Vietnam-Kriegs zu geraten.

Die Neutralität war zur Fiktion geworden, seit die kommunistische Parteiführung in Hanoi zur Überzeugung gelangt war, daß die im Genfer Abkommen vereinbarte Volksabstimmung über die Wiedervereinigung des Landes nicht zustande kommen würde. Ho Chi Minh und seine Kampfgefährten hatten im Jahre 1959 die Hoffnung aufgegeben, den Süden Vietnams mit friedlichen Mitteln »befreien« zu können. Sie entschlossen sich zum bewaffneten Kampf, der Laos in den Krieg verwickelte, weil die Versorgung der Revolutionstruppen im Süden nur durch den Mißbrauch der laotischen Neutralität gewährleistet werden konnte.

Am 17. Breitengrad, der am Ben-Hai-Fluß die Grenze zwischen Nord- und Südvietnam markierte, standen starke Saigoner Truppen, die eine massenhafte Infiltration nordvietnamesischer Soldaten und das Einschleusen von Waffen und Munition verhinderten.

Um diese Barriere zu umgehen, um die Beteiligung am Kampf im Süden überhaupt zu verschleiern, schickte Hanoi Truppen und Nachschub über einen geheimen Dschungelpfad nach Südvietnam, der auf laotischem und weiter südlich auch auf kambodschanischem Territorium verlief.

1960 begann der Ausbau des sogenannten Ho-Chi-Minh-Pfads, der kurz vor dem Ben-Hai-Fluß, auf der Höhe der Stadt Dong Hoi, auf laotisches Gebiet führte und von dort parallel zur laotisch-vietnamesischen Grenze nach Süden auf unzugänglichem Bergland verlief. Die Kreisstadt Tschepone war ein Knotenpunkt des Pfades. Weiter südlich berührte der Pfad die laotischen Provinzen Saravane und Attapeu. Von hier führten Stichwege zurück nach Vietnam in das Operationsgebiet der Einheiten von Zentral-Annam. Der Nachschub für Saigon und das Mekong-Delta wurde von laotischem Territorium weiter auf ebenfalls neutrales kambodschanisches Territorium transportiert und erreichte erst nach der Verletzung der Neutralität von zwei Ländern die kämpfende Truppe im Süden.

Das für den Ho-Chi-Minh-Pfad benötigte Gelände war von nordvietnamesischen Truppen faktisch besetzt. 30 000 bis 40 000 Soldaten hatten einen unzugänglichen, fast nur von Bergstämmen besiedelten Teil von Laos unter ihre Kontrolle gebracht, ohne Rücksicht auf die internationale Rechtslage und ohne Absprache mit der Regierung in Vientiane.

Abgeschirmt wurde die vietnamesische Aktion durch eine linke laotische Einheitsfront-Organisation, die *Neo Lao Hak Sat* (Lao Patriotische Front), hinter der wiederum dirigierend die »Revolutionäre Volkspartei von Laos« stand, in der Mestizen, Lao-Vietnamesen und Mitglieder der vietnamesischen Minderheit in Laos die Macht in Händen hielten. Die Soldaten dieser pro-vietnamesischen kommunistischen Organisationen wurden unter dem Namen Pathet Lao (Land der Lao) bekannt.

Der größte Teil aller acht laotischen Provinzen, die an Vietnam grenzen, waren von Truppen Hanois besetzt und damit der Kontrolle der Regierung in Vientiane entzogen. Hier im Schutze der starken Armee Nordvietnams, in der primitiven, unerschlossenen

Provinzstadt Sam Neua etablierten die Pathet Lao, die laotischen Hilfstruppen, ihr Hauptquartier. Auf dem Höhepunkt des Krieges mit Amerika wurde Sam Neua regelmäßig und massiv von der US-Luftwaffe bombardiert. Die Pathet-Lao-Führung hat ihr Hauptquartier später in tiefe Bergschächte und Höhlen verlegt, um vor den amerikanischen Angriffen geschützt zu sein.

Die Beschneidung der Souveränität, die Unfähigkeit der Regierung in Vientiane, die Kontrolle über das gesamte Territorium zu verteidigen, hatten die laotische Gesellschaft in drei Teile zerfallen lassen: in die Pathet Lao, die einen von Vietnam gestützten und munitionierten Staat im Staate bildeten; sodann die Rechten, unter der Führung des Generals Phoumi Nosavan, die sich zutrauten, die Integrität des Territoriums wiederherzustellen; und schließlich die »Neutralisten«, die zwischen Links und Rechts vermittelten und von der Überzeugung nicht lassen wollten, daß der Friede in Laos wiederhergestellt werden könne, wenn nur die Laoten ohne Einmischung von außen im Geist der Toleranz und der Gewaltlosigkeit ihre Probleme am Verhandlungstisch lösten und friedlich zusammenlebten.

Hauptstütze der Neutralisten war Prinz Souvanna Phouma (Ph wie P gesprochen), geboren im Jahre 1901. Die Eroberung Südostasiens durch Japan brachte Souvanna Phouma 1942 in die Politik. Er schloß sich der Lao-Issara-Bewegung an, die nach 1945 mit letzter Kraft versuchte, die Rückkehr der französischen Kolonialmacht zu verhindern.

Nachdem dies mißlungen war, entwickelte sich in der Lao-Issara-Bewegung ein folgenschwerer Bruch. Eine Gruppe unter Führung Souvanna Phoumas entschloß sich zur distanzierten Kooperation mit der Kolonialverwaltung, um durch Verhandlung und durch Druck, jedenfalls mit friedlichen Mitteln, die nationale Unabhängigkeit zu erreichen. Die zweite Lao-Issara-Gruppe unter Führung seines elf Jahre jüngeren Halbbruders Souphanouvong (gesprochen Supanuwong) entschied sich zum bewaffneten Kampf. Sie entschloß sich zugleich zu einem politischen und militärischen Bündnis mit Ho Chi Minh und seinen *Vietminh*. Die Spaltung der Lao Issara war eine Spaltung der laotischen Elite und eine Einladung an die Kommunistische Partei Nordvietnams, sich in die inneren Verhältnisse des Nachbarn einzumischen.

Souvanna Phouma hat den Rest seines Lebens darauf verwendet, die Nation wieder zusammenzuführen. Die Versöhnung der Brüder sollte ein Vorbild, ein Beispiel laotischer Gemeinsamkeit sein. Sie sollte beweisen, daß brüderliche Liebe und nationale Solidarität alle Gräben überbrücken würden. Die Politik hat Souvanna Phoumas Idealismus ins Leere stoßen lassen.

1960 verschärfte sich die Krise um Laos, als Hanoi mit dem Bau des Ho-Chi-Minh-Pfads begann. Auf Vorschlag des Prinzen Sihanouk, des Staatschefs von Kambodscha, kamen die Genfer Signatarmächte von 1954, die gemeinsam die Neutralität von Laos garantierten, im Februar 1962 zu einer zweiten Konferenz zusammen, die ebenfalls in Genf stattfand.

Die Vereinigten Staaten von Amerika fanden sich nun bereit, auf die Unterstützung der »rechten« Gruppen in Laos zu verzichten und in Zukunft die Neutralisten um Souvanna Phouma zu akzeptieren. Moskau gab die Zusicherung, daß Nordvietnam die laotische Neutralität respektieren würde. Und Souvanna Phouma erklärte sich bereit, alle drei Gruppen im Lande, die Rechten, seine Neutralisten und die Pathet Lao, an einem Koalitionskabinett und damit an der Macht zu beteiligen.

»Laos ist Ihr großes Problem«, hatte Eisenhower bei der Amtsübergabe John F. Kennedy gesagt. Auch der Nachfolger hat sich die Einschätzung des State Department völlig zu eigen gemacht, daß Laos ein Eckpfeiler der Stabilität in Südostasien war und daß die Sicherheit der Vereinigten Staaten unmittelbar gefährdet sei, wenn Laos unter die Kontrolle der Kommunisten geriete.

»Laos war die Maus, die brüllte«, hat später die amerikanische Historikerin Barbara Tuchman sarkastisch geschrieben. Damals, als das Ende der Geschichte in Indochina noch nicht zu erkennen war, haben wenige die Unverhältnismäßigkeit bemerkt zwischen dem unscheinbaren Land am Mekong und der internationalen Aufmerksamkeit, die ihm gewidmet wurde. Kaum jemand hatte eine zutreffende Vorstellung von den geographischen Verhältnissen in Südostasien und schon gar nicht von den besonderen Grenzen und Gliederungen in Laos. Dennoch schien es natürlich, daß Kennedy und Chruschtschow Laos zu einem wichtigen Gesprächsthema bei der Gipfel-Begegnung in Wien machten. »Wenn wir Laos fallenlassen«, so hatten Eisenhower und der große Vereinfacher, US-Außenminister John Foster Dulles, die Öffentlichkeit belehrt, »können wir die ganze Region abschreiben.«

Die international garantierte Neutralität von Laos ist als Modell für die Konfliktlösung in Südvietnam bezeichnet worden. Statt Interventionen von außen und Munitionierung der Bürgerkriegsparteien durch rivalisierende Weltmächte müsse der Versöhnung eine Chance gegeben werden: Die Neutralisten, »die dritte Kraft«, seien der Kern einer großen Koalition, die den Krieg beenden und alle Gruppen zur Koexistenz und Kooperation zusammenführen könne. Charles de Gaulle hat an dieses Konzept geglaubt und immer wieder versucht, die amerikanischen Präsidenten von dessen Richtigkeit zu überzeugen.

Laos ist dennoch in den Krieg verwickelt worden, weil Hanoi sein Versprechen nicht eingehalten hat, auf die Benutzung laotischen Territoriums zu verzichten. Moskaus Delegationsleiter Georgij Puschkin hatte mit dem amerikanischen Unterhändler Averell Harriman sogar eine förmliche Abmachung getroffen, daß die Sowjetunion die strikte Einhaltung des Genfer Abkommens durch Hanoi garantieren werde.

Weder Hanoi noch Moskau haben ihre Zusagen eingelöst. John F. Kennedys Sicherheitsberater Walter Rostow erkannte darin später einen Wendepunkt der politischen Entwicklung: »Ich halte das Unvermögen der Kennedy-Administration, die Einhaltung der Laos-Verabredung zu erzwingen, für den größten politischen Fehler in den sechziger Jahren.«

Opium als Waffe

Die Auslandspresse, die aus Laos und Vietnam berichtete, bestand damals aus einem kleinen Kreis, der sich während krisenhafter Zuspitzung auf einige hundert Personen erweiterte, nie aber jene

Armeestärke von 2000 bis 4000 Journalisten erreichte, die heute bei internationalen Großveranstaltungen zusammenströmen. In Vientiane waren selten mehr als 50 oder 100 Korrespondenten gleichzeitig tätig. Sie besaßen freien Zugang zur politischen Elite, zu den diplomatischen Vertretern aus Ost und West, sogar zu den Repräsentanten der Pathet Lao, die im Herzen der Hauptstadt, am Rande des großen Marktes, eine braune Villa bewohnten, die von veritablen kommunistischen Guerilleros, mit AK 47 in den Händen, bewacht wurde.

Morgens in der Frühe konnte man einen Trupp der Pathet Lao beobachten, in viel zu große grüne Uniformen gekleidet und auf dem Kopf grüne Ballonmützen mit schwarzen Schirmen. Sie kauften auf dem Markt Reis und Gemüse ein. Für die laotischen Zivilisten, zumal für die Marktfrauen, war der Anblick ganz alltäglich. Fremde, Beobachter aus dem Westen, waren fasziniert von der Selbstverständlichkeit, mit der die Pathet Lao sich in der Hauptstadt bewegten. Denn zur gleichen Zeit wurde ja in den Ostprovinzen und auf der Ebene der Tonkrüge von der Regierungsarmee gegen eben diese Soldaten Krieg geführt. In Laos kämpfte man auf besondere Art; und die internationale Presse spielte dabei eine wichtige Rolle.

Vientiane war der beste Beobachtungspunkt, um einen Blick hinter den sogenannten Bambusvorhang zu werfen, mit dem sich die kommunistischen Länder Asiens abschirmten. Nicht nur die Pathet Lao hatten eine diplomatische Repräsentanz; auch die Nordvietnamesen, die Volksrepublik China, die Sowjets und die Vereinigten Staaten waren durch hochqualifiziertes Personal vertreten, das direkt aus dem Geheimdienst stammte oder sich doch erkennbar für eine sensible *intelligence*-Aufgabe vorbereitet hatte. Auf den Cocktailparties in der laotischen Hauptstadt verkehrten Ost und West so unbefangen und vornehm-tolerant wie sonst nirgendwo auf der Welt.

Weil es sich lohnte, in Vientiane dabeizusein, waren die Nachrichtendienste gleich mehrfach vertreten: durch als Diplomaten getarnte Experten in den Botschaften und durch Agenten, die im Gewand von Handelsvertretern, Kleinunternehmern und *consul-*

tants auftraten. Einer von ihnen, Dr. Henn, hatte sein Handwerk im Berlin der Nazi-Zeit beim legendären Admiral Canaris gelernt. Er hatte das Kriegsende heil überstanden und bald danach neue Aufgaben in Asien gesucht. In Thailand betrieb er eine Kleinreederei auf dem Menam, die soviel Profit einbrachte, daß er auch ins Hotelgeschäft einsteigen konnte.

In Vientiane hatte Dr. Henn ein kleines Haus gemietet, das unmittelbar am Mekong lag, vom Ufer nur durch einen Sandweg getrennt. Der Chef saß darin gewöhnlich hinter einer grobgewirkten, grauen Gardine, die Schutz gegen Blicke von außen bot, die aber gestattete, das Leben draußen zu verfolgen. Es war ein »Schaufenster« im doppelten Sinne. Denn unter der Gardine waren Prospekte aufgestellt, die ein funktionierendes Reisebüro vortäuschten.

Eines Tages sprach mich ein Assistent des Firmenchefs auf der Straße an und bat mich, ihm für ein wichtiges Gespräch ins Büro zu folgen. Hinter der Gardine begrüßte mich der damals etwa 60 Jahre alte Dr. Henn mit dem entwaffnenden Eröffnungssatz: »Alles, was Sie hier sehen, ist ›window dressing‹.«

Eine große Korrespondenzmappe, die er hervorkramte, sollte mich überzeugen, daß die Agentur »Dr. Henn Western Union Finance« sehr erfolgreich Nachrichten vermittelte und Lageanalysen für hochrangige Kunden lieferte, darunter, mit einem Dankschreiben belegt, für William Fulbright, den Vorsitzenden des Außenpolitischen Ausschusses des amerikanischen Senats und inzwischen wortmächtigen Kritiker der Indochina-Politik seiner Regierung. Besondere Informationen besaß Dr. Henn über die Rauschgiftszene. Für einen nicht unbeträchtlichen Dollar-Betrag machte er mir ein Sonderheft seines Informationsdienstes zugänglich, das dem Drogengeschäft in Laos gewidmet war. Als Abonnenten auf Dauer hat der freischaffende Agent Dr. Henn das ARD-Fernsehbüro in Hongkong, wo ich damals Posten bezogen hatte, allerdings nicht gewinnen können.

Laos hatte eine zentrale Stellung im internationalen Drogenhandel gewonnen, der durch den Krieg in Südvietnam eine neue Klientel erschloß. Die frustrierten GIs, die den Sinn des Krieges

nicht mehr erkennen konnten, verfielen scharenweise der Droge
Heroin, die aus Laos nach Saigon geliefert wurde.

Der Mohnanbau hat Tradition bei den laotischen Bergstämmen,
die die CIA in den sechziger Jahren bewaffnete und zum Kampf
gegen die nordvietnamesischen Einheiten im Bergland motivierte.
Die Gönner aus Amerika mochten deshalb kaum etwas unternehmen, um die Produktion von Opium zu behindern oder zu unterdrücken. Je größer die Nachfrage in Saigon wurde, desto schneller
wuchsen die Anbauflächen in den Bergen oberhalb von tausend
Metern, wo aus den Mohnblüten durch das Anritzen der Blüten-
kolben in mühseliger Handarbeit das Rohopium gewonnen wird,
das in Labors zu Morphium und schließlich Heroin verdichtet
wird. Als hochkonzentriertes Heroin ist die Droge am leichtesten
zu transportieren und zu schmuggeln.

Private Fluggesellschaften, in denen alte Haudegen der früheren französischen Expeditionsarmee das Sagen hatten, waren am
Drogentransport von den Dörfern des Hochlands nach Vientiane
ganz wesentlich beteiligt. Als Tarnung boten die gleichen Firmen
Charterflüge für Auslandskorrespondenten an. Auf solche Flüge
war angewiesen, wer sich vom Krieg der Meos, des größten Berg-
stamms, an Ort und Stelle ein Bild machen wollte. Von den Gele-
genheitsaufträgen der Journalisten allein hätten die Charterpilo-
ten ihre Firma allerdings nicht finanzieren können. Der Transport
von Drogen machte den Betrieb erst profitabel.

In Vientiane waren große Labors errichtet worden, um das Rohopium aus den Bergen zu veredeln. Ein chinesischer Unternehmer
mit dem Namen Huu Tim Heng besaß den größten Anteil am
Geschäft. Am Stadtrand hatte Huu eine große Pepsi-Cola-Abfüll-
anlage gebaut. Geschäftsführer des Betriebs war Panya, der Sohn
des Ministerpräsidenten Souvanna Phouma, dessen Fürsprache
bewirkte, daß das Huu-Unternehmen auch mit Geldern der »US-
Agency for International Development« (USAID) gefördert
wurde. Allerdings fiel den Drogenagenten der amerikanischen
Botschaft sehr bald auf, daß die Abfüllanlage gar nicht in Betrieb
genommen wurde.

Auch fünf Jahre nach der Fertigstellung der Anlage hatte noch keine einzige gefüllte Flasche den Markt erreicht. Den amerikanischen Experten dämmerte allmählich die Erkenntnis, daß die Fabrik offenbar nur eine Fassade war, die die Produktion von Heroin abschirmte. Über die Pepsi-Cola-Fabrik kaufte Huu Tim Heng die Chemikalien, die beim Umwandlungsverfahren von Opium zu Heroin benötigt wurden.

Den Weitertransport der heißen Ware nach Saigon besorgte unter anderem die Cargo-Abteilung der südvietnamesischen Luftwaffe, die auf den Vize-Luftmarschall Nguyen Cao Ky eingeschworen war. Unter den Augen der amerikanischen Berater schafften Kys Besatzungen das Heroin aus Laos zunächst über die Grenze in die vietnamesische Provinzstadt Pleiku und von dort nach Saigon. Später, nach dem Sturz Sihanouks 1970, lief der illegale Transport über die kambodschanische Hauptstadt Phnom Penh. Fast täglich flogen südvietnamesische Maschinen Nachschubgüter dorthin für die Armee des Marschalls Lon Nol. Beim Rückflug zum Stützpunkt Than Son Nhut, dem Flughafen von Saigon, schmuggelten die Besatzungen Heroin.

Eine andere Quelle für den Drogennachschub könnte auch die Volksrepublik China gewesen sein, die damals gelegentlich von der CIA verdächtigt wurde, wieder Heroin zu produzieren und es als Waffe gegen Amerika einzusetzen. Beweise sind dafür nicht erbracht worden. Die Mutmaßungen galten damals als ein Teil der psychologischen Kriegführung, die auch vor Falschmeldungen nicht zurückschreckte.

Einen Anhaltspunkt für die von China eingesetzte Waffe »Opium« liefern die Memoiren von Mohammed Haikal, dem Vertrauten Nassers, der die Gespräche mitgehört hat, die Zhou Enlai bei seinem Staatsbesuch in Kairo 1965 führte. China benutze Opium, um die US-Streitkräfte in Südvietnam in beschleunigtem Maße zu demoralisieren, bekannte Zhou Enlai. »Einige Amerikaner rauchen Opium, wir wollen es ihnen leichtmachen. Wir stellen die besten Sorten von Opium für die amerikanischen Soldaten in Vietnam bereit.« Den ungläubig dreinblickenden Nasser beruhigte Zhou Enlai mit dem Nachsatz: »Erinnern Sie sich, daß der Westen Opium gegen uns verwendet hat. Wir bekämpfen ihn jetzt mit seinen eigenen Waffen. Wir wünschen uns, daß die Vereinigten Staaten mit einer großen Armee intervenieren, die wir zur Geisel nehmen und die wir demoralisieren können. Die Wirkung, die diese Demoralisierung auf die Vereinigten Staaten haben wird, ist viel größer, als die meisten heute erkennen.«

Ist es unmoralischer, gegnerische Soldaten drogensüchtig zu machen, als sie mit Gewehren und Kanonen zu töten? Auch in Hanoi, das im Bergland, in über tausend Metern Höhe, Opium in Massen hätte produzieren können, muß man sich diese Frage gestellt haben. Es ist erstaunlich, wie Derek Davies, der Zhou Enlais Gespräch in Kairo einer breiten Öffentlichkeit in der *Far Eastern Economic Review* bekanntmachte, bemerkt hat, daß die Waffe Opium in den Händen Nordvietnams und Chinas so wenig Aufmerksamkeit gefunden hat. Die Folgen, die lang dauernde Demoralisierung der amerikanischen Armee, hat Zhou Enlai erstaunlich präzise vorhergesagt. Der Verdacht der Urheberschaft ist nicht auf Nordvietnam und auch nicht auf China gefallen, das vor 1949, vor der kommunistischen Machtergreifung, einer der größten Produzenten von Drogen war. Der Blick hat sich nur auf das Goldene Dreieck gerichtet, besonders auf Laos.

Außer Holz, etwas Zinn und Pottasche besaß Laos keine Produkte, die es auf dem Weltmarkt verkaufen konnte. Das Volumen war gering, die Devisenerlöse ebenfalls. Wirklich zu Buche schlug nur der Export von Opium und Heroin. Die Regierung in Vientiane machte kein Hehl daraus, daß sie an diesem Geschäft interessiert war. Der beste Kenner der asiatischen Drogenszene, der amerikanische Historiker Alfred McCoy, der dem Thema ein gründliches Buch gewidmet hat, spricht von einer geradezu »aggressiven« Marktstrategie der laotischen Führer. Sie waren dabei so tüchtig wie »japanische Elektronikvertreter oder Automobilhändler aus Deutschland«.

Die freie Verfügbarkeit von Drogen in Vientiane zog Scharen von Hippies und Aussteigern an, die in eigenen Restaurants und Bars zusammensaßen und sich nicht nur in der Kleidung laotisierten. Sie übernahmen vor allem die auf Genuß und Muße ausgerichtete Lebensart ihrer Gastgebernation. Die Behörden ließen

den abgehobenen, psychedelisch animierten jungen Leuten aus
Amerika und Europa freien Lauf. Laos respektierte die Freiheit bis
zum Extrem. Die damit verbundene Verantwortung nahm man in
Vientiane gar nicht zur Kenntnis.

Brüder, Gegner, Partner

Kaum jemand hat das Wesen der laotischen Gesellschaft, ihre
Schwächen und Stärken so eindrucksvoll verkörpert wie der Pre-
mierminister Souvanna Phouma, der eine gediegene Villa mit
Blick auf den mächtigen Mekong bewohnte und sich immer viel
Zeit nahm, ausländische Besucher in seinem mit Gandhis Werken
geschmückten Arbeitszimmer zu empfangen.

Bei Staatsakten und am Hofe des Königs Savang Vattana
erschien Prinz Souvanna Phouma stets in korrekter laotischer
Kleidung, mit seidenen »Bund«-Hosen und kragenloser Baum-
wolljacke, die mit Laschen zugebunden wurde. Viel häufiger aber
sah man ihn im eleganten westlichen Zweireiher, mit feinem weißen Hemd, breit geknüpftem Schlips und einem Schmucktuch in
der Brusttasche: ein Mann von Welt, der mit milden Augen durch
die getönten Gläser einer randlosen Brille blickte und seine Befriedigung darüber zu erkennen gab, daß er die besten Traditionen der laotischen und der französischen Zivilisation in sich vereinte.

Die Äußerlichkeiten des Lebens, Kleidung, Wohnung, Essen
und Trinken, waren stark durch die Studienjahre in Frankreich –
er hatte in Paris und in Grenoble Bauwissenschaft studiert – geprägt. Sein Stil, der das Temperament, den innersten Kern der
Persönlichkeit ahnen ließ, war dagegen deutlich laotisch geblieben: bescheiden in den Gesten, Ruhe und Gelassenheit ausstrah-
lend, ein Produkt der buddhistischen Lehre, die Selbstdisziplin
und Gewaltlosigkeit über alles stellt. Geduldig ließ er die technischen Vorbereitungen über sich ergehen, die mit einer Fernsehauf-
nahme verbunden sind. Nie ließ er Anzeichen dafür erkennen, als
stünde er unter Druck, als dränge die Zeit. Seine Besucher begrif-

fen rasch, daß sie einem Politiker gegenübersaßen, der zugleich so etwas wie ein Guru, ein Philosoph war, der alle Erscheinungen des Lebens aus der Distanz betrachtete und sich Aufwallungen der Seele, Ärger, Haß, Enttäuschung, aber auch heftige Zuneigung ersparte.

»Die Amerikaner sagen, ich sei ein Kommunist«, so hat Prinz Souvanna Phouma einmal sein Weltbild beschrieben, »das ist doch zum Erbarmen. Wie können sie so etwas glauben? Ich suche nach einem Weg, Laos nicht-kommunistisch zu halten. Pro-westlich zu sein bedeutet nicht, zwangsläufig auch pro-amerikanisch zu sein. Anti-amerikanisch zu sein bedeutet nicht, pro-kommunistisch zu sein.«

Diese Position der Mitte war frei von Dogmen und frei von Ideologien, orientiert ausschließlich an den Interessen der Nation. Souvanna Phouma war fest davon überzeugt, daß nicht nur die rechten, sondern auch die linken Dissidenten sich zur Einheit der Nation bekennen und ohne Einmischung von außen imstande wären, sich wieder zu versöhnen. Neunzig Prozent der Pathet Lao, so glaubte Souvanna Phouma, seien in erster Linie Laoten und dann erst Sozialisten. »Als Buddhisten sind wir auch Sozialisten. Wir dürfen nicht vergessen, daß auch die Laoten auf der anderen Seite Buddhisten sind, die den König respektieren und die nationale Einheit wollen. Laos ist ein Sonderfall.«

Souvanna Phouma hat die Brutalität eines kommunistischen Machtapparats nicht erkennen wollen. Der Prinz hat sich als unfähig erwiesen, Propaganda und praktische Politik auseinander-zuhalten. Im nachhinein muß er sich den Vorwurf gefallen lassen, apolitisch und sogar leichtsinnig und naiv gehandelt zu haben.

Daß Prinz Souvanna Phouma bis zum Schluß in einer Traumwelt lebte und alle Zweifel an der Verläßlichkeit seiner Prämissen verdrängte, hatte ursächlich mit seinem Halbbruder Souphanouvong zu tun, der ihm sein Ehrenwort verpfändet hatte, daß die Pathet Lao die Monarchie und die nationale Einheit respektieren würden. Das Wort eines Verwandten, eines Edelmannes, eines Patrioten in Zweifel zu ziehen, überstieg den Horizont Souvanna Phoumas.

Der Halbbruder schien schon durch die äußere Erscheinung seinen Platz in der Gesellschaft und in der politischen Landschaft anzudeuten. Anders als der geschmäcklerische Aristokrat Souvanna Phouma besaß der Linke-Flügel-Mann Souphanouvong die Statur eines Bauern, von dem kein Anflug von Eleganz ausgehen wollte: stämmig, mit einem kantigen Schädel, energischen Augen und einem Schnäuzer. Seine Kleidung war korrekt mit dem besonderen Merkmal, plump, unmodisch, nach dem Geschmack eines Dorfschneiders gefertigt zu sein. Der kommunistische Funktionär, der sich proletarisch dünkte, in seiner Aufmachung aber den Kleinbürger durchscheinen ließ, hatte Souphanouvong offenbar als Vorbild gedient. Eleganz galt bei der KP damals weltweit als Ausweis von Dekadenz und gefährlicher Gesinnung. Der linientreue Revolutionär verachtete die Form; er hielt weite Hosen und enge Jacken für progressiv, verwechselte in Wahrheit schlechten Geschmack mit wahrer Gesinnung.

Die äußere Erscheinung Souphanouvongs ließ erkennen, daß er deutliche Distanz zu seinem Halbbruder hielt, mit dem er ein Leben lang durch den Wettbewerb, durch Konkurrenz verbunden war. Mitte der dreißiger Jahre hatte der elf Jahre jüngere Souphanouvong ebenfalls in Paris studiert und 1937 an der »Ecole Nationale des Ponts et Chaussées« ein brillantes Abschlußexamen gemacht, das die akademische Leistung seines Bruders in den Schatten stellte. Nach Radtouren durch die französische Provinz, so wird berichtet, habe er Bewässerungsprobleme in Nordafrika studiert. In den Docks von Le Havre sei er Mitglied der antifaschistischen Volksfront geworden, die ihn zum erstenmal in Kontakt mit Kommunisten und kommunistischen Ideen brachte.

Noch vor dem Einmarsch der deutschen Wehrmacht nach Frankreich war Souphanouvong nach Asien zurückgekehrt, wo er wie sein Halbbruder die Karriere eines Straßenbauers einschlug. Es war allerdings eine schicksalhafte Fügung, daß die französische Kolonialadministration ihn nicht im heimatlichen Laos beschäftigte, sondern in der zentralvietnamesischen Stadt Nha Trang stationierte, wo er bis zum Ende der japanischen Besatzung 1945 Straßen und Brücken baute.

In Nha Trang heiratete Souphanouvong Le Thi Ky, Tochter einer wohlhabenden Bürgerfamilie, die offenbar von starkem politischen Ehrgeiz beseelt war und in der antikolonialen Bewegung mitarbeitete. Wie stark sie Shouphanouvong mit Vietnam verknüpfte, ihn auf das hegemonistische Indochina-Konzept Hanois einschwören konnte und wie sehr beide von der kommunistischen Ideologie erfaßt worden sind, ist bis heute ein Thema der Spekulation geblieben. Die Familienbindung nach Vietnam wird zweifellos die Allianz mit dem kommunistischen Untergrund in Vietnam, den Vietminh, und der getarnten KP erleichtert haben. Marxistische Überzeugungen hat Souphanouvong jedenfalls vor 1975, vor der Machtübernahme der laotischen Linken, nicht geäußert.

Als Präsident der »Neo Lao Hak Sat« war Souphanouvong der Protagonist eines linken laotischen Nationalismus, der zwar mit den vietnamesischen Kommunisten verbündet war, der aber nicht müde wurde, seine Verpflichtung zur Einheit der Nation und zur Königstreue zu beteuern. Niemand vermochte mit Gewißheit zu sagen, wieviel von diesem Programm der Front Propaganda und wieviel Überzeugung war. Souvanna Phouma, der neutralistische Premierminister, hat den Versicherungen seines Halbbruders stets Glauben geschenkt.

Wie stark die Suggestion und die Überzeugungskraft des prinzlichen Front-Präsidenten tatsächlich waren, illustriert eine Episode aus dem Jahr 1959. Die politische Balance zwischen den rivalisierenden Gruppen war damals zusammengebrochen. Die unter starken rechten Einfluß geratene Regierung des zeitweiligen Ministerpräsidenten Phoui Sananikone hatte den »roten Prinzen« und seine engste Gefolgschaft, unter anderem Phoumi Vongvichit und Phoun Sipraseuth, zwei Nobel-Linke, ministrabel und parteiloyal, verhaften lassen. Im Polizeilager Phone Keng, außerhalb von Vientiane, wurden sie gefangengehalten. Souphanouvong, so verbreiteten seine Anhänger in der Stadt, vertreibe sich die Zeit mit der Lektüre der griechischen Klassiker.

Die Anklage lautete: Verbrechen gegen die Sicherheit des Staates. Anwälte wurden benannt und schließlich auch ein Datum des Prozesses festgelegt. Dann erst begriff die Regierung, daß sie in eine Konfrontation hineinschlitterte, die der Linken ein Forum bot, sich in der Heldenpose zu präsentieren und die Verquickung der Rechts-Gruppen unter General Phoumi Nosavan mit der CIA wirkungsvoll zu demonstrieren. Die Regierung entzog sich dem Dilemma, indem sie den Prozeß Mal um Mal vertagte und die »Verräter« ohne Urteil in Haft behielt.

Nach zehn Monaten war Prinz Souphanouvong imstande, das delikate Problem für alle aus der Welt zu schaffen. Wie ihm dies gelang, hat er im Mai 1961 in einem Erlebnisbericht für die vietnamesische Parteizeitung *Nhan Dan* geschildert. Im Laufe der Zeit sei es ihm gelungen, zunächst die Sympathie und dann die Loyalität seiner Wärter zu gewinnen. Mit ihnen zusammen ist er in den frühen Morgenstunden des 24. Mai 1960, während ein tropisches Gewitter über Vientiane niederging, aus dem Polizeigefängnis geflohen. Die Tageswache, die um sechs Uhr zur Ablösung eintraf, fand offene Türen und leere Baracken.

Fünf Monate nahm Souphanouvong sich Zeit, um durch die von Pathet Lao gehaltenen Provinzen zu reisen und seine Gefolgschaft zu inspizieren. Erst im November 1960 meldete er sich im Hauptquartier Sam Neua zurück. Es gibt Grund zu der Annahme, daß die »vietnamesische Fraktion« in der »Neo Lao Hak Sat« seine lange Abwesenheit genutzt hat, um die Kontrolle über die laotische Frontorganisation zu stärken. In diesen Monaten, so scheint es, sind die Fakten geschaffen worden, die am Ende beide Prinzen haben scheitern lassen. Während Souphanouvong in Vientiane inhaftiert war und danach monatelang durch die Provinzen reiste, gewann ein Vertrauensmann Hanois die Kontrolle über die Front und schuf die Grundlagen für ein neues Laos, für ein Laos ohne Monarchie und in Abhängigkeit von Vietnam. Kaysone Phomvihan hieß der *métis*, wie die Franzosen sagten, der Mischling, der von nun an im Hintergrund der »Neo Lao Hak Sat« die Fäden zog.

Weil sein Vater Vietnamese, nur die Mutter Laotin war, nannte man Kaysone den »Vietnamesen«. »Cai Song«, »Feldwebel Song«, lautet der Name in vietnamesisch. Für traditionsbewußte Laoten wiesen alle Merkmale seiner Vita nach Hanoi. Als Vertre-

ter eines laotischen Nationalismus scheint Kaysone jedenfalls
ziemlich unglaubwürdig gewesen zu sein.

1920 oder 1925 wurde er in Savannakhet geboren. In Hanoi hat
er zeitweilig Medizin studiert. Neben Laotisch und Vietnamesisch
werden ihm Sprachkenntnisse in Thai, Shan, Französisch und
sogar Englisch nachgerühmt. Im Hanoi unter japanischer Besatzung vor 1945 scheint Kaysone in der kommunistischen Studen-
tenunion tätig gewesen zu sein. Von der KP und ihrem militärischen Arm, den Vietminh, hat er eine politische und militärische
Ausbildung erhalten. Die Führungsgruppe um Ho Chi Minh muß
früh erkannt haben, daß ein Mann wie Kaysone sich geradezu
anbot, die Links-Organisationen in Laos zu infiltrieren und auf
einen Kurs zu bringen, der Hanois Interessen diente.

Als Souphanouvong nach der Kapitulation Japans in der Stadt
Savannakhet begann, die Lao-Issara-Bewegung zu organisieren,
war Kaysone schon mit einer kleinen Gefolgschaft zur Stelle. Die
nominelle Führerschaft hat der *métis* dem Prinzen nach einer
kurzen Rivalität überlassen müssen. Die Kontrolle über die
Machtmittel, über den militärischen Apparat hat Kaysone fest in
seiner Hand behalten. Er war der eigentliche Kommandeur der
Pathet Lao; in dieser Eigenschaft haben Laos-Experten ihn schon
in den frühen sechziger Jahren als den im Hintergrund operieren-
den starken Mann der »Neo Lao Hak Sat« erkannt. Viel spricht
dafür, daß die vietnamesische Fraktion das Machtzentrum der
Revolutionären Volkspartei, der geheimen KP von Laos, bildete,
die die »Front« dirigierte. Kaysone und seine engsten Mitarbeiter,
so darf man vermuten, besaßen eine Doppelmitgliedschaft in der
KP Vietnams und in der KP von Laos, die sich damals beide
natürlich mit anderen Namen tarnten und ihre Kooperation wie
ein Staatsgeheimnis behandelten.

Ob Souphanouvong die Machtverflechtung, genauer gesagt die
Unterwanderung der laotischen Links-Organisation erkannt hat,
ist eine Frage ohne Antwort. Solange der amerikanische Krieg in
Südvietnam andauerte und Hanoi dem beispiellosen Druck der
amerikanischen Supermacht ausgesetzt war, gab es für Kaysone
und Souphanouvong gleichermaßen keinen Zweifel an der Auf-

gabe, das sozialistische Bollwerk in Hanoi zu verteidigen und den Kampf der »Nationalen Befreiungsfront« im Süden Vietnams zu unterstützen. Die vietnamesische Fraktion enttarnte sich erst nach dem Sieg im Jahre 1975.

Die Allianz mit den Links-Organisationen in Laos ist für Hanoi von höchster Bedeutung gewesen. Denn die Pathet Lao halfen jene laotischen Grenzprovinzen abzusichern, durch die nordvietnamesische Regimenter nach Süden marschierten. Der Ho-Chi-Minh-Pfad ist zur Lebensader der Revolution in Südvietnam geworden.

Der Krieg, den die Vereinigten Staaten in Indochina führten, ist nicht in Khe Sanh und nicht während der Tet-Offensive 1968 in Saigon entschieden worden. Die Entscheidung ist in Laos gefallen, auf dem Ho-Chi-Minh-Pfad, in einem Krieg, über den beide Seiten offiziell keine Nachrichten verbreiteten.

Der Ho-Chi-Minh-Pfad

Die amerikanischen Militärs besaßen erstaunlich exakte Kenntnisse über den Verlauf des Ho-Chi-Minh-Pfads. Eine Broschüre des südvietnamesischen Außenministeriums aus dem Jahre 1967, die von der CIA inspiriert worden war, beschrieb detailliert ein 5600 Kilometer langes, breit gefächertes Wegesystem, das auf beigegebenen Luftaufnahmen deutlich zu erkennen war.

Die Broschüre sollte die internationale Presse davon überzeugen, daß der die Neutralität von Laos verletzende Pfad überhaupt existierte. Die Regierung in Hanoi beteuerte nämlich nachdrücklich, keine Truppen in den Süden entsandt zu haben und die Souveränität von Laos zu respektieren. Es gehörte zu den Dogmen der anti-amerikanischen Ho-Chi-Minh-Sympathisanten im Westen, daß die »Befreiungsfront« sich ausschließlich aus der Bevölkerung im Süden rekrutierte, daß Nordvietnam sich nicht unmittelbar am Kampf beteiligte und daß die amerikanische Bombardierung des Nordens grundlos und rechtswidrig sei. Bilder vom Ho-Chi-Minh-Pfad sollten deshalb die »Aggression« Hanois beweisen und damit das Recht der Vereinigten Staaten belegen, einem Verbündeten gegen einen Angriff von außen beizustehen.

Robert Shaplen, ein amerikanischer Asien-Experte, der seit den vierziger Jahren aus Südostasien berichtete und dem gute Kontakte zur CIA nachgesagt wurden, hat in mehreren Büchern den »Komplex« des Ho-Chi-Minh-Pfads beschrieben. Die Nachrichtendienste und auch die militärische Führung waren sich bewußt, daß der Versorgungsstrang nicht aus einem einzigen Weg oder einer Straße bestand, sondern sich als ein Netzwerk von Wegen und Trampelpfaden darstellte, die parallel verliefen und alle zusammen den Nachschub nach Süden bewältigten.

1960, als die Erkundung des bis dahin unzugänglichen Berggeländes und der Bau der ersten Wege begannen, benötigte eine Truppe von der Stadt Dong Hoi nördlich des 17. Breitengrades bis auf die Höhe von Saigon, also für eine Strecke von rund tausend Kilometern, etwa ein halbes Jahr Marschzeit. Gleich beim Überschreiten der Grenze nach Laos mußten die Soldaten den Mu-Gia-Paß überqueren, der die Truppen so erschöpfte und schockierte, daß viele wohl schon hier die Hoffnung fahrenließen, das Ende des Horrormarsches lebend oder unverletzt zu erreichen.

Vietnamesen sind Bewohner der Tiefebene, Reisbauern, die das Bergland, den weitaus größeren Teil ihres Landes, den *montagnards* überlassen und nie, wie die Bewohner Europas, versucht haben, die Mittelgebirge urbar zu machen und für die Viehzucht zu nutzen. Der Dschungel des Berglands war für die Soldaten Hanois ein so fremdes, unheimliches, erschreckendes Territorium wie für Amerikaner oder Europäer. Daß die Soldaten den Gefahren und Strapazen standhielten, war keineswegs selbstverständlich. Die Parteiführung mutete ihnen eine Aufgabe zu, für die sie keine besonderen Talente und keine Erfahrungen besaßen. Der Gedanke an den Dschungelpfad muß sie mit Widerwillen und Entsetzen erfüllt haben.

Im Armeemuseum in Hanoi ist heute dem Ho-Chi-Minh-Pfad eine kleine Sonderschau gewidmet. Eine Holztafel mit elektrischen Glühbirnen veranschaulicht das Wegesystem, das an die Struktur eines menschlichen Gewebes erinnert, in dem eine Vielzahl von Gefäßen und Nervensträngen die Muskeln versorgt. Jede einzelne Bahn ist dabei von relativem Wert und ersetzbar, nur als Teil des Ganzen besitzt jedes Element seine Bedeutung. Wie beim menschlichen Organismus hätte auch in diesem Verbundsystem nur ein Schnitt, eine blutige Operation die Vielzahl der Bahnen trennen und dadurch den Fluß unterbrechen können. Punktuelle Maßnahmen störten und schmerzten, konnten das Gewebe aber nicht hindern, seine Funktion zu erfüllen. Eine Tabelle im Museum bietet für den Ho-Chi-Minh-Pfad folgende Zahlen: Die Länge aller Wege und Pfade betrug 16 000 Kilometer, 7 Millionen Quadratmeter Erde wurden bewegt, 56 000 Bomben haben das Wegesystem getroffen, und zwei Millionen Soldaten sind über den Pfad nach Süden gewandert.

Richtige Straßen wurden erst in der zweiten Hälfte der sechziger Jahre gebaut, als für die Tet-Offensive soviel Nachschub benötigt wurde, daß menschliche Träger, Fahrräder und Ponys allein nicht mehr ausreichten. Die Lastwagen transportierten Richtung Süden nur Güter. Die Truppe marschierte mit 30 Kilo Gepäck auf dem Rücken; nur ein kleiner Teil davon war zum persönlichen Gebrauch bestimmt: Reis, Salz und eine Hängematte für die schrecklichen Nächte im tropischen Urwald. Je drei Soldaten bildeten eine Zelle, deren Mitglieder sich gegenseitig stützten und überwachten. Jeder Disziplinlosigkeit, jeder psychischen und physischen Schwäche wurde mit Kritik und notfalls mit drakonischen Maßnahmen entgegengewirkt.

Die jungen nordvietnamesischen Soldaten, die sich durch ein Dschungelmilieu schlagen mußten, das ihnen fremd und feindlich zugleich war, sind nur durch schweren Druck, durch eine Entschiedenheit, die an Brutalität grenzte, dazu gebracht worden, die Belastungen zu ertragen, ihre Angst zu überwinden, das Arbeits- und Marschpensum zu erfüllen, das Tag für Tag befohlen wurde. Die Truppe sichtete Affen, Tiger und Elefanten. Moskitos zerstachen die Haut und verbreiteten in erschreckendem Maße die Malaria. Darmentzündungen waren an der Tagesordnung. Immer wieder mußten Schlangenbisse behandelt werden. Jeder Soldat trug eine Ampulle mit Gegengift im Gepäck. Auch die Blutegel, die sich von den Ästen fallen ließen und sich auf der Haut festsaugten, hatten ihren Anteil daran, daß das Leben im Dschungel zu einem Test menschlicher Leidensfähigkeit wurde.

Als die Amerikaner 1964 mit der intensiven Bombardierung des Ho-Chi-Minh-Pfads begannen, reagierte die Armeeführung in Hanoi darauf mit der Anweisung, nur noch nachts zu marschieren und tagsüber in getarnten Stellungen auszuruhen. Man muß wohl einige Phantasie aufbieten, um sich vorstellen zu können, was ein solcher Befehl in Wirklichkeit bedeutete. Den schwer bepackten Soldaten wurde zugemutet, mit einer minimalen Lichtquelle durch den Urwald zu stolpern, ohne die Beschaffenheit des Bodens klar erkennen zu können. In der Regenzeit war der Grund weich und glitschig. Die Soldaten mußten ihrem Vordermann in blindem Vertrauen folgen und immer das Tempo der Kolonne halten, weil Kontaktverlust zum Vordermann völlige Orientierungslosigkeit bewirkt hätte. Bevor die Armee aus Hanoi das wirkliche Schlachtfeld in Südvietnam erreicht hatte, war sie in den laotischen Ostprovinzen durch die »grüne Hölle« gegangen.

Ein weiblicher Hauptmann der nordvietnamesischen Armee namens Phung Thi Ving hat mir eigene Erlebnisse auf dem Ho-Chi-Minh-Pfad geschildert. Sie erwähnte immer wieder den Schwung und die Opferbereitschaft der damals jungen Generation, die keine Strapazen und keine Opfer schreckten, um die kämpfende Truppe im Süden mit Nachschub zu versorgen. Ab 1968 seien junge Frauen eingesetzt worden, um Lkw zu fahren. Sie sei eine 70 Kilometer lange Strecke am Beginn des Pfads über den Mu-Gia-Paß gefahren. Bei Sonnenuntergang sei der Konvoi mit nur je einer kleinen Lampe unter dem Wagen losgefahren. Am Ziel- und Kontrollpunkt hätten sie ihre beladenen Lastwagen übergeben und seien unverzüglich mit anderen Wagen zurückgefahren, um im Morgengrauen ihre Basis wieder zu erreichen. Die Verluste der Kameraden hätten sie stark belastet. Angst vor den Bomben sei allgegenwärtig gewesen.

Auf der Rückfahrt waren die Pritschen der Lastwagen voll belegt mit Krüppeln und Schwerverwundeten, die zur Rehabilitation zurück in den Norden geschafft wurden. Auf der ganzen Strecke

des Ho-Chi-Minh-Pfads muß dieser Elendszug der Opfer des Ge-
metzels im Süden an jenen Truppen vorbeigezogen sein, die das
Gefecht noch vor sich hatten und in ihrer Phantasie geradezu
zwanghaft die Zukunft vor sich sahen. Für die Verwundeten auf
der Ladepritsche muß es eine grauenvolle Erfahrung gewesen
sein, im Dunkeln über Feldwege voller Schlaglöcher, die den Lkw
durchschüttelten und den Frischoperierten entsetzliche Schmerzen bereiteten, über 800 oder 1000 Kilometer weit transportiert zu
werden. Die Verwundeten, so sagte Frau Phung, hätten sich weibliche Fahrer gewünscht; die Frauen seien sehr viel vorsichtiger
gefahren als die Männer.

Die amerikanische Luftwaffe hatte ihre ganze Macht darange-
setzt, den Fluß des gegnerischen Nachschubs zu unterbrechen.
Mit chemischen Mitteln waren zentrale Stellen des Wegenetzes
entlaubt worden, so daß die Kampfpiloten Bewegungen auf dem
Boden erkennen konnten. Zwischen 1965 und 1973 sind über
zwei Millionen Tonnen Sprengstoff auf den Ho-Chi-Minh-Pfad
geworfen worden, mehr Bomben, als im Zweiten Weltkrieg gegen
Europa und Japan zusammen verwendet worden sind. Der Einsatz der Luftwaffe steigerte sich auf 700 bis 800 Einsätze pro Tag.
Operation »Steel Tiger« machte die Ostprovinzen von Laos zu
einem Testgelände für die Effizienz des modernen Luftkrieges.
Quantitativ hätte der Einsatz der Mittel ausreichen müssen, um
die Verluste des Gegners so in die Höhe zu treiben, daß Hanoi auf
die Weiterbenutzung des Ho-Chi-Minh-Pfads verzichtete. Der sy-
stematische Einsatz der strategischen B-52-Bomber, so glaubten
die Planer im Pentagon, würde den Nachschub aus dem Norden
unterbinden.

Einem Reporter des amerikanischen Magazins *Time* hat die US-
Luftwaffe im Sommer 1968 gestattet, bei einem Einsatz gegen den
Ho-Chi-Minh-Pfad in Laos mitzufliegen. Die achtstrahligen Rie-
senbomber luden je 30 Tonnen Bombenlast. Einige B 52 waren in
Thailand stationiert. Die Mehrzahl der Maschinen, die nach Laos
flogen, kam aus Guam, Okinawa und Taiwan. Auf der Höhe der
Philippinen wurden sie von der KC-135, der Militärversion der
Boeing 707, in der Luft aufgetankt. In einer Höhe von 10 000 bis

12000 Metern, vom Boden aus kaum mehr zu sehen und zu hören, flogen sie ihrem Ziel entgegen.

Die Besatzungen flogen einen todbringenden Kampfeinsatz. Aber von der wirklichen Natur ihrer Mission war oben in der riesigen Maschine nichts zu spüren. Alle Mitglieder der Crew fühlten sich als technische Spezialisten, die Hochleistungsgeräte bedienten, ohne die Wirkung ihrer Arbeit zu erleben. Die Piloten hielten exakt den vorgegebenen Kurs. Wenn der Navigator zusätzlich noch fehlerfrei arbeitete, dann konnte das Zielgebiet auch aus 12000 Metern Höhe frappierend genau eingegrenzt werden. Selbst wenn die Maschine über den Wolken oder nachts flog und die Besatzung sich keine visuelle Vorstellung von der Beschaffenheit des Zieles machen konnte, war der Navigator an seinen Geräten imstande, die Bombenfracht präzise auf ein Rechteck von 1000 mal 2000 Metern niedergehen zu lassen.

Ob die Besatzung ihren Auftrag richtig erfüllt hatte, erfuhr sie von einem Luft-»controller«, der tiefer unten flog und grob taxierte, welche Wirkung der Abwurf gezeitigt hatte. »Bomben im Ziel«, so hörte der *Time*-Reporter den »controller« über Funk melden. »Das war ein guter Flug, Jungs. Schöne Heimreise. Bis zum nächsten Mal.«

Es gehört zum Wesen des modernen Krieges, daß die Bedienungsmannschaften der Massenvernichtungswaffen weit entfernt vom Wirkungsort stationiert sind und gar nicht wahrnehmen, welches Inferno sie auslösen. Die B-52-Crews kannten das Gewicht ihrer Bombenlast. Was ein »Teppich« am Boden anrichtete, wie er die Erde im Umkreis von 30 Kilometern erbeben ließ, haben sie nie erlebt. Die Crews flogen zum Stützpunkt zurück, ohne das Ziel, die Gegner, die Opfer gesehen zu haben. Selbst die Bewohner Saigons, die vom Krieg weitgehend unbehelligt geblieben waren, hatten eine vage Vorstellung von der mächtigen Wirkung der B 52, die ab 1966 regelmäßig das »Eiserne Dreieck«, ein Vietcong-Gebiet 30 Kilometer nördlich gelegen, bombardierten. Wenn die Bomben aufschlugen, dann begann in der Stadt der Boden zu beben. Die Gläser klirrten, ein dröhnendes Geräusch erfüllte die Luft, so als ob in unmittelbarer Nähe ein D-Zug vorbeiraste.

Wer den Einschlag von B-52-Bomben aus der Nähe erlebt hat, der wird die Erfahrung ein Leben lang mit dem Gefühl verbinden, ein Stück der Apokalypse, des Weltuntergangs, gesehen zu haben. Ohne Ankündigung, ohne Vorwarnung, buchstäblich aus heiterem Himmel heraus wird die Erde erschüttert und so durchgerüttelt, daß sie den Menschen das Gefühl gibt, in einem schrecklichen Chaos zu versinken. Der grauenvolle Lärm erzeugt eine Panik, die die Vernunft außer Kraft setzt und nur noch Instinkte walten läßt. In der »Box«, wie die Mannschaften der B 52 ihr Ziel nannten, war die Zerstörung total.

Überaus nachhaltig war die Wirkung der B-52-Bombardierung jedoch auch auf jene, die in der näheren Umgebung zwar körperlich unversehrt blieben, aber unter dem Schock eines Erlebnisses standen, das den Verstand weit weniger beeinflußte als das Unterbewußtsein.

Die Armee Hanois hat am Ende auch dem massiven Bombenkrieg widerstanden. Auf dem Ho-Chi-Minh-Pfad hat der »moralische Faktor« den Ausschlag gegeben; und der »moralische Faktor« hat am Ende auch den Krieg entschieden. Die massivste Bombardierung, die die Weltgeschichte bislang erlebt hat, vermochte den Kampfwillen der nordvietnamesischen Armee und der Bevölkerung nicht zu brechen.

Viel zu häufig wird der Krieg in den historischen Darstellungen aus der Warte der Generale und politischen Führer gesehen, die in ihren weit entfernten Kommandozentralen und Staatsbüros die Realität der Situation, die die kämpfende Truppe erlebt, gar nicht kennen und nachvollziehen können. Zu diesen Schreibtisch-Strategen gehörte auch der nordvietnamesische Ministerpräsident Pham Van Dong, der einem ausländischen Besucher damals erklärte: »Unsere ganze Geschichte besteht aus Kampf. Das Ergebnis von 2000 schlimmen Jahren ist die Tatsache, daß unser Volk ein sehr stabiles Nervensystem besitzt. Wir kennen keine Panik.«

Für die Truppe auf dem Ho-Chi-Minh-Pfad waren 2000 Jahre Geschichte kein Trost und keine Hilfe. Nervöse Zusammenbrüche muß es in großer Zahl gegeben haben. Eine allgemeine Panik ist nur durch brutale Disziplin, durch Mikro-Organisation in Zellen, durch Indoktrination und durch die Mobilisierung der letzten Reserven vermieden worden.

In Amerika fragten die Medien immer dringlicher, warum es den Streitkräften nicht gelänge, den Nachschub zu unterbinden und damit den Gegner in Südvietnam entscheidend zu schwächen. Politische Rücksichten hinderten das Pentagon daran, die Öffentlichkeit darüber zu informieren, mit welchem Aufwand und mit welcher beispiellosen Intensität eben dieses Ziel verfolgt wurde. Eine Sondergruppe von Experten, die sogenannte »Jason Group«, war gebildet worden, die ähnlich wie beim Atomprojekt »Manhattan« im Zweiten Weltkrieg alle Ressourcen Amerikas zur Verfügung hatte, um den Ho-Chi-Minh-Pfad unpassierbar zu machen. Elektronische Sensoren, die Truppenbewegungen registrierten und an die Zentrale meldeten, sind massenhaft über dem Gelände abgeworfen worden. Jedes nur denkbare Sabotagemittel, Gift und Sprengstoff in vielfacher Form, ist verwendet worden, um die Armee Hanois daran zu hindern, über den Pfad in Laos nach Südvietnam zu gelangen. Alle Mittel haben eine gewisse Wirkung gehabt. Ihr Ziel aber haben sie nicht erreicht, so hoch die Verluste Nordvietnams auch gewesen sind.

Von tausend Lastkraftwagen, so schätzt man heute, haben weniger als sechshundert ihre Ladung durchbringen können. Fast fünfzig Prozent Verluste kann auf Dauer keine Truppe verkraften, so lautete eine militärische Maxime, ohne Schaden an der Moral und damit Effizienz zu nehmen. Die Schlacht um den Ho-Chi-Minh-Pfad hat auch dafür neue Maßstäbe gesetzt. Die Armee Nordvietnams ist an die Grenze von Panik und Chaos geraten; sie hat den Zusammenbruch dennoch vermieden. Wie im Zweiten Weltkrieg und im Korea-Krieg, so hat auch die Schlacht in Laos bewiesen, daß die Luftwaffe allein die Entscheidung nicht erzwingen kann.

Weil die Armeeführung von der Wirkung des Bombenkriegs selber nicht überzeugt war, hatte sie geheime Bodenoperationen begonnen, die von Einheiten der »Special Forces« ausgeführt wurden. Amerikanische Guerillaspezialisten rekrutierten in den laotischen Grenzprovinzen zu Vietnam und auf der Ebene der Tonkrüge aus den dortigen Bergstämmen, vor allem den Meos, eine Kampftruppe, die Hanois Nachschublinien zu verunsichern suchte. Die Meos haben in diesem Geheimkrieg Außergewöhnliches geleistet. Die von ihrem tüchtigen und instinktsicheren General Vang Pao geführte Meo-Truppe hat dabei einen hohen Blutzoll entrichtet. Die Bewohner der Bergdörfer bestanden bald nur noch aus Frauen, Kindern und alten Leuten. Als Gegenleistung mußten die Special Forces der Amerikaner zulassen, daß die Bergstämme die Produktion von Opium erweiterten und dadurch ihre materielle Basis verbesserten. Gewinn und Verlust haben sich wohl am Ende für die Vereinigten Staaten die Waage gehalten.

Der Krieg im laotischen Bergland war so geheim wie die Logistik des Drogenhandels. Offiziell respektierten Amerikaner und Nordvietnamesen die laotische Neutralität. Niemand protestierte gegen die Operationen der Gegenseite, weil dadurch die eigene Militärpräsenz in Laos enttarnt worden wäre.

Operation »Lam Son 719«

»Geheime«, verdeckte Operationen, so glaubte General Westmoreland 1968, reichten nicht mehr aus, den Ho-Chi-Minh-Pfad zu unterbrechen. Er bat die Regierung in Washington deshalb um die Genehmigung, mit sechs Divisionen, gegliedert in zwei Armeekorps, nach Laos vorzustoßen, um den Ho-Chi-Minh-Pfad zu besetzen und zu blockieren. Die Bodenoperation sollte der Straße Nummer 9 folgen, die südlich des 17. Breitengrads von der vietnamesischen Stadt Dong Ha an der Bergfestung Khe Sanh vorbei zur laotischen Kreisstadt Tschepone führt. Tschepone, das hatte die Luftaufklärung eindeutig bewiesen, war ein Knotenpunkt und eine Garnisonstadt erster Ordnung. Die Massierung von sechs Divisionen hielt Westmoreland für notwendig, weil Nordvietnam diesen wohl wichtigsten Teil des Ho-Chi-Minh-Pfads besonders stark gesichert hatte. Mit zwei Armeekorps samt der Unterstützung der Luftwaffe glaubte Westmoreland allerdings, die gestellte Aufgabe erfüllen zu können und den Nachschub der Gegner im Süden zu unterbinden.

Obwohl Amerikas Botschafter in Saigon, der die Militärstrategie auf ihre politische Verträglichkeit hin überprüfte, den Plan einer Invasion von Laos guthieß, mochte Präsident Lyndon B. Johnson das Vorhaben der Generale nicht genehmigen. Eine offene und massive Verletzung der laotischen Neutralität wollte Johnson nicht verantworten. Die Invasionspläne wurden vorerst zu den Akten gelegt.

Drei Jahre später, 1971, hatten sich die Verhältnisse soweit geändert, daß das Projekt erneut auf die Tagesordnung in Washington gesetzt wurde. Präsident Richard Nixon und sein Sicherheitsbeauftragter Henry Kissinger, der die Episode in seinen Erinnerungen besonders breit analysiert hat, waren bemüht, den Abzug der amerikanischen Truppen durch Präventivmaßnahmen abzusichern. Ein Vorstoß gegen den Versorgungspfad Hanois, so hofften jetzt die Generale in Saigon, könnte die Offensivfähigkeit der Nordvietnamesen soweit schwächen, daß der Staat im Süden eine zweijährige Atempause gewänne. Der Chef der Vereinigten Stäbe, Admiral Moorer, versicherte dem Präsidenten, »daß für alles gesorgt sei«. Amerikanische Bodentruppen würden nur bis Khe Sanh, bis zur Grenze nach Laos, mitgehen. Den Keil nach Tschepone triebe die Armee Südvietnams voran, gedeckt und unterstützt von der amerikanischen Luftwaffe.

Gegner der Operation im amerikanischen Außenministerium bemühten sich, einen vorauseilenden Protest des laotischen Premierministers zu erwirken. Souvanna Phouma weigerte sich jedoch, gegen den Plan der Militärs Einspruch zu erheben. Er sei mit dem Unternehmen einverstanden, so ließ er Washington wissen, wenn die Aktion nicht länger als drei Wochen dauere.

Am 18. Januar 1971 beschloß der Nationale Sicherheitsrat in Washington die Invasion von Laos. Am 8. Februar sollten 17 000 südvietnamesische Soldaten die Grenze überschreiten und bis zum 35 Kilometer entfernten Tschepone vorrücken. Amerikanische Einheiten von etwa 10 000 Mann Stärke würden Artillerieunterstützung geben und Hubschraubereinsätze fliegen.

Niemand schien Richard Nixon daran erinnert zu haben, daß General Westmoreland, als er vor drei Jahren eine solche Opera tion plante, mehr als die doppelte Zahl an Soldaten für erforderlich gehalten hatte. Niemand in Washington wußte zudem, daß der Präsident Südvietnams, der auch in seinem strategischen Denken tief in der asiatischen Tradition verwurzelt war, seine Kommandeure angewiesen hatte, das Unternehmen abzubrechen, sollten die Einheiten mehr als 3000 Mann Verluste erleiden. Das wichtigste Ziel eines asiatischen Feldherrn ist der Erhalt der Machtbasis, die physische Existenz seiner Truppe. Es ist klüger, ein Ziel nicht zu erreichen und seine Armee zu behalten, als einen Auftrag erfolgreich zu erfüllen und dadurch den besten Teil der Truppe zu verlieren.

Generalissimio Chiang Kai-shek hat während des Zweiten Weltkriegs seinen amerikanischen Berater, den ebenso begabten wie cholerischen General Joseph Stilwell, mit dieser Taktik zur Verzweiflung getrieben. Der schlaue General Nguyen Van Thieu, der seine asiatischen Militärklassiker kannte, hatte für die Operation »Lam Son 719«, die nach dem Schlachtort eines vietnamesischen Sieges über eine Armee aus China benannt worden war, die gleiche Anweisung gegeben: Der Erhalt seiner Eliteeinheiten besaß Vorrang vor der Erfüllung der Mission.

Henry Kissinger nennt in seinen Erinnerungen die Operation »mit Zweifel konzipiert, von Skepsis begleitet und in Konfusion ausgeführt«. Sein eigener Stab hat zum Chaos, in dem die Invasion endete, ganz erheblich beigetragen. Der Nationale Sicherheitsrat hatte nämlich die Abwehrkraft des Gegners unterschätzt; und er hatte vor allem exakt jene Stelle am Ho-Chi-Minh-Pfad gewählt, die Hanoi wohl seit Jahren als potentielles Invasionsgebiet identifiziert und entsprechend befestigt hatte. »Lam Son 719« enthielt keine Überraschung. Auf das Offenkundige war Nordvietnam optimal vorbereitet.

Die südvietnamesischen Einheiten, die am 8. Februar bei kaltem, regnerischem Wetter und tiefhängenden Wolken die Grenze von der Bergfestung Khe Sanh aus nach Laos überschritten, bewegten sich in einem von Dschungel überwachsenen Bergland, in dem die Vietcong alle Wege und Pfade sorgfältig vermint hatten. Nur schleppend kam die Spitze des Keils voran. Eine Vielzahl

getarnter Hinterhalte und die Schwierigkeiten des Geländes bewirkten, daß die Operation viel langsamer ablief, als die Planer in
Saigon und in Washington antizipiert hatten. Erst nach vier Wochen mühseliger Geländesäuberung und gelegentlicher Scharmüt-
zel mit gegnerischen Einheiten erreichten die ersten südvietnamesischen Soldaten die laotische Kreisstadt Tschepone.

Dann erst führten die Generale Hanois ihre mit dem Gelände
vertraute Armee zum Gegenangriff. Eine Falle schnappte zu. Die
17 000 Soldaten Südvietnams sahen sich einer drei- bis vierfachen
Übermacht des Gegners gegenüber, der entschlossen war, nicht
nur den Pfad zu schützen, sondern die Invasionsarmee einzukes-
seln und zu vernichten. Die ganze Strecke von Khe Sanh nach
Tschepone verwandelte sich schlagartig in eine Hölle, in der es
Feuer zu regnen schien, in der Konfusion, ja Panik ausbrach und
die südvietnamesischen Führer die Übersicht und die Kontrolle
verloren.

Eine Armada südvietnamesischer und amerikanischer Hubschrauber, die zu Hilfe kam, geriet in ein Sperrfeuer, wie es nie
zuvor in diesem Krieg gesehen worden war. Die Hubschrauberbesatzungen flogen – im wahren Wortsinn – sehenden Auges in ein
Inferno, in dem die Maschinen massenweise vom Himmel stürz-
ten. Und doch wurden die geschockten Crews Mal um Mal gezwungen, in den Kessel zurückzufliegen, um Verwundete heraus-
zuholen und Soldaten aus unhaltbarer Position zu evakuieren.

Das Ziel war völlig aus dem Blick verloren worden. Vom Ho-
Chi-Minh-Pfad redeten nur noch die Planer im sicheren Bunker
des Hinterlands oder am Konferenztisch in Washington. In der
grünen Hölle von Tschepone dachten fast alle nur noch ans Überleben. Die südvietnamesische Armee hatte längst das Limit der
Verluste überschritten, das der Staatspräsident gesetzt hatte. Die
Soldaten flohen zurück an die Grenze. Kein Offizier konnte sie
bewegen, den hoffnungslosen Kampf fortzuführen. Rette sich, wer
kann, war das Gebot der Stunde.

Wenige Korrespondenten haben riskiert, mit Hubschraubern in
Richtung Tschepone zu fliegen, um photographierend oder fil-
mend sich ein eigenes Bild vom Chaos auf der Straße Nummer 9

zu machen. Die amerikanische Luftwaffe lehnte es zudem aus politischen Gründen ab, Journalisten über fremdes, neutrales Territorium zu fliegen. Für die Presse sollten die Gesetze des Völkerrechts gelten, die die Militärs gerade in einem Notstand für sich selbst außer Kraft gesetzt hatten. Der Grund war wohl vorgeschoben. Tatsächlich hielten die amerikanischen Militärs das damit verbundene Risiko für zu hoch.

Zur kleinen Gruppe der zum äußersten entschlossenen Bildreporter gehörte der Brite Larry Burrows, der seit Jahren zu den Star-Photographen der amerikanischen Illustrierten *Life* zählte. Larry Burrows hatte schon viele Schlachten in Südvietnam mitgemacht. Bei der Belagerung der Bergfestung Khe Sanh im Jahre 1968 waren ihm dramatische, erschütternde Bilder vom Kampf und vom Sterben der Ledernacken in vorderster Linie gelungen. Immer war das Glück an seiner Seite gewesen. Am 6. Februar 1971, zwei Tage vor dem Einmarsch nach Laos, war Burrows in einer vorgeschobenen Stellung von der »eigenen« südvietnamesischen Luftwaffe mit einem wahren Bombenregen belegt worden. Auch dieses Unglück hatte er unversehrt überlebt und in größter Gefahr Bilder gemacht, die eine Ahnung von der Wirklichkeit des Krieges vermittelten: von der Urgewalt der Explosionen und der kreatürlichen Angst der Soldaten.

Larry Burrows, ein ausgeglichener, ganz uneitler, selbstironischer Mann von 41 Jahren, dem eine breite Hornbrille den Anflug von akademischer Ernsthaftigkeit verlieh, der jedenfalls wenig gemeinsam hatte mit den kiffenden Abenteuerphotographen der jungen Generation, wurde von *Life* wohl zu Recht der »tapferste und engagierteste Kriegsphotograph« genannt, der in Vietnam gearbeitet hat. Unter den Kameraleuten war ihm nur der Australier Neil Davis an die Seite zu stellen.

Am 10. Februar, zwei Tage nach Beginn der Invasion, hatte Larry Burrows endlich einen südvietnamesischen General gefunden, der ihm gestattete, in einer Schwadron von fünf Hubschraubern, die der General selber anführte, mitzufliegen. Zwei Hubschrauber sind von dieser Mission nicht mehr zurückgekehrt. Nordvietnamesische Flugabwehr hat sie in Brand geschossen und abstürzen lassen. Larry Burrows hat nach neun Jahren bravouröser Arbeit in Vietnam über dem Ho-Chi-Minh-Pfad den Tod gefunden.

Die Nachricht vom Absturz der Pressehubschrauber hat die ohnehin schon ungünstige Stimmung beim Korps der Kriegsreporter weiter verschlechtert. Die im südvietnamesischen Hinterland stationierten Journalisten vermittelten der Weltöffentlichkeit immer deutlicher den Eindruck, daß hier eine militärische Großoperation begonnen worden war, die mit einer Niederlage enden mußte, die Südvietnam nicht jene Atempause verschaffen würde, die die Planer im Nationalen Sicherheitsrat sich erhofft hatten, sondern die endgültig bewies, daß die sogenannte »Vietnamisierung« des Krieges, der Aufbau einer starken, disziplinierten professionellen Armee Südvietnams, die aus eigener Kraft den Gegner aus dem Norden in Schach halten könnte, unabweisbar gescheitert war.

Als die südvietnamesische Spitze vor Tschepone aufgerieben wurde und die Übermacht Hanois die Operation »Lam Son 719« in einen ungeordneten, fluchtartigen Rückzug münden ließ, hat es in der Tat Szenen gegeben, die als Beweis für das Scheitern der Vietnamisierung gewertet werden konnten. Das Chaos war allgegenwärtig. Die amerikanische Luftwaffe flog Angriffe bis an die Grenze der Erschöpfung, ohne die nordvietnamesischen Aktionen abmildern zu können. Das Sperrfeuer über dem Ho-Chi-Minh-Pfad wurde so heftig, daß die hohe Zahl der Hubschrauberverluste die Moral der Truppe erschütterte. 176 Amerikaner sind in Laos gefallen, 1042 Mann wurden verwundet. Solche Verluste hatten die amerikanischen Hubschrauberbesatzungen nie zuvor hinnehmen müssen. Denn nur fliegendes Personal war ja betroffen. Die Verluste am Boden hatte die Armee Südvietnams zu tragen.

Die amerikanischen Medien machten den Präsidenten Südvietnams, Nguyen Van Thieu, und seine Generale verantwortlich für den Mißerfolg in Laos. Kaum jemand beleuchtete die Zuständigkeit des Nationalen Sicherheitsrats in Washington; niemand erinnerte daran, daß Amerikas Bodentruppen einen ähnlichen Vor-

stoß nach Laos nur gewagt hätten, wenn sechs Divisionen dafür
verfügbar gewesen wären und nicht nur zwei, mit denen Präsident
Thieu, gestützt und beraten von Amerika, das Unternehmen begonnen hatte. Die Vorgeschichte mochte jetzt keiner mehr erzählen. Die Armee Südvietnams hatte offenbar versagt. Sie war geschlagen worden, sie war panikartig aus Laos geflohen, ohne den
Ho-Chi-Minh-Pfad zerstören und blockieren zu können.

Die Hubschrauber, die aus Laos unversehrt zurückkamen,
waren vollgepfropft mit Verwundeten und mit Soldaten, die in
Panik sich einen Platz in der Maschine erkämpft hatten. Der Typ
»Bell Huey«, den die amerikanischen Streitkräfte bis heute verwenden, transportiert im Regelfall neun Mann plus Besatzung.
Die viel leichteren und feingliedrigeren Vietnamesen steigerten
die Ladung auf zwanzig und mehr Personen. Die Hubschrauber
aus Laos waren bis zur Grenze der Flugfähigkeit beladen. Wer
in der Kabine keinen Platz gefunden hatte, riskierte den Ausflug
auf den Landekufen. Viele Soldaten sind dabei abgestürzt. Nicht
wenige aber haben der unerhörten Belastung standgehalten und
sind auf den Kufen sitzend lebend aus dem Inferno herausgekom-
men.

Die überfüllten Hubschrauber mit waffenlosen Soldaten auf den
Kufen, die den Piloten zu besonderer Vorsicht bei der Landung
nötigten, sind zum Symbolbild einer militärischen Großoperation
geworden, die mit einem ungeordneten Rückzug abgeschlossen
werden mußte. Weltweit konnte das Fernsehen mit dieser Szene
das Publikum davon überzeugen, daß die südvietnamesische
Armee die Bewährungsprobe nicht bestanden hatte. Vor allem die
amerikanischen Medien gossen Kübel von Häme über die Truppen Saigons. Eine viel bessere Figur hätten indes unter gleichen
Bedingungen auch die amerikanischen Bodentruppen hier nicht
machen können. Dennoch wurde das Stigma der Unfähigkeit, ja
der Feigheit nun der Armee Saigons endgültig angeheftet. Zumindest für die Medien war damit klar, daß Südvietnam sich aus
eigener Kraft nicht gegen den Norden würde behaupten können.
Die Blockade des Ho-Chi-Minh-Pfads in Laos war gescheitert, der
Krieg gegen Nordvietnam nicht mehr zu gewinnen.

Auch im Nationalen Sicherheitsrat in Washington erkannte man die Schwere des Rückschlags. »Die Südvietnamesen hatten tapferer gekämpft als bisher«, notierte Dr. Kissinger in seinen Memoiren. Die Offensivkraft Hanois wäre durch die Operation »Lam Son 719« aber nicht vermindert worden.

Nixon und Thieu versuchten dennoch, die Öffentlichkeit zu belügen. Am 7. April 1971 behauptete Präsident Richard Nixon in einer Fernsehansprache an die Nation, daß ein beträchtlicher Sieg errungen worden sei: »Ich kann heute abend berichten, daß die Vietnamisierung ein Erfolg geworden ist.« Präsident Nguyen Van Thieu organisierte in Saigon eine Siegesparade. 13 000 nordvietnamesische Soldaten, so lauteten die Propagandazahlen, seien bei der Operation getötet worden.

Henry Kissinger garniert die Analyse der Invasion nach Laos mit einer Erinnerung an Konrad Adenauer. 1962 habe er, Kissinger, den »bärbeißigen« deutschen Kanzler Konrad Adenauer im Auftrag Kennedys über einige strategische Pläne der amerikanischen Militärs informiert. Nach einem wortreichen Vortrag fragte Adenauer den Professor aus Harvard, woher er denn wisse, daß diese Theorien auch zuträfen. Kissinger versicherte, daß ein General ihn informiert habe. Darauf fragte Adenauer, ob dieser General eine Uniform getragen habe. »Als ich sagte, daran könnte ich mich nicht erinnern, meinte er, ich sollte den General bitten, seinen Vortrag in Zivil zu wiederholen; wenn er mich dann noch beeindruckte, sollte ich es ihn wissen lassen.«

So hat der Zivilist von Rhöndorf noch seinen Platz in der Kriegsgeschichte Indochinas gefunden. Adenauers Mißtrauen gegen Militärs, seine Besorgnis, vom Glanz der Uniformen geblendet zu werden, hätten helfen können, viele Niederlagen zu vermeiden und den Krieg in Indochina mit politischen Mitteln zu beenden.

In Laos hätte man politisches Geschick, sogar Gerissenheit und Hinterlist honoriert. Das Schicksal gewendet hätte die Politik freilich auch nicht. Die Wege waren vorgezeichnet. Das Unheil nahm seinen Lauf.

Das Hinterland Hanois

Bis auf den heutigen Tag ist Laos fremdbestimmt geblieben. Das mit kaum drei Millionen Menschen dünnbesiedelte Land wurde durch den Indochina-Krieg auf Gedeih und Verderb an Vietnam gekettet. Aus eigener Kraft waren die Laoten nicht imstande, ihr Territorium zu verteidigen und den Durchzug nordvietnamesischer Truppen auf dem Ho-Chi-Minh-Pfad zu verhindern.

In den Ostprovinzen von Laos ist die militärische Niederlage Amerikas besiegelt worden. Der wichtigste militärische Faktor, der den Krieg entschieden hat, war die nie unterbrochene Versorgung des Vietcong durch den Nachschub aus Nordvietnam, der durch laotisches Territorium transportiert werden mußte. Hanoi hat Laos zu seinem militärischen Hinterland gemacht, hat den Landesgrenzen jedwede Funktion genommen, hat einen wesentlichen Teil der eigenen Armee dauerhaft auf dem Gebiet des Nachbarn stationiert und dadurch politischen Einfluß gewonnen, dem die schwachen Laoten sich beugen mußten.

Am Krieg im eigenen Land waren die Laoten nur am Rande beteiligt. Die Pathet Lao lieferten sich mit der königlich-neutralistischen Armee jährlich in der Trockenzeit ein paar Gefechte, denen man im Rückblick, in der historischen Perspektive, eher Schau-Charakter bescheinigen muß. Wirklich gekämpft haben in Laos die Truppen Nordvietnams und die von Amerika finanzierten und munitionierten Bergstämme, vor allem die Meos. Die Laoten, so hat ein amerikanischer Beobachter gespottet, haben »anders als vermeintlich zivilisierte Nationen nie wirklich gelernt, sich gegenseitig umzubringen«. Ihre Gelassenheit, die Sanftmut und ihren frommen Fatalismus haben sie mit einer Einschränkung der Souveränität und einer durchaus schmerzhaften Abhängigkeit von Hanoi bezahlt. Schwache Versuche, dem Druck Vietnams zu widerstehen, sind hoffnungslos gescheitert.

Als Amerika im Januar 1973 in Paris einen Waffenstillstand mit Hanoi unterschrieb und die letzten Truppen aus Indochina abzog, wurde dem laotischen Premierminister Souvanna Phouma schlagartig deutlich, daß nur eine Seite den Kampfplatz verließ, Nordvietnam aber bleiben würde. Seine Sorge brachte Souvanna Phouma angesichts der Gefahr in für Laoten unerhörter Heftigkeit zum Ausdruck, als Henry Kissinger, inzwischen zum Außenminister Amerikas avanciert, auf dem Weg nach Hanoi in Vientiane Station machte.

Der Hilferuf war Teil eines Trinkspruchs, den der laotische Premierminister bei einem Dinner in seiner Privatwohnung auf die amerikanischen Gäste ausbrachte. Die Verbindung mit einem »Toast« war ungewöhnlich. Der scheinbar gesellige Anlaß vermochte den Ernst, die innere Erregung nicht zu mildern. »Das Überleben von Laos hängt von Ihnen ab«, sagte Souvanna Phouma, an Kissinger gewandt, »wir fordern unsere Nachbarn auf, uns auf diesem Fleckchen Erde, das von unserem altehrwürdigen Königreich übriggeblieben ist, in Frieden leben zu lassen ... Die Vereinigten Staaten können nicht wünschen, daß ihre Bemühungen mit der Vorherrschaft Nordvietnams in Indochina enden. Das war das Bestreben Ho Chi Minhs, der als Beherrscher von Indochina an die Stelle der Franzosen treten wollte. Wir müssen daher darauf vertrauen, daß unsere großen Freunde, die Amerikaner, uns helfen zu überleben.«

In diesen wenigen Sätzen steckt die Essenz der Geschichte Indochinas. Sie enthalten auch den Kern der politischen Philosophie, die das Handeln der Führer in Hanoi bestimmt hat. Sie umreißen das Sonderverhältnis, das Laos und Kambodscha mit Vietnam verbindet, jene aufgenötigte Schicksalsgemeinschaft, die den Menschen in allen drei Ländern viel Unglück und keinen Gewinn gebracht hat.

Für die Führer in Hanoi war es ganz selbstverständlich, sich als Erben der französischen Kolonialverwaltung zu fühlen, die einen historischen Anspruch zu besitzen glaubten, die gleiche Oberhoheit über ganz Indochina auszuüben, die bis 1954 vom »Gouverneur Général« ausgeübt worden war. So wie fast alle anderen Führer der in die Unabhängigkeit entlassenen Kolonialvölker übernahmen auch Ho Chi Minh und seine Gefährten die Denkmuster der weißen Herren. Frankreich hatte von Hanoi aus die Kontrolle über die Protektorate Laos und Kambodscha ausgeübt.

In der Residenz des Generalgouverneurs amtierten nach 1954 Ho Chi Minh und Ministerpräsident Pham Van Dong, die in ihrem Staatsprotokoll sichtbar zum Ausdruck brachten, daß sie das ungeschmälerte Erbe Frankreichs beanspruchten.

Frankreichs *mission civilisatrice* hat die kulturelle Eigenständigkeit der drei asiatischen Völker nicht wirklich gefährdet. Frankreichs Archäologen haben sogar wesentlich dazu beigetragen, die Monumente der Geschichte zu erhalten. Sie haben dadurch das Selbstwertgefühl der betroffenen Nationen gestärkt und eine kulturelle Renaissance eingeleitet. Diese Rolle würde Vietnam nicht fortführen. Hanoi war an strategischen und materiellen Gewinnen interessiert. Aber Vietnam war zugleich eine expansive Kulturmacht, die schon in der Vergangenheit ganze Völker und Zivilisationen vietnamisiert und aufgesogen hatte. Vietnam in der Rolle Frankreichs bedeutete für Kambodscha und für Laos eine Gefahr für die kulturelle Identität, eine Bedrohung ihrer nationalen Existenz.

Souvanna Phouma hat dieses Risiko so deutlich gesehen wie Prinz Sihanouk von Kambodscha. Die politische Elite in Laos hat nie vergessen, daß Vietnam 1832 schon einmal versucht hatte, Teile von Laos zu vietnamisieren. Die Ebene der Tonkrüge, die Provinz Xieng Khouang, zumindest geographisch das Herzstück des Landes, war 1832 an Vietnam gefallen, an das von Hue aus regierte Kaiserreich von Annam. Die vietnamesische Herrschaft über Xieng Khouang beschreibt ein Historiker als »hart bis zum Extrem«. Die Menschen wurden sogar gezwungen, vietnamesische Kleidung zu tragen. Schließlich erhob sich die Bevölkerung, revoltierte und tötete den vietnamesischen Statthalter.

Der vietnamesische Kaiserhof hat den Aufstand niederwerfen können. Der Druck aus Vietnam nahm danach allerdings rasch ab, weil der Kaiserhof sich der militärischen Intervention Frankreichs erwehren mußte. Für fast 80 Jahre ist die expansive Kraft Vietnams erlahmt. Die Kolonisierung beider Länder durch Frankreich hat den Khmer wie den Laoten eine Atempause verschafft. Nach dem Sieg Hanois über Frankreich und Amerika erkannte Vietnam allerdings erneut die Chance, die Durchdringung von

Laos und Kambodscha voranzutreiben und ganz Indochina
Schritt für Schritt zu vietnamisieren.

Das erklärt, warum Souvanna Phouma so zäh und geduldig
verhandelt hat, um die Laoten beider Seiten wieder zu versöhnen.
Auf Amerika, das muß ihm schon bei der Tischrede klar gewesen
sein, konnte er dabei nicht rechnen. Nur wenn Neutralisten und
Pathet Lao ihre Gegensätze überwänden, sich die gesamte Bevölkerung wieder um den Königshof versammelte, könnte Laos noch
eine Chance besitzen, seine nationale Unabhängigkeit und kulturelle Identität zu verteidigen.

Zwei Jahre hat dieser Prozeß der Versöhnung und Integration
gedauert. Im April 1974, mehr als ein Jahr nach dem Pariser »Frie-
densabkommen« und dem Abzug Amerikas, verständigten sich
die Halbbrüder Souvanna Phouma und Souphanouvong darauf,
eine neue Koalitionsregierung zu bilden.

Die Bevölkerung Vientianes hat jeden Schritt zur Versöhnung
mit spontanen Festen, mit Jubel und Begeisterung begleitet, die die
innere Angst betäubten. Die Hauptstadt geriet in einen Freuden-
rausch, als Souphanouvong das Hauptquartier der Pathet Lao in
Sam Neua verließ, um seinen Platz in der Regierung von Vientiane wieder einzunehmen. Die Mönche in den Pagoden engagier-
ten sich auf besondere Weise, durch Reden, öffentliche Auftritte
und durch politisierte Riten, für die Aussöhnung eines Volkes, das
durch seinen Glauben den Prinzipien der Gewaltlosigkeit verpflichtet war. Die Bonzen vertrauten darauf, daß der Buddhismus
die Ideen des Kommunismus assimilieren könne. Die große Mehrheit der Bevölkerung glaubte an die Kraft des Nationalismus
und an die laotische Tradition der Toleranz. Sie verdrängte die
Realität.

Versöhnung und Reintegration in Laos hieß nämlich in Wirklichkeit, daß die Pathet Lao ihre Territorien weiterhin exklusiv
beherrschten, daß sie aber in jenen Teilen, die die neutralistischen
Truppen bislang kontrolliert hatten, zusätzlich an der Macht beteiligt wurden. Sie bauten Schritt für Schritt ihre Basis aus. Souvanna Phouma und die Neutralisten mußten jene Opfer bringen,
die den Kompromiß erst ermöglichten.

Im April 1975 beendete Hanoi den Krieg in Südvietnam mit der Eroberung Saigons. Zwei Wochen zuvor hatten die Roten Khmer in Kambodscha gesiegt. Das veranlaßte die Kommunisten in Laos, die wahren Machtverhältnisse offenzulegen und die Revolution auch im dritten Land Indochinas, in Laos, zu vollenden.

Eine große Show in Savannakhet

Die etwa 30 000 Einwohner zählende Stadt Savannakhet liegt im schmalen Gürtel von Süd-Laos, in dem die Einflußsphären der Neutralisten und der Pathet Lao ohne festen Grenzverlauf aneinanderstießen, sich in Wirklichkeit überlappten. Im Ostteil der gleichnamigen Provinz liegt die Kreisstadt Tschepone, die ihren Platz in der Kriegsgeschichte gefunden hat. Im Westteil liegt die Provinzhauptstadt Savannakhet, die bis zum Frühjahr des Jahres 1975 eine Bastion der Konservativen und der Antikommunisten im Königreich von Laos gewesen war.

Ende Mai 1975 war die aus Saigon evakuierte Auslandspresse in Scharen nach Vientiane geströmt, um den letzten Akt des Machtkampfes in Laos zu beobachten. Im Hotel »Lane Xang«, einem bescheidenen Haus, direkt am Mekong gelegen, das weder wohnlich noch gar luxuriös genannt werden konnte und doch den ersten Rang unter den zumeist schäbigen Herbergen des Landes beanspruchte, erreichte uns ein anonymer Anruf mit dem Angebot, uns mit einer Sondermaschine der Luftwaffe nach Savannakhet zu fliegen. Wer den Flug organisierte, blieb unklar. Deutlich spürbar aber war das Interesse einer offenbar staatlichen Behörde, die in Vientiane anwesenden Vertreter der internationalen Medien zu einem besonderen Anlaß nach Savannakhet zu schaffen.

Etwa 30 Journalisten füllten die klapprige DC 3 der »Königlich Laotischen Luftwaffe«, die durch den Monsunhimmel nach Süden schepperte. Die Rechnung für den Lufttransport hatten die Presseleute gleich nach der Landung in Savannakhet auf dem Rollfeld in bar, und zwar in grünen US-Dollars, zu bezahlen. Die Militärpiloten, die aus dem Fenster ihres Cockpits dem Kassieren zusahen, ließen sich von den Journalisten gern eine Prämie zustecken. Der Rückflug war inklusive.

Zur Begrüßung der Presse waren Studenten erschienen, die auf Spruchbändern das Programm des Tages verkündeten: Die im Umkreis der Stadt postierten Militärverbände der Pathet Lao sollten in einer feierlichen Prozession heimgeholt werden. Die bislang konservative neutralistische Stadt öffnete ihre Tore für den Einzug der Gegner. Die nationale Einheit, die auf den Spruchbändern mit großem Pathos gefeiert wurde, sollte heute noch in Savannakhet vollendet werden.

Ein alter Bus stand bereit, der die Pressegruppe vom Flughafen zum Hauptquartier der Dritten – neutralistischen – Militärregion brachte, wo ein stämmiger, vom Wohlleben füllig gewordener Zwei-Sterne-General den Gästen im Brustton der Überzeugung versicherte, es wäre seine eigene Idee gewesen, den Bruderkrieg heute zu beenden. Er selber, so sagte der General, hätte die Pathet Lao eingeladen, mit ihren Waffen feierlich in die Stadt zu kommen. Zum Beweis seiner Friedfertigkeit nötigte er seine militärischen Mitarbeiter, für ein Gruppenbild eng und freundschaftlich zusammenzurücken. So brüderlich wie dieser Stab, das wurde den fremden Beobachtern suggeriert, wollten in Zukunft alle Laoten miteinander verkehren.

Nach dieser Einstimmung auf den Tag fuhr der Bus mit der Pressegruppe auf einer engen Landstraße nach Norden, in das 30 Kilometer entfernte Städtchen Seno, wo die Einheiten der Pathet Lao sich versammelt hatten. Der Konvoi bestand aus einigen alten Panzern russischer Herkunft, aus Artilleriegeschützen und geländegängigen Lastwagen. Zwei Schützenpanzer waren mit Spruchbändern geschmückt, die eine glorreiche Zukunft von Laos beschworen. Kinder und Neugierige belagerten das Kriegsgerät, so als habe die kommunistische Armee zum Tag der offenen Tür geladen. Natürlich waren auch Armeephotographen zur Stelle, um die letzte große Operation dieses Krieges gebührend ins Bild zu rücken.

Gegen elf Uhr vormittags, die Sonne brannte unerbittlich vom Himmel, setzte sich der Konvoi endlich in Bewegung. An der

Spitze fuhr ein Jeep, in dem die tatsächlichen Organisatoren der nationalen Versöhnung von Savannakhet saßen: Studenten aus der Hauptstadt Vientiane, die, wie wir jetzt erfuhren, vor ein paar Tagen mit einer Hundertschaft von Aktivisten nach Savannakhet gekommen waren und in einem Handstreich die strategischen Plätze besetzt hatten. Die antikommunistische Stadtverwaltung und auch die Offiziere der Dritten Militärregion waren sich längst bewußt, daß die Stunde geschlagen hatte, daß Widerstand sinnlos geworden war. Sie ließen sich fast ohne Mühe nötigen, ihre Abdankung mit der Einladung an die Pathet Lao zu krönen, ihren Platz in Savannakhet einzunehmen.

Gegen fünfzehn Uhr erreichte der Konvoi den Stadtrand von Savannakhet, wo Offiziere der Regierungsarmee bereitstanden, um den früheren Gegner zu empfangen. Geschäftsmäßig wurden noch einmal Dokumente ausgetauscht, Papiere geprüft und mündliche Absprachen wiederholt und neu bekräftigt. Hier am Stadtrand mündete der Einzug der Pathet Lao in eine gemeinsame Veranstaltung mit der Regierungstruppe. Beide Seiten trugen grüne Tropenuniformen. Die Regierungsarmee hatte sich den Stil der US-Army zu eigen gemacht: engsitzende Hosen, die Ärmel der Uniformjacken hochgekrempelt, und Sonnenmützen, die mit ihren großen Schirmen an Baseball- oder Golfausrüstung erinnerten. Die Pathet Lao zeigten sich im Mao-Look: mit grünen »Turnschuhen«, bauschiger Uniform, mit einer runden Mütze samt dem kleinen schwarzen Lackschirm – dem Kennzeichen der Pathet Lao.

An die Spitze des Konvois setzte sich nun eine Motorradeskorte, in der Offiziere beider Seiten vertreten waren. Am Straßenrand standen dicht gedrängt die Einwohner Savannakhets, die offenbar dringend zum Erscheinen aufgefordert worden waren und die applaudierten, wie das Kommando befahl.

Als der Zug das Zentrum erreichte, kletterte der Kommandant der Pathet Lao auf einen Panzer, um den jubelnden Menschen mit einem roten Blumenstrauß zuzuwinken. Was in Wahrheit eine friedliche Kapitulation der Regierungstruppen war, wirkte nun wie ein fröhlicher, das nationale Herz erwärmender Korso, wie

eine Art von Karneval oder Volksfest, das linke Studenten er-
zwungen hatten, das aber am Ende alle mitfeierten.

Die Heimholung der Pathet Lao verdeckte die vielen blutigen
und häßlichen Szenen, die es auch im Bürgerkrieg in Laos gegeben hatte. Dennoch haben sich die Laoten mehr Sympathie für die
Kämpfer der anderen Seite bewahrt als die Soldaten in Vietnam
und in Kambodscha.

Auch in Laos war nun die Macht an die Kommunisten überge-
gangen. Der Triumphzug verwischte zumindest für einen Augenblick den Unterschied zwischen Siegern und Verlierern. Eine
Szene wie diese hat es bei den Armeen der Nachbarländer nicht
gegeben. Das mag am Ende auch den Jubel der Bevölkerung erklären, die nicht nur das Ende des Krieges feierte. Sie machten sich
Mut zu der Hoffnung, daß laotische Toleranz und Friedfertigkeit
auch die Zukunft positiv gestalten würden. Das Unvermeidliche
zu akzeptieren nennt man in Laos den Einklang mit der Geschichte finden.

Das neue Regime

Im Frühjahr des Jahres 1975 brachte die laotische Post eine Sondermarke heraus, die der nationalen Versöhnung gewidmet war.
In der Mitte der 80-Kip-Marke blickte aus einem ovalen Rahmen
König Savang Vattana, mit einer goldenen Kette geschmückt als
Zeichen seiner überragenden Stellung. Links und rechts, deutlich
tiefer gesetzt, waren die prinzlichen Brüder plaziert: zur rechten
Hand des Königs Souvanna Phouma, mit geschlossener Hofuni-
form, zur linken Hand, im »zivilen« Jackett, mit einem Schlips
geschmückt, der rote Prinz Souphanouvong, der durch seine Brillengläser schräg nach oben schaute, während der Blickwinkel der
anderen eher leicht nach unten wies.

Die Sondermarke illustrierte einen Traum, den in diesen Wochen die große Mehrheit der Laoten träumte. Die Monarchie war
das Symbol der nationalen Einheit. Sie war längst nicht so tief
verwurzelt wie das Königtum im benachbarten Thailand, das frei-

lich nie kolonisiert worden war. Die laotischen Monarchen hatten mit der französischen Kolonialmacht kooperieren müssen und dadurch Rückhalt bei der nationalistischen Intelligenz verloren.

Der etwas traurig dreinblickende, onkelhaft unbedeutend wirkende Savang Vattana hatte im Bürgerkrieg versucht, über den verfeindeten Parteien zu bleiben. Aus Staatsräson war er bemüht gewesen, auch die Pathet Lao zu integrieren. Sein Herz aber schlug ohne Zweifel rechts.

Viele Laoten spürten, daß die Monarchie den sich abzeichnenden Umsturz der Verhältnisse nicht würde verhindern können. Die Pathet Lao brauchten gar nicht mehr um die Macht zu kämpfen. Sie wurde ihnen ausgehändigt, gewaltlos übergeben, als sich im August auch die Hauptstadt der neuen Herrschaft unterstellte. Im Oktober begannen die Siegesfeiern. Die »Befreiung« Vientianes war zu bejubeln und zugleich der 30. Jahrestag der ersten Ausrufung der nationalen Unabhängigkeit nach der Niederlage Japans.

An einem frühen Samstagnachmittag versammelten sich etwa 200000 Menschen auf dem großen Platz am Tat-Luang-Tempel, dem schönsten und wichtigsten buddhistischen Zentrum in Vientiane. Monsunregen hatte den Boden in einen tiefen Morast verwandelt. Die Wolken hingen tief, das Licht war so trübe wie die Stimmung.

Die alte Regierung hätte kaum 20000 Menschen zusammengebracht und dafür noch bezahlen müssen, so höhnte die neue Pathet-Lao-Stadtverwaltung. »Jetzt gibt es keine Geldprämien mehr«, vertraute uns ein laotischer Bourgeois an, der kurz vor dem Absprung, der Flucht über den Mekong, stand, »aber die Bewohner Vientianes kommen auch nicht freiwillig.«

Die letzten Spuren von laotischer Eigenart, von buddhistischer Folklore und royalistischer Tradition waren getilgt worden. Ein paar Mönche waren Mitglieder der Patriotischen Front geworden, mit einem Sitz auf der Tribüne, zwischen den übrigen Vertretern der gesellschaftlichen Gruppen, die sich als antiimperialistisch und progressiv auswiesen. Das Volk marschierte in Betriebsgruppen und Verwaltungseinheiten gegliedert: Die Bürokraten der Mi-

Die 80-Kip-Sondermarke der laotischen Post zeigt, in der
Mitte König Savang Vattana, links Prinz Souvanna Phouma,
rechts den »roten« Prinzen Souphanouvong.
Photo unten: Der König – Symbol der nationalen Einheit des Landes.

154 Laos: Die Maus, die brüllte

nisterien zeigten besonderen Ehrgeiz, fußtief im Schlamm watend revolutionäre Gesinnung zu simulieren. In Laos hatte eine neue Epoche begonnen.

Die Festrede verlas der Vorsitzende des städtischen Revolutionskomitees, Somvichit. Bemerkenswert an seiner im sozialistischen Einheitsstil vorgetragenen Rede waren nicht die Angriffe auf Amerika und auf das benachbarte Thailand. Bemerkenswert war der wirtschaftliche Optimismus. Die Voraussetzungen für den Aufbau des Sozialismus seien in Laos besonders günstig, so sagte Somvichit, weil das laotische Volk einen Sinn und eine besondere Liebe für die Arbeit hätte.

Die auf der Tribüne versammelten Diplomaten hatten Mühe, ihre Heiterkeit zu unterdrücken. Sonst hätte schallendes Gelächter diese Selbstcharakterisierung begleitet. Der Funktionär Somvichit träumte sich in eine Welt, die mit Laos nichts gemein hatte. Denn die »Befreiung« Vientianes hatte eine Fluchtwelle ausgelöst, die die Wirtschaft des Landes paralysierte. Die technische Intelligenz, die Handwerker inbegriffen, überquerte im Schutz der Dunkelheit den nur 500 Meter breiten Mekong, um über Thailand nach Amerika oder Frankreich weiterzuwandern. Auch die alten, reichen Familien verließen die Heimat, gefolgt vom städtischen Bürgertum, das in einem sozialistischen Laos keine Perspektive für sich erkennen konnte. Die Meos machten den Exodus zu einem Massenphänomen. Die Hilfsarmee der CIA unter Führung des Generals Vang Pao brachte sich mit den Familien in thailändischen Lagern in Sicherheit. Mehr als 50 000 Meos sind später nach Amerika emigriert.

Die »Revolution« verlief hier sanfter als in Südvietnam. Das Kambodscha der Roten Khmer war ohnehin ein Sonderfall. Einige tausend Laoten wurden auf eine Insel im großen Stausee des Nam Ngum verbannt, wo sie im Sinne des neuen Regimes »umerzogen« wurden.

Man kann sagen, so habe ich damals in einem Filmbericht über die Gefängnisinsel formuliert, »daß es hier nicht brutal zugeht, nicht wie früher im japanischen Kriegsgefangenenlager am River Kwai. Der Unterschied ist deutlich. Aber ebenso deutlich ist der

Eindruck, daß es sich hier um Zwangsarbeitslager handelt und daß die offizielle Bezeichnung ›Umerziehung‹ die Wirklichkeit verharmlost.«

Die Internierung von Mitgliedern des alten Regimes, von sozialen Missetätern, wie man jetzt sagte, von Drogensüchtigen, Zuhältern, Prostituierten, Bettlern und sogar geistig Behinderten, die allesamt auf die Insel im Stausee gebracht wurden, hat die laotische Bevölkerung weniger überrascht als der im Dezember 1975 ausgeführte Schlag gegen die Monarchie. Die im Hintergrund die Fäden ziehenden KP-Spitzenfunktionäre kündigten zunächst die Koalitionsregierung auf. Souvanna Phouma nahm seinen Abschied. Er erhielt den Titel eines »Beraters des Ministerpräsidenten«. Wirklichen Einfluß auf die Politik seines Landes hat er danach nicht mehr gehabt.

Nach der Koalition fiel die Monarchie. König Savang Vattana wurde durch massiven Druck genötigt abzudanken. Die Vermutung liegt sogar nahe, daß seine Abdankung verkündet wurde, ohne daß der Monarch dazu seine Zustimmung gegeben hatte. Souphanouvong, der rote Prinz, trat als Präsident an die Spitze der »Demokratischen Volksrepublik Laos«, und Kaysone Phomvihan, der »Vietnamese«, übernahm die Funktion des Ministerpräsidenten, der nun, für alle erkennbar, die Macht in den Händen hielt.

König Savang Vattana mußte seine Residenzen in Vientiane und in Luang Prabang räumen. In einem bescheidenen Haus in Luang Prabang, nahe der Xien-Thong-Pagode, hat er mit seiner Familie die nächsten zwei Jahre verbracht.

Im königlichen Palast der Hauptstadt feierte am 3. Dezember 1975 das neue Regime den Gründungstag der Republik. Präsident Souphanouvong lud die Diplomaten und den Rest der Honoratioren, die in den Augen der Partei unbelastet waren, zu einem Abendempfang. Dies muß die vielleicht bitterste Stunde gewesen sein, die Souvanna Phouma in seiner langen politischen Karriere erlebt hat. Fast zwei Jahrzehnte lang hatte er jeden Kompromiß, jede Konzession an die Pathet Lao mit dem Argument gerechtfertigt, der Bestand der Monarchie und die Einheit der Nation seien wichtiger als Koalitionen, Ideologien oder Blockbindungen. Um das »alte« royalistische Laos zu erhalten, hatte er am Ende sogar die Macht an seine Widersacher freiwillig abgegeben, von denen er glaubte, daß sie allen Unterschieden zum Trotz dennoch königstreue buddhistische Laoten wären. Die Ausrufung der Republik war ein Schlag, der ihm »das Gesicht« raubte.

Die Stimmung auf der von bunten Glühbirnen »bengalisch« beleuchteten republikanischen Staatsgründungsfeier ließ die Gäste vermuten, nicht bei einem Geburtsakt, sondern bei einem Begräbnis zugegen zu sein. Die Prinzen spielten, ohne ihre inneren Gefühle zu verraten, jene Rolle, die ihnen das Protokoll zugewiesen hatte. Sie litten, ohne zu klagen. Jetzt erst war ihnen und allen Laoten, die an diesem Abend ihre letzte Hoffnung begruben, klargeworden, wie schmerzhaft und bitter es sein würde, das Unvermeidliche zu akzeptieren, den Einklang mit der Geschichte zu finden, eine Entwicklung geschehen zu lassen, die man nicht gewollt hatte.

Souvanna Phouma ist im folgenden Jahr 1976 für eine medizinische Behandlung nach Frankreich gereist. Er hat der Versuchung widerstanden, im Exil zu bleiben. Gegen den Rat seines nach Paris geflohenen Sohnes, der mit Hilfe von Pepsi Cola für den Ernstfall vorgesorgt hatte, ist er nach Vientiane zurückgekehrt.

Als im Sommer 1977 einige Bergstämme revoltierten und einen Angriff gegen Außenposten der Armee führten, nahm die Regierung Kaysone diese innenpolitische Turbulenz zum Anlaß, um den König, seine Frau und den Kronprinzen zu verhaften und »im Interesse ihrer eigenen Sicherheit«, wie die offizielle Begründung lautete, in den Nordosten, in die Provinz Houa Phan zu deportieren. Auf der Reise dorthin ist die königliche Familie zum letzten Mal gesehen worden.

Überlebende eines Umerziehungslagers bei Sam Neua, der ärmlichen Kreisstadt, die einmal das Hauptquartier der Pathet Lao beherbergte, haben berichtet, daß der König in diesem Lager, das für besondere Härte und Entbehrungen bekannt war, in der Mitte des Jahres 1979 gestorben sei.

Eine offizielle Bestätigung dafür gibt es nicht. Die Regierung hat in den ersten Jahren Anfragen mit der Version beantwortet, dem

König gehe es gut, er arbeite in seinem Garten in der im Norden gelegenen Stadt Vieng Sai. Prinz Souvanna Phouma hat dagegen 1983 eingeräumt, daß der König gestorben sei. Erkundigungen von australischen Journalisten und die direkte Frage des australischen Außenministers Bill Hayden, der wegen seiner diplomatischen Kambodscha-Initiativen hohes Ansehen in Hanoi genoß, sind vom laotischen Außenministerium mit dem vagen, aber doch wohl erhellenden Satz beantwortet worden: »Wir sind doch alle sterblich.«

Den neuen kommunistischen Führern scheint die Tragweite des Königssturzes nicht hinreichend bewußt gewesen zu sein. Sie haben die Monarchie mit einem Tabu belegt, das ihnen eine öffentliche Begründung oder Rechtfertigung ersparte.

Sozialismus und Buddhismus

Eine kommunistische Welle, die ganz Südostasien überspülen würde, hatte die amerikanische Außenpolitik nach einem Sieg der Vietcong in Südvietnam erwartet. Staatsführer der Region, Lee Kuan Yew in Singapur und Ferdinand Marcos auf den Philippinen, hatten Washington in dieser Einschätzung bestärkt. Der Sieg der Kommunisten in Saigon, Phnom Penh und Vientiane hat dagegen in Wirklichkeit Südostasien stabilisiert und vorangebracht. ASEAN, die Allianz der nicht-kommunistischen Staaten Thailand, Malaysia, Singapur, Indonesien und Philippinen, hat angesichts der von Indochina drohenden Gefahr eine Dynamik gewonnen, die ein neues Selbstbewußtsein entstehen ließ und einen in der Dritten Welt beispiellosen wirtschaftlichen Erfolg anstieß.

Die erschreckten ASEAN-Staaten nahmen entschlossen ihr Schicksal in die Hand, während die siegreichen Kommunisten in Vietnam, Kambodscha und Laos die Glanzlichter der Revolution rasch versprühten, so als hätten sie keine Fackel, sondern nur eine Wunderkerze gezündet.

Der Exodus der Flüchtlinge hat Laos stärker geschwächt, als

den neuen Führern im Rausch des Sieges bewußt geworden war. Der Krieg hatte die Wirtschaft ohnehin schwer geschädigt. In den letzten zehn Jahren hatten die Vereinigten Staaten von Amerika neunzig Prozent des Budgets der neutralistischen Regierung in Vientiane bereitgestellt. Auch die Pathet Lao waren in all den Jahren fremdfinanziert, aus der Sowjetunion und aus China.

Amerikas Hilfe war nach 1975 verloren. Die Leistungen aus dem Ostblock, besonders aus der Sowjetunion, haben die Lücke nicht schließen können. An die Stelle der amerikanischen Berater traten die Vietnamesen. 50 000 vietnamesische Soldaten, so wurde geschätzt, sind auch nach der »Befreiung« in Laos stationiert worden. In den Ministerien zogen Berater aus Hanoi im Hintergrund die Fäden. Laos und Vietnam, so urteilt der amerikanische Laos-Experte Dommen, zeigten »eine völlige Identität von Handeln und Wollen, die kennzeichnend ist für eine gemeinsame Entscheidungsinstanz«.

Ministerpräsident Kaysone Phomvihan steuerte das Land auf dem von Hanoi vorgegebenen Kurs. Er kontrollierte als Generalsekretär die laotische Partei und war zugleich Mitglied des Zentralkomitees der vietnamesischen Schwesterorganisation. Fast zwei Jahrzehnte lang hatte er in der Abgeschlossenheit und konspirativen Diskretion von Sam Neua gelebt. Den Lebensstil des Untergrunds behielt er auch bei, als er 1975 in die Hauptstadt kam und an die Spitze der Regierung trat.

Anfang April 1977 hatte ich Gelegenheit, Kaysone in Vientiane bei einem öffentlichen Auftritt zu beobachten. Auf dem Flugplatz warteten Militärs, Diplomaten und ein paar Journalisten, um den Premierminister zu empfangen, der von einem Besuch in Nordkorea zurückkehrte.

Eine Ehrenkompanie, in grob geschneiderte weiße Jacken gekleidet, bewegte sich in wahrhaft ziviler Weise auf ihren Standplatz zu. Die Unfähigkeit und Unwilligkeit, sich im Gleichschritt zu bewegen, machten die Truppe in ihrem amateurhaften Auftreten menschlich. Den Soldaten schienen die Paradeuniformen so fremd zu sein wie der Anblick der hohen Funktionäre.

Die Diplomaten und Minister waren schon zum zweitenmal

zum Flughafen gefahren. Am Tag zuvor hatten sie zwei Stunden in der sengenden Sonne gewartet, bis ihnen mitgeteilt wurde, der Ministerpräsident wäre zwar in Nordkorea abgeflogen, hätte sich aber entschlossen, in Peking noch einen Zwischenstopp einzulegen. Er werde erst 24 Stunden später in Vientiane eintreffen.

Dann kam er wirklich mit einer Iljuschin-Sondermaschine, die Kim Il Sung zur Verfügung gestellt hatte. Das »Volk«, das ihn bejubelte, stammte aus den Büros der Ministerien. Gewöhnlichen Laoten, Arbeitern, Händlern und Bauern, war der Zutritt verwehrt. Seit der »Befreiung« vor neunzehn Monaten hatte Kaysone sich überhaupt erst zweimal in der Öffentlichkeit gezeigt. Im Ausland, bei seinen Reisen nach Moskau, Hanoi, Peking und Ost-Berlin, muß er mehr Menschen begegnet sein als in seinem eigenen Land.

Die Begrüßung der Minister und der Funktionäre ließ soviel Desinteresse wie Verkrampfung erkennen. Mit Souvanna Phouma, der, auf einen Stock gestützt, an der Zeremonie teilnahm, tauschte Kaysone den Bruderkuß aus. Beide ließen keine Regung des Gefühls erkennen.

Der Revolutionär und Apparatschik aus den Bergen mochte sich auch in Vientiane, an der Spitze der Partei, nicht aus dem Halbdunkel, das ihn im Untergrund umgeben hatte, herauswagen. Er blieb ein Fremder im Kreis jener, die den öffentlichen Auftritt genossen, die nach den Entbehrungen der Kampfzeit nun nach Anerkennung und gesellschaftlichem Ansehen strebten. Kaysone, das war in dieser Szene deutlich zu spüren, konnte auf Sympathie und Zuneigung der Laoten verzichten. Sein Blick war nach Vietnam gerichtet. Das Urteil der dortigen Genossen bewegte ihn mehr als der Applaus in Vientiane.

Synchron geschaltet mit dem politischen Kraftzentrum in Hanoi hat Kaysone Laos in den Sozialismus geführt, obgleich in diesem Land die Bedingungen dafür in hohem Maße ungünstig waren. Es gab keine revolutionäre Situation, nicht einmal den Humus jeder sozialen Bewegung, nämlich die Verelendung der Massen, krasse gesellschaftliche Ungleichheit, Großgrundbesitz und ein brutal repressives Regime. Das königliche Laos war arm, sanft und anspruchslos gewesen, dazu fatalistisch und tolerant bis zur Selbstgefährdung. Der Sozialismus konnte verändern, aber wenig verbessern. Er konnte den Staatsapparat und die Gesellschaft umgestalten, aber kaum erwarten, daß die Bevölkerung dafür dankbar war.

Widerstand gegen das neue Regime haben nur Teile der Bergstämme geleistet, die vor allem in Süd-Laos, im alten konservativen Königreich von Champassak, Sicherheitsprobleme geschaffen haben. Die vietnamesische Armee hat die Revolte bekämpft, nie ganz unterdrücken können, aber die Verhältnisse doch unter Kontrolle behalten. Im Herzland von Laos, in der Tiefebene um Vientiane und dem ehemals royalistischen Luang Prabang, haben die Menschen sich gefügt, ohne Enthusiasmus, aber auch ohne Protest oder wirksamen Widerstand. Das neue Regime hat die Sangha, den Mönchsorden, in die politische Pflicht genommen und den Gläubigen suggeriert, daß Buddhismus und Sozialismus zusammengehörten und daß kein buddhistisches Gebot den Zielen des Sozialismus entgegenstehe. »Die laotischen Mönche wissen«, so versicherte der Generalsekretär der Laienorganisationen, der ehrwürdige Thong Khoun Anantasounthone, in der Pagode Wat Ong Tu vor unserer Kamera, »wie sie buddhistische Moralität deuten müssen, damit sie im Einklang mit der Politik steht.«

Der laotische Volkscharakter, so hat ein Diplomat, der Laos viele Jahre vor und nach der »Befreiung« erlebt hat, seinen Eindruck zusammengefaßt, »hat alle Anfälle von Marxismus-Leninismus bislang ziemlich unverdorben überstanden«. Das Leben auf dem Dorf hat sich wenig verändert. Nicht die »Liebe zur Arbeit« prägt die neue Wirklichkeit, wie die Parteiführung anfangs gehofft hatte, sondern die Tatsache, daß Feiern und Feste weiterhin einen zentralen Platz im laotischen Leben einnehmen.

Im Juli 1977 kam eine Spitzendelegation, geführt von Generalsekretär Le Duan, aus Hanoi nach Vientiane, um einen Freundschafts- und Kooperationsvertrag zu unterzeichnen, der zunächst 25 Jahre lang gelten soll. Der Vertrag, unterschrieben von den Ministerpräsidenten Kaysone und Pham Van Dong, besiegelt eine »besondere Beziehung«, ein Sonderverhältnis, das in einer beglei-

tenden gemeinsamen Erklärung nachgerade lyrisch gefeiert
wurde: Die beiden Seiten sind »sehr glücklich und stolz angesichts
der besonderen, reinen und loyalen Beziehungen, die das vietnamesische und das laotische Volk zusammenbinden«.

Vietnam besitzt seither nicht nur die Macht, sondern das Recht,
ja die Pflicht, sich in laotische Verhältnisse einzumischen, den
Nachbarn zu schützen und zu fördern, um dafür Privilegien,
Respekt und Loyalität zu erwarten. Der Freundschaftsvertrag verwirklicht die »Indochina-Vision« Ho Chi Minhs, die Laos wieder
zum Protektorat macht, das von Hanoi aus regiert wird.

Den dominierenden Einfluß, den Hanoi über Laos gewonnen
hat, haben die nicht-kommunistischen Staaten Südostasiens ohne
Protest akzeptiert. Das Sonderverhältnis war »legal«, ohne offene
Gewalt und ohne Verletzung des Völkerrechts, geschaffen worden.
Der Wille der Regierung schien eindeutig bewiesen zu sein, die
Wünsche der Bevölkerung spielten dabei keine Rolle.

Nur die Volksrepublik China lehnt aus prinzipiellen Gründen
die regionale Führungsrolle Vietnams ab. Deshalb mag Peking
auch das »Sonderverhältnis« mit Laos nicht gelten lassen, obwohl
es eine »legale« Basis besitzt. China möchte im eigenen Interesse
die nationale Souveränität seiner Anrainer erhalten und keine
regionale Führungsmacht entstehen lassen, die, wie im Falle Vietnam, sich auch noch mit einer raumfremden Supermacht gegen
Peking verbündet hat. China wird mit allen Mitteln versuchen, das
Sonderverhältnis der drei indochinesischen Völker aufzulösen
und Kambodscha und Laos wieder unabhängig von Hanoi zu
machen.

Laos wird sich auf seine Identität, auf seine eigenen Interessen
besinnen und langfristig die Führung durch die Kommunistische
Partei nur tolerieren, wenn diese auf einen nationalistischen Kurs
einschwenkt. Die 50 000 vietnamesischen Soldaten, die die Stabilität des Regimes garantierten, sollen 1988 aus Laos abgezogen
worden sein. Laos besitzt nun wieder die Chance, zu einer Politik
zurückzufinden, die die nationalen Interessen höher stellt als die
»besonderen, reinen und loyalen Beziehungen« zu Vietnam. Kaysone Phomvihan ist der Mann der Vergangenheit.

Souvanna Phouma hat seine Rolle als »Berater« zu Ende gespielt, ohne jemals öffentlich zu klagen. 1984 ist er in Vientiane
gestorben. Bis zum letzten Atemzug hat er über seinen guten
Namen in der laotischen Geschichte gewacht. Die Zukunft mag
sein Konzept rehabilitieren: Neutralität, nationale Versöhnung,
Freundschaft mit allen Nachbarn, auch mit Vietnam. Sich duk-
kend, keinen gewaltsamen Widerstand leistend, könnte Laos am
Ende doch seine Eigenart und Selbständigkeit bewahren. Der Einklang mit der Geschichte, den Souvanna Phouma schon 1975
proklamiert hat, bleibt dem Land als eine Verheißung der Zukunft
erhalten. Der Buddhismus ist von den Jahren der sozialistischen
Herrschaft nicht wesentlich beschädigt worden. Auch das bäuerliche Laos ist im Kern unversehrt geblieben.

Souphanouvong hat nach 1975 nur repräsentative Aufgaben als
Staatspräsident erfüllt. Wirklichen Einfluß auf die Gestaltung der
Politik hat er nicht besessen. Aus »Gesundheitsgründen« hat er
im Oktober 1986 sein Amt aufgegeben. Als tragische Figur wird er
in die Geschichte eingehen. Er hat ohne zu schwanken an der
Identität der Interessen von Laos und Vietnam festgehalten. Nur:
Gleichheit ist seinem Land nicht gewährt worden. Sein Name
bleibt verbunden mit der nationalen Entmündigung und mit dem
Sturz der Monarchie.

Mit Souphanouvongs Abtreten von der Bühne begannen auf
dem IV. Parteikongreß im Herbst 1986 zugleich die Einflüsse der
neuen sowjetischen Politik spürbar zu werden. Gorbatschows Pe-
restrojka hat die laotische Partei ermutigt, Wirtschaftsreformen in
Angriff zu nehmen und offen über die Fehlschläge des sozialistischen Modells zu debattieren. Die Kollektivierung der Landwirtschaft und die Verstaatlichung der Industrie hätten, so bekannte
Parteichef Kaysone in der Moskauer *Prawda*, »die Produktion
und Verteilung von Gütern zum Erliegen gebracht und dadurch
die Lebensverhältnisse der Bevölkerung stark beeinflußt«.

Seither geht es mit dem Land wieder bergauf. Private Initiative
wird gefördert, Kleinunternehmer beginnen, die Defizite der staatlichen Planwirtschaft auszugleichen. Mit den Reformen haben
sich auch die alten sozialen Übel wieder eingestellt. In einem

Sprung sei Laos aus strikter Regierungskontrolle in einen Zustand geraten, der an Anarchie grenze, klagte ein ausländischer Beobachter in Vientiane, der vor allem die Korruption meinte, die mit den Reformen zurückkehrte.

Auch auf einem anderen Sektor scheint Laos wieder an die Tradition anzuknüpfen. Das amerikanische Außenministerium beschuldigte im Sommer 1988 die kommunistische Regierung von Laos, sich planmäßig am Drogenhandel zu beteiligen. Behördenvertreter seien »direkt« darin verwickelt; Regierungsagenturen besorgten den Aufkauf, die Lagerung und den Verkauf ins Ausland, um dadurch Devisen zu bekommen.

Ein kommunistisches Regime, das sich aktiv am internationalen Drogengeschäft beteiligt, ist ein schwieriger, sogar gefährlicher Partner für die internationale Staatengemeinschaft. Dennoch gibt es Hoffnung für Laos, für ein sanftes, tolerantes Volk, das viele Umwege hat gehen müssen, sich die Brutalität aber erspart hat, die die Revolution im benachbarten Kambodscha, bei den Roten Khmer, gekennzeichnet hat.

Kambodscha:
Paradies oder Hölle?

Hinter dem Lächeln der Khmer

Als Anfang der sechziger Jahre die Düsenmaschinen den Luftverkehr revolutionierten, nahm der Ferntourismus einen Aufschwung, von dem auch Kambodscha rasch profitierte. Die Tempel von Angkor, die geheimnisvollen, riesigen Sakralbauten am Rande des Dschungels, lockten Touristen ins Land, denen die modernen Verkehrsmittel nun gestatteten, sich für einen vertretbaren Preis einen Traum zu erfüllen. Siem Reap, eine Kleinstadt in der an Thailand grenzenden Provinz Battambang, erhielt einen Flughafen, der die Caravelles aufnehmen konnte. Vor dem Haupttempel, vor Angkor Wat, entstanden zwei geräumige, einfache Hotels, von denen aus die Touristen zu Fuß die Monumente erreichen konnten. Kambodscha schlug die Besucher aus Übersee in den Bann.

Viele Touristen haben Kambodscha als Paradies erlebt und so auch in der Erinnerung behalten. Im benachbarten Vietnam dröhnten schon die Waffen. Hier herrschte Friede. Die Menschen in den Reisfeldern schienen zufrieden zu sein. Sie litten keine Not, und sie genossen die Gemächlichkeit, mit der sie ihr Tagewerk verrichteten. »Zwänge uns der König, so hart zu arbeiten wie die Chinesen«, hörte ein britischer Reporter einmal einen Bauern sagen, »dann würden wir sterben.« Grüne Reisflächen, Palmen und fischreiche Flüsse und Seen unter blauem Himmel machten die fremden Besucher glauben, in einem Land bescheidenen Glücks zu sein.

Auch Phnom Penh, die Hauptstadt, bot ein Bild, das eine Idylle vorspiegelte. Als besonders schön empfinden Touristen in Asien jene Städte, die sie an die Heimat erinnern. Phnom Penh mit seinen ockerfarben gestrichenen Villen, mit den altroten, verwitterten Ziegeldächern, breiten, schattigen Alleen erinnerte tatsächlich an eine französische Kleinstadt in der Provence.

Mönche in gelben und braunen Roben gaben dem Straßenbild einen farbigen Tupfer. Am Ufer des Tonle Sap überragte der in bunten Mosaiksteinchen das Sonnenlicht reflektierende Königspalast einen Promenadenplatz, auf dem das Volk sich amüsierte. Von der Terrasse über dem Haupteingang klang morgens Gamelan-Musik herunter. Das königliche Ballett probte dort oben; und häufig verbrachte auch der Staatschef, Prinz Sihanouk, eine Weile auf der Terrasse, um fremde Besucher, vornehmlich Journalisten, mit Champagner zu bewirten und den grazilen Bewegungen der ungewöhnlich schönen jungen Tänzerinnen zuzusehen.

Für die Kunst, besonders für Ballett, Museen, Musik und Film, gab Kambodscha beträchtliche Summen aus. 1968 leistete es sich sogar ein internationales Filmfestival. »Eine blühende Märchenstadt« – so haben viele Besucher Phnom Penh damals erlebt und beschrieben. Ein französischer Dokumentarfilmer, der die Schokoladenseiten des Landes und der Gesellschaft voller Inbrunst ins Bild gerückt und mit sentimentaler Musik unterlegt hatte, wählte denn auch einen Titel, der das Klischee noch vergoldete: »Das Land des Lächelns«.

Wer genauer hinsah und besonders hinhörte, hätte freilich staunen müssen, daß in der Hauptstadt Phnom Penh kaum die Landessprache gesprochen wurde. Die Höflinge, die Elite und das gebildete Bürgertum bedienten sich gern des Französischen als Ausweis einer weltmännischen Verfeinerung durch die Zivilisation der abgetretenen Kolonialmacht. Aber auch die Kaufleute, die Beamten, sogar die Markthändler sprachen selten Khmer. Die Hauptstadt Kambodschas war zu einem erheblichen Teil von Fremden bewohnt, die im Gastland zu Macht und zu Wohlstand gekommen waren. Handel und Handwerk waren fest in den Händen von Chinesen, die in Phnom Penh etwa 20 Prozent der Bevölkerung ausmachten. Etwa gleich groß war die Zahl der vietnamesischen Einwanderer.

Die französische Kolonialmacht hatte die Vietnamesen ins Land gelassen. Als Kulis für die Michelin-Gummiplantagen, als Amtsdiener und Bürogehilfen waren sie den Franzosen willkommen. Die Einwanderer erwiesen sich als geschickter und fleißiger als die langsamen, zu disziplinierter Arbeit unwilligen Khmer.

Schon der »Entdecker« von Angkor, der reisende Wissenschaftler Henri Mouhot, hat öffentlich darüber räsoniert, ob die braunhäutigen Bauern, die abgeschlafften Khmer der Gegenwart, wirklich die Nachfahren jenes heroischen und kreativen Volkes seien, das Angkor erdacht und erbaut hat. Mouhot und die große Mehrheit der französischen Administratoren hatten ersichtliche Mühe, die Genialität der klassischen Khmer-Kunst mit dem Zustand der gegenwärtigen Gesellschaft in Einklang zu bringen.

Mehr als eine halbe Million Vietnamesen sind aus Saigon und dem Mekong-Delta nach Kambodscha eingewandert. Sie waren der sichtbare Beweis dafür, wie die Kolonialherren den Zustand der Khmer-Nation beurteilten. Die Weißen hielten die Khmer für faul, dekadent und dem Untergang geweiht. Wäre Frankreich nicht 1863 auf den Plan getreten, hätten die vitaleren Vietnamesen und Thais den Rest des einstigen Khmer-Reiches, das seit den verschwenderischen Tagen von Angkor einen stetigen Niedergang erlebt hatte, unter sich aufgeteilt.

Die verächtliche Einschätzung durch die Kolonialmacht traf die Khmer an einem empfindlichen Punkt. Ihre tragische Geschichte, die in den letzten 500 Jahren fast nur aus Niederlagen und Demütigungen bestand, hat die Khmer innerlich schwer verletzt. Der nationale Niedergang hat ein Trauma entstehen lassen, das in allen Schichten der Gesellschaft zu spüren war, bei jenen, die ihren Schmerz artikulieren konnten, und auch beim einfachen Volk der Bauern, das in Märchen, Erzählungen und Liedern einen ständig wiederkehrenden Traum träumte: den von der Macht und von der Größe Angkors.

Die tief im Innern empfundene Furcht, dem Untergang geweiht zu sein, paarte sich mit der Entschlossenheit, dem Schicksal notfalls mit Gewalt entgegenzutreten. Nie haben die Khmer von der Hoffnung lassen wollen, ein auserwähltes Volk zu sein, das eines Tages zur Glorie von Angkor wieder zurückfindet.

Einige Franzosen, die sich den Khmer liebevoll zugewandt und mitgeholfen hatten, ihre Kunst zu erhalten und zu restaurieren, haben die tiefe Unruhe in der Seele der Khmer bemerkt und vor einer Katastrophe gewarnt. Bernard-Philippe Groslier, Sohn eines

berühmten Archäologen und selbst als solcher tätig, der vielleicht
beste Kenner von Angkor, hat 1965 diese gesellschaftliche Diagnose gestellt: »Unter der sorgenfreien Oberfläche schlummern
wilde Kräfte und erschreckende Mordtriebe, die einmal in einer
leidenschaftlichen Brutalität aufbrechen können.« Sechs Jahre
später wählte Sihanouks Chefberater Charles Meyer für seine Memoiren den Titel: »Hinter dem Lächeln der Khmer«.

In der eher »linken« Historiographie, zu der sich eine Anzahl
von australischen Wissenschaftlern zählt, ist das Klischee vom
»Märchenland« Kambodscha mit erschreckenden Fakten erschüttert worden. Zwar besaß die Mehrheit der Bauern das Land,
das sie bebauten. Ihre Methoden waren jedoch so rückständig,
daß sie die geringsten Ernteerträge in Südostasien erzielten. »Die
Bauern«, so schrieb Hou Yuon, ein intellektueller Weggefährte
des späteren Machthabers Pol Pot, in seiner Dissertation, »kontrollieren weder den Himmel noch den Preis ihrer Waren. Alle
Macht liegt in den Händen der Chinesen.«

Drei Viertel der Bauern, so fand Hou Yuon heraus, waren
schwer verschuldet. Im sogenannten Paradies fehlte es am Nötig-
sten. Armut, nicht Glück, so glaubten die kritischen Beobachter,
sei das Kennzeichen dieser Gesellschaft.

Mitte der sechziger Jahre begann Staatschef Sihanouk mit der
erbarmungslosen Unterdrückung der studentischen, linken und
kommunistischen Opposition. Die Polizei verhaftete und mordete.
Die gesetzlosen Maßnahmen, die den Prinzen noch heute belasten und zu denen er sich nicht bekennen mag, haben einige
Kritiker veranlaßt, Sihanouk in die Nähe von Pol Pot zu rücken.
Kambodscha in den sechziger Jahren, so schreibt der radikalste
Ideologe der linken Schule, der Australier Michael Vickery, war
»nur für gelegentliche Besucher lächelnd und freundlich, in Wahrheit aber ein Land, in dem jeder in Furcht lebte«.

Die romantische Bewunderung traf die Wirklichkeit im Königreich der sieben Millionen Khmer sowenig wie die pauschale
Verurteilung der Linken. Selbstverständlich ist es absurd, den
Prinzen Sihanouk in eine Reihe mit Pol Pot zu stellen. Doch an
den Morden und Gewaltaktionen der königlichen Polizei ist nicht

zu zweifeln. Staat und Gesellschaft waren Mitte der sechziger
Jahre in eine Krise geraten, drohten dem selbstsicheren und politisch hochbegabten Prinzen Sihanouk aus der Kontrolle zu geraten.

»Papa Erlaucht«

In Kambodscha rivalisierten seit Generationen zwei verwandte
Familien um den Königsthron: die Sisowaths und die Norodoms.
Bis 1941 hatten die Sisowaths regiert. Nach dem Tod von König
Monivong entschied sich der Statthalter Pétains in Indochina,
Admiral Decoux, für den erst 19 Jahre alten Prinzen Sihanouk aus
der Familie Norodom. Sihanouk besuchte damals noch das Lycée
Chasseloup-Laubat in Saigon. Madame Decoux, so rühmte er sich
später, habe ihn gefördert, seiner Manieren und seines guten Aus-
sehens wegen.

Geschmeidig und mit kluger Zurückhaltung hat Sihanouk die
Jahre der japanischen Besatzung seit 1941 überdauert. Als die
Japaner 1945 abziehen mußten, rief Sihanouk die Unabhängigkeit
Kambodschas aus. Das hinderte ihn freilich nicht, nach der Rückkehr der Franzosen sich erneut Frankreich als Schutzmacht zu
unterstellen. Das Ziel seiner Politik blieb dennoch die Unabhängigkeit. Die Methoden, sie zu erreichen, wechselten. Sie ver-
schmähten keinen Wortbruch, keine Finte und keine Täuschung.
Unverrückbare Prinzipien waren Sihanouk schon immer verdächtig und eher hinderlich, gewiß kein Verdienst. Mit politischen Mitteln, das wurde rasch deutlich, wollte Sihanouk die Franzosen aus
dem Lande drängen. Revolutionäre Gewalt, wie sie im benachbarten Vietnam den Freiheitskampf kennzeichnete, war nicht die Sache des Hofes von Phnom Penh.

Die Unabhängigkeit, die dem Vietnam Ho Chi Minhs verweigert wurde, fiel Kambodscha 1953 kampflos zu. Auch auf der
Genfer Indochina-Konferenz, die 1954 nach der Niederlage
Frankreichs bei Dien Bien Phu mit der Teilung Vietnams einen
vorläufigen Frieden formulierte, erhielt Kambodscha die günstigsten Bedingungen: Die wenigen Kommunisten, fast alle aus der

vietnamesischen Minderheit stammend, die mit der Waffe gekämpft hatten, mußten diese niederlegen und nach Nordvietnam
ins Exil gehen. Diese Bestimmung billigten sogar die kommunistischen Vertragspartner Sowjetunion und China. Sihanouk war es
gelungen, daß die Genfer Konferenz *seinen* Khmer-Kommunisten
die Anerkennung verweigerte und ihnen auch keine »befreiten
Territorien« beließ. Wenn in Genf eine Regierung auf ganzer Linie
obsiegte, dann die des Königs der Khmer.

Der 1922 geborene Norodom Sihanouk trat, nachdem er die
Unabhängigkeit seines Landes gesichert hatte, schon in sehr jungen Jahren in die glücklichste Phase seiner Herrschaft ein. Die
Khmer sahen in ihm den *deva-raj*, den Gott-König, der im Namen
des Himmels und im Namen der Götter und Geister regierte. Er
wahrte die Harmonie zwischen Himmel und Erde, die Harmonie
im Kosmos. Durch seine glückliche Hand bewies er den Untertan-
en, daß er tatsächlich das Mandat des Himmels besaß.

1955 entließ er sich selbst aus dem königlichen Amt, um an den
von der Genfer Indochina-Konferenz vorgeschriebenen Wahlen
als Kandidat teilzunehmen. Sein Vater wurde zum König ausgeru-
fen. Prinz Sihanouk betrat als Politiker neuen Typs die Bühne
seines Landes. Er gründete die »Sangkum Reastr Niyum«, die
Volkssozialistische Partei, die er in den folgenden Wahlen zu Erd-
rutschsiegen führte. General de Gaulles »Rassemblement du peu-
ple français« hatte ihn zur Parteigründung inspiriert. De Gaulle
blieb sein politischer Lehrmeister. Ihn verehrte er nächst Buddha
am meisten.

Seine Kandidaten waren handverlesen. Linke und rechte Vertreter hatten ihren Platz in der »Sangkum«, die durch gleich
starke Flügel in der Balance gehalten wurde. Der in Paris promo-
vierte Wirtschaftswissenschaftler Khieu Samphan, der später ein
Gehilfe Pol Pots wurde, kam für die »Sangkum« ins Parlament,
und auch Hou Yuon, der mit seiner Doktorarbeit die Lage der
Bauern untersucht hatte. Auch er fand später seinen Platz an der
Seite Pol Pots.

Hauptfigur blieb jedoch immer Prinz Sihanouk. Nach dem Tode
des Vaters 1960 machte er sich zum Staatsoberhaupt. So verei-

Der König von Kambodscha, Norodom Sihanouk,
in Landestracht beim Empfang durch den französischen
Staatspräsidenten Auriol im Pariser Elysée-Palast
(Photo vom Oktober 1949).

nigte er nun die Macht eines durch Wahlen legitimierten Präsidenten mit den Weihen eines Gott-Königs. Politik in Kambodscha:
das war seine Schau. Er war der Star, er schrieb das Drehbuch,
und er führte Regie: Primadonna, Magier, Entertainer und Diri-
gent in einer Person. Eine ganze Reihe von Jahren hat er die
erfolgreichste Ein-Mann-Show der politischen Welt präsentiert.

Zu seinen eindrucksvollsten Auftritten kam es, wenn er das
Volk, Bürger aus Phnom Penh und Bauern-Delegationen aus den
Provinzen, in seinem Palast empfing. Das Volk war eingelassen,
um Klagen und Beschwerden vorzutragen, die der König anhörte
und in Befehle umsetzte, der Gerechtigkeit und dem Wohlstand
dienend. So hoch hat die Hindu-Vorstellung vom *deva-raj* den
Amtswalter nicht gestellt, als daß den Untertanen der direkte Zutritt zum Thron verwehrt geblieben wäre. Der König war Gott und
Hausvater aller Khmer gleichermaßen.

Ein festes Stativ mit einem ganzen Bündel von Mikrophonen
stand in der Mitte des Audienzraums. Der Prinz experimentierte
schon damals mit einer Art von Stereobeschallung, die jedem im
Saal, auch denen, die hinter ihm standen, das Gefühl vermittelte,
vom Prinzen direkt, von vorn angesprochen zu werden. Radio
Kambodscha übertrug die sich über Stunden hinziehenden Séan-
cen mit dem Volke natürlich live. Das ganze Land sollte dabeisein,
wenn der Prinz wieder einmal die Prinzipien seiner Politik erläuterte, die Huldigung des Volkes entgegennahm und auf der Stelle
Order gab, um den Alltag der Menschen zu verbessern. »Samdech
Euv« – Papa Erlaucht – nannten die Khmer ihren König, den
Glücksprinzen, der Kambodscha doch noch in eine goldene Zukunft zu führen schien.

In der Festtracht des Landes trat Sihanouk vor die Mikrophone:
mit einer weißen Uniformjacke und goldenen Knöpfen, einer Sei-
denhose, die, durch die Beine geschwungen, einer Bundhose äh-
nelte, mit seidenen Strümpfen und schwarzen Lackschuhen.

1962, auf dem Höhepunkt seiner Herrschaft, war Sihanouk erst
40 Jahre alt. Das Talent zum öffentlichen Auftritt hat der – wie fast
alle Khmer – kleinwüchsige Prinz wohl mit in die Wiege gelegt
bekommen. Der Erfolg verschaffte ihm eine Selbstsicherheit, die

seine Untertanen als Souveränität und Autorität empfanden. Gestik und Mimik eines großen Schauspielers standen ihm mühelos zu Gebot. Nur die Stimme geriet immer wieder außer Kontrolle. Das helle Organ des Prinzen steigerte sich ins Schrille, ins Falsett. Innere Erregung offenbarte Sihanouk durch eine extrem hohe Stimmlage, die auf Fremde belustigend wirkt und leicht als Zeichen von Hysterie mißdeutet wird. Der Prinz dachte schneller, als er sprechen konnte. Er redete, wie man im Diplomaten-Jargon sagt, ungeschützt. Er ließ seinem starken Temperament freien Lauf. Seine Worte waren unterhaltsam, aber sie waren nicht dafür bestimmt, auf die Goldwaage gelegt zu werden.

Unübertroffen hat der französische Journalist Jean Lacouture, der Sihanouks Vertrauen wie nur wenige gewonnen hat, den zwiespältigen Eindruck seiner Auftritte beschrieben: Er verbinde die Etikette früherer Zeiten mit einer nicht zu unterdrückenden »Unmittelbarkeit und das Auftreten eines Sonnenkönigs auf Urlaub mit dem eines ›Gentil Membre‹ des Club Méditerranée«.

Nebenbei war Samdech Euv ein Playboy und Lebemann. Wie Felix Krull liebte er das Leben und wurde vom Leben geliebt. Seine zahlreichen Affären und Seitensprünge füllten eine ganze Chronik, so bekennt er später im Exil nicht ohne Stolz. Er entschuldigt seinen Lebensstil mit einem vom ähnlich begabten Vater übernommenen Argument: »Wollen Sie, daß ich ohne ein wenig Vergnügen in den Tod gehe? Erlauben Sie also, mich in erfreulicher Weise auf meinen Tod vorzubereiten.«

Richard Nixon, Vizepräsident unter Eisenhower, der für Kambodscha einmal schreckliches Schicksal spielen sollte, traf Sihanouk im Jahr der Unabhängigkeit. Wie er in seinen Memoiren berichtet, fand er den jungen König »völlig unrealistisch in bezug auf die Probleme, vor denen sein Land stand«. Nixon, der Machtpolitiker aus dem mittleren Westen, war schon damals überzeugt, die Bedürfnisse und Zwänge Kambodschas besser zu überschauen als der leichtfüßige Sihanouk.

Viele Beobachter haben wie Nixon durch vorschnelle Urteile ihre eigene Ahnungslosigkeit oder, noch schlimmer, ihr Desinteresse an den Sorgen eines kleinen Landes dokumentiert. Washington war damals geprägt vom Geist des rigiden John Foster Dulles und sah den Balanceakten Sihanouks mit deutlichem Widerwillen zu. Neutralität war damals ein negativ besetzter Begriff für eine Politik, durch die der Westen sich gefährdet fühlte. Mutig setzte Sihanouk sich dennoch zwischen die Stühle; und eine Zeitlang schien es, als ob er dort die heraufziehende Krise in Vietnam bequem überdauern könnte.

Auf dem Hochseil der Weltpolitik

Das Frankreich de Gaulles hat das neutrale Kambodscha wohlwollend gefördert. Der Rückzug der Kolonialmacht war friedlich und einvernehmlich geregelt worden. Charles de Gaulle blieb der große Lehrmeister, der den jungen König ermutigte und stützte. Auf die ideelle und materielle Hilfe Frankreichs hat Kambodscha sich bis zum Sturz des Prinzen im März 1970 immer verlassen können.

Auf der afro-asiatischen Konferenz in Bandung, die 1955 von Sukarno ausgerichtet wurde und die den Anstoß gab zum späteren Zusammenschluß der »Blockfreien«, gelang es Sihanouk, einen persönlichen Kontakt zu Zhou Enlai, der schon in Genf die Interessen der Khmer zu schützen geholfen hatte, herzustellen. Von Zhou wurde Sihanouk ermutigt, auch einen Faden zu spinnen zum spröden Ministerpräsidenten von Nordvietnam, Pham Van Dong.

Beide, Zhou und Pham, gaben sich wie Mandarine. Aus Überzeugung, nicht aus Neigung zum Proletarischen hatten sie zur kommunistischen Partei gefunden. Ihr Stilgefühl kam dem formbewußten Sihanouk entgegen. Für Sihanouk war es selbstverständlich, dem Alter besonderen Respekt zu bekunden.

Zhou Enlai, Pham Van Dong und Sihanouk bildeten in den Jahren des sich verschärfenden Vietnam-Kriegs ein Politikkartell, in dem nach asiatischen Regeln Verpflichtungen übernommen und mit Gegenleistungen bedacht wurden, in dem sich Abhängigkeiten und persönliche Sonderbeziehungen entwickelten, die lange Zeit geheim blieben. Ohne diese geheime Allianz der zwei Mandarine mit dem Staatschef der Khmer ist der Verlauf des Vietnam-Krieges nicht ganz zu erklären.

Unter John F. Kennedy hatte sich Amerika auf eine militärische Stützung Südvietnams eingelassen, die geradewegs in den Morast eines häßlichen und blutigen Landkriegs in Indochina führte. Als die Verhältnisse unter dem weltfremden, arroganten und irrationalen Saigoner Präsidenten Ngo Dinh Diem, den kein anderer als John Foster Dulles auf den Schild gehoben hatte, unerträglich wurden, schritt die CIA mit Wissen und Billigung John F. Kennedys zur Tat. Der »Stationschef« in Saigon ermutigte eine Gruppe südvietnamesischer Offiziere zu putschen. Am 2. November 1963 wurde Diem gestürzt.

Sein Ende indes machte den Planern in der CIA auf erschreckende Weise deutlich, daß Politik in Saigon nach lokalen Regeln gemacht wurde. Die siegreiche Junta ließ Diem und seinen Schwager und engsten Berater Ngo Dinh Nhu nicht ins Exil gehen. Sie wurden exekutiert. Natürlich erklärte die Regierung in Washington, mit dem Putsch absolut nichts zu tun zu haben. In Asien hat kaum jemand dem Dementi geglaubt.

Für viele Regierungen in der Region waren die Ereignisse in Saigon ein Schock. Prinz Sihanouk, den Amerika insgeheim der Kollaboration mit dem Vietcong verdächtigte, fürchtete seit geraumer Zeit den langen Arm der CIA. Die Ermordung Diems war für den Prinzen die Wende, die die Richtung des zukünftigen Dramas anzeigte. »Wir dienen unseren Interessen am besten«, so formulierte Sihanouk später seine damaligen Überlegungen, »indem wir uns auf die Seite desjenigen Lagers schlagen, das eines Tages ganz Asien beherrschen wird, und zwar müssen wir uns schon vor dem Sieg arrangiert haben, um die günstigsten Bedingungen zu erhalten.«

1963, nach dem Mord an Diem, lehnte Sihanouk die Annahme weiterer amerikanischer Hilfe ab. Einen Bericht von *Newsweek*, der die Königin in Zusammenhang mit Korruptionsfällen brachte, nahm er zum Anlaß, im Mai 1965 die diplomatischen Beziehungen zu den Vereinigten Staaten abzubrechen. Der Prinz hatte sich entschieden. Für ihn bestand kein Zweifel mehr, wo die Interessen Kambodschas am besten aufgehoben waren.

»Die Amerikaner können zehn oder zwanzig Millionen Vietnamesen töten«, sagte Sihanouk im November 1965 der angesehenen *Far Eastern Economic Review*, »früher oder später werden sie gezwungen sein, Vietnam den Überlebenden zu überlassen. Die Vereinigten Staaten haben sich in ein Abenteuer gestürzt, das unweigerlich mit der Niederlage enden wird.«

Das kommunistische China war in diesem Kalkül »das Lager«, das einmal ganz Asien beherrschen würde. China war die künftige Supermacht. Aber zum Lager gehörte auch Nordvietnam, später das ganze Vietnam, der unmittelbare Nachbar, der Jahrhunderte hindurch die territoriale Integrität des Khmer-Reiches bedroht und verletzt hatte.

Mit militärischen Mitteln, das erkannte der Prinz so deutlich wie nur wenige in Phnom Penh, war Kambodscha nicht zu verteidigen. Er fürchtete China, und er fürchtete Vietnam. Aber es war seine Pflicht, ganz realistisch die geopolitische Lage, die Chancen und die Möglichkeiten seines Sieben-Millionen-Volkes zwischen den Giganten zu kalkulieren. Wo Elefanten Liebe machen, so lautet eine asiatische Weisheit, wird das Gras zertrampelt. Der Gott-König gestattete sich keine Illusionen, keine Selbstüberschätzung, keinen Traum von der Heldenkraft der Khmer-Rasse. Er war, verglichen mit dem mystischen General Lon Nol und dem mörderischen Phantasten Pol Pot, ein für das Khmer-Volk untypischer Rationalist. Sich rechtzeitig auf die Seite des Stärkeren und mutmaßlichen Siegers zu schlagen, bewies keine Verwegenheit oder gar feigen Opportunismus, sondern Schläue, die im politischen und strategischen Denken Asiens hohe Achtung genießt. Der beste Führer ist, wer den Sieg ganz ohne Kampf erringt.

Die Beziehungen zum kommunistischen China entwickelten sich rasch und vorteilhaft. 1956 und 1960 hatte Zhou Enlai in Kambodscha Besuch gemacht. Staatsbesuche richtete der Hof mit unerhörtem Aufwand aus, der die Gäste, auch die kommunistischen, allemal beeindruckte. Sihanouk begleitete seine Gäste, wann immer möglich, nach Angkor, um den Ruhm der Geschichte aufscheinen zu lassen über einem Land, das jetzt bemüht war, den historischen Niedergang aufzuhalten und die Existenzbasis zu stabilisieren. Zhou Enlai hat die Reisen nach Phnom Penh, die Führungen durch Angkor, die Ballettaufführungen im Fackellicht vor der Kulisse Angkor Wats und den Pomp der Hofetikette sichtlich genossen.

Dreimal war Sihanouk zum Gegenbesuch in Peking: 1956, 1960 und 1963. Die materielle Hilfe, die China von 1956 bis 1960 gewährte, betrug rund 50 Millionen US-Dollar. Das Kambodscha Sihanouks erhielt etwa ebensoviel Hilfe wie das Indonesien Sukarnos mit seinen mehr als 100 Millionen Einwohnern. Die neue Freundschaft mit Peking wertete Sihanouk auch international auf und gewährte seinem Land Flankenschutz gegen den gefährlichen Nachbarn Vietnam.

Zhou Enlai, der schon auf der Bandung-Konferenz 1955 die Brücke zu Pham Van Dong geschlagen hatte, trat nun ein zweites Mal als Makler auf. Er schlug Sihanouk vor, der »Nationalen Befreiungsfront« (NLF) in Südvietnam einen Gefallen zu erweisen, der nach chinesischer Tradition mit einer moralischen Verpflichtung des Begünstigten verbunden war. Wer eine Kuh geschenkt erhält, muß ein Pferd zurückgeben, lautet die volkstümliche Umschreibung solcher Gefälligkeiten.

Zhou Enlai bat den Prinzen persönlich, die chinesische Waffen- und Materialhilfe für die NLF in Südvietnam über Kambodscha abzuwickeln. Der Nachschub würde im Hafen von Sihanoukville angelandet werden. Für die Mühe der FRAK (Forces Royales Armées des Khmers), die Ladung an die Grenze Vietnams zu transportieren, dürfe das Königreich ein Drittel der Lieferung für sich selbst behalten. Das Finanzierungsangebot entsprach lokalen Gebräuchen. 10 bis 20 Prozent waren der übliche Satz. Ein Drittel war Generosität, aber auch Ausweis der Dringlichkeit, mit der Zhou Enlai die Hilfe für den Vietcong behandelt wissen wollte.

Er sei, so hat Sihanouk später bekannt, zunächst »unglücklich« über das Ansinnen gewesen. Er habe den Chinesen aber keine Absage erteilen mögen. Auch habe der Anteil gelockt. »Für diesen Preis verkauft man sich.«

Der Hafen, der nun eine strategische Bedeutung erhielt, war etwa 120 Kilometer südwestlich von Phnom Penh gebaut worden, um Kambodscha von Vietnam unabhängig zu machen. In französischer Zeit war das Königreich durch die Häfen in Südvietnam beliefert worden. Auf dem Mekong wurden die Güter von dort nach Phnom Penh geschafft.

Kompong Som hieß früher die verschlafene Kleinstadt, in der der Hafen gebaut worden war. Sie erhielt nun den Namen ihres königlichen Gönners: Sihanoukville. Und der Prinz sorgte dafür, daß *seine* Stadt bei allen Entwicklungsprojekten neben Phnom Penh vorrangig behandelt wurde. Die Vereinigten Staaten hatten schon vor dem Abbruch der diplomatischen Beziehungen eine breite, solide Asphaltstraße gebaut, auf der die Güter aus dem neuen Hafen in die Hauptstadt transportiert werden konnten. »Straße der Freundschaft« wurde der Highway getauft, auf dem 1966 dann Waffen für die Gegner Amerikas an die Front geschafft wurden. Die Schmähung, die Sihanouk den Amerikanern damit zumutete, entsprach seiner damaligen politischen Stimmung. Vorerst aber kam es darauf an, das Geschäft geheimzuhalten.

Ein riskanter Geheimpakt

Als Sihanouk im Exil offen über die von China gewünschte Zusammenarbeit zu sprechen begann, rückte er die materielle Prämie in den Hintergrund. Politische Überlegungen, so sagte er, hätten die Risiken kalkulierbar und erträglich gemacht. »Ich habe in der Absicht gehandelt, den Dank des Vietminh, dann Hanois oder des Vietcong zu verdienen, ihnen in ihrem Kampf gegen den Imperialismus zu helfen und für Kambodscha gute Beziehungen mit diesem mächtigen Nachbarn zu gewährleisten.«

Nach seinem Sturz, als die Republik Khmer bemüht war, den Ruf des Prinzen zu ruinieren, ist viel von Korruption des Hofes und einer direkten Bereicherung Sihanouks die Rede gewesen. Sihanouk hat sich mit Büchern und Artikeln gegen diesen ehrenrührigen Vorwurf gewehrt. Tatsächlich ist er arm geblieben, ein

Gast der chinesischen und nordkoreanischen Regierung, die ihm
Asyl gewährten und seinen Hofstaat finanzierten. Das Waffenge-
schäft mit Zhou Enlai geschah, »ich versichere es feierlich, um das
kommunistische Vietnam derart zu verpflichten, daß es niemals
wagen würde, ohne sich völlig zu entehren, die Hand gegen unser
Land und unser Volk, seine Wohltäter, zu erheben«.

Zwei Risiken waren mit dem Peking-Geschäft verbunden. Sollte
der Prinz sie geahnt haben, dann hat er seinem Glück vertraut,
daß ihm und seinem Land die Konsequenzen erspart bleiben würden. Das erste betraf die Vereinigten Staaten von Amerika, die
eine aktive Parteinahme für den Gegner – sollte die Aktion entdeckt werden – mit kriegerischen Mitteln beantworten würde. Das
zweite Risiko betraf seine eigene Armee, die die Abwicklung des
Geschäfts besorgte.

An der Spitze der königlichen Armee stand der breitschultrige,
dunkelhäutige und verschlagene General Lon Nol, der seine
ganze Karriere dem Prinzen verdankte und dem dieser ein Aufbe-
gehren gar nicht zutraute. Lon Nol, der auch die Polizei und den
Geheimdienst beaufsichtigte, war ein Emporkömmling, ein Mann
aus dem Volk, auf den die hellhäutige Elite anfänglich herab-
blickte. Sihanouk hielt ihn insgeheim für einen mäßig talentierten
Offizier, geistig unbedarft, jedoch trickreich und skrupellos, was
seine Eignung zum Sicherheitschef eher bestätigte.

Lon Nol und der Generalstab übernahmen die Verantwortung
für den geheimen und geräuschlosen Transport der chinesischen
Hilfe. Auch die Aufteilung nach dem Schlüssel 1:2 oblag der
Armee.

Die 30 000 Mann der FRAK sind am Gewinn allerdings sehr
unterschiedlich beteiligt worden. Wirklich bereichert haben sich
nur die Offiziere an der Spitze, allen voran Lon Nol. Korruption,
Neid und Mißgunst begleiteten das Unternehmen. Es zerstörte die
Moral und infizierte schließlich die ganze Gesellschaft. Viele wußten vom geheimen Geschäft. Sie hatten freilich das Gefühl, am
Gewinn unzureichend beteiligt worden zu sein.

»Für die Angehörigen Lon Nols und für Lon Nol selber« sei das
ein »sehr lukrativer« Handel gewesen, hat Sihanouk später er-

klärt. China habe dem General sogar noch zusätzliche Schmiergelder zustecken müssen, damit die um ein Drittel reduzierten Lieferungen auch wirklich dem Vietcong überbracht wurden. Diese Fakten aber will der Prinz erst im Exil von seinen chinesischen und vietnamesischen Freunden erfahren haben. Tatsächlich retuschierte er an seinem Bild, um jede Verantwortung für die gesellschaftlichen Nebenfolgen der geheimen Aktion von sich weisen zu können und glauben zu machen, niemand aus seiner näheren Umgebung sei beteiligt gewesen oder habe auch nur davon gewußt.

Die Memoiren seines Beraters Charles Meyer belegen das Gegenteil. Als strategischer Kopf bei den Flußpiraten und Bossen der Saigoner Unterwelt, den Bin Xuyen, hatte »Charly« Meyer 1955 eine dubiose Rolle gespielt, bis Diem den Sumpf trockenlegte und die Nebenarmee entwaffnete. Von Saigon hatte der findige Franzose den Weg an den Hof von Phnom Penh gefunden, wo er nach einiger Zeit beträchtlichen Einfluß und sogar Macht ausübte. Er konnte den Zugang zum Prinzen öffnen oder behindern. Immer hatte er ein offenes Ohr für anti-amerikanische Kampagnen und ihre durchreisenden Organisatoren, die er mit Material und weltweiten Verbindungen bediente. Gewiß ist Charles Meyer ein zwielichtiger Zeuge. Aber 1971, als seine Erinnerungen in Paris erschienen, konnte er kein Interesse daran haben, dem Prinzen am Zeug zu flicken.

Die Chinesen, so erzählt Meyer, hätten sich bei ihm über die Tatsache beklagt, daß Lon Nol sie bei der Abwicklung der Geschäfte betrüge. Er trug Sihanouk den Sachverhalt vor. »Lon Nol ist schlau«, lachte Sihanouk, aber er tat nichts dagegen.

Das Militär, das den Staatschef nach eigenem Bekunden eigentlich nicht interessierte – nicht Kriegskunst, Kunst habe ihn fasciniert –, schlug eine eigene, aus dem Gravitationsfeld des Prinzen führende Richtung ein. Der vermeintlich loyale, aber ehrgeizige General Lon Nol träumte insgeheim davon, sich selber an die Stelle des Gott-Königs zu setzen.

Kaum weniger unheilschwanger war die amerikanische Reaktion auf die kambodschanischen Gefälligkeiten für den Vietcong.

Das Pentagon, im Einvernehmen mit dem »Military Assistance Command Vietnam«, verwies immer wieder auf die wichtige Funktion von Sihanoukville und verlangte militärische Maßnahmen. Westmoreland forderte seit 1966 das Recht auf *hot persuit*, die Freiheit, den Gegner auf kambodschanisches Territorium zu verfolgen. Er verlangte Artilleriebeschuß und den Einsatz von B-52-Bombern.

Die CIA widersprach entschieden dieser Analyse der Militärs. Sie konnte keinen Beweis dafür finden, daß der Hafen von Sihanoukville eine wesentliche Rolle spielte. Der Nachschub für den Vietcong, so argumentierte der Geheimdienst, werde zum größten Teil auf dem Ho-Chi-Minh-Pfad über laotisches Territorium transportiert. Es war pures Glück für Sihanouk, daß die CIA mit ihrer Lagebeurteilung die Oberhand behielt.

Solange Lyndon B. Johnson im Amt blieb, bis Anfang 1969, ist die Forderung der Militärs nach einer »Invasion« Kambodschas zurückgewiesen worden. Danach machten sich Richard Nixon und sein Sicherheitsberater Henry Kissinger daran, die Lage neu zu bilanzieren. Sie präsentierten 1970 die Rechnung und leiteten eine Militäroperation ein, die das Königreich in den Strudel des Untergangs zog.

»Einen toten Elefanten kann man nicht in einem Korb verstecken«

Sihanouks Balanceakt zwischen Ost und West wurde immer riskanter. Der Prinz muß den Abgrund vor Augen gehabt haben. Vorerst gelang es ihm noch, seine Angst zu verbergen.

Sein Glück schien sich dem Ende zuzuneigen. Hatte er bislang mit schlafwandlerischer Sicherheit den richtigen Weg gefunden, so unterliefen ihm jetzt, Mitte der sechziger Jahre, eine Reihe von Fehlentscheidungen, die die innere Sicherheit, die materielle Wohlfahrt und die politische Stabilität gefährdeten.

Wenigen Beobachtern ist die Veränderung der Stimmung und der Lebensverhältnisse so bewußt geworden wie dem australischen Diplomaten und Gelehrten Milton Osborne, der sich 1959 vom Charme des Landes hatte überwältigen lassen. 1966, bei einem zweiten Aufenthalt, glaubte er krisenhafte Zeichen zu erkennen. »Ich begriff«, so schreibt Osborne in einem Rückblick auf die Zeit, »wie zerbrechlich Kambodscha im Jahre 1966 war: zerbrechlich und krank.«

Der Flirt mit den Kommunisten auf der Weltbühne hatte Sihanouk nicht davon abgehalten, seine eigenen Kommunisten, für die er den Namen »Khmer Rouges« geprägt hatte, mit harter Hand zu unterdrücken. Er brüstete sich, der erfolgreichste Antikommunist der Welt zu sein. Seine Sprache drückte häufig jene Brutalität aus, mit der die Polizei dann auch tatsächlich zu Werke ging: »Es ist mir gleichgültig, ob ich zur Hölle fahre... Ich werde dem Teufel sogar die Unterlagen persönlich aushändigen... Ich lasse sie erschießen.«

Besonders geschickt glaubte der Prinz zu sein, als er den Linken auch die politischen Alternativen aus der Hand nahm, ihre Ideologie beanspruchte. Er begann eine Politik, die ihnen die Themen raubte. 1963 nahm ein Experiment seinen Anfang, das zum »buddhistischen Sozialismus« führen sollte. Sihanouk verstaatlichte die Banken und die Großbetriebe. An die Stelle von Kapitalisten und Unternehmern traten Bürokraten und Höflinge. Sie brauchten nicht lange, um die Wirtschaft zu ruinieren. Wie die Militärs, so verachtete Sihanouk wohl auch die Krämer und Raffer. Er riskierte Eingriffe in die Volkswirtschaft, deren Konsequenzen er gar nicht übersah. Bislang war ihm alles gelungen. Das verführte ihn zu glauben, daß er auf dem Feld der Innenpolitik nicht scheitern könnte.

Der »buddhistische Sozialismus« lähmte die ohnehin nur schwach ausgebildete Initiativkraft des Khmer-Bürgertums, dessen Gegnerschaft der Prinz bald zu spüren bekam. Die Bauern litten unter dem sinkenden Reispreis. Um dem Steuerdruck zu entgehen, verkauften sie ihren Reis illegal und heimlich an den Vietcong und an nordvietnamesische Einheiten. Es waren die Bauern, die das anschauliche Bild vom toten Elefanten beschworen, den kein Korb verstecken könnte. Wie eine Pest, eine Seuche,

gegen die es kein Mittel gab, infizierte die Korruption die ganze
Gesellschaft. Jeder Khmer war davon betroffen. Aber nur wenige
profitierten davon. Je weniger Leistung die Volkswirtschaft er-
brachte, um so habgieriger wurden alle, die Macht ausübten und
sich bedienen konnten. Fast jedermann in Phnom Penh wußte,
daß Prinzessin Moniques Mutter und ihr Clan tief in dunkle Geschäfte verwickelt waren. Über chinesische Strohmänner profitierten sie ungeniert vom neu installierten Spielkasino.

Natürlich führte jeder Versuch, dem Übel Einhalt zu gebieten,
zu einer Machtprobe mit den Militärs und Lon Nol. Ein Versuch
des zeitweiligen Ministerpräsidenten Penn Nouth, die Korruption
einzudämmen, machte nur deutlich, daß ein unauflösbares Räder-
werk entstanden war, eine Art weitverzweigter »Mafia«, die mit
dem Besitz der Waffen auch eine Räuberlizenz besaß, wie Sihanouk später bekannte. »Penn Nouth sah ein, daß man niemanden
ergreifen konnte, ohne Lon Nol zu fangen, und daß dies einen
Schlag gegen die Armee in ihrer Gesamtheit bedeutet hätte.«

In dieser prekären Situation verlor Sihanouk nun auch die Kontrolle über »Sangkum«, die Staatspartei. Bei den Wahlen 1958
und 1962 hatte sie alle Sitze in der Gesetzgebenden Versammlung
gewonnen. Die Kandidatenliste hatte der Prinz persönlich zu-
sammengestellt. Sie berücksichtigte Linke und Rechte in ange-
messener und ausgewogener Stärke, sie wies den Ständen ihren
Platz zu, sie verband viele Interessen und bewirkte dadurch eine
Integration der wichtigsten gesellschaftlichen Kräfte.

Jetzt, 1966, überließ Sihanouk zum erstenmal die Auswahl der
Kandidaten dem freien Spiel der Kräfte, dem Volk, wie er sich
selber glauben machen wollte. Er brachte damit die kunstvoll aus-
balancierte Statik seiner Innenpolitik selbst zum Einsturz.

Die Wortführer der Linken waren in den Dschungel geflohen.
Die Linke war kriminalisiert und dezimiert worden. Ihre Eliminie-
rung brachte der Rechten einen unerhörten Machtzuwachs, weil
die Flügel sich nicht länger ausbalancierten. Die Männer der
Rechten hatten zudem das Geld zur Verfügung, um Stimmen zu
kaufen und das Parlament unter ihre Kontrolle zu bringen. Das
Königreich erlebte einen Rechtsruck, der Sihanouk seiner Basis

beraubte und den Weg freimachte für den unaufhaltsamen Aufstieg des Generals Lon Nol.

Mit einem »Contre Gouvernement« hat Sihanouk einen schwachen Versuch gemacht, den Lauf der Dinge noch zu beeinflussen.
Immer deutlicher aber wurde seine Unlust, sich dem Kampf zu
stellen, sich gegen die Niederlage zu stemmen. Sein Interesse
wandte sich von der Politik ab und der Kunst zu, wo er schon
immer seine wahren Talente vermutet hatte.

Im Schicksalsjahr 1966 produzierte er seinen ersten großen
Spielfilm, »Apsara« betitelt, nach den erotischen Halbreliefs der
Göttinnen von Angkor Wat. Eine Hauptrolle spielte General
Nhiek Tioulong, der Außenminister und Planungschef gewesen
war und jetzt Generalinspekteur der Armee. Dabeisein mußte
auch der Chef der kleinen Luftwaffe, General Ngo Hou, weil Pro-
duzent, Regisseur, Drehbuchautor und Filmkomponist Sihanouk
Hubschrauber benötigte. Die weibliche Hauptrolle war Bopha
Devi vorbehalten, Tochter des Prinzen und der schönste Star des
königlichen Balletts. In späteren Filmen spielte er selber mit und
auch Prinzessin Monique, seine Frau.

Seine Filme, so urteilt Milton Osborne, der sie gesehen und
auch Premierenfeste miterlebt hat, waren Märchenstücke, die
wenig oder gar nichts mit der Realität Kambodschas zu tun hatten.
Die Leidenschaft für den Film begann sein Leben zu beherrschen
und durch ihn, wie Osborne schreibt, »das Leben des Staates«.

Eskapismus, Flucht aus der Wirklichkeit, reicht allein nicht aus,
um das Verhalten Sihanouks zu erklären. Eine zweite Deutung,
die näher an den Kern führt, hat eine stille Interessenidentität
zwischen dem König und den Rechten unterstellt. Sihanouk habe
sich eingestanden, daß seine linken Experimente gescheitert
waren, daß seine Chance, an der Spitze des Staates zu bleiben, nur
noch in einem Bündnis mit der Rechten zu finden sei. Nur Konservative und Rechte seien zu den innen- und außenpolitischen
Kurskorrekturen fähig gewesen, die jetzt notwendig wurden. Nur
sie würden auch rasch die Beziehungen zu Amerika wiederher-
stellen und Dollar-Hilfe ins Land strömen lassen. Der »buddhistische Sozialismus« war gescheitert, die Alternative konnte nur

ein kapitalistischer Liberalismus sein, der sich offen als solcher bekannte und die Vorteile der amerikanischen Hilfe genießen würde.

Diese These gewinnt Glaubwürdigkeit durch Sihanouk selbst, der später erklärte, er habe seinem neuen Ministerpräsidenten Lon Nol grünes Licht für diesen »gefährlichen Versuch« gegeben, aber erst nachdem dieser ihm versichert habe, »er werde seine Regierung nie zum Hampelmann der Vereinigten Staaten machen«.

Ein drittes Motiv muß noch beleuchtet werden, das vermutlich den stärksten Einfluß auf die Schicksalsentscheidung des Jahres 1966 gehabt hat. Persönliche Eitelkeit kam ins Spiel. Sie nahm beim Prinzen in dem Maße zu, in dem seine Politik in die Krise geriet. Stolz und Dünnhäutigkeit haben in den schwersten Jahren seines Lebens in starkem Maße auf sein Handeln eingewirkt. Noch mehr als sein Volk liebte er in dieser Phase seines Lebens sich selbst.

Den Umgang mit Auslandskorrespondenten hatte Prinz Sihanouk durchweg genossen. Er liebte das Echo in der internationalen Presse. Die Aufmerksamkeit der Journalisten schmeichelte seiner Eitelkeit. Selbst die Korrespondenten der alten Schule, die ihn mit großem Respekt in ihren Artikeln beschrieben, erregten indes gelegentlich seinen Ärger, wenn sie für die besonderen Tabus, die einen »Gott-König« umgeben, für die Mythen seines Amtes nicht genügend Verständnis aufbrachten. Noch mehr aber empörte ihn die Bezeichnung »kleines Land« für Kambodscha. Seine Protesttelegramme unterzeichnete er mit der Formulierung: »Veuillez agréer, Monsieur, l'expression de ma déception«.

Als der Prinz Mitte der sechziger Jahre in die Krise geriet, wuchs seine Empfindlichkeit. Jede Kritik an seiner Person legte Sihanouk als Angriff auf Kambodscha aus. Er ließ eine schwarze Liste führen, um Journalisten, deren Artikel ihm mißfallen hatten, an der Wiedereinreise zu hindern. Am liebsten versammelte er Journalisten aus dem Ostblock um sich. Von ihnen hatte er nur Lob zu erwarten.

Die Schicksalswahlen des Jahres 1966 waren unmittelbar durch den Konflikt mit Teilen der westlichen Presse beeinflußt worden. Sogar die *old hands* hatten vorsichtige Kritik an der Ein-Mann-Schau geübt, die sich nur durch eine Scheindemokratie legitimierte. Junge Kriegsreporter, die zur Stippvisite aus Saigon kamen, gingen das Problem direkter an: Sihanouk sei in Wahrheit ein Diktator, der dem Volk seine demokratischen Rechte vorenthalte.

Dieser Vorwurf scheint Sihanouk besonders tief getroffen zu haben. Denn er trug wesentlich zu dem Entschluß bei, 1966 das »Volk« entscheiden zu lassen: »In den Vereinigten Staaten verhöhnten mich *Times, Newsweek, US-News and World Report* um die Wette. Dieser Feldzug brachte mich zur Verzweiflung, und um meinen Liberalismus zu beweisen, beschloß ich, die Zügel lockerzulassen. Ich erklärte, ich verließe mich auf die Weisheit des Volkes.«

Natürlich hätte Sihanouk besser wissen müssen als die westliche Presse, wohin freie Wahlen in einer Gesellschaft führen, die nie dergleichen erlebt hat. Demagogen kamen unweigerlich zum Zuge, jene, die am meisten versprachen und am meisten bezahlten. Das Volk war der organisierten Macht der Rechten und der Reichen fast hilflos ausgeliefert.

Als seinen größten Fehler hat Sihanouk es später bezeichnet, der Berichterstattung über Kambodscha zuviel Bedeutung beigemessen und »zu empfindlich darauf reagiert« zu haben. Wer gegen die Weltpresse polemisiere, schade dem eigenen Ruf. Dergleichen komme dem Selbstmord gleich. Präziser wußte Sihanouk sein Fehlverhalten in einem *Playboy*-Interview vom Mai 1987 zu formulieren: »Könnte ich mich in die Vergangenheit zurückversetzen, ich wäre weniger stolz.«

Seit 1966 verdüsterte sich der Himmel über dem Königreich. Das internationale Umfeld entwickelte sich anders als Sihanouk selbstsicher unterstellt hatte. Das Fundament zerbröckelte, auf dem Kambodschas Politik gebaut worden war.

China war 1966 in das Chaos der Kulturrevolution eingetaucht. Dogmatiker und Radikale zerschnitten das schwache Netz, das die Volksrepublik mit der Staatengemeinschaft verband. Zu fast allen Nachbarn rissen die diplomatischen Beziehungen ab. Revolution stand auf der Tagesordnung. Zhou Enlai hielt sich bedeckt, Mao, der »alte Buddha«, träumte mit Hilfe der »Viererbande« seinen letzten großen Traum.

Saloth Sar hieß der neue Mann der Roten Khmer, der 1963 die Führung an sich reißen konnte und ganz auf den großen Steuermann in China fixiert war. Erst später, als er den Namen Pol Pot angenommen hatte, wurde bekannt, daß Saloth Sar Ende 1965 eine Reise über Hanoi nach Peking gemacht hatte und von Mao Zedong zu intensiven Gesprächen empfangen worden war.

Wie Mao den damals 37 Jahre alten Revolutionär aus dem kambodschanischen Dschungel eingeschätzt hat, das glaubte die Regierung in Hanoi ziemlich genau erfahren zu haben. In einem nach dem Einmarsch vietnamesischer Truppen in Kambodscha publizierten »Weißbuch über die chinesischen Verbrechen am Khmer-Volk« schreiben die Autoren des Außenministeriums, im Besitz von Geheimberichten aus Peking: »Mit einem bestimmten Ziel im Auge lobte Mao Pol Pot als ›einen Mann mit einem tatkräftigen nationalen Sinn‹. Mao nannte die Revolution in Kambodscha ›den Brennpunkt der Revolution in Südostasien‹.«

Nachdem sich die kommunistischen Brüder China und Vietnam 1979 verfeindet hatten, wurde in Hanoi eine ganze Reihe von Akten-Exzerpten publiziert, die die chinesische Führung diskreditierten und eine Mitschuld unterstellten für die Verbrechen der Roten Khmer. Der Historiker muß diese Absicht im Auge behalten, muß die Satzfetzen aus den Originalakten relativieren, muß das Umfeld der damaligen Zeit berücksichtigen und höchste Vorsicht walten lassen. Aber auch mit diesen Einschränkungen scheinen die von Hanoi veröffentlichten Akten die Richtung der chinesischen Politik gegenüber Sihanouk zutreffend zu kennzeichnen.

Statt auf ihn setzte Peking allem Anschein nach auf die Roten Khmer. Peking und Hanoi hatten bis dahin Pol Pot und seiner Gefolgschaft zugemutet, die Kreise Sihanouks nicht zu stören, der Kommunistenhatz zum Trotz. Seine Schein-Neutralität kam dem revolutionären Kampf in Südvietnam zugute. Doch nun begannen

Pol Pot und die noch kleine Gefolgschaft im Dschungel, sich auf den bewaffneten Kampf vorzubereiten. Die »Flitterwochen Sihanouks mit China waren vorbei«, schrieben die Autoren des Weißbuchs.

Im März/April 1967 sah sich der Prinz einem Bauernaufstand im Ort Samlaut, Provinz Battambang, gegenüber, den er mit ungewöhnlicher Härte niederschlagen ließ. Studenten solidarisierten sich mit den Opfern. Als Zeichen des Protestes ließen sie sich den Kopf kahlscheren. Am Arm trugen sie schwarze Binden. Zu dieser Solidaraktion hatte ganz wesentlich eine Nachricht beigetragen, die die Medien der Volksrepublik China publizierten. Die in den Untergrund abgetauchten Links-Intellektuellen Khieu Samphan, Hou Yuon und Hu Nim, so hieß es in Peking, seien von Sicherheitsorganen der Regierung gefaßt und exekutiert worden.

Es war eine Falschmeldung. Die Genannten haben noch eine wichtige Rolle in der kommenden Revolution gespielt. Bis heute ist ungeklärt, ob die Falschmeldung beabsichtigt war oder auf einem Irrtum beruhte.

Pol Pots Rote Khmer, so haben neuere Detailstudien bewiesen, haben den Bauernaufstand in Samlaut nicht inszeniert. Aber benutzt haben sie ihn, um daran die erste, kleine Flamme der Revolution zu entzünden. Die Partei entschloß sich zum bewaffneten Kampf, der offiziell am 1. Januar 1968 begann.

Die Mächte des Schicksals schienen sich nun gegen Sihanouk zu verschwören. Er geriet in die Isolation. Die Welt bewegte sich in eine andere Richtung, als er vorausberechnet hatte. Kambodscha hatte seine Sicherheit an Partner verpfändet, die ihre Zusagen nicht einlösten. Die Prämissen seiner Politik zerbrachen unter der Last der Verhältnisse.

Von 1965 bis 1967 hatten die Vereinigten Staaten rund eine halbe Million Soldaten nach Südvietnam gebracht, um den kommunistischen Gegner durch *search and destroy*-Operationen zu eliminieren. Ein solches Engagement der stärksten Macht der Welt ließ einen Willen der Führung erkennen, eine drohende Niederlage in einen Sieg zu verwandeln, sich jedenfalls nicht von Hanoi mit Schande aus Südvietnam vertreiben zu lassen.

Dem Prinzen Sihanouk müssen ernste Zweifel gekommen sein, ob er auf das richtige Pferd gesetzt hatte. Er erkannte, daß er sein Land mit Gefälligkeiten für die kommunistische Seite in Gefahr gebracht hatte. Amerika würde früher oder später die Bedeutung Sihanoukvilles und auch der *sanctuaries* an der kambodschanisch-vietnamesischen Grenze richtig einschätzen. Die US-Armee würde eingreifen.

Sihanouk selbst war außerdem zu der Erkenntnis gekommen, daß die von Hanoi erhoffte ewige Dankbarkeit im Augenblick nicht zu erwarten war. Die Maßnahme der amerikanischen Armee gegen die *sanctuaries* drückten die vietnamesischen Einheiten nur noch tiefer in kambodschanisches Gebiet. Er konnte sich und seinem Volk nicht länger die Illusion erhalten, daß die CIA an der Grenze provoziere und versuche, grundlos den Krieg auf Kambodscha auszuweiten. Zu viele in Phnom Penh kannten den wahren Sachverhalt. Die »Yuon«, ein abfälliger Khmer-Ausdruck für die verachteten Vietnamesen, hatten in Wahrheit ganze Teile Kambodschas besetzt. Das schuf allenthalben Empörung, schürte die Stimmung gegen Sihanouks »linke« Außenpolitik. Die Gefahr, die von den »Yuon« ausging, wühlte die tiefsten Schichten der Volksseele auf, in denen Pessimismus und Angst vor dem Ausgelöschtwerden verborgen waren.

Um dieser Gefühlswelle entgegenzuwirken, machte Sihanouk das Problem der Grenze und der territorialen Integrität zur Hauptsache seiner Politik und zum Leitthema seiner schier endlosen Reden vor Bauern, Bürgern und Soldaten. Das Diplomatische Korps in Phnom Penh wurde sanft genötigt, sich an den häufigen Exkursionen in die Grenzprovinzen zu beteiligen. Sihanouk empfand die Präsenz der Botschafter offenbar als eine Bekundung internationaler Solidarität. Sie schien seine innere Unruhe zu mildern.

Auf die Bauern in der Provinz haben die königlichen Auftritte noch ihre erhoffte Wirkung gehabt. Stundenlang wartete die Landbevölkerung, um einen Blick auf »Papa Erlaucht« zu werfen, sich vor ihm in den Staub zu drücken in der Hoffnung, daß er sie anblicke, mit einer Geste begrüße oder sogar berühre.

Bei den Städtern war diese Magie weitgehend verflogen. Der Prinz erreichte kaum mehr das Ohr der Mittelschichten, die Vietnam fürchteten und haßten, die der Korruption überdrüssig waren und dem amerikanischen Dollar nachtrauerten, auf den Sihanouk eigenmächtig verzichtet hatte. An den Universitäten war eine rebellische Stimmung zu spüren. Zumindest in der Hauptstadt entstand eine »revolutionäre Situation«, aber keineswegs im marxistischen Sinne. Die nach Amerika blickende Rechte wartete auf ihre Stunde.

Lon Nol war 1969 Ministerpräsident geworden. Zu seinem Stellvertreter hatte er Prinz Sirik Matak gemacht, einen bewährten Freund der Vereinigten Staaten von Amerika, Vetter und Rivale Sihanouks aus der Linie der Sisowaths.

Der Putsch

Nur sein Showtalent hatte in den schweren Jahren bis 1970 Sihanouks innere Unruhe, seine Selbstzweifel überdeckt. Die Kontrolle über den Regierungsapparat war ihm weitgehend entglitten. Das Kabinett Lon Nol nannte sich, sehr zu seinem Verdruß, bald »Regierung der nationalen Rettung«. Seine Idee vom »buddhistischen Sozialismus« war gescheitert. Es war Zeit, Abschied vom »Sihanoukismus« zu nehmen. Peking und Hanoi hatten sein kunstvoll errichtetes Gebäude der Außenpolitik zum Einsturz gebracht. »Ein Gefühl tiefer Entmutigung« hat ihn nach eigenem Eingeständnis erfüllt. »Ich stellte fest, daß der buddhistische Sozialismus mißlang und daß es in dieser Richtung praktisch keinen Ausweg gab.«

Dieses Eingeständnis nach Jahren des Erfolgs und der Anerkennung war ein schwerer Schlag für sein Selbstbewußtsein. Er, der »Gott-König«, war aus eigener Kraft nicht mehr imstande, das Staatsschiff wieder flottzumachen.

In dieser gefährlichen Situation entschloß sich Sihanouk zu einem längeren Urlaub in Frankreich. Seit Jahren hatte er sich keine Ferien mehr gegönnt. Der Gourmet Sihanouk hatte schon in jungen Jahren Probleme mit dem Übergewicht. In der Provence, in Grasse, wollte er kuren. Danach hatte er sich zum Staatsbesuch in Moskau und Peking angesagt. Ende März 1970, so ließ der Hof verlauten, werde der Prinz wieder in Phnom Penh sein.

In Wahrheit muß man in dieser Urlaubsreise wohl eine Flucht vor sich selbst sehen. »Ich fuhr ab«, so schildert er selber den Augenblick, »enttäuscht von meinen Mißerfolgen und zugleich entschlossen, neue Lösungen zu erkennen.« Nur in Kenntnis dieser Ausgangslage wird verständlich, warum der Prinz in den Märztagen des Jahres 1970 so merkwürdig gelähmt, handlungsunfähig erscheint, so ganz anders reagierte, als seine Freunde und wohl auch seine Gegner von ihm erwartet hatten.

Am 6. Januar reiste er ab. Das Datum hatten die Hofbeamten und Wahrsager mit besonderer Sorgfalt bestimmt. Unheil, das sich an die Reise knüpfen könnte, sollte durch die Wirkung günstiger Faktoren gebannt werden. Der Prinz muß damals gefürchtet haben, daß die Untertanen seine innere Krise entdeckten. Hatte er tatsächlich das Mandat des Himmels verloren? Seine Herrschaft schien unter den Einfluß eines unglücklichen Sterns geraten zu sein.

Tatsächlich begann die Stimmung in der Hauptstadt schon bald nach der Abreise umzuschlagen. Gerüchte machten die Runde, Prinz Sihanouk werde nicht mehr in die Heimat zurückkehren. Am Fluß, so erzählte man sich in Phnom Penh, sei das weiße Krokodil gesichtet worden, das nach einem volkstümlichen Glauben immer dann auftaucht, wenn wichtige historische Ereignisse bevorstehen. »Repartir à zéro«, bei Null müsse man wieder anfangen, hatte die Regierung verlauten lassen und damit den Staatschef provoziert.

Die Studenten fühlten sich wie befreit. Das persönliche Regiment des Prinzen hatte alle Khmer, ob Professoren oder Analphabeten, zu seinen »Kindern« gemacht. Dieser Paternalismus schmerzte und verletzte zumal die Elite. Sogar vor ausländischen Ohren diskutierten Khmer-Intellektuelle, voran jene, die im Ausland studiert hatten und in der Heimat arbeitslos waren, die Notwendigkeit einer neuen Staatsform. Sie hielten die Alleinherrschaft des Prinzen für veraltet. Acht Jahre früher wäre eine solche Debatte undenkbar gewesen.

Anfang März 1970, als die Kur dem vorgesehenen Ende zuging, begannen Studenten, gegen die Präsenz vietnamesischer Truppen auf kambodschanischem Territorium zu demonstrieren. Am 8. März wurde die erste solcher Straßenaktionen aus Svay Rieng gemeldet, einer Stadt, die nahe an der vietnamesischen Grenze lag. Die Provinz wurde zu einem großen Teil von den »Yuon« kontrolliert.

Nie sind Beweise dafür vorgelegt worden, daß Regierung oder Armee ihre Hand im Spiel hatten. Doch drängt sich die Vermutung geradezu auf, daß Lon Nol und Sirik Matak den Prinzen nötigen wollten, endlich mit ihnen gemeinsame Front zu machen gegen die Okkupation ganzer Gebietsstreifen durch Vietnam. Wahrscheinlich haben sich Lon Nol und Sirik Matak auf dieses versteckte Spiel eingelassen, um die bedrohte Khmer-Nation zu retten.

Doch das Unternehmen entglitt ihrer Kontrolle. Niemand im Kabinett verfügte über das Augenmaß, den Realitätssinn und die Kenntnis der politischen Mechanik, um ein Entgleisen zu verhindern. Der böse Geist des irrationalen und gewalttätigen Khmer-Nationalismus war aus der Flasche. Von der schiefen Ebene glitt das Königreich in den freien Fall.

Am 11. März versammelte sich ein städtischer Mob vor den Botschaften Nordvietnams und der PRG, der »Provisorischen Revolutionären Regierung« von Südvietnam. Die Polizei sah zu, wie fanatisierte Studenten und Schüler Türen einschlugen und Büros plünderten. Auf Plakaten und in Sprechchören verlangte die Menge den Abzug der vietnamesischen Truppen. Der Erbfeind, der geheime Vergünstigungen erfahren hatte, sollte unverzüglich das Land verlassen. Zum ersten Mal zeigte sich hier wieder die Selbstüberschätzung der Khmer, aus Verzweiflung aufgesetzter Hochmut. Die große Khmer-Nation, die Angkor gebaut hatte, war den Vietnamesen hoch überlegen; für die Demonstranten bestand daran kein Zweifel.

Zur selben Zeit beschloß die Nationalversammlung eine Reso-

lution gegen die »pro-kommunistische Vietnampolitik«, die Sihanouk angeblich betrieben hatte.

Die Reaktion des Prinzen im fernen Frankreich war anders, als
die Drahtzieher erhofft hatten. Sihanouk bezichtigte die Regierung »pro-amerikanischer Tendenzen« und ließ durchblicken,
daß er die Verantwortlichen nach seiner Rückkehr entlassen
werde.

Am 12. März traf eine Depesche aus Frankreich ein. Sihanouk
teilte der Königin-Mutter, Kossamak, seine Absicht mit, am
18. März nach Phnom Penh zurückzukehren. Er plane, das Volk
vor die Wahl zu stellen, ob seine Politik fortgeführt werden solle
oder der neue Kurs der Regierung Lon Nol.

Der folgende Tag, »Freitag, der 13.«, bringt zwei verhängnisvolle
Entscheidungen. Ministerpräsident Lon Nol trifft sich mit den
Vertretern Nordvietnams und der Vietcong. Zuvor aber verlangt
er öffentlich und ultimativ, daß die vietnamesischen Einheiten
»innerhalb von 72 Stunden« die besetzten Gebiete Kambodschas
räumen. Fast gleichzeitig trifft aus Paris die Nachricht ein, Sihanouk habe seine Reisepläne geändert. Der Prinz teilt mit, daß er,
wie ursprünglich geplant, noch Staatsbesuch in Moskau und Peking machen wolle und erst am 24. März in Phnom Penh eintreffe.

Bis heute gibt es keine plausible Erklärung dafür, warum Sihanouk versäumte, unverzüglich heimzukehren, um die »Ratten«,
wie er seine Gegner im Zorn nannte, in die Löcher zurückzujagen.
Alle Beobachter waren sich und sind sich bis heute einig in der
Lagebeurteilung, daß entschlossenes Handeln die wankende Autorität des Prinzen wieder aufgerichtet hätte. Noch habe eine gute
Chance bestanden, die Katastrophe abzuwenden.

Sihanouk hat sein Verhalten bisher nicht erklärt. Vermutlich
hat er die Stimmung in Phnom Penh falsch eingeschätzt. Vielleicht hat er nicht einmal sehen wollen, daß die Androhung von
»Konsequenzen« die Zahl seiner Gegner nur vermehrte. Charles
de Gaulle, den er früher gern konsultiert hatte, war nicht mehr im
Amt. Anläßlich einer Pressekonferenz in der Pariser Botschaft
Kambodschas ging der Prinz so weit, seinem Ministerpräsidenten
den Tod anzudrohen.

Die Regierung bot an, eine Delegation nach Paris zu entsenden, um die Lage an der Grenze anhand von Dokumenten zu erläutern. Doch Sihanouk lehnte schroff ab. Selbst eine Bitte seiner Mutter hat ihn von dieser Entscheidung nicht abbringen können. Sein Verhalten blieb rätselhaft.

Wie geplant, flog Sihanouk am 13. März zu einem sechstägigen Staatsbesuch in die Sowjetunion. Der Präsident des Obersten Sowjet, Nikolai Podgorny, der zugleich die Pflichten des Staatsoberhaupts wahrnahm, empfing ihn auf dem Flughafen.

»Prinz«, so sagte er gleich nach der förmlichen Begrüßung, »die Situation in Kambodscha ist sehr ernst. Ihr Volk braucht Sie. Sie sollten sofort mit einem Flugzeug nach Phnom Penh zurückkehren, ohne hier Zeit zu verlieren und ohne Peking zu besuchen. Ein Sonderflugzeug steht bereit. Sie können jederzeit losfliegen. Sollten Sie müde sein, mögen Sie sich einige Stunden Ruhe gönnen. Sie sind uns in Moskau immer willkommen.«

Darüber, so entgegnete Sihanouk, werde er »ernsthaft« nachdenken; seine Absicht sei allerdings hierzubleiben; an eine Änderung des Programms denke er nicht. »Der Präsident«, so schildert Sihanouk in seinen Erinnerungen die Situation, »schien irritiert und sogar enttäuscht.«

Die Sowjets glaubten, die Situation in Kambodscha richtig einzuschätzen. Zwingen konnten sie ihren Staatsgast aber nicht, ihren Empfehlungen zu folgen. Das Besuchsprogramm wurde durchgeführt. In Phnom Penh wurde derweil Sihanouks Schicksal besiegelt.

Am 16. März 1970 verlangten die Vertreter Nordvietnams bei einem zweiten Treffen mit Lon Nol die Wiedergutmachung des Schadens am Botschaftsgebäude und eine förmliche Entschuldigung. Die Forderung nach Rückzug der Truppen binnen 72 Stunden nahmen sie nicht einmal zur Kenntnis.

Erst nach diesem Gespräch, vielleicht sogar erst am folgenden Tag, muß die Entscheidung gefallen sein, Sihanouk abzusetzen. Lon Nol und Sirik Matak, so lautet eine einleuchtende Erklärung, waren durch das unberechenbare Verhalten des Prinzen in eine Situation »geschlittert«, die zu meistern ihre Fähigkeiten überforderte. Lon Nol hatte sich mit dem Ultimatum von 72 Stunden in eine Welt der Tagträume abgemeldet. Auch Sirik Matak imponierte in diesen Tagen allenfalls durch seine äußere Erscheinung. Die Jahre im diplomatischen Außendienst für Sihanouk hatten seinen politischen Instinkt nicht geschärft. Der Diplomat war nicht zum Politiker gereift. Lon Nol hat ihn denn auch mühelos manipuliert und schon bald kaltstellen können.

Angesichts der Drohgebärden Sihanouks, der aus welchen Gründen auch immer Kompromisse und Verhandlungen abgelehnt hatte und in die Konfrontation geraten war, entschieden sich Lon Nol und seine Gefolgschaft zu handeln. Schon 1962, so bekannte Sirik Matak später, hätte er mit seinem damaligen »Freund Lon Nol die Abschaffung der Monarchie beredet«. Der Gedanke, nicht nur die rivalisierende Familie der Norodoms zu stürzen, sondern mit ihr die jahrhundertealte Monarchie in Kambodscha abzuschaffen, war offenbar schon seit längerem erwogen und nicht erst jetzt aus der Situation heraus geboren worden. Nun wurde er in die Tat umgesetzt.

Am 13. März riet Königin Kossamak ihrem Sohn telegraphisch, nicht nach Phnom Penh zurückzukehren. Unerklärlicherweise gelangte diese Botschaft erst am 17. März in die Hände Sihanouks. Sie bestärkte ihn in der Absicht, die Gespräche mit den Sowjets zu Ende zu führen und wie vorgesehen nach Peking weiterzureisen.

Mittags am 18. März um 13 Uhr trat das Parlament in Phnom Penh zusammen, um einstimmig zu »beschließen«, Prinz Sihanouk habe nicht länger das Vertrauen des Volkes. »Ab heute, 18. März 1970, 1.00 Uhr, ist Prinz Norodom Sihanouk nicht länger Staatsoberhaupt. An seine Stelle wird der Vorsitzende des Parlaments, Herr Chen Heng, gesetzt.«

Das Militär rückte aus, um einige Schlüsselpositionen in der Stadt zu besetzen. Ein besonderer Schutz für den Königspalast erwies sich als überflüssig. Der Putsch war unblutig und gewaltlos. Das Bürgertum, das sich Sihanouk entfremdet hatte, feierte in den Straßen. Der Menge war nicht danach zumute, den Palast zu stürmen und die Symbole der Monarchie zu zerstören. Nur der Flughafen wurde geschlossen. Nachdem die Nachricht vom Staats-

Der Diplomat und der General: Sirik Matak, Vetter
Sihanouks, und Lon Nol (am Mikrophon) bei der Ausrufung
der Republik im Oktober 1970; rechts
Chen Heng, bisher Vorsitzender des Parlaments und nun
Sihanouks Nachfolger als Staatsoberhaupt.

streich nach draußen telegraphiert worden war, unterbrach die
Post auch für einige Stunden die Fernverbindungen. Auf diese
Weise hoffte man, Sihanouk in den ersten kritischen Stunden von
seinen Höflingen und loyalen Anhängern zu isolieren.

Die Delegation, die den Prinzen nach Moskau begleitet hatte,
hörte die Nachricht aus Phnom Penh frühmorgens aus der »Stimme Amerikas«. Niemand traute sich, Sihanouk die Information
mitzuteilen. Es war der Abreisetag. Ministerpräsident Alexej Kossygin begleitete die königliche Delegation zum Flughafen.

Während der Autofahrt berichtete Kossygin dem Prinzen, was
in Phnom Penh geschehen war. Er fragte sodann, was Sihanouk
angesichts der »neuen Situation« zu tun gedenke. Will man seinen
»Erinnerungen« glauben, dann hat Sihanouk, ohne zu zögern, die
vielleicht wichtigste Entscheidung seines Lebens gefällt. »Ich
nehme das fait accompli in Phnom Penh nicht hin. Vom Stand-
punkt der Verfassung und der Moral aus betrachtet, ist meine
Absetzung illegal. Moral sage ich, weil ich kein Vergehen gegen
mein Land erkennen kann. Verrat begangen haben die Putschi-
sten und ihre Gehilfen, die unser Land den Amerikanern auslie-
fern und die nationale Unabhängigkeit aufgeben. An der Spitze
der patriotischen Khmer werde ich gegen sie kämpfen und gegen
den amerikanischen Imperialismus, bis zum Endsieg, auch wenn
der Kampf lange dauern wird. Die Sache, die ich verteidige, ist
gerecht: sie wird triumphieren.«

Sihanouk geriet nun allerdings mehr denn je zwischen die
Mühlsteine der chinesisch-sowjetischen Rivalität, die in kaum
noch verhüllte Feindschaft umgeschlagen war. Der kambodschanische Botschafter in Moskau will damals mitgehört haben, wie
Kossygin warnte: »Hoheit, glauben Sie nicht, es wäre besser, Sie
würden hier warten oder nach Frankreich zurückkehren? Ich
fürchte, daß Sie, einmal in Peking, zum Propagandainstrument
der chinesischen Regierung werden könnten.«

Wahrscheinlich hat Sihanouk in diesem Augenblick den Sinn
der Rede Kossygins kaum erfassen können. Zu tief hatte die
Nachricht aus Phnom Penh seinen königlichen Stolz getroffen, als
daß er noch hätte klaren Kopf behalten und durchdachte Ent-

scheidungen fällen können. Er war es gewohnt, mit den mächtigsten Männern der Welt zu konferieren, ihnen als gleichrangiger Gesprächspartner gegenüberzustehen. Während er hier in Moskau mit dem Generalsekretär der Kommunistischen Partei, Leonid Breschnew, von gleich zu gleich die Sorgen und Probleme seines Landes besprach, wagten »Kreaturen« in Phnom Penh, ihn abzusetzen, ihn lächerlich zu machen vor den Augen der Welt. »Seine« Armee hatte gegen den König geputscht. Erst wenige Monate war es her, daß er vor der Auslandspresse behauptet hatte, »seine« Armee sei vielleicht die einzige in Südostasien, die gar nicht wisse, was ein Putsch sei.

Und nun stand an der Spitze der Revolte ein Lon Nol, der alles, was er war, der königlichen Gunst verdankte. Und sein Vetter, aus königlichem Geblüt, ließ sich auch noch herab, bei dieser republikanischen Posse mitzuspielen. Sihanouk hatte sein »Gesicht verloren«, eine Beleidigung erfahren, deren existentielle Wucht Europäer nur unzulänglich nachempfinden können. Ein Gefühl von Unglück und Demütigung muß sein ganzes Denken erfüllt haben, als die Abschiedszeremonie am Flughafen abrollte.

Erst an Bord der sowjetischen Sondermaschine, so bekennt er später, habe er »seine Fassung endlich wiedergefunden«. Mit seinem Berater Penn Nouth, der auch in Zukunft an seiner Seite blieb, und mit General Ngo Hou, dem Chef »seiner« Luftwaffe, der ihm in besseren Stunden bei Filmen assistiert hatte, beriet er auf dem Flug nach Peking, was nun zu tun sei. Schmerzlich war vor allem die Ungewißheit über den Empfang, der ihm in Peking bevorstand. War Sihanouk noch Staatschef Kambodschas? Oder befand er sich protokollarisch bereits auf dem Weg ins Exil?

Sihanouk hütet ein Geheimnis

Den nächsten Akt im kambodschanischen Prinzendrama bildet die Allianz mit den Roten Khmer. Zuvor sind jedoch noch ein paar Fragen zu beantworten, die Sihanouks Verhalten in Paris und Moskau aufgibt.

Warum, so muß die erste Frage lauten, ist Sihanouk nicht auf der Stelle nach Phnom Penh zurückgeflogen, als ihn in Paris die ersten Nachrichten von den anti-vietnamesischen Demonstrationen erreichten? Eine Antwort darauf hat der Prinz bis heute verweigert.

Statt dessen hat er verschiedene Versionen zu einer zweiten Frage geliefert, zur Frage nämlich, warum er dem Rat Podgornys nicht gefolgt ist, am 13. März wenigstens von Moskau aus mit einer sowjetischen Sondermaschine nach Phnom Penh zurückzufliegen. Die erste Lesart ist einem Gespräch zu entnehmen, das er später im Exil mit Jean Lacouture geführt hat: »Ich war erschöpft, der Kampf, der in Phnom Penh gegen mich entfesselt worden war, hatte mich seelisch stark angegriffen.«

Diese Einlassung muß nicht unglaubwürdig sein. Sein Urlaub in Frankreich war womöglich eine Flucht vor dem, was da kam. Sihanouk war im vielleicht wichtigsten Augenblick seines Lebens ausgelaugt, schwach und schwankend, physisch und psychisch beschädigt, gelähmt und in einem so hohen Maße handlungsunfähig, daß er vielleicht das als richtig Erkannte nicht mehr leisten konnte.

Um seine rasche Entscheidung auf dem Moskauer Flughafen zu erklären, dortzubleiben und vom Angebot einer Sondermaschine keinen Gebrauch zu machen, hält Sihanouk eine zweite Lesart bereit. Lon Nol und seine Truppen hätten auf den beiden internationalen Flughäfen Siem Reap und Phnom Penh Pochentong alles vorbereitet, um ihn zu verhaften und »wie einen Hund« zu erschießen. Königstreue Offiziere, die aus dem Herrschaftsbereich Lon Nols später entfliehen konnten, sollen dies bestätigt haben. In seinen Memoiren spekuliert Sihanouk geradezu, ob Podgorny von der Falle in Kambodscha wußte. Der Prinz erwägt, ob die »Enttäuschung«, die er auf dem Gesicht des sowjetischen Politikers bemerkt zu haben glaubte, damit in Zusammenhang stand. »Hätte ich den Rat der Sowjets befolgt, wäre ich seit dem 14. März 1970 tot.«

Sihanouk benutzt eine unbewiesene Behauptung zur Erklärung des eigenen Handelns. Es ist schwer zu glauben, daß Lon Nol und

Sirik Matak schon vor der förmlichen Absetzung Sihanouks am
18. März, als die Situation noch offen war, das extremste Mittel,
den Mord, befohlen haben. Doch selbst wenn diese Behauptung
stimmen sollte, bleibt die Frage, wie Sihanouk schon auf dem
Rollfeld in Moskau davon gewußt haben kann.

Jean Lacouture hat nicht versäumt, Sihanouk mit diesen Unge-
reimtheiten zu konfrontieren und um eine genauere Erklärung zu
bitten. Keine Antwort des Gesprächs ist länger ausgefallen als diese,
und keine andere Replik enthielt so wenig Informationen zur Sache
wie diese. Sihanouk parlierte. Aber in landesüblicher Art verweigerte er die Auskunft. Und Lacouture fragte nicht weiter.

Auf asiatische Höflichkeit und Nachsicht konnte der Prinz nicht
rechnen, als er im Herbst 1979, nachdem er durch den Einmarsch
vietnamesischer Truppen aus der Gefangenschaft bei den Roten
Khmer befreit worden war, Redakteure des *Spiegel* zu einem Gespräch in seiner Pekinger Residenz empfing. »Glauben Sie nicht«,
so fragten Augstein, Engel und Terzani, »daß Sie einen Fehler
gemacht haben? Hätten Sie nicht sofort zurückfahren müssen?«

»Keineswegs! Nein, ich habe keinen Fehler gemacht«, antwor-
tet Sihanouk, und er erzählt noch einmal, daß Lon Nol ihn hätte
erschießen lassen wollen.

Anders als Lacouture wagen die *Spiegel*-Redakteure, die Aussage zu bezweifeln. »Kein Fehler?« fragen sie nach. Sihanouk
gerät in höchste Erregung, und wer ihn kennt, meint selbst aus der
deutschen Übersetzung noch seine kichernde Falsett-Stimme her-
auszuhören.

»Sie sind Deutsche! Ich bin Kambodschaner, ich kenne die
Dinge besser als Sie! Wenn Sie gestatten, darf ich bemerken, daß
ich mich nie um die deutschen Angelegenheiten kümmere! Sie
werden nie erlebt haben, daß ich Deutschland, den Osten oder
den Westen kritisiere! Ich sage Ihnen nicht, was Helmut Schmidt
tun oder nicht tun soll! Ich sage Ihnen auch nicht, was der *Spiegel*
tun sollte! Sagen Sie mir also nicht, daß ich dies oder das zu tun
hätte!«

Die *Spiegel*-Redakteure erklären höflich, warum sie fragen, aber
sie weichen nach dieser Attacke nicht zurück. »Wir wollen Ihnen

nicht vorschreiben, was Sie zu tun haben. Wir wollen wissen, wie alles war, dazu sind wir da.«

»Sie aus dem Westen wollen mir sagen«, so sprudelt es geradezu aus Sihanouk heraus, »ich hätte zurückkehren müssen – zurückkehren, um mich töten zu lassen. Das hätte die Geschäfte der freien Welt gut arrangiert . . . Was hätte ich gerettet? Ich hätte die freie Welt gerettet. Die freie Welt aber interessiert mich nicht, ich gehöre ihr nicht an.« Und dann folgt noch einmal der Kernsatz: »Ich bin Kambodschaner. Ich weiß, was ich zu tun habe.«

Sihanouk verweigert auch diesmal die Auskunft, aber er gibt doch einen Fingerzeig, weitere Faktoren zu suchen, Faktoren, die zur Entscheidung beigetragen haben, die er aber nicht berühren mag, die er lieber verheimlicht. »Ich bin Kambodschaner« – mit dieser wiederholten Feststellung unterstreicht er einen Wesensunterschied zu westlich geprägten Menschen. Mehr noch, er erhebt geradezu einen Anspruch, aus anderen Beweggründen zu handeln und mit anderen Maßstäben gemessen zu werden.

Sihanouk erinnert sich im Gespräch mit Jean Lacouture an den Augenblick, in dem ihn die Nachricht erreichte, daß er der neue König von Kambodscha sei. Er besuchte die vorletzte Klasse des Lycée Chasseloup-Laubat in Saigon: »Meine erste Reaktion war Angst und Schrecken; ich brach in Tränen aus, zur großen Bestürzung meiner Eltern. Meine Mutter sah darin ein schlimmes Vorzeichen. Man stelle sich vor: ein Herrscher, der zuerst einmal weint! Weitere schlimme Vorzeichen häuften sich.«

Die Hofbrahmanen wurden aufgefordert, ihre Magie gegen ein drohendes Unheil aufzubieten. Die Priester brachten eine riesige Siegeskerze aus Bienenwachs, die der designierte junge König entzünden mußte: »Es gelang mir wohl, sie in Brand zu setzen, aber da es November war und ein starker Wind wehte, verlöschte sie in der zweiten Nacht. Die Priester waren darüber so erschrocken, daß sie es verheimlichten. Nur meiner Mutter sagten sie es; Sie können sich vorstellen, wie verstört sie war. Aber bald verbreitete sich das Gerücht davon in der Stadt und man prophezeite Böses für diesen König.«

Kein Zweifel, daß die Priester manipulierten und verheimlich-

ten, wenn die Deutung in negative Richtung wies. Die Vorhersage
eines Unglücks könnte ja zu dessen Ursache werden. Die Astrologen Asiens sind sich durchaus bewußt, daß Prognosen sich selbst
erfüllen können, Anlaß für ein Ereignis werden, das es vielleicht
ohne die Vorhersage gar nicht gegeben hätte. Wenn Glück auf
solche Weise machbar ist, um so besser. Aber Unglück muß verhindert, zumindest verheimlicht werden. Häufig hält sich die Andeutung einer schlimmen Botschaft in der Form eines Gerüchts.
Die Geschichte vom weißen Krokodil, das vor der Stadt gesehen
wurde, mag so in Umlauf geraten sein.

Die Version der Priester, ein starker Novemberwind habe die
Kerze ausgeblasen, mag europäischen Lesern eher glaubhaft er-
scheinen als den Menschen in Saigon und Phnom Penh, die mit
November keine Vorstellung von kühlen Stürmen verbinden, son-
dern vom Ende der Regenzeit, vom Beginn einer Phase stabilen
Wetters und angenehmer Temperaturen.

Königin Kossamak stand zeit ihres Lebens unter dem beherr-
schenden Einfluß der Astrologen. Sie hatte dafür gesorgt, daß dem
Prinzen gleich nach der Geburt das Horoskop fürs Leben gestellt
wurde. Der Elite in Phnom Penh waren die Grundzüge der Pro-
phezeiung durchaus bekannt: In der zweiten Lebenshälfte werde
der Prinz in erhebliche Schwierigkeiten geraten. Mit Überzeugung
oder zum tröstlichen Schein hatten die Astrologen jedoch hinzugefügt: Am Ende werde er aber alle seine Widersacher überwinden.

Sihanouk hat Jean Lacouture noch eine zweite Version der Vorhersage erzählt, die einen besonderen Rat für seine Mutter enthielt: »Dieser junge Mann ist zum höchsten Geschick berufen, es
wird niemand in Kambodscha über ihm sein, aber er wird viele
Feinde haben ... Um zu verhindern, daß er jung stirbt, müssen Sie
sich von ihm trennen. Wenn Sie ihn aufziehen, wird ihm ein Unglück geschehen, und er wird vorzeitig sterben. Sie müssen ihn
weggeben, ihn von sich entfernen. Solange er fern von Ihnen
bleibt, droht ihm keine Gefahr.«

Schwer zu glauben, daß die düstere Prognose den empfindsamen Prinzen unbeeindruckt gelassen hätte. Von seiner Familie ist

sie jedenfalls beim Wort genommen worden. Sihanouk wurde schon in jungen Jahren außer Haus gegeben. Zunächst pflegte und erzog ihn seine Großmutter. Dann wurde er auf die Schule nach Saigon geschickt. »Ich verlebte eine merkwürdige Kindheit, die eine ganze Reihe meiner Charakterzüge erklärt.«

Hat Sihanouk selber an die Astrologie geglaubt? »Ich bin hin- und hergerissen«, so hat er bekannt, »zwischen meinem Willen zum Modernismus und dem Eindruck, den mir zutreffende Vor- hersagen machen.« Auch Sihanouk wird bewußt oder unbewußt von den Prognosen beeinflußt worden sein, daß physische Nähe zu seiner Mutter mit einem gewissen Risiko verbunden sei, daß es jedenfalls in krisenhaften, gefährlichen Augenblicken besser wäre, räumliche Distanz zu halten und sich aus dem Bereich der Mutter zu entfernen.

Schon diese Prognose der Sterndeuter könnte erklären, warum Sihanouk sich so »unvernünftig« und »unberechenbar« verhielt, warum er von Paris nach Moskau weiterreiste, statt nach Hause zu fliegen. Es gibt aber noch einen zweiten Fingerzeig, der die Vermu- tung fast zur Gewißheit macht.

Einige Jahre später, als er im April 1977 wieder vor einer schwerwiegenden Entscheidung stand (nämlich als Präsident der Roten Khmer zurückzutreten oder nicht), hat Prinzessin Monique ihm folgenden Rat gegeben: »Die Monate März und April haben dir noch nie Glück gebracht. Seit den vierziger Jahren hast du in dieser Zeit viel Unheil erlebt. Sei deshalb für eine Weile geduldig. Laß die ungünstigen Monate vorbeiziehen, ohne wichtige Ent- scheidungen zu fällen. Später kannst du handeln, wenn die Sterne wieder günstig stehen.«

Der amerikanische Geschäftsträger in Phnom Penh, Lloyd Rives, schickte dem State Department einen Kabelbericht über »Atmosphärisches«. Seine kambodschanischen Hausangestellten hatten »Mike« Rives eine Geschichte erzählt, die unter den Khmer große Sorgen verursachte. Die Königin-Mutter, so hatten Palastangestellte ausgeplaudert, habe ein Ritual abgehalten, um zu erfahren, ob ihr Sohn zurückkehren werde oder nicht. Eine wichtige Rolle bei diesem Ritual spielte ein Schwert, das in guten

Zeiten metallisch glänzte, wenn man es aus der Scheide zog. Diesmal aber sei die Klinge stumpf und dreckig gewesen. Rives kommentierte die Nachricht mit dem Hinweis, nach einheimischer Überzeugung weise das Ereignis auf »negative Antworten und auf schwierige Zeiten«.

Vorhersagen und die Zeichen der Sterne allein können Sihanouks Verhalten im März 1970 nicht erklären. Seine psychische Verfassung, die Erkenntnis, gescheitert zu sein und Abschied vom Bisherigen nehmen zu müssen, haben gewiß ganz wesentlich auf seine Entscheidungen eingewirkt. Aber ohne Kenntnis der Vorhersagen, ohne die »kambodschanischen« Elemente in seinem Denken und Fühlen ist der Ablauf des Krisenmonats März nicht zu erklären. Sihanouk scheint sich vor einem aufgeklärten westlichen Publikum zu genieren, seine tief in der Tradition verwurzelte Seele zu offenbaren. Er wahrt ein Geheimnis, weil er der Weltöffentlichkeit nicht zutraut, seine Motive zu verstehen und zu würdigen.

Auch Milton Osborne, der sensible Beobachter kambodschanischer Verhältnisse, registriert die Abhängigkeit Sihanouks von Horoskopen und von Omen. Durch ein weibliches Medium habe er Kontakt zum Geist einer berühmten Vorfahrin gehalten, um sich Rat erteilen zu lassen für wichtige Entscheidungen, auch in der Außenpolitik. Keine Entscheidung von wirklicher Bedeutung, so urteilt Osborne, sei »einfach« auf die okkulte Welt zurückzuführen. Dennoch hätten die mystischen Momente ihre Bedeutung. »Es machte die selbstgefällige Sicherheit und Arroganz vieler ausländischer Beobachter in Kambodscha aus, den Aberglauben Sihanouks geringzuschätzen, ihn allenfalls als ein exotisches Element zu belächeln.«

Peking spielt falsch

Am Morgen des 19. März 1970 landete die sowjetische Sondermaschine auf dem Flughafen der chinesischen Hauptstadt. Ein Blick durchs Fenster überzeugte Sihanouk, daß die Volksrepublik China an seiner Seite stand. »Was für ein Willkommen und was für eine Erleichterung«, schreibt er in den Erinnerungen, »nach den schrecklichen Stunden, die ich gerade erlebt hatte.«

Die Spitzen der Regierung begrüßten Sihanouk an der Gangway. Ministerpräsident Zhou Enlai wußte, wie man den Gast aus Phnom Penh beeindrucken konnte. Das Diplomatische Korps war diskret aufgefordert worden, der Szene auf dem Rollfeld Glanz zu verleihen. »Gestern abend«, so erzählte Zhou Enlai seinem Staatsgast, »haben wir allen Missionschefs mitgeteilt, daß China Sie als das einzig legale Staatsoberhaupt betrachtet. Ich habe angedeutet, daß wir sehr auf die Anwesenheit der Missionschefs am Flughafen hoffen, um Sie zu begrüßen. Sie sind alle hier, und darüber freue ich mich sehr.«

Zhou Enlai und Mao Zedong, dem er gleich nach der Ankunft einen Besuch abstattete, gingen in ihrer »Herzlichkeit« so weit, Sihanouk zu versichern, die Prüfungen und Anfeindungen in Phnom Penh hätten seine Stellung in Wahrheit gestärkt, »weil Sie sich geweigert haben, den Kräften des Bösen nachzugeben«.

Die chinesischen Führer drängten Sihanouk, eine »Vereinigte Nationale Front« aller Khmer zu bilden, die bereit wäre, gegen den Imperialismus, gegen die Vereinigten Staaten von Amerika und ihre Parteigänger zu kämpfen. Zu einer solchen Allianz gehörten selbstverständlich auch die Roten Khmer, seine Todfeinde von gestern. Der Gedanke war schmerzhaft. Die chinesische Regierung versuchte, zunächst ohne Druck und nur durch Schmeicheleien und materielle Anreize, den Prinzen in die gewünschte Richtung zu bewegen.

Sihanouk erhielt für sich und seine Delegation einen ganzen Komplex schöner, solider und komfortabler Gebäude zugewiesen, in denen er sich standesgemäß einrichten konnte. Das Hauptgebäude, früher einmal die französische Botschaft, lag im alten Gesandtschaftsviertel, im Zentrum Pekings, nur ein paar hundert Meter vom »Platz des Himmlischen Friedens« entfernt. »Meine private Residenz«, so berichtet Sihanouk, »war ein großes und luxuriöses Gebäude, in dem eine Vielzahl von Bediensteten bereitstanden, eine Brigade von begabten Köchen, ein gutausgestattetes Sekretariat und all die Dienste eines königlichen Palastes:

ein Autopark, eine Hausmeisterei, Gärtner, Sportanlagen, Kino und so weiter.«

Auch wenn er später den Eindruck zu erwecken versuchte, als hätte es nach dem Putsch in Phnom Penh nur einen einzigen Weg für ihn gegeben, nämlich den des bewaffneten Kampfes an der Seite aller patriotischen Khmer zur Ehrenrettung der Monarchie, so scheint Sihanouk in Wahrheit ganz unsicher gewesen zu sein, wo sein Platz im Exil sein sollte.

Der Prinz bat den ihm gut bekannten und wohlgesinnten Botschafter Frankreichs, Etienne Manac'h, zu sich, um zu erfahren, ob er gegebenenfalls in sein Haus im südfranzösischen Mougins zurückkehren dürfe. Botschafter Manac'h gab Sihanouk die Zusicherung, daß er in Frankreich jederzeit willkommen sei und auf politisches Asyl rechnen könne.

Mao und Zhou drängten Sihanouk, in Peking zu bleiben und sein Schicksal mit der Revolution gegen Lon Nol zu verbinden. Ohne seine aktive Beteiligung, so sagten sie ihm, könne das von Amerika installierte Regime in Kambodscha nicht gestürzt werden. Vergeltung zu üben, Rache zu nehmen an den Verrätern in Phnom Penh war ohne Zweifel der stärkste Wunsch, der Sihanouk bewegte. Kreaturen, die ihm alles verdankten, hatten gewagt, Hand an die Monarchie zu legen.   .

»Eine Wiederherstellung meiner Ehre gegenüber der Geschichte, dem Khmer-Volk und den Meinen, das ist mein Ziel«, so hat er selbst seine Empfindungen beschrieben. »Ich strebte weniger nach Vergeltung als nach Rehabilitation.«

Den Ausschlag gab der vietnamesische Premierminister Pham Van Dong, als er am 22. März zu einem Geheimbesuch in Peking eintraf und Sihanouk zu überzeugen vermochte, daß er im Bündnis mit Vietnam seine Ziele am ehesten erreichen würde.

Sihanouk litt an Schlafstörungen. Deshalb bat er Pham Van Dong, den er seit der Beerdigung Ho Chi Minhs seinen Freund nannte, am 23. März frühmorgens zum *petit déjeuner* in seine Residenz zu kommen. Pünktlich um acht war Pham zur Stelle. Sein Gesicht verriet eine »starke innere Bewegung. Er umarmte mich lange und zeichnete mich mit brüderlichen Gesten aus.«

Sihanouk erklärte seine Bereitschaft zum Bündnis, knüpfte sie aber an drei Bedingungen. Erstens: eine Gipfelkonferenz der Führer Vietnams, Kambodschas und Laos' sollte organisiert werden, um der Welt die »Solidarität« der drei indochinesischen Völker zu demonstrieren und deren Entschlossenheit zu beweisen, »über den amerikanischen Imperialismus und seine Lakaien in Phnom Penh, Saigon und Vientiane zu siegen«. Zweitens: Vietnam sollte sich bereit erklären, über den Ho-Chi-Minh-Pfad die sihanoukistischen Widerstandskämpfer in Kambodscha mit Hilfslieferungen aus China zu versorgen. Drittens: Vietnam sollte der neuen Sihanoukisten-Armee behilflich sein: durch militärisches Training der Offiziere und durch Überlassung von Waffen und Munition. Pham Van Dong, so bestätigt Sihanouk, hat die drei Bedingungen »im Namen seines Landes enthusiastisch akzeptiert«.

Mit der Gewißheit, seiner neu zu gründenden Armee der Sihanoukisten die volle militärische Rückendeckung Vietnams gesichert zu haben, traute Sihanouk sich nun zu, eine Einheitsfront zu führen, an der auch die Roten Khmer beteiligt werden würden.

Noch am selben Tag, dem 23. März, veröffentlichte Prinz Sihanouk einen Appell an alle patriotischen Khmer, in den »Untergrund« zu gehen und »den bewaffneten Kampf zu beginnen gegen die Verräterclique Lon Nol/Sirik Matak und ihre Herren, die amerikanischen Imperialisten«.

Wie selbstverständlich unterstellt Sihanouk, daß die Vereinigten Staaten von Amerika ihre Hand im Spiel hatten, um ihn zu stürzen und ein allianzbereites Regime an seine Stelle zu setzen. Die Interessenlage Washingtons war so eindeutig, daß von Beginn an der Verdacht bestand, die CIA sei an der Konspiration beteiligt gewesen durch eine »verdeckt aktive Unterstützung«, wie der amerikanische Botschafter Cabot Lodge die Verfahrensweise sieben Jahre zuvor beim Sturz Diems in Saigon genannt hatte.

Trotz intensiver Recherchen, die beweisen sollten, was man längst zu wissen glaubte, sind bis heute keine Dokumente präsentiert worden, die eine aktive Beteiligung der CIA belegen. Präsident Richard Nixon behauptet in seinem Buch »No more Vietnams«, vom Putsch in Phnom Penh »vollständig überrascht worden zu sein«. Die Vereinigten Staaten hätten Lon Nol nicht ermutigt, sie hätten von dessen Plänen nichts gewußt.

Henry Kissinger, damals noch Sicherheitsberater, hat die Einlassung Nixons in seinen »Memoiren« fast wortgetreu bestätigt: »Unsere Vorstellungen hinkten weit hinter den Ereignissen nach. Wir trieben weder den Sturz Sihanouks voran, noch wußten wir im voraus etwas darüber.«

Die Vereinigten Staaten von Amerika sind nach heutigem Kenntnisstand nicht direkt am Sturz Sihanouks beteiligt gewesen. Sie haben den Putsch freilich genutzt, um Kambodscha in den Krieg zu ziehen. Sie haben den naiven und ahnungslosen Lon Nol ermutigt, sein Land zum Nutzen Amerikas in die Katastrophe zu führen. »Kambodschas Leidensweg«, so schreibt Henry Kissinger in seinen »Memoiren«, »begann mit der Unausweichlichkeit einer griechischen Tragödie.« Gespielt wurde das Stück in Wahrheit auf der Bühne in Washington; und Nixon und Kissinger probten die Rolle des höheren Schicksals.

Die anderen Nutznießer des Umsturzes in Phnom Penh waren die Nordvietnamesen und die Roten Khmer. Mit dem Segen von »Papa Erlaucht« gelang es den nordvietnamesischen Truppen, innerhalb von wenigen Wochen ein Viertel des kambodschanischen Territoriums zu »befreien«, soll heißen: ihrer Kontrolle zu unterwerfen. Bei den Bauern machte die Aufforderung Sihanouks Eindruck, sich gegen die Frevler in Phnom Penh zu erheben und Lon Nol mit Waffen zu besiegen.

Sogar den Roten Khmer gelang es in den folgenden Monaten, den nur ein paar hundert Mann starken Rebellenhaufen in eine wirkliche Armee von zehntausend Kämpfern zu verwandeln. »Ohne die Entscheidung Sihanouks, die Roten Khmer gegen Lon Nol zu unterstützen, hätten die Roten Khmer die Macht nicht erringen können«, so hat der Prinz seine eigene Rolle eingeschätzt. »Es ist wahr, die Roten Khmer waren nichts, wirklich gar nichts, und vorher hatten sie nur überlebt dank der Hilfe Vietnams.«

Dieses Urteil hat Sihanouk gefällt im Bewußtsein seiner Mitverantwortung für die Aufrichtung des schlimmsten Terrorregimes in der Geschichte Kambodschas. Mitschuld dafür wollte er nicht akzeptieren. Aber historische Bescheidenheit war nicht seine Sache. Seine Macht, seinen Einfluß auf die Ereignisse mochte er darum noch lange nicht verkleinert dargestellt wissen.

Die Regierung in Peking hatte die Mesalliance zwischen Sihanouk und den Roten Khmer zwar vermittelt. Mao Zedong und Zhou Enlai waren sich zunächst dennoch nicht sicher, ob die Mittel der Khmer-Revolution wirklich ausreichten, um den Vietcong in Südvietnam zu stützen und einen amerikanischen Sieg zu verhindern. Die Lebensinteressen Vietnams spielten im chinesischen Kalkül wahrscheinlich nur die geringste Rolle. Vorrangig ging es um die Interessen der Volksrepublik China, die in der Endphase der selbstzerstörerischen Kulturrevolution noch ganz auf ein Phantasiebild Amerikas fixiert war: Der amerikanische Imperialismus mußte vernichtend geschlagen werden.

1958 hatte Mao sogar daran gedacht, amerikanische Truppen über Taiwan, Quemoi und Matsu auf das chinesische Festland zu locken, um sie hier durch russische Atombomben verstrahlen zu lassen. Moskau hatte den Gedanken rundweg abgelehnt. Der chinesischen Führung schwebte vor, das Engagement Amerikas in Vietnam als Falle zu nutzen, ganz ähnlich dem Plan der fünfziger Jahre, bei dem die Sowjets nicht mitspielen wollten. Dem ägyptischen Präsidenten Nasser erklärte Zhou Enlai im Juni 1965 die strategische Lage mit folgenden Worten: »Je mehr Truppen die Vereinigten Staaten nach Vietnam schicken, desto mehr freuen wir uns, weil wir dann wissen, daß wir sie in unserer Hand haben und sie ausbluten können. Wenn Sie Vietnam helfen wollen, dann sollten Sie Amerika ermutigen, mehr Truppen in dieses Land zu schicken, je mehr, desto besser.«

Innenpolitisch eine Zerreißprobe, war die Kulturrevolution außenpolitisch eine Zündladung, die durchaus einen Weltkrieg mit atomarem Holocaust hätte auslösen können. Das von Mao geradezu gewollte Risiko scheint von einigen im Westen wohl gesehen worden zu sein, hat das Bewußtsein der Weltöffentlichkeit damals aber nicht wirklich erreicht. Die chinesische Rhetorik vom Papiertiger und von der Unausweichlichkeit des dritten Weltkriegs

wirkte übertrieben und unglaubwürdig. Tatsächlich war Maos
Kulturrevolution ein Balanceakt am Rande des Abgrunds.

Pekings Außenpolitik bediente sich wahrlich »revolutionärer«
Methoden. Dazu gehörte auch ein Doppelspiel, das erst sehr viel
später und stückweise ans Licht gezogen worden ist. Es war seiner
List und der Geringschätzung Sihanouks wegen außergewöhn-
lich.

Die Volksrepublik China hatte in der Vergangenheit nicht nur
gute Beziehungen zu Sihanouk gepflegt, sondern auch zu seinem
Polizeichef und Verteidigungsminister Lon Nol. Als Verteidigungsminister stattete Lon Nol 1965 der Volksrepublik einen offiziellen Besuch ab und wurde auch von Mao mit einer Audienz
ausgezeichnet. Schon Premierminister, war Lon Nol 1969 ein
zweites Mal nach Peking eingeladen worden. »Er erhielt einen
aufwendigen Empfang«, so heißt es in einem vietnamesischen
»Blaubuch«, in dem Chinas Doppelspiel angeprangert wird, »und
man gab ihm Gelegenheit, das Grab seines Großvaters in der
Fujian-Provinz zu besuchen.«

Mao und Zhou wollten nichts unversucht lassen, um den Nachfolger Sihanouks auf ihre Seite zu ziehen. Eine Geheimdelegation
reiste nach Phnom Penh, um dem neuen Regime Vorschläge zu
unterbreiten. China sei bereit, Kambodscha zu stützen und die
Roten Khmer bei der Stange zu halten, sie nicht aufzubauen,
wenn Lon Nol und Sirik Matak ihrerseits folgende Hilfe zusagten:
Der Hafen Sihanoukville wird wieder für Nachschublieferungen
aus China geöffnet, und die nordvietnamesischen Truppen auf
kambodschanischem Territorium dürfen auch weiterhin in ihren
sanctuaries bleiben.

Schon am 18. oder 19. März, als Sihanouk mit der Sondermaschine von Moskau nach Peking einflog, war der vietnamesische
Botschafter in Peking ins Außenministerium gebeten worden, um
folgende Botschaft entgegenzunehmen und nach Hanoi weiterzu-
leiten: »Sihanouk hat keine Soldaten, Vietnam sollte Lon Nol
unterstützen. China heißt Sihanouk willkommen, unterhält aber
zugleich gute Beziehungen mit der Phnom-Penh-Botschaft.« Die
Aufforderung, Lon Nol zu unterstützen, übermittelte auch der chi-

nesische Botschafter in Phnom Penh seinem vietnamesischen Kollegen.

Am 25. März, zwei Tage nach dem Appell Sihanouks an sein Volk, in den Untergrund zu gehen, gab die Regierung Vietnams offiziell ihre Unterstützung Sihanouks bekannt. Das war zugleich die Antwort an Mao und Zhou Enlai. Vietnam war nicht bereit, eine Kooperation mit Lon Nol auch nur zu versuchen.

Die öffentliche Parteinahme der chinesischen Regierung für Sihanouk und seine »Vereinigte Front« ließ dagegen auf sich warten. Den ganzen April 1970 hindurch blieb das Angebot an Lon Nol bestehen. Am 24. und am 25. April fand nahe Kanton jene Gipfelkonferenz der drei indochinesischen Staaten statt, die Sihanouk zur Bedingung seiner Zusammenarbeit mit Pham Van Dong gemacht hatte. Zhou Enlai war dort ein charmanter, den Prinzen mit Herzlichkeiten überschüttender Gastgeber. Zur gleichen Zeit wartete die Delegation Pekings in Phnom Penh noch immer auf eine Entscheidung Lon Nols.

Die Offerte an ihn blieb auch nach dem Gipfeltreffen in Kanton noch aufrechterhalten. Aber Lon Nol, der Wirklichkeit entrückt, durch die Begeisterung der Bewohner Phnom Penhs in seinem Khmer-Chauvinismus bestärkt und dem Traum eines neuen Großreichs von Angkor verfallen, mochte sich auf das Angebot Chinas nicht einlassen.

Am 30. April 1970 ließ Richard Nixon, ohne die Regierung in Phnom Penh zu konsultieren oder auch nur zu informieren, amerikanische und südvietnamesische Truppen nach Kambodscha einmarschieren, um die *sanctuaries* und COSVN, das dort vermutete Hauptquartier des Vietcong, zu vernichten. Erst an diesem Tag verließ die chinesische Delegation Phnom Penh. Am 4. Mai wandte sich Peking offiziell gegen das neue Regime in Kambodscha. Jetzt erst wurde der Bruch vollzogen und ein neuer Kurs abgesteckt.

Am 5. Mai 1970 präsentierte Sihanouk seine Exilregierung in Peking: GRUNC (Vereinigte und Nationale Königliche Regierung von Kambodscha). In Wahrheit hatte sich der Monarch in einen rot-gelben Käfig geflüchtet.

Mit Monstern im Bündnis

Die chinesische Regierung zahlte jede Rechnung, die Sihanouks aufwendige Hofhaltung verursachte. Champagner war dabei ein beträchtlicher Posten. Und doch erinnerte sich der Prinz seiner fünf Pekinger Jahre als einer Zeit »beispielloser Beleidigung und Degradierung«. Nicht lange, und ihm wurde klar: Chef der »Vereinigten Front« und »Präsident« der Exilregierung GRUNC war er nur auf dem Papier geworden. De facto sah er sich von jeder Mitbestimmung ausgeschlossen. Als Exil-Premier fungierte nun sein alter Vertrauter Penn Nouth. Doch selbst von ihm hatten die Roten Khmer verlangt, den Präsidenten von allen Informationen über wichtige Vorgänge auszuschließen.

Nicht ohne Grund mißtrauten die Roten Khmer dem Prinzen. Noch Jahre zuvor hatte sein Staatsapparat versucht, sie auszurotten. Aus tiefem Argwohn blieb der Prinz seinerseits den roten Konspirateuren und Ideologen abgeneigt. Die Roten Khmer hatten nur *ein* Interesse an der Kooperation mit dem Monarchen: Den Bauern gegenüber konnten sie als autorisierte Sachwalter des kambodschanischen Königshauses auftreten. Der Rest war beiderseits Heuchelei!

Zum Verbindungsoffizier bestellten die Roten Khmer bezeichnenderweise einen Mann, der von allen kommunistischen Führern das gestörteste Verhältnis zum Prinzen hatte: Ieng Sary. Der stämmige Mann mit dem falschen Lächeln im runden Gesicht war der engste Freund und Schwager des Generalsekretärs Pol Pot. Ein »Khmer Krom«, ein Khmer südvietnamesischer Abstammung, hatte er sich durch Fleiß und schiere Willenskraft ein Stipendium der Universität Phnom Penhs erkämpft. Doch den vietnamesischen Akzent, der auf Angehörige der gehobenen Kreise in der Hauptstadt abstoßend wirkte, hatte er niemals abgelegt. Er blieb mit dem Makel behaftet, von draußen zu stammen.

In diesem Apparatschik mit den teilnahmslosen Augen sah Sihanouk die Verkörperung seiner demütigenden Lage als Galionsfigur und Geisel von Revolutionären, mit denen er eigentlich nichts gemein hatte.

Sihanouks Gegenwehr war eher komisch und Ausdruck seiner Hilflosigkeit. Er lieh sich in der französischen Botschaft deftig-erotische Filme aus und führte sie einem geladenen Publikum vor, zu dem auch der unvermeidliche Ieng Sary gehörte. Der Vertreter der Roten Khmer versuchte mühsam, sich nichts anmerken zu lassen. Er verließ die Party, sobald es schicklich schien. Sihanouk genoß danach seine harmlose Rache. »Morgen früh wird Ieng Sary heftige Selbstkritik üben müssen«, frotzelte Sihanouk. Tapfer versuchte er, seine innere Verzweiflung hinter komödiantischem Gehabe zu verbergen.

Um so verlockender erschien ihm nun der Gedanke, als Reserve-Autorität, als Joker im politischen Spiel der Zukunft in Frankreich zu leben, abzuwarten und in voller Freiheit allein darüber entscheiden zu können, wann er in die Entwicklung wieder eingreifen wollte. Vom vorläufigen Exil in Südfrankreich aus hätte Sihanouk zumindest noch eine Vermittlerrolle spielen können, die seinem Land einen Teil der Kriegsleiden und womöglich auch den Terror der Roten Khmer erspart hätte. Der Gedanke ist jedoch spekulativ und unbeweisbar. In Peking jedenfalls war er an die Roten Khmer gefesselt.

Den Versuch, seine Ämter niederzulegen und sich von den Roten Khmer, die seinen Namen mißbrauchten, zu distanzieren, hat Sihanouk wiederholt gemacht. Zhou Enlai veranlaßte ihn jedesmal, den Entschluß zurückzunehmen und im Bündnis zu bleiben, weil es nur mit Sihanouks Hilfe und Beteiligung möglich sei, Lon Nol zu stürzen. »Als Patriot habe ich zugestimmt, aber ich habe Premierminister Zhou Enlai erklärt, daß ich nach dem Sturz Lon Nols zurücktreten würde, weil ich überzeugt war, daß die Roten Khmer kein Stückchen Macht an mich abtreten würden.«

Von der brutalen Mentalität der Roten Khmer, von ihren terroristischen Absichten und Plänen will Sihanouk damals nichts geahnt haben. Dabei hatte er schon als Staatschef in Phnom Penh nichts unversucht gelassen, die politischen Ziele und Methoden seiner Kommunisten zu entlarven. Grundsätzliche Vorbehalte will er während der ersten Jahre in Peking nicht gehabt haben. »Die Roten Khmer erschienen noch nicht wie die Mörder des kambo-

dschanischen Volkes, sie machten den Eindruck von Revolutionären und Patrioten – ich hatte keinen Grund, ihnen die Zusammenarbeit im Rahmen der Front zu verweigern«, so hat er später sein
Verhalten gerechtfertigt.

Wenn er schon nicht nach Frankreich konnte, dann wollte er
wenigstens nach Kambodscha zurückkehren. In jenen Teil, der
»befreit« war. Anfang 1973 war der größte Teil des Landes unter
der Kontrolle nordvietnamesischer Truppen oder der Roten
Khmer. Lon Nols Armee hatte nach zwei spektakulären Offensi-
ven mit massiven Verlusten die Initiative verloren. Die meisten
Überlandstraßen waren unterbrochen. Die von Amerika finanzierte und munitionierte »Khmer-Republik« bestand nur noch aus
dem Stadtgebiet von Phnom Penh und einigen Provinzorten, in
denen die Hälfte der Khmer-Bevölkerung als Flüchtlinge lebte.

Sihanouk wollte Kambodscha wiedersehen, wollte seine Aus-
strahlung und Wirkung auf die Bauern testen. Er wollte vor allem
nach Angkor, von dem er wußte, daß Soldaten der Roten Khmer
das Monument bewachten. Ieng Sary, der Oberlehrer und Apparatschik, nahm den Antrag, die befreiten Gebiete zu besuchen,
entgegen. Eine Antwort erhielt der Prinz nie. Statt dessen hörte er
Ausflüchte und wortreiche Erklärungen über das harte und gefährliche Leben im Dschungel. Keine Antwort bedeutet im Rol-
lenspiel Asiens ein klares und deutliches Nein.

Zum Neujahrsfest 1973 – nach dem chinesischen Mondkalender berechnet, zum Tet-Fest, reiste Sihanouk zu seinen Verbündeten nach Hanoi. Diesmal faßte er sich ein Herz und schilderte
seinem Freund Pham Van Dong, dem Mandarin unter den kommunistischen Führern Nordvietnams, seine wirkliche Lage. Die
Roten Khmer, so klagte Sihanouk, benutzten jede Ausflucht, um
ihn an der Rückkehr zu hindern und von der Beteiligung am
Kampf auszuschließen. Wenn er schon nicht dauerhaft zurückkehren könne, dann wolle er doch die Heimat besuchen und Angkor wiedersehen. Sihanouk bat Pham um Unterstützung dieses
Wunsches.

Phams Intervention bei Ieng Sary blieb ohne Erfolg. Erst als der
nordvietnamesische Regierungschef auch die chinesischen Führer

in Peking veranlaßte, sich mit dem Gesuch Sihanouks zu identifizieren, stimmte das Hauptquartier der Roten Khmer endlich zu. Sihanouk und seine Frau, Prinzessin Monique, durften für ein paar Wochen die »befreiten« Gebiete besuchen.

Im März 1973 flog die Reisegruppe von Hanoi aus mit einer nordvietnamesischen Antonov 26 nach Dong Hoi, auf der Höhe des 17. Breitengrades. Amerikanische Bomber hatten die Garnisonstadt vor dem Inkrafttreten des Pariser Waffenstillstands (Januar 1973) in Schutt und Asche gelegt. Das Rollfeld war provisorisch wiederhergerichtet worden. Begleitet von dem unvermeidlichen Ieng Sary und dem vietnamesischen Botschafter bei der GRUNC fuhr Sihanouk mit Prinzessin Monique über den beschwerlichen Ho-Chi-Minh-Pfad nach Kambodscha.

Ohne logistische Hilfe Vietnams konnten die Roten Khmer keine Reise nach draußen machen oder Besucher aus dem Ausland empfangen. Auch Pol Pots gelegentliche Visiten bei Mao Zedong waren nur mit organisatorischer Hilfe und mit Transportbereitstellungen Nordvietnams möglich. Diese Abhängigkeit hat das Verhältnis zwischen den kommunistischen Waffengefährten, zwischen dem Vietcong, wie man damals im Westen sagte, und den Roten Khmer wesentlich belastet. Die Roten Khmer teilten die tiefe Abneigung ihrer Nation gegen die »Yuon«. Das Verhältnis war gespannt und sogar feindselig, was Sihanouk auf dieser Reise so deutlich wie nie zuvor erkannte.

Die Roten Khmer hatten ihn endlich ins Land gelassen, eine direkte Begegnung mit der Bevölkerung wußten seine Gastgeber aber zu verhindern. Wo immer Massenansammlungen ihn erwarteten, wurden sie von bewaffneten Soldaten auf Distanz gehalten. Niemand sollte wagen, niemand auch nur eine Gelegenheit bekommen, vor »Samdech Euv« niederzuknien, ihn, den Gott-König, zu berühren, seine Magie auf sich wirken zu lassen.

Vorbereitet worden war dagegen eine Medienshow für ein Kamera- und Photographenteam, das die chinesische Regierung bereitgestellt hatte. Sihanouk und Prinzessin Monique legten die Kleidung der Roten Khmer an: den schwarzen Baumwollanzug der Bauern mit dem rot-braun karierten Kopftuch, das arrivierte

Linke ganz locker als Schal um den Hals trugen. Wie ein echter
Guerillero stakte Sihanouk durch den Dschungel, begleitet von
Ieng Sary und Khieu Samphan, seinem früheren »Sangkum«-Mi-
nister, der vor der Rache des Prinzen in den Untergrund geflohen
war und nun seine wirklichen Gefühle zu verbergen suchte.

Für die Kameras gab es die brüderliche Umarmung. Sihanouk
und Khieu Samphan, Freunde und Kampfgefährten, beide im
Khmer-Rouges-Look in die Linse lächelnd. Höhepunkt war der
Besuch in Angkor. Auf einer Treppe von Angkor Wat, mit dem
Eingang zur unteren Galerie im Hintergrund, posierten Sihanouk
und Prinzessin Monique, beide als Guerilleros verkleidet: ein
glückliches Königspaar, das an der Seite der bewaffneten Revolutionäre endlich seinen würdigen Platz gefunden hatte. Aber auch
hier war darauf geachtet worden, daß die Prinzessin eine Stufe
tiefer saß als Sihanouk, der sie um Haupteslänge überragte. Seine
Füße sollten die Härte des Daseins, das spartanische Leben im
Dschungel dokumentieren. Der Präsident der Exilregierung präsentierte sich in Ho-Chi-Minh-Sandalen, barfüßig selbstverständlich, wie der »Onkel« in Hanoi es allen vorgemacht hatte.

Vier Wochen dauerte die Reise. Die Bilder von Besuch und
Umarmung sind von der chinesischen Regierung weltweit verbreitet worden. Sie haben in der Weltöffentlichkeit einen starken Eindruck hinterlassen und die Meinung bestärkt, daß das von Amerika gestützte Regime in Phnom Penh keine Legitimität besaß. Die
königstreuen Khmer seien gezwungen worden, gegen Lon Nol
und gegen Amerika ihre Freiheit und Würde zurückzuerobern.
Prinz Sihanouk, so schien es, hatte die Khmer Rouges zum Geschäftsführer der nationalen Interessen gemacht.

Der Abgrund von Haß, der die Roten Khmer und die Vietnamesen trennte, wurde auf dieser Reise augenfällig. Pol Pot und Khieu
Samphan haben ihre Abneigung gegen die »Yuon« auf kambodschanischem Boden nicht verheimlichen können. Doch der
Prinz schwieg darüber. Ganz gegen sein Temperament hielt er nur
die Augen offen und den Mund geschlossen. Seine Meinung war
allerdings auch nicht gefragt. Es muß ihn bedrückt haben, daß er
keinerlei Gruppen von »Sihanoukisten« vorfand. Mit Hilfe Nord-

vietnams hätten sie organisiert sein sollen, um ihm eine eigene Basis im Lande zu verschaffen. Hat es »Sihanoukisten« im bewaffneten Widerstand überhaupt nicht gegeben, oder waren sie eliminiert worden?

Zwischen ihm und den Roten Khmer, so bekannte der Präsident der GRUNC in einem Interview nach der Rückkehr, gebe es wenig Zuneigung. Ganz im Inneren würden beide Seiten sich wohl hassen; und dann sprach er das prophetische Wort: Hätten die Roten Khmer ihn erst ausgesaugt, dann würden sie ihn »ausspucken wie einen Kirschkern«.

Dem Chefkorrespondenten der angesehenen *Far Eastern Economic Review*, Russell Spurr, offenbarte Sihanouk im Frühjahr 1974 fast die ganze Wahrheit. Die Episode ist ergreifend und tragisch zugleich. Presseleute hielten sich an die ehernen Gesetze des Berufs. Sie wahrten das Geheimnis, das der Prinz ihnen anvertraut hatte. Es zu brechen, so scheint es zumindest in der Rückschau, wäre kein Vergehen, sondern ein Verdienst gewesen.

Auf der Rückreise von einem Besuch in Pjöngjang hielt Russell Spurr sich im Frühjahr 1974 ein paar Tage in Peking auf, und er nutzte die Gelegenheit unter anderem dazu, beim *Chef de Cabinet* ein Interview mit Sihanouk zu beantragen. Dessen Terminkalender muß in dieser Woche ungewöhnlich leer gewesen sein. Schon Stunden nach Abgabe des Briefes erhielt Russell Spurr eine positive Antwort.

Der Prinz erwartete ihn morgens um 10 Uhr in der Residenz. Russell Spurr vertrat eine dem Prinzen wichtig erscheinende Publikation. Aber er war auch ein eingeführter Gesprächspartner. Im Vorjahr hatte er zeitweilig in Peking gelebt. Am Vertrieb der Filmbilder aus Kambodscha war er wesentlich beteiligt gewesen.

»Monseigneur« empfing ihn nach dem geläufigen Zeremoniell. Champagner stand bereit, und vor dem offiziellen Gespräch schwärmte Sihanouk von neuen Kuchenrezepten und von einem Kochbuch, das er verfaßt habe.

Dann folgte der Hauptteil. Russell Spurr baute sein Tonband auf und ließ den Prinzen die Lage in Kambodscha analysieren. Die Roten Khmer würden unweigerlich siegen, wiederholte Sihanouk seine alte These. Das Ende des Krieges sei allmählich in Sicht; nach dem Sieg werde er nur nominelles Staatsoberhaupt sein. Die Khmer Rouges, die Lon Nol dann niedergekämpft hätten, würden die wirkliche Macht in Händen halten.

Kein Wort der Kritik kam über seine Lippen. Den »gesichtslosen« Führern des Widerstands, die der Weltöffentlichkeit weitgehend unbekannt waren, wollte der Prinz offenbar nicht im Wege stehen. Mochten sie ihn »ausspucken wie einen Kirschkern«, die Geschichte würde ihren Lauf nehmen. Der Rest war Schweigen, so schien es jedenfalls.

Russell Spurr schaltete das Tonband ab. Unverbindliches Geplauder und ein weiteres Glas Champagner würden, wie er glaubte, den Besuch abrunden. Doch unversehens setzte sich Prinz Sihanouk neben ihn auf das Sofa. Er ergriff seine Hand und sagte, offenkundig aufs höchste erregt: »Jetzt muß ich Ihnen die Wahrheit sagen.«

Bis zu diesem Zeitpunkt, so hat der durchaus erfahrene Asien-Reporter Russell Spurr später erzählt, habe er sich keine feste Meinung gebildet über die kommunistischen Rebellen im kambodschanischen Dschungel. Wie so viele liberale Kollegen hielt auch er sie für Bauernführer, die sich die Parolen Mao Zedongs zu eigen gemacht hatten. An *killing fields* mochte damals niemand denken und niemand glauben.

Sihanouk sprach mit Schärfe und Verachtung in der Stimme. Der Film vom Besuch in den »befreiten Gebieten« verfälsche die Wirklichkeit. Die Männer, die ihn umarmten, seien – anders, als mancher glaube – keine harmlosen Agrarreformer. Im Gegenteil, es handele sich um eine inzüchtige Clique fanatischer Marxisten, die keinen Stein auf dem anderen lassen wolle. Es gebe keine Brüderlichkeit zwischen ihm und diesen hungrigen Wölfen. Die Führer der Roten Khmer hätten mit ihm gestritten, solange er im Land gewesen sei. Die Reise habe ihn schockiert. »Die Männer an der Spitze der Roten Khmer sind Monster. Gefährliche Kinder, die nichts wissen und nichts lernen. Einige sind im Ausland herumgereist, aber verblendet geblieben.« Mit Tränen in den Augen beschrieb er die Zukunft, wie er sie nun sah: »Mein armes Land, das unschuldige, alte Kambodscha, ... ist zu blutigem Leid verurteilt.«

»Was werden Sie tun?« fragte Russell Spurr. »Meine Pflicht«, antwortete Sihanouk. »Sie werden, wie ich hoffe, mein Vertrauen nicht mißbrauchen. Sihanouks Lage ist mehr als ein bißchen delikat.« Der Prinz hob die Schultern. Es war eine »zynische Geste der Verzweiflung«.

Russell Spurr reiste nach Hongkong und offenbarte sein Dilemma dem robusten Waliser Derek Davies, dem Chefredakteur der *Far Eastern Economic Review*, den Talent und Temperament von der Diplomatie zum Journalismus geführt hatten. Davies entschied, ohne einen Augenblick zu zögern, Sihanouks Wunsch nach Vertraulichkeit zu respektieren. Die *Review* druckte nur den offiziellen Teil des Interviews. Die Wahrheit über die Roten Khmer wurde der Öffentlichkeit vorenthalten.

Was er für seine »Pflicht« hielt, das veranlaßte Sihanouk, bis zum blutigen Ende an der Seite der Roten Khmer zu bleiben und schwere Verantwortung auf sich zu laden für das Schicksal ungezählter Khmer, die seinem Vorbild folgten und ihre Hoffnung auf einen neuen Beginn in Phnom Penh setzten. Noch kurz vor dem Sieg der Roten, im April 1975, ließ Sihanouk öffentlich verbreiten, die Herrschaft der Kommunisten werde nicht durch Rache und Exekutionen gekennzeichnet sein. Nur »sieben oder acht« Hauptverräter hätten die Liquidation zu erwarten. Alle anderen, die mit dem Regime Lon Nol kollaboriert hätten, würden amnestiert.

Viele Khmer haben sich auf das Wort Sihanouks verlassen, sind nicht geflohen, obwohl die Möglichkeit dazu bestand. Andere sind gleich nach dem Sieg aus dem Ausland in die Heimat zurückgereist, um sich am Aufbau einer besseren und gerechteren Gesellschaft zu beteiligen. Fast ausnahmslos haben sie das Vertrauen in ihren Gott-König mit dem Leben bezahlt.

»Es gibt nur zwei Männer, die die Tragödie in Kambodscha heute verantworten müssen: Mister Nixon und Dr. Kissinger«, so hat sich Sihanouk aus der Verantwortung zu winden gesucht. »Lon Nol war nichts ohne diese beiden, und die Roten Khmer waren nichts ohne Lon Nol.«

Die Geschichtsschreibung kann diese Rechtfertigung nicht gelten lassen. Sihanouk selbst trägt einen erheblichen Teil der Verantwortung, nicht für den Krieg, in den das Land gerissen wurde, wohl aber für die Machtübernahme der Roten Khmer, für die Irreführung der Weltöffentlichkeit, für unendliches Leid und für den Tod vieler Khmer, die an ihren »Deva-Raj« geglaubt haben und ihm gefolgt sind.

Die Schatten im Dschungel

Mit Urgewalt brach in Phnom Penh eine neue Zeit herein, als Sihanouk im März 1970 gestürzt worden war und Amerika begann, das Regime Lon Nols zu bewaffnen und in den Kampf gegen den Vietcong zu schicken. Schon nach zwei Jahren hatte sich die Bevölkerung der Hauptstadt durch den Zustrom der Flüchtlinge verdreifacht. Mit den Massen kamen Elend und Not. Die Stadtränder wucherten unkontrolliert. Die Mehrheit lebte in Slums.

Auf dem Schwarzmarkt wurde der Dollar dreimal so hoch gehandelt wie in der Staatsbank. Der Wert des »Riel« sank ins Bodenlose. Die eigentliche Währung der »Khmer-Republik« war der Dollar. Dafür war alles zu haben: Luxus, Drogen, Sex, Prestige, Macht, Befreiung vom Wehrdienst und Pässe für das Ausland. Kranken ohne Dollars wurden die Behandlung und die Medizin verweigert. Die Korruption fraß sich in die Fundamente einer Zivilisation, die ihre Abwehrkräfte verloren hatte. Ein Geruch von Fäulnis hing über der Stadt, die dennoch versuchte, den Schein der Normalität zu wahren.

Wer die Bettler und zerlumpten Kinder übersah, die vor dem Eingang der wenigen modernen Hotels den Ausländern auflauerten, wer im gemütlichen Sitz des *cyclopousse*, des Fahrradtaxis, das Leben auf der Straße an sich vorbeiziehen ließ, der erlebte immer noch einen besonderen Zauber, dem aber ein Schmerz beigemischt war, weil die Zeichen des Untergangs an der Wand geschrieben standen.

Seit dem Sommer 1973 bin ich mit dem Kamerateam aus dem

Studio Hongkong regelmäßig nach Phnom Penh gereist, um über den Krieg und über den galoppierenden Zersetzungsprozeß der Gesellschaft zu berichten. Das Kriegsgeschehen war leicht in einer Tagestour zu inspizieren. Keine 20 Kilometer weit konnte man auf den Straßen fahren, die fast sternförmig aus der Hauptstadt ins Land führten, ohne die freilich unmarkierte Grenze der »Khmer-Republik« zu erreichen. Unverzichtbar waren, wie in Vietnam, lokale Dolmetscher und *stringer*, wie man sie im Pressejargon nennt: kambodschanische Kollegen, die aus dem Erscheinungsbild des Straßenverkehrs die herannahende Frontlinie zu erkennen wußten. Soldaten mit ihren Familien hockten am Fahrbahnrand und kochten Reis. Töpfe, Bambusmatten, ein paar zerlumpte Kleidungsstücke und Waffen, M-16-Schnellfeuergewehre und Handgranaten, machten den mobilen Familienbesitz aus. Kindersoldaten spielten auf beiden Seiten, bei den Lon-Nol-Truppen und bei den Roten Khmer, eine wichtige Rolle. Kinder mit Stahlhelmen garantierten den Photographen allemal ein Photo, mit dem die Agenturen in der täglichen Konkurrenz der Sensationen bestehen konnten.

Am frühen Nachmittag waren die Reporter zurück in Phnom Penh, um ihre *story* über Telex abzusetzen, ihre Photos zu entwickeln und die Filmbeutel fürs Fernsehen zum Flughafen Pochentong schaffen zu lassen. Südostasien hat vor Europa einen zeitlichen Vorsprung von 6 bis 7 Stunden. Das reichte aus, um Filmmaterial mit der Luftfracht nach Hause zu schicken, wo Bildstories von Übersee mit 24 Stunden Verzögerung gesendet wurden. Das Filmbild vom Tage ist erst durch elektronische Kameras und durch Satelliten ermöglicht worden.

Der Film »Killing Fields« hat die abendliche Stimmung am Pool des Hotels »Royal« zu rekonstruieren versucht, wo die Reporter zusammensaßen, sich die Schrecken des Tages von der Seele redeten und mit Whisky ihre Sinne beruhigten. Viele freiberufliche Photographen waren darunter, die Tag für Tag bis in die gefährlichsten Ecken vorstießen, um ein paar *action*-Bilder zu schießen, die die Agenturen mit Gewißheit akzeptieren würden. Diese Gruppe war längst auf Drogen umgestiegen. Äußerlich verwahrlost, mit merkwürdig glasigen Augen die Welt betrachtend, gaben sie bald am Pool des »Royal« den Ton an. Vor der Ausfahrt an die »Front« kühlten sie ihre Köpfe mit feuchten Tüchern, wie das ganz zutreffend in »Killing Fields« geschildert worden ist. Sie riskierten täglich ihr Leben. Aber in der Abhängigkeit von Drogen erschien ihnen dieses Leben ohnehin nicht mehr viel wert.

Im »Royal« und »Monorom«, keine 500 Meter voneinander entfernt, Hotels, in denen früher die Angkor-Touristen gewohnt hatten, wurde allerdings abends auch geprüft, wer von der Ausfahrt zur Front nicht zurückgekehrt war. Jeder in Phnom Penh kannte das Risiko, zwischen die Linien zu geraten und im Feuer beider Seiten zu enden. Gleich groß war die Gefahr, durch Zufall oder Leichtsinn die unsichtbare Grenze zu überfahren und von kommunistischen Truppen gefangen zu werden.

Schon in den drei Jahren von 1970 bis 1973 waren in Kambodscha mehr Journalisten zu Tode gekommen oder spurlos verschwunden als in Südvietnam, wo der Krieg schon über 10 Jahre dauerte und sehr viel mehr Reporter unterwegs waren als in Phnom Penh. Dutzende von Reportern galten als »vermißt«. Es gab keine Hoffnung mehr. Die wachsende Zahl hatte zur Gewißheit werden lassen, was zunächst nur vermutet worden war: die Roten Khmer exekutierten jeden, der in ihre Gewalt geriet. Gefangene wurden nicht gemacht. Die Opfer verschwanden wie in einem dunklen Schlund.

Es ist in hohem Maße verwunderlich, daß die Brutalität der Roten Khmer das Pressecorps in Phnom Penh nicht angeregt hat, sich intensiver mit den »Schatten im Dschungel« zu beschäftigen, um herauszufinden, was diese Bauern-Rebellen antrieb, was sie vom Vietcong unterschied, warum sie so gnadenlos liquidierten, auch Presseleute, die gar keine Waffe bei sich trugen.

Das Interesse der Reporter richtete sich statt dessen auf die Armee Lon Nols, in der die Korruption skandalöse Ausmaße angenommen hatte. Die schlechtgeführten Armee-Einheiten begingen zuweilen atavistische Brutalitäten, die die Öffentlichkeit im Westen, die wenig von den wirklichen Verhältnissen wußte, tief schockierten. Junge Khmer-Soldaten, beinahe noch Kinder, trugen abgehackte Köpfe ihrer Gegner an den Haaren; oder sie schnitten den Opfern die Leber heraus, die sie gemeinsam aßen, um die Kraft der Getöteten in den eigenen Körper zu leiten. Mit solchen Photos konnten die *free lancer* sich auf dem Markt behaupten. Über den Zustand der Khmer-Armee insgesamt sagten solche Bilder indes nur sehr wenig aus.

Es gab im Kambodscha Lon Nols schlimme Verbrechen und himmelschreiende Ungerechtigkeit. Munition aus Amerika wurde in Mengen an den Gegner verschoben, um dafür Dollars einzulösen. Die halbe Armee bestand aus Papiersoldaten, die nur in den Gehaltslisten, nicht in Wirklichkeit existierten. Mit dem überzähligen Sold bestritten die Generale ihr Luxusleben.

In den Krankenhäusern lagen die Verwundeten und Kranken auf dem blanken Estrich. Als die Bundesregierung einige Tonnen Decken lieferte, um die schlimmste Not zu lindern, wurden diese im Beisein des diplomatischen Vertreters aus Bonn feierlich verteilt. Schon am nächsten Morgen lagen die meisten Patienten wieder auf dem harten Boden. Das Krankenhauspersonal hatte die Decken verkauft. Wer nicht zahlen konnte, mußte die Spende wieder zurückgeben.

Es gab Ausnahmen auch hier: Offiziere, die ihre Pflicht taten, und Ärzte, die ohne Ansehen der Person behandelten und operierten; und mehrheitlich haben auch die Soldaten Lon Nols tapfer gekämpft. Von den militärischen Führern war nicht viel zu erwarten; aber die Mannschaften, die ihre Frauen und Kinder bei sich hatten, gingen furchtlos ins Gefecht. Anders als die ganz rationalen Vietnamesen kämpften die Khmer mit dem Herzen, aus dem Gefühl heraus, Instinkten – guten wie schlimmen – folgend, was den Mut und die Grausamkeit zu erklären hilft.

Die Faszination dieser fieberkranken, von bösen Ahnungen verschreckten Gesellschaft hat die westlichen Beobachter in Atem gehalten, hat ihnen aber auch den Blick verstellt für die andere Seite, wo Khmer-Revolutionäre am Werk waren, die schon vor dem Sieg die Fundamente einer Revolution legten, die die Welt erstaunen sollte.

Wenig oder nichts haben die westlichen Beobachter vom Denken und Planen der Roten Khmer gewußt. Bekannt waren die Namen Khieu Samphan, Hou Yuon und Hu Nim, die einmal in Sihanouks »Sangkum«-Partei mitgearbeitet hatten, dann aber in den Untergrund entwichen waren. Viele Bürger Phnom Penhs sahen in ihnen romantische Rebellen, denen man Respekt nicht versagen konnte. Niemand schien über die Tatsache beunruhigt zu sein, daß sich der Kampfstil der Roten Khmer nicht mit ihrem Image vereinbaren ließ. Es gab viele Gründe, warum die Weltöffentlichkeit von der extremen Revolution der Roten Khmer, die noch am Tage ihres Sieges, am 17. April 1975, begann, überrascht wurde.

Wie fast alle Reporter mit liberalen Grundsätzen beurteilte ich das amerikanische Engagement in Indochina mit erheblichen Vorbehalten. Ich mochte nicht glauben, daß die Vereinigten Staaten ein höheres Recht besaßen, Kambodscha zu opfern, um Hanoi militärisch zu besiegen.

Es führt kein Weg um das Eingeständnis herum, daß die kritische Distanz zur amerikanischen Politik der ausschlaggebende Faktor dafür war, daß die kommunistische Seite nur unzulänglich zur Kenntnis genommen wurde. Jede Kritik an den Roten Khmer konnte schließlich als Rechtfertigung des amerikanischen Engagements gedeutet werden. Sihanouk stand im Bündnis mit der Revolution. Es gab keinen dritten Weg. Eine verfehlte Gegenwart verstellte den Blick in die Zukunft. Eine erstaunliche Naivität verkürzte das Denken. Irgendwie, so hofften die meisten Beobachter, würden die Khmer sich am Ende arrangieren, ohne fremde Einmischung, nach der Tradition des Landes. Zunächst seien ja beide Seiten Khmer. Und schlimmer als jetzt im blutigen Bürgerkrieg könnten die Verhältnisse nicht werden. Es gibt Erklärungen für unseren Irrtum, aber keine Entschuldigung.

Die wichtigsten Informationen über die Roten Khmer hatte ein junger Grundschullehrer namens Ith Sarin gesammelt, der Mitte April 1972 Phnom Penh verließ, um sich gemeinsam mit einem Freund den kommunistischen Rebellen anzuschließen. Enttäuscht und erschreckt über das, was er gesehen und gehört hatte, kehrte Sarin im Januar 1973 in die Hauptstadt zurück. Er publi-

zierte eine Broschüre mit dem Titel »Sronoh Pralung Khmer« –
»Mitleid mit der Khmer-Seele«, die damals von der internationalen Presse übersehen worden ist und heute als die beste Beschreibung der Khmer Rouges und ihrer Politik vor dem Siege gelten
kann.

Sarin war der erste, dem die extreme Geheimhaltung und Tarnung, die die Kommunistische Partei Kambodschas einhielt, auf-
fielen und der den Begriff *Angka* – »Organisation« – bekanntmachte, hinter dem die Partei sich buchstäblich versteckte. Sarin
erkannte schon damals, daß die Roten Khmer keineswegs für Sihanouk kämpften, sondern eigene, konträre Ziele verfolgten.
Einen Kommissar hörte er sagen: »Die ›Organisation‹ erlaubt Sihanouk im Augenblick nicht, nach Kampuchea zurückzukehren.
Wenn Sihanouk zurückkehrte, würde sich das Volk hinter ihn
stellen, und wir hätten einen ungeschützten Rücken.« Sarin beschrieb die »extreme Linkspolitik«, die ihn an chinesische Modelle erinnerte. Er ließ keinen Zweifel daran, daß die Roten
Khmer allen Genossen, die in Hanoi gelebt hatten und dort ausge-
bildet worden waren, mit Mißtrauen und Abneigung begegneten.

Am vierten Jahrestag der Absetzung Sihanouks, am 18. März
1974, stürmten Einheiten der Roten Khmer die frühere Königs-
stadt Oudong, 35 Kilometer nördlich von Phnom Penh gelegen. In
Oudong hatten die Khmer-Könige nach der Zerstörung Angkors
residiert, bevor sie im frühen 19. Jahrhundert nach Phnom Penh
weiterzogen. Ein Hügel, etwa 200 Meter hoch, ragt nahe Oudong
aus dem flachen Gelände hervor. Der Buddha-Tempel auf der
Spitze erinnert noch heute an eine bessere Vergangenheit.

Im März 1974 hat die historische Stadt Oudong ein Schicksal
erlebt, das in der Rückschau die mörderische Evakuierung Phnom
Penhs vorwegnimmt. Ein australischer Journalist, Donald Kirk,
hat die Ereignisse in Oudong damals aufgezeichnet: »Dies war ein
deutliches und bewußtes Bemühen der Roten Khmer«, so urteilte
Kirk, »nicht nur einen Außenposten der Lon-Nol-Armee zu stürmen, sondern gleichzeitig auch die letzten Spuren einer Zivilisation zu zerstören, die ihnen dekadent und irrelevant erschien.
Deshalb haben die Roten Khmer nach der Eroberung der Stadt

die Bevölkerung von etwa 20000 Menschen in den nahen Dschungel geführt und dort alle Lehrer und Staatsbeamte liquidiert. Dann wurde die Stadt systematisch zerstört. Die Häuser wurden in Brand gesetzt oder niedergerissen.«

Kirks Analyse, die den bezeichnenden Titel trug »Revolutionäre oder Terroristen?«, hat 1974 keinen Verleger gefunden. Erst viele Jahre später ist sie der Geschichtsschreibung erschlossen worden. Die öffentliche Meinung im Westen hat von den Massakern in Oudong wenig Notiz genommen. Auch in meinen Unterlagen findet sich keine Erwähnung.

Im Westen kaum bemerkt, hat die Vernichtung Oudongs aber eine deutliche Wirkung auf die Kampfmoral der Lon-Nol-Armee gehabt, der es nach erbitterten Kämpfen im Juni 1974 gelang, die Stadt zurückzuerobern. Lon-Nol-Soldaten sahen mit eigenen Augen, was die Roten Khmer der Zivilbevölkerung angetan hatten. Die Khmer-Republik befand sich schon damals in schier hoffnungsloser Lage. Die Erfahrungen von Oudong jedoch haben die Moral der Truppe noch einmal aufgerichtet und die Entschlossenheit bestärkt, den Kampf bis zum bitteren Ende fortzuführen.

Die Bürger Phnom Penhs, denen nun bewußt wurde, in welches Chaos von Krieg und Korruption Lon Nol sie geführt hatte, schafften es durch partielle Wahrnehmung auch diesmal, Licht am Ende des Tunnels zu entdecken. Die Wirklichkeit von *Angka*, der geheimnisvollen Organisation der Roten Khmer und ihrer revolutionären Ziele, wurde nachhaltig aus dem Bewußtsein verdrängt. Prinz Sihanouk, der in Wahrheit ohne Macht und sogar ohne Informationen über die Lage in Kambodscha in Peking residierte, erschien den enttäuschten Anhängern Lon Nols wie eine neue Hoffnung. Mit Sihanouk an der Spitze, so ermutigten sich die Bewohner gegenseitig, würde die Revolution der Zukunft im Rahmen der Khmer-Tradition bleiben. Irgendwie müsse es einen Weg zurück geben, so glaubten viele.

Die Zukunft malten sie sich aus als verbesserte Fortsetzung der Verhältnisse vor dem März 1970: Sihanoukismus mit kommunistischer Disziplin und Tugend. Sihanouk selbst hat diesen Illusionen Vorschub geleistet und dadurch fast alle getäuscht: die Khmer, die den Gedanken an Flucht verwarfen und im Lande blieben, und auch die ausländischen Beobachter, die sich fast kritiklos den windigen Optimismus der Elite Phnom Penhs zu eigen machten. Die Khmer, so lautete das beruhigende Argument, hätten eine tiefe Abneigung, gegen Khmer Krieg zu führen. Die gemeinsame Tradition werde die Versöhnung ermöglichen, sobald die Fremden, die Nordvietnamesen und auch die Amerikaner, sich aus dem Konflikt verabschiedet hätten.

In Südvietnam, so fürchteten viele, mochte es nach dem Sieg der Kommunisten eine blutige Abrechnung geben, eine Massenexekution der Thieu-Administration. Zehntausende von Südvietnamesen sind denn auch rechtzeitig geflohen. In Kambodscha erwarteten Beobachter und Betroffene eine milde Lösung. Das Nationalgefühl werde beide Seiten wieder zusammenführen. Ein krankes, tödlich geschwächtes Kambodscha könne sich nur eine Politik leisten: die der Einheit und Versöhnung. Diesen Irrtum haben viele Hunderttausende mit dem Leben bezahlt.

Die Evakuierung Phnom Penhs

Selten in der Geschichte ist eine siegreiche Bürgerkriegspartei beim Einzug in die Hauptstadt von der Bevölkerung der unterlegenen Seite mit soviel Hoffnung begrüßt worden wie die Roten Khmer am 17. April 1975.

Lon Nol, von einem Schlaganfall halb gelähmt, aber immer noch den Träumen von der Größe Angkors nachhängend, war am 1. April von seinen eigenen Mitarbeitern, aber auch von den Botschaftern der nicht-kommunistischen Nachbarn Thailand, Malaysia und Singapur veranlaßt worden, ins Exil zu gehen. Mit einer Prämie von einer Million Dollar haben die Vereinigten Staaten den überfälligen Schritt erleichtert.

Die militärische Lage der republikanischen Armee war hoffnungslos. Die Roten Khmer hatten seit Jahresbeginn die Nachschublinie von Saigon über den Mekong unterbrochen. Nahrungsmittel und Munition wurden seither in begrenzten Mengen über eine Luftbrücke eingeflogen. Die Armee kämpfte mit ihren letzten Reserven. Die zweieinhalb Millionen Zivilisten in der Hauptstadt gerieten in tiefe Not. Phnom Penh erlebte den Hunger. Das Ende des Krieges war in Sicht.

Die Roten Khmer hatten sich Anfang April bis an den Stadtrand und bis zur Außensicherung des Flughafens vorgekämpft. Das Rollfeld lag unter Dauerbeschuß von Artillerie und Raketen. Immer mehr aus Thailand und Saigon einfliegende Maschinen wurden beim Entladen beschädigt. Nervenstarken Piloten gelang es bis zuletzt, die Fracht unter Feuer entladen zu lassen und trotz Beschuß die Maschinen am Ende der Rollbahn wieder hochzubringen. Solche Heldentaten hatten symbolische Bedeutung. Den Würgegriff der Roten Khmer um Phnom Penh konnten sie nicht mehr lockern.

Am 10. April evakuierten die Amerikaner ihr Botschaftspersonal. Der Chef der Mission, der deutschstämmige John Gunther Dean, vollendete seinen Auftrag mit dem Einholen der Flagge, die er unter dem Arm trug, als er den Hubschrauber bestieg und sich nach Thailand ausfliegen ließ. Mit ihm sind etwa 250 weitere Personen evakuiert worden: Diplomaten befreundeter Nationen, Journalisten und eine Reihe von Khmer-Repräsentanten des alten Regimes, die als besonders gefährdet galten.

Sirik Matak, der gemeinsam mit Lon Nol den Prinzen gestürzt hatte, mochte die Einladung der amerikanischen Botschaft, sich evakuieren zu lassen, nicht annehmen. In einer Antwort an Botschafter Dean schrieb er stolz und voller Empörung: »Ich kann leider das Angebot nicht annehmen, in so feiger Weise zu fliehen. Ich habe keinen Moment geglaubt, daß Sie und besonders Ihr großes Land fähig wären, ein Volk im Stich zu lassen, das die Freiheit gewählt hat. Sie haben uns den Schutz verweigert, wir können nichts dagegen tun ... Wenn ich in dem Land sterbe, das ich liebe, dann muß es geschehen. Denn einmal müssen wir alle sterben. Ich habe nur den Fehler gemacht, an Sie und an die Amerikaner zu glauben.«

Sirik Matak ist nach dem Fall Phnom Penhs von den Roten Khmer exekutiert worden. Nach einem schmählichen Abgang von

der politischen Bühne, auf der er nur den Sturz seines Vetters
mitbewirkt, aber keine positive Leistung zustande gebracht hat,
wirkt sein Ende ergreifend, ja majestätisch. Seine Kritik an Amerika offenbart das Ausmaß der Illusionen, auf denen die Republik
gegründet worden war, aber auch die gefährliche Ignoranz gegenüber Interessen und Prioritäten in der Außenpolitik von Super-
mächten. Die Weigerung zu fliehen, der Wunsch, auch im Tode mit
seinem Land verbunden zu bleiben, hat ihm einen ehrenvollen
Platz in der Geschichte verschafft.

Die dezimierte Armee der Republik stand im wahren Wortver-
stand mit dem Rücken zur Wand. Sie hat bis zur letzten Patrone
gekämpft. In Südvietnam hatte eine gut gerüstete Thieu-Armee
den Krieg fast kampflos verlorengegeben, weil sie nüchtern und
rational kalkulierend dem Opfer und Leid keinen Sinn mehr abge-
winnen konnte. Phnom Penh ist keine 300 Kilometer von Saigon
entfernt. Aber dazwischen verläuft eine Kulturgrenze, die den fun-
damentalen Unterschied der Verhaltensweisen zu erklären hilft.
Die Lon-Nol-Armee hat ihren hoffnungslos gewordenen Kampf
bis zu Ende gekämpft. Erst als die Generale geflohen waren und
der Nachschub ausblieb, haben die Soldaten ihre Waffen fortge-
worfen, ihre Uniformen ausgezogen und sind in T-Shirts und
Gummisandalen mit ihren Familien im Flüchtlingsmeer der
Hauptstadt untergetaucht.

Am Morgen des 17. April 1975, fünf Jahre nach dem Sturz Siha-
nouks, lag eine spannungsvolle Ruhe über der Hauptstadt. Die
Straßen waren leer. Die Menschen warteten in ihren Häusern und
Hütten auf den Einmarsch der Roten Khmer.

Mit dem Team von Studio Hongkong hatte ich damals Position
in Saigon bezogen. Um die Entwicklung in beiden Städten beobachten und filmen zu lassen, hatte die Hamburger »Weltspiegel«-Redaktion Christoph Maria Fröhder gewonnen, einen in
Hessen beheimateten freien Kamerareporter, der sich bei heiklen
Missionen bewährt hatte. Diese Mission verlangte ungewöhnlich
viel Mut. Phnom Penhs Flughafen Pochentong lag unter Dauerbeschuß der Roten Khmer. Mit einer der letzten Caravelle-Flüge von
Air Cambodge ist Fröhder dort gelandet.

Im Hotel »Royal« traf er auf ein Dutzend Auslandskorrespondenten, die sich nicht hatten evakuieren lassen, weil sie entschlossen waren, über den Einmarsch der Sieger zu berichten. Al Rokoff, ein amerikanischer Photograph, gehörte dazu und Sidney Schanberg von der *New York Times*, beide Kambodscha-Veteranen, deren Erlebnisse der Film »Killing Fields« in den Mittelpunkt gerückt hat. Die einzigen Fernsehbilder vom Morgen des 17. April hat Christoph Maria Fröhder gedreht. Seine später unter einem Krankenverband herausgeschmuggelte Filmrolle hat das Fernsehpublikum weltweit über eines der ungewöhnlichsten Ereignisse der Weltgeschichte informiert.

Gegen sieben Uhr morgens, nach Sonnenaufgang, fuhren bewaffnete junge Männer in schwarzer Kleidung, auf alten Jeeps merkwürdige Fahnen schwenkend, auf die bunte Kreuze gemalt waren, über den breiten Monivong-Boulevard, die wichtigste Achse im Hotel- und Geschäftsviertel Phnom Penhs. Die Soldaten wirkten friedlich und fröhlich. Sie luden geradezu ein, ein Fest der Versöhnung zu feiern, ihnen entgegenzulaufen, sie zu bejubeln, zu umarmen, ihnen einen triumphalen Empfang zu bereiten.

Diese Szenen hat Fröhder in einiger Ausführlichkeit filmen können. Heute weiß man, daß die in Siegerpose einfahrenden Soldaten keine Einheiten der Roten Khmer waren, sondern ein bewaffneter Sympathisantenhaufen der Technischen Universität, der den Augenblick genutzt hat, um ein großes Spektakel zu genießen. Den Bewohnern Phnom Penhs haben die sympathischen Studenten eine letzte Illusion gestattet: daß nämlich die Roten Khmer tatsächlich die ausgestreckte Hand ergreifen würden und der Krieg mit einem Fest der Versöhnung sein Ende fände. In Stundenfrist war auch diese letzte Illusion zerstoben.

Gegen Mittag zogen die wirklichen Khmer Rouges in die Stadt ein, zu Fuß natürlich, lautlos auf Gummisohlen gehend, nicht in Kolonnen marschierend wie bei der Parade, sondern mit gesenktem Gewehr im »Gänsemarsch«. Ihre Gesichter waren ernst, abweisend, sie verrieten keine Empfindung, schienen menschlichen Robotern zu gehören, die die Bewohner Phnom Penhs beim ersten Anblick einschüchterten. Kindersoldaten waren darunter, viele Jugendliche, die das Lächeln verlernt hatten und einen Ernst ausstrahlten, der instinktiv als Bedrohung empfunden wurde.

Befehle wurden ruhig und bestimmt gegeben. Selten nur hob ein Soldat die Stimme; und mit der gleichen moderaten Selbstverständlichkeit schossen die schwarzen Bauernsoldaten ihre Kugeln in die Leiber von Menschen, die verängstigt und hilflos vor ihnen standen. *Angka*, die »Organisation«, hatte die absolute Gewalt übernommen. Ihren Befehlen war unverzüglich Folge zu leisten. Zögern wurde auf der Stelle mit dem Tod bestraft.

Schon am frühen Nachmittag kam der Befehl an alle und an jedermann, gesund oder krank, transportfähig oder nicht, ein Handgepäck zu schnüren und sich bereit zu machen, um die Hauptstadt zu verlassen. Christoph Maria Fröhder hat ein paar Soldaten filmen können, die mit hochgehaltener Pistole Plünderer bedrohten. Den großen, beispiellosen Exodus der Zivilbevölkerung Phnom Penhs haben die Auslandskorrespondenten nicht mehr beobachten können. Bewaffnete Truppen der Roten Khmer hatten sie im Hotelgarten des »Royal« interniert. Sie waren Gefangene, die rasch begriffen, daß die neue Herrschaft keinen Widerspruch duldete.

Der Platz dieses Buches reicht nicht aus, um den tragischen, an die Apokalypse erinnernden Ausmarsch von zweieinhalb Millionen Menschen angemessen zu beschreiben. Sogar die Krankenhäuser waren geräumt worden. Frisch Operierte wurden in ihren Betten mitgeschoben. Kranke und Sterbende mußten sich einreihen und dem Zug folgen, bis sie ohne Kraft liegenblieben, an den Straßenrand geschafft wurden und ihr Leben aushauchten. Söhne trugen ihre kranken Eltern auf dem Rücken. Ein schier endloser Strom menschlichen Elends ergoß sich auf die Ausfallstraßen, und war bis zum Einbruch der Dunkelheit gerade drei Kilometer weit vorangekommen.

Mitten in diesem Strom von Not, Schmerz und Verzweiflung fuhren die durch Korruption reich gewordenen Bürgerfamilien Phnom Penhs in ihren vollbeladenen Personenautos, mit einigen tausend Dollar Bargeld als Sicherheit in der Tasche, die Augen verschließend vor dem Leid, das sie umgab.

Pin Yathai, ein Nutznießer der Lon-Nol-Jahre, fuhr mit seinem Familienverband in drei Autos inmitten der schier endlosen Karawane. Mit diesen Worten hat er später die Szene beschrieben: »Je weiter wir uns von der Hauptstadt entfernten, desto größer wurde die Erschöpfung, die den Kranken, Verwundeten, Lahmen und den alten Menschen anzumerken war. Mit leerem Gesichtsausdruck verfolgten sie die vorüberziehende Menge und schienen sich teilnahmslos ihrem Schicksal zu ergeben. Wir sahen immer mehr Tote am Straßenrand, bis uns auch deren Anblick nicht mehr schockieren konnte. Umschlossen von der Schutzhülle unserer Autos, kamen wir selten mit anderen Familienverbänden in Kontakt ... Man mußte Egoist sein und sich ausschließlich um das Wohl der eigenen Familie sorgen, wenn man überleben wollte.«

Die Selbstverständlichkeit, mit der Pin Yathai den Familienegoismus formuliert, macht den Unterschied zu europäischen Verhaltensweisen besonders deutlich. Brüderlichkeit und Solidarität mit jedermann haben ihre Wurzeln im christlichen Menschenbild, das die Zivilisationen Asiens trotz der Kolonialzeit nicht akzeptiert haben.

Es dauerte drei volle Tage, bis die Kolonne, die nach Süden zog, den Vorort Takhmau erreichte, keine zehn Kilometer vom Zentrum entfernt. Bis hierhin reichte bei den meisten Autos der Treibstoff. Wenn das Benzin verbraucht war, mußten die Fahrzeuge am Straßenrand zurückgelassen werden. Nach wenigen Tagen waren die Unterschiede der Gesellschaft eingeebnet. Die Revolution erreichte alle, mit nur einer kleinen Verzögerung beim Beginn. Jetzt waren alle gleich, Objekte in einem sozialen Experiment, das die Menschheit in gleicher Radikalität noch nicht erlebt hatte.

Wer als Lehrer, Beamter oder Soldat des alten Regimes erkannt oder denunziert wurde, »verschwand« binnen kurzem. Die Exekution wurde planmäßig, aber selten vor den Augen Unbeteiligter ausgeführt. Um Munition zu sparen, erschlugen die Roten Khmer ihre Opfer zumeist mit der Hacke. Mehr als eine Million Khmer, so schätzt man heute, sind in den drei Jahren und acht Monaten, die die Herrschaft der Roten Khmer gedauert hat, ums Leben gekommen. Ein »paar hunderttausend« (die Schätzung und die

Formulierung wirken wahrlich zynisch) sind aktiv ermordet worden. Die Khmer-Nation hat ihre Elite, die Gebildeten, ihre Facharbeiter, sofern sie nicht fliehen konnten, dabei verloren.

Der größere Teil ist indirekt, durch die unmenschlichen Lebensumstände, Opfer dieser Revolution geworden. Die Mehrheit der städtischen Bevölkerung hat dem Leben auf der untersten Existenzebene, wo jede Familie die Behausung selbst bauen und die Nahrungsmittel selbst erzeugen oder sammeln mußte, nicht standhalten können. Malaria, Unterernährung, Dysenterie, erzeugt durch unreines Wasser, haben die Städter hingerafft.

Das Gebäude der Staatsbank in Phnom Penh sprengten die Roten Khmer in die Luft. Die neue Gesellschaft lebte ohne Geld, ohne Post, ohne Schulen. Die Städte waren entvölkert. Die Menschen waren auf die Provinzen verteilt worden, wo sie Kanäle bauten, Urwälder rodeten und mit einfachsten Mitteln, ohne Kunstdünger und mit selbstgebautem Handwerkszeug, das Land bestellten.

Die Tempel und Klöster wurden geschlossen, die Mönche gezwungen, ihre Roben abzulegen und sich einzureihen in die arbeitende Bevölkerung. Nur Verheiratete lebten zusammen, und auch das nicht immer. Voreheliche und außereheliche Beziehungen wurden drakonisch, fast immer mit dem Tode, bestraft. Ab 1977 mußten die Familien sogar ihre Kochgeräte abliefern. Gegessen wurde in Gemeinschaftsräumen. Der individuelle Haushalt hatte aufgehört zu existieren. Die Revolution schuf Gleichheit bis zur letzten Konsequenz. Sogar die buddhistische Khmer-Tradition wurde zerschlagen. Folklore und Tanz blieben verboten. Ziel der Revolution war eine bäuerliche, spartanische, sich selbst versorgende, egalitäre und reinrassige Khmer-Gesellschaft, die ein neues Kambodscha aufbauen würde. Alle Minoritäten, Cham, Vietnamesen und auch Chinesen, sind systematisch verfolgt worden.

Beobachter im Westen haben die Verhältnisse einen »Steinzeit-Sozialismus« genannt. Tatsächlich bestand die neue Gesellschaft aus kranken, zerlumpten, ausgemergelten Menschen mit Hungerödemen an den Beinen, mit übergroßen Augen, von Mangel und Schrecken gezeichnet, eine Gemeinschaft willenloser und handlungsunfähiger Elendsgestalten, die jede Hoffnung aufgegeben hatte und die die Toten beneidete. Das Reich der Roten Khmer war die Hölle auf Erden, so gewalttätig, abstoßend, brutal, so mörderisch und ungeheuerlich, daß sprachliches Ausdrucksvermögen für die Beschreibung dieser Wirklichkeit nicht hinreicht.

Die Führer der Roten Khmer

Warum haben die Roten Khmer die Städte evakuieren lassen, warum haben sie Millionen von Menschen auf eine Existenzstufe herabgedrückt, auf der sie das Opfer von Hunger, Krankheit und Tod werden mußten?

Angka lasse die Hauptstadt evakuieren, so erklärten die Soldaten – sofern sie überhaupt bereit waren, auf Fragen eine Antwort zu geben –, weil die Gefahr eines amerikanischen Bombenangriffs drohe. Für ein paar Tage müßten die Bewohner aufs Land. *Angka* duldete keinen Widerspruch und verzichtete gemeinhin darauf, Befehle zu rechtfertigen.

Die Bedrohung durch die amerikanische Luftwaffe war pure Fiktion. Nie hat es einen solchen Plan gegeben. Es muß andere Gründe für den qualvollen Exodus gegeben haben.

Um eine Hungersnot zu vermeiden, hätten die Sieger die Bevölkerung der Hauptstadt so rasch wie möglich auf das ganze Land verteilen müssen, so lautet eine zweite Erklärung, die freilich auch nicht überzeugen kann. Richtig ist, daß die Reserven Phnom Penhs aufgezehrt waren, daß es an allem fehlte und die Sieger aus eigener Kraft nicht imstande waren, die Versorgungsprobleme für zweieinhalb Millionen Menschen zu lösen. Nothilfe des Auslands hätte erbeten werden müssen. Aber ein Appell nach draußen kam für die nationalistischen Führer der Roten Khmer nicht in Betracht. Wenn denn die Not zur Evakuierung gezwungen haben soll, dann bleibt dennoch die Frage, warum auch die Lahmen, die Alten, die Kranken und die frisch Operierten gezwungen wurden, sich anzuschließen, warum auch sie planmäßig in den Tod geschickt wurden.

Die Roten Khmer hätten durch den Exodus das Agentennetz der Amerikaner mit einem Schlag zerstört, so will eine weitere Theorie wissen. Nur Phantasten, die der Geheimdienst bis in den Traum verfolgt und die alle Übel der Welt durch die Verschwörung amerikanischer Agenten erklären, mögen dieser These Glauben schenken. Nach dem Sieg über die amerikanische Armee hatten die Roten Khmer wenig Grund, sich durch die CIA in Panik versetzen zu lassen.

Der Krieg habe schon immer die schlimmsten Instinkte geweckt, argumentiert William Shawcross, der die »Zerstörung Kambodschas« in einem vielbeachteten Buch beschrieben hat. »Nur selten ist eine siegreiche Armee so bombardiert worden wie die Roten Khmer. Wie die Roten Khmer sich verhalten hätten, wenn ihr Aufstieg zur Macht ordentlicher, schrittweiser und kontrollierter erfolgt wäre, ist unmöglich einzuschätzen.«

Der Ansatz von William Shawcross hält der kritischen Überprüfung nicht stand. Zu systematisch und planmäßig war das Vorgehen der Roten Khmer, als daß man ihre revolutionäre Strategie als zufälliges Produkt eines außergewöhnlichen Krieges deuten dürfte. Schon 1974 war in Oudong ein Exempel statuiert worden. Im Frühjahr 1975 hat sich die Führungsgruppe der Roten Khmer intensiv mit politischen Grundsatzfragen befaßt und auch die Pläne der Evakuierung gründlich bedacht. Shawcross wird durch seine verständliche Abneigung gegen die amerikanische Großmachtpolitik und durch seine Sympathie für die geschundene Khmer-Nation das Opfer seiner euro-amerikanischen Perspektive. Er erklärt die Geschehnisse aus einem politischen und moralischen Defizit der Vereinigten Staaten heraus. Die Roten Khmer sind in Wahrheit jedoch mehr als nur das Spiegelbild einer verfehlten Politik Washingtons. Sie sind eine Gemeinschaft von Revolutionären, die aus freien Stücken und aus eigenem Antrieb gehandelt, die sich intensiv mit den Plänen für einen gesellschaftlichen Umbau beschäftigt hat, die theoretisch vorbereitet war auf den Sieg und die Führung im neuen Kambodscha.

Der Generalsekretär der Kommunistischen Partei, die bewußt im Halbdunkel operierte und sich hinter Fassaden und Frontorganisationen zu tarnen, ja zu verstecken bemüht war, hieß Saloth Sar, bekannter – wie erwähnt – unter seinem Pseudonym Pol Pot, das er seit dem Frühjahr 1976 verwandte. Geboren wurde er 1928 in der Stadt Kompong Thom als Sohn einer durchaus angesehenen und wohlhabenden Familie, die zwei weibliche Mitglieder als Konkubinen an den königlichen Hof geschickt hatte.

1944, im Alter von 16 Jahren, war Saloth Sar nach Phnom Penh gekommen. Dem ernsten, freundlichen, unauffälligen Studenten gelang 1949 durch Protektion und Fürsprache des Hofes, ein Stipendium zum Studium in Paris zu erhalten. Saloth Sar studierte dort Radiotechnik. Sein wirkliches Interesse wandte sich dem Marxismus zu.

Ein Jahr später kam auch Ieng Sary, der Khmer-Student aus dem vietnamesischen Mekong-Delta, dem alten Kampuchea Krom, nach Frankreich, wo zwischen Saloth Sar und ihm eine Freundschaft entstand, die durch Familienbande noch verstärkt wurde. Saloth Sar und Ieng Sary heirateten zwei kluge, willensstarke Schwestern aus einer großbürgerlichen Juristenfamilie. Khieu Thirit, die als Schönheit beschrieben wird, heiratete den angehenden *professeur* Ieng Sary. Die ältere Schwester Khieu Ponnary wurde die Lebensgefährtin Pol Pots; sie entwickelte schon früh starken politischen Ehrgeiz. Die verwandtschaftlichen Beziehungen der beiden Paare sind durch gemeinsame Jahre im Untergrund noch vertieft worden. Sie haben die Machtverhältnisse an der Spitze der Partei so eng und undurchschaubar gemacht, daß man später, in Anlehnung an die Verhältnisse in China, von der »Viererbande« der Roten Khmer gesprochen hat. Pol Pot, Ieng Sary, Khieu Thirit und Khieu Ponnary bilden bis auf den heutigen Tag das Macht- und Führungszentrum der Roten Khmer.

Zum Pariser Zirkel zählten außer Saloth Sar und Ieng Sary noch die Thiounn-Brüder aus einer der führenden Familien Phnom Penhs, nämlich Thiounn Mum und Thiounn Prasith. Außerdem gehörten dazu die späteren »Sangkum«-Vertreter und Mitarbeiter Sihanouks Khieu Samphan, Hou Yuon und Hu Nim sowie der verschlagene Son Sen, der in der Revolution später eine wahre Blutspur hinter sich herzog. Damals dachten sie alle noch eher pragmatisch als revolutionär. Saloth Sar alias Pol Pot interessierte sich für die Reformideen Titos, der sich aus der Bevormundung durch Stalin befreit hatte. Saloth Sar hat Jugoslawien damals besucht und den nationalistischen Kern der Titoschen Politik wohl besser verstanden als die ideologische Komponente.

Khieu Samphan schrieb eine Doktorarbeit über die industrielle Entwicklung Kambodschas. Hou Yuon untersuchte die Lage der Bauern in seinem Land. Man hat in diesen beiden Dissertationen den Generalplan für die spätere »Steinzeit-Revolution« gesucht. In Wahrheit offenbaren beide Arbeiten eher den Geist der Reform als den des Umsturzes. Die Dissertationen seien bemerkenswert für den »gemäßigten, scholastischen Ton«, urteilt eine der besten Kennerinnen dieser Phase, die amerikanische Journalistin Elizabeth Becker.

1953 ist Saloth Sar, ohne sein Studium mit einem Examen abgeschlossen zu haben, nach Kambodscha zurückgekehrt. Einige Jahre später folgten die übrigen Gesinnungsfreunde, die in der Heimat aber zunächst nur geringen Einfluß auf die Kommunistische Partei gewinnen konnten. Die Richtung bestimmten damals noch die kambodschanischen Vietnamesen, also Mitglieder einer Minderheit, die sich eng an Hanoi anlehnten und die Politik Sihanouks, der sie kritisch gegenüberstanden, aus taktischen Gründen, im Interesse des Vietcong wohlwollend unterstützten.

Die Intellektuellen aus Paris hatten wenig Sinn für internationale Verpflichtungen. Sie verstanden sich zuerst und vor allem als Khmer-Nationalisten. Sie vertraten eine neue Linie, die es nötig machte, die Führung der Partei herauszufordern und auszuwechseln.

Der Aufstieg zur Macht begann mit einem Mord. Generalsekretär Tou Samouth, ein Veteran der vietnamorientierten Linken, wurde am 20. Juni 1962 aus einem gesicherten Haus in Phnom Penh entführt. Man darf mit ziemlicher Gewißheit annehmen, daß er ermordet und verscharrt worden ist. Er blieb »verschwunden«, ohne eine Spur zu hinterlassen.

Saloth Sar alias Pol Pot (der nun auch in dieser Beschreibung mit seinem unrühmlichen Namen erscheinen soll) wurde amtierender Generalsekretär, der auf dem dritten Parteikongreß im Februar 1963 seine Macht über den Apparat konsolidierte. Mit den neuen Männern hatte die Partei auch einen neuen Kurs bestimmt, der schon bald zum offenen Konflikt mit Sihanouk führte.

Pol Pot, Ieng Sary und Son Sen tauchten im Mai 1963 in die Illegalität des Untergrunds. 1967, im Zusammenhang mit der Bauernrebellion in Samlaut, folgten die Minister und Staatssekretäre Khieu Samphan, Hou Yuon und Hu Nim. Im Milieu des bewaffneten Guerillakrieges, in der spartanischen Atmosphäre des Lagerlebens im Dschungel müssen jene Ideen und Konzepte entwickelt worden sein, die nach 1975 verwirklicht wurden.

Es ist kein Buch und kein Dokument zugänglich, aus dem das politische Weltbild und die theoretischen Grundlagen der vielleicht radikalsten Revolution der Weltgeschichte rekonstruiert werden könnten. Auch in den Jahren ihrer Herrschaft in Phnom Penh hat die Partei kein einziges Buch in Khmer publiziert, das die Theorie des Marxismus-Leninismus zum Inhalt gehabt hätte. Nur ein einziges Werk, aus dem Ostblock stammend, ist damals übersetzt und publiziert worden, das »Who is who in the CIA«. Die Partei litt unter dem absurden Verdacht, daß einige ihrer Funktionäre gleichzeitig für die CIA und den KGB arbeiteten. Viel spricht dafür, daß die Agentennamen bei den Verhören im Toul-Sleng-Gefängnis, wo sogenannte Verräter und Saboteure verhört, gefoltert und liquidiert wurden, eine wichtige Rolle gespielt haben.

Aus Bruchstücken, aus eher zufälligen Redeausschnitten und Bekenntnissen lassen sich einige Erkenntnisse herausfiltern, die helfen könnten, die Absichten der Roten Khmer zu erklären. Gewiß ist, daß Pol Pot und seine Clique von der Macht und der Größe Angkors inspiriert waren. »Wenn unser Volk Angkor bauen kann, dann kann es alles erreichen, was es will«, hat Pol Pot formuliert. Die Partei war überzeugt, daß die Khmer-Nation das Talent und die Kraft besäße, ein neues Reich zu bauen, das den Glanz des alten Angkor-Reiches noch überstrahlen würde.

König Jayavarman VII. hatte Angkor Thom mit dem riesigen

Bayon, dem viergesichtigen Buddhagesicht, in wenigen Jahren von 300 000 Arbeitern errichten lassen. Sklavenarbeit, Zwangsrekrutierung und schwerste Handarbeit fast ohne technische Hilfsmittel waren das Fundament, auf dem das Reich gegründet worden war. Pol Pot plante wie Jayavarman VII. Schon damals im 13. Jahrhundert hat das Reich von Angkor sich übernommen, haben die Königsbauten die Substanz aufgezehrt und das Land so geschwächt, daß die Khmer dem späteren Ansturm der Nachbarn nicht mehr gewachsen waren.

Pol Pot litt an »Megalomanie«, an Größenwahn, der nach dem Urteil Sihanouks »sogar den Wahnsinn Hitlers noch übertraf«. Die Khmer-Revolution, so heißt es in einer Rede Pol Pots vom 22. Juni 1975, werde eine neue Phase der Khmer-Geschichte einleiten, »noch glorreicher als Angkor«.

Der Mangel an Realitätssinn, an Augenmaß und Nüchternheit erinnert an General Lon Nol. Pol Pot, der Umstürzler, und Lon Nol, der Reaktionär, träumten beide den Traum eines neuen Reiches, das den Niedergang der Geschichte beenden würde. Größenwahn und Weltfremdheit stammen aus den Abgründen einer geschundenen, verängstigten, an sich selber zweifelnden Nation. Mit einem Schlag sollte das Schicksal gewendet werden.

Der Traum eines neuen Angkor stützt sich auf die unerschütterliche Überzeugung, daß die Khmer nur durch widrige Umstände, durch Verrat und Heimtücke eine Phase des Niedergangs erlebt hätten, daß sie in Wahrheit aber die edelste, die tüchtigste und heroischste Rasse der Welt seien. Nie haben die Khmer von der Illusion lassen wollen, daß sie allen Nachbarn, allen Völkern der Welt überlegen seien. Das Gefühl kultureller Überheblichkeit fließt aus einem kruden Rassismus, der auch anderen Zivilisationen Asiens nicht unbekannt ist, der aber bei den schwachen und ausgelaugten Khmer in einem geradezu grotesken Mißverhältnis zur Wirklichkeit steht.

Neben dem »Supernationalismus« hat auch der Rassismus Pol Pots Vergleiche mit Hitler provoziert. Sihanouk bezeugt, »daß Pol Pot sich... zutiefst von Hitler fasziniert zeigte. Herr Pol Pot sprach und evozierte diesen Namen bei jeder Gelegenheit mit

einem offenkundigen Genuß und einer offenkundigen Besessen-
heit. Der Völkermord an der vietnamesischen Minderheit durch
Lon Nol und dann durch Pol Pot ähnelt auf seltsame Weise demje-
nigen an den Juden durch Hitler.«

Rassismus, Nationalismus und Chauvinismus erklären sich
ganz wesentlich aus der Khmer-Geschichte. Pol Pot und seine
Clique, so hat Elizabeth Becker mit Recht geurteilt, »waren die
Erben des Schlimmsten in der kambodschanischen Geschichte«.

Der zweite starke Einfluß auf das Denken der Roten Khmer
stammt aus China, aus der revolutionären Theorie Mao Zedongs.
Im Totenreich Pol Pots hat der Große Steuermann sich ein erschreckendes Denkmal gesetzt.

Maos Musterschüler

Um sich als neuer Generalsekretär der geheimen kommunistischen Partei Kambodschas vorzustellen, ist Pol Pot im Winter
1965/66 zunächst nach Hanoi und von dort nach Peking gereist.
Ieng Sary und dessen Frau Khieu Thirit gehörten zur Delegation,
die sich vor den Augen aller Beobachter verborgen hielt. Erst elf
Jahre später ist die Reise bekanntgemacht worden. Pol Pot und
seine Begleitung haben sich mehrere Monate Zeit genommen, um
mit den führenden Genossen der Volksrepublik China Gespräche
zu führen. Bis heute ist nicht bekannt, wer aus dem Präsidium der
chinesischen Partei und aus dem Kreis der Regierung die Khmer
empfangen hat.

Deng Xiaoping amtierte als Generalsekretär, der Monate
danach von den Kulturrevolutionären gestürzt wurde. Liu Shaoqi
bekleidete das Amt des Staatspräsidenten. Auch er wurde bald
darauf von den Roten Garden gedemütigt und schließlich zu Tode
gehetzt. Man kann nur vermuten, daß Deng und Liu mit Pol Pot
die Lage in Kambodscha erörtert haben. Khieu Thirit hat viele
Jahre später Elizabeth Becker in einem Interview anvertraut, daß
die wichtigste Aufgabe, die die Delegation sich gestellt hatte, darin
bestand, den Chinesen die Existenz ihrer Partei zu veranschau-

lichen. Die Führer in Peking sollten erkennen, daß die kambodschanischen Genossen nicht im vietnamesischen Fahrwasser schwimmen, daß es eine eigenständige kommunistische Partei Kampucheas gab.

Pol Pot behauptete später, daß seine Partei im Jahre 1966 den wahren Charakter der Vietnamesen erkannt hätte. Mit Hanoi, so sei damals klargeworden, könne Kambodscha nur Staats-, keine Parteibeziehungen unterhalten. Es ist mit einigem Grund darüber spekuliert worden, ob die chinesischen Führer bei der politischen Abnabelung von Vietnam assistiert haben, ob schon bei der ersten Reise nach Peking die Grundlagen dafür gelegt worden sind, daß die Roten Khmer Partner und Instrumente Chinas wurden in der sich anbahnenden Interessenkollision mit Vietnam.

Niemand sollte in solchen Spekulationen eine böswillige, China schädliche Unterstellung sehen. Die Führung in Peking bediente sich damals auch auf dem Feld der Außenpolitik unkonventioneller Mittel, um einen ganz milden Ausdruck zu verwenden. Der Staatschef von Kambodscha stand in engem, geradezu freundschaftlichem Verhältnis zur Volksrepublik China; es war jenes Jahr, in dem er der Bitte Zhou Enlais entsprach, für den Vietcong geheime Waffentransporte durch den Hafen Sihanoukville zu organisieren.

Zur gleichen Zeit konferierte die chinesische Parteispitze mit den Führern der Roten Khmer, die längst entschlossen waren, den bewaffneten Kampf gegen das königliche Regime zu beginnen. Die Vermutung scheint keineswegs abwegig zu sein, daß die Volksrepublik China sich einer Doppelstrategie bediente. Während das Außenministerium und vielleicht auch der Regierungschef Zhou Enlai die Khmer Rouges gebeten haben, ihre Revolution zu vertagen, um die Entwicklung in Südvietnam nicht zu stören, mag die chinesische Parteiführung die Khmer-Genossen aus dem Dschungel »diskret« ermutigt haben, den Kampf sofort zu beginnen. Die Parole der Roten Garde würde lauten: »Die Revolution hat immer recht.« Pol Pot, das scheint mir glaubhaft, ist durch den Besuch in Peking zum radikalen Offensivstrategen, nicht zum Bremser geworden.

Die zweite geheime Reise Pol Pots nach Peking fand im Früh-

jahr 1970 statt. Pol Pot war in Peking, als Sihanouk abgesetzt und
von Zhou und Mao bedrängt wurde, sich zum Bündnis mit der
Revolution zu entschließen. Sihanouk konnte freilich nicht
ahnen, daß sein Gegenspieler und späterer Partner Pol Pot zur
gleichen Zeit mit Zhou und Mao konferierte; und weder Pol Pot
noch Sihanouk waren fähig, sich vorzustellen, daß eine chinesische Delegation in Phnom Penh weilte, die Lon Nol ein konkretes
Angebot zur Kooperation mit Peking machte.

Mehrere Monate lang ist Pol Pot damals in Peking gewesen. Die
Atmosphäre muß ihn elektrisiert haben. Hier wurde zum erstenmal in der Geschichte gedacht und ausgeführt, was den Namen
»Revolution« wirklich verdiente. Im Rückblick auf das, was dann
in Kambodscha geschah, scheint es wie eine gesicherte Erkenntnis, daß die jungen Khmer aus dem Dschungel zu Füßen Maos
gesessen haben und mit heißem Herzen seinen umstürzlerischen
Gedankenflügen gefolgt sind.

Der Künstler und Visionär Mao Zedong glaubte in solchen
rauschhaften Momenten, daß sein Volk, wegen der hohen revolutionären Gesinnung und wegen der Begeisterung der Massen, den
Anschluß finden könne an die Hochtechnologie im Westen und in
der UdSSR, und dies viel rascher, als bisher erwartet worden war.
Zwei »bemerkenswerte Besonderheiten« stimmten ihn so hochge-
mut: »Das Volk der Chinesen ist zuallererst arm und zum zweiten
wie ein reines Blatt. Das mag vielleicht als schlecht erscheinen, ist
aber in Wirklichkeit gut. Arme Leute wünschen die Veränderung,
wünschen etwas zu tun, wünschen die Revolution. Ein weißes
Blatt Papier hat keine Flecken, und so können die neuesten und
schönsten Worte darauf geschrieben, die neuesten und schönsten
Bilder darauf gemalt werden.«

Es fällt nicht schwer, diese Gedankenkette Maos zu verlängern.
Die Khmer-Bauern besitzen die »Reinheit« und die Armut; sie
sind wie ein weißes Blatt, auf dem die Revolution die schönsten
Bilder von einem neuen Angkor zeichnen kann. Diejenigen, die
keine reine Seele haben, müssen gereinigt werden. Ihre alte Welt,
von westlicher Dekadenz infiziert, muß vernichtet, ausgerottet
werden. Durch Feldarbeit können sie sich reinigen, wieder einglie-

dern in die Gemeinschaft der Reinen, die das neue und herrliche Reich von Angkor erbauen wird. Die Opfer im Fegefeuer sind unvermeidlich. Sie zählen nicht, weil die verdorbenen, von westlichen Ideen infizierten Khmer zum Neuaufbau nicht taugen.

Von Mao stammen also die Grundideen der radikalen Revolution in Kambodscha; und aus China hat Pol Pot auch die Modelle übernommen, von denen er sich bei der Verwirklichung leiten ließ.

Die Verachtung der Intellektuellen in der Kulturrevolution muß auf Pol Pot und seine Gruppe einen starken Eindruck gemacht haben. Auch die Roten Khmer sonderten alle Fachkräfte des alten Regimes aus. Anders als in China erhielten sie keine Chance, sich durch Handarbeit zu rehabilitieren. Es wurde versucht, sie pauschal zu liquidieren.

Mao Zedong hat seine Revolution mit den Bauern und ohne die Städter gemacht. Die Roten Khmer steigerten sich in einen Haß auf die urbane Lebensform hinein, die ihnen als Verrat an der Khmer-Tradition erschien. Sie waren überzeugt, daß die Stadt zerstört werden müsse. Auch solche Ideen sind aus der Geschichte bekannt, konsequent verwirklicht worden sind sie zuvor nicht.

Auch die Neuorganisation der Gesellschaft in Kommunen, mit gemeinsamen Eßräumen, die die Funktion der Familie reduzierten, haben die Roten Khmer zuvor im China des Großen Sprungs studieren können. Die Volksrepublik war zu dieser Zeit extrem fremdenfeindlich und abgeschottet gegen jede Beeinflussung von außen. Trotz der geistigen Isolation, trotz der Turbulenzen und Zerstörungen glaubten Mao und die Mitglieder der »Viererbande«, daß China durch die Roßkur sich an die Spitze der menschlichen Entwicklung setzen und den Abstand zum technischen Niveau der Industrienationen rasch wettmachen würde.

Auch diesen scheinbar absurden Entwicklungsgedanken haben die Roten Khmer sich zu eigen gemacht. »Wir nehmen die Landwirtschaft als Basis«, hat Ieng Sary später definiert: »Mit dem, was die Landwirtschaft erzielen kann, bauen wir eine Industrie auf, die wiederum der Landwirtschaft zu dienen hat.« Wie Mao gelehrt hat, war die korrekte Gesinnung wichtiger als das Fachwissen.

Willensstärke und die reine Seele machten die neue Qualität aus, die ein wahres Wunder bewirken würde, ein wirtschaftliches und ein technisches Wunder, an das Pol Pot und seine Gruppe inbrünstig glaubten.

Wie fast alle Khmer, die der historische Niedergang der Nation traumatisch belastete, mochten auch die Roten Khmer sich nicht eingestehen, daß sie Ideen von außen geborgt hatten. Sie beharrten darauf, daß ihre Strategie der eigenen Gedankenarbeit entsprungen war. Ihr Revolutionsmodell sei weder von China noch von Vietnam inspiriert worden. Thiounn Mum hat das Dilemma so gelöst: »Unsere Zivilisation ist 8800 Jahre alt – wie Rom. Wir haben niemanden kopiert. Unsere Kunst ist anders als die Indiens, und das gleiche gilt für unsere Revolution, in der wir zum erstenmal überhaupt die Chance haben, Khmer-Kultur zum Ausdruck zu bringen.«

Im Augenblick des Sieges wird die Tatsache fremder Hilfe verdrängt. Ganz allein, ohne Verbündete, aus eigener Kraft, so suggerierten sich die Führer, habe die Khmer-Rasse Amerika, die mächtigste Nation der Welt, besiegt. In einer Rede Pol Pots heißt es: »Nur die kambodschanische Nation, das kambodschanische Volk, die kambodschanische revolutionäre Armee und die kambodschanische Partei haben erreicht, ihr eigenes Land und Volk zu befreien, vollständig, endgültig und rein.«

Da taucht der Ausdruck »rein« aus den Träumen von Mao wieder auf. Natürlich ohne Hinweis auf die Quelle. Illusionen verdichteten sich zu handfesten Lügen. Wenn die Begriffe nicht mehr stimmen, so hat schon der weise Konfuzius vor fast 2500 Jahren geahnt, bricht Chaos über das Reich herein; und noch präziser hat der englische Autor George Orwell in seinem Buch »1984« den Grund der totalitären Herrschaft benannt: »Freiheit bedeutet die Freiheit zu sagen, daß zwei und zwei gleich vier ist. Sobald das gewährleistet ist, ergibt sich alles andere von selbst.«

Der »Supernationalismus« der Roten Khmer mochte keine Hilfe der vietnamesischen Armee mehr gelten lassen. Jetzt wollten Pol Pot und seine Clique sich sogar einreden, daß die Revolution in Südvietnam nur gesiegt hätte, weil die Roten Khmer »die Streitkräfte der Vereinigten Staaten schon vorher vernichtet und die Amerikaner im April 1975 buchstäblich ins Meer geworfen haben. Ohne unsere Hilfe wären die ›Yuon‹ Ho Chi Minhs schon seit langem von den Amerikanern vernichtet worden.«

Sihanouk, der sein Land mit heißem Herzen liebt, hat nie gestattet, daß patriotische Gefühle die Vernunft überwältigten. Das macht ihn zum ungewöhnlichen Führer einer Nation, die zum Eskapismus, zur Flucht aus der Wirklichkeit neigt. Es sei gut, Patriot zu sein, hat Sihanouk später formuliert, »aber absichtlich eine chauvinistische und böswillige Haltung einzunehmen, die so weit geht, den nordvietnamesischen Verbündeten und Waffengefährten die ausschlaggebende Rolle, wenn nicht mehr, streitig zu machen ... heißt nicht nur, ihnen Unrecht zu tun, sondern es ist auch eine Beleidigung gegen die Geschichte, die ihre Urheber nicht größer macht«.

Aus einer historischen Lüge entstand der Entschluß, den Sieg über Amerika mit einer Revolution zu krönen, die der Menschheit den Atem verschlagen sollte. Die große Khmer-Nation würde endlich jene radikale Umformung der Gesellschaft beginnen, von der andere Revolutionäre, der große Lehrer in China eingeschlossen, bislang nur geträumt haben. Mit einem Schlag würden die Städte vernichtet, würde die alte Gesellschaft zerstört werden. »Ohne zu zögern und ohne fremde Hilfe« baue die Khmer-Rasse eine neue Ordnung, noch glänzender als Angkor, nur auf die eigene Kraft vertrauend, sich selber ermutigend und stützend.

Die Roten Khmer wollten der Welt beweisen, daß sie nicht nur die größten Kriegshelden, sondern auch die kühnsten und radikalsten Revolutionäre der Menschheitsgeschichte seien. Sie wollten ein gesellschaftliches Experiment vorantreiben, das so kompromißlos und unbarmherzig noch niemand auszuführen gewagt hatte.

Die Welt, so glaubten Pol Pot und seine Führungsclique, würde mit Bewunderung auf Kambodscha blicken. Die Khmer-Rasse würde der gesamten Welt den Beweis liefern, daß man den unumschränkten Kommunismus mit einem einzigen Schlag erreichen kann. »Auf diese Weise«, so hörte Sihanouk einmal den milden, mandeläugigen Khieu Samphan schwärmen, »wird unser Land seinen Namen in goldenen Lettern in die Weltgeschichte einschreiben als das erste, dem die Durchführung einer Bolschewisierung ohne unnütze Zwischenstufen gelungen ist.«

Ieng Sary wurde nicht müde, die Khmer-Komponente der Revolution hervorzuheben und die Singularität der neuen Ordnung zu betonen: »Es gibt kein Vorbild für das revolutionäre Experiment der Khmer. Wir wollen etwas verwirklichen, das es noch niemals in der Geschichte gegeben hat.«

Man hat später Parallelen zu Hitler erkennen wollen und Pol Pot in die Nähe des Faschismus gerückt. Die Einführung des Begriffes »Holocaust« für die Revolution in Kambodscha verhüllt und vertuscht jedoch den wahren Sachverhalt. Pol Pot gehört nicht in das faschistische Umfeld, sondern eindeutig zu jenen menschenverachtenden sozialistischen Ideologen, die eine Utopie verwirklichen wollen, auch wenn dies Millionen von Menschen das Leben kostet. Pol Pot hat seinen Platz neben Josef Stalin und Mao Zedong. Das Kambodscha der Roten Khmer erinnert an den Archipel Gulag.

Nur darin mag der Vergleich mit den Nazis einen Erkenntniswert haben: daß beide, Pol Pot und Hitler, den Plänen die Tat haben folgen lassen. Sie haben die natürlichen Sperren überwunden, die Menschen vor sich selber schützen. Sie haben getan, was zuvor nur geplant und beredet worden ist.

Die Weltöffentlichkeit hat beide Verbrechen spät, viel zu spät erkannt. Solche Dimensionen des Übels gab es bislang nur in der Propaganda. Die Welt des 20. Jahrhunderts war zu skeptisch geworden, um Greuelgeschichten noch Glauben zu schenken.

Chinas Mithilfe am Massenmord

Keine zwei Monate nach der Evakuierung Phnom Penhs und der Reduzierung des gesamten Lebens auf den Standard einer primitiven Agrargesellschaft reiste Pol Pot, »Bruder Nummer eins«, ge-

Der »alte Buddha« Mao Zedong mit Pol Pot (Mitte) und
Ieng Sary bei einem Geheimbesuch in Peking
am 21. Juni 1975, knapp zwei Monate nach der Evakuierung
Phnom Penhs. Mao lobte: »Für jeden Schritt, den
China macht, machen unsere kambodschanischen Genossen zwei.«

meinsam mit Ieng Sary nach Hanoi und Peking. Die Reise war
geheim. Niemand im Westen hat damals davon erfahren.

Nach einem Stopp in Hanoi traf die Delegation am 21. Juni
1975 in Peking ein. Mao Zedong überschüttete seine Schüler mit
Lob.

Es gibt ein Photo, das den »alten Buddha« mit Pol Pot und Ieng
Sary zeigt. Mao hält die linke Hand in Brusthöhe, seine Finger
sind gespreizt, um einen Gedanken zu unterstreichen. In der Mitte
der Gruppe steht Pol Pot, mit glücklichen Augen auf Mao blik-
kend. Er strahlt Selbstsicherheit aus und das Gefühl der Dankbarkeit für Zustimmung und Ermutigung durch den großen Lehrer.
Mao blickt auf den rechts stehenden Ieng Sary, der in seiner beflis-

senen Unterwürfigkeit den Körper leicht nach vorn gebeugt hat. »Ihr Genossen«, so lobte Mao die Gäste aus der Geisterstadt Phnom Penh, »habt gerade einen glorreichen Sieg errungen, der eure Gesellschaft mit einem Schlag klassenlos macht ... Die ländlichen Kommunen, die aus armen Bauern und aus Bauern der unteren Mittelklasse bestehen und im ganzen Land gegründet worden sind, stellen unsere Zukunft dar ... Für jeden Schritt, den China macht, machen unsere kambodschanischen Genossen zwei.«

Die Informationen über den Jubelempfang in Peking stammen aus einer Publikation der gegenwärtigen Regierung Heng Samrin in Phnom Penh, aus dem »Weißbuch«, das 1984 veröffentlicht wurde, um die »Verbrechen der chinesischen Führer an Kambodscha« zu dokumentieren. Auch wenn die denunziatorische Absicht offenkundig ist, scheinen mir die Zitate glaubwürdig zu sein. Aus ihnen läßt sich ein Bogen bauen, in den als Schlußstein eine Information paßt, die von unverdächtiger Seite stammt und auf indirekte Weise die Position Maos bestätigt.

Als der amerikanische Präsident Richard Nixon im Februar 1972 seinen historischen Besuch in China machte, kam es zu einem denkwürdigen persönlichen und vertraulichen Gespräch mit Mao, das Henry Kissinger im ersten Band seiner Erinnerungen in ungewöhnlicher Ausführlichkeit geschildert hat. Schmeichelnd, das Wohlwollen seines greisen Gastgebers erheischend, sagte Nixon: »Die Schriften des Vorsitzenden haben eine Nation in Bewegung gesetzt und die Welt verändert.«

Nicht ohne Pathos, so berichtet Henry Kissinger, antwortete Mao auf dieses Kompliment: »Es ist mir nicht gelungen, sie zu verändern. Ich habe nur ein paar Orte in der Nachbarschaft Pekings verändern können.«

Das also war die Selbsteinschätzung eines Revolutionärs, der China gerade in das Chaos der Kulturrevolution gestürzt hatte und der sich dennoch der durchaus zutreffenden Einsicht nicht verschloß, daß es ihm mißlungen war, die chinesische Gesellschaft aus den Angeln zu heben. Mao hat China verändert, die Entmündigung durch die westlichen Kolonialmächte beendet und dem

Land einen Platz im Konzert der Weltmächte gegeben. Die Menschen, ihren auf Lust und Erwerb gerichteten Sinn, hat seine Revolution nicht wesentlich verändern können. Ein Blick auf das heutige China beweist die Richtigkeit der kritischen Bilanz des Großen Vorsitzenden.

Weil er seine eigene Revolution nicht radikal genug ausgeführt hatte, weil er am Ende doch Realist geblieben war, der die Grenzen des Möglichen erkannte und von den Sperren des Instinkts gehindert wurde, den Massenmord anzuordnen, der in China riesige Ausmaße angenommen hätte, setzte Mao seine Hoffnung auf die Roten Khmer, die zum Äußersten entschlossen und bereit waren, in ihrem kleinen Land das revolutionäre Experiment ohne Abstriche, ohne Kompromisse, ohne Rücksicht auf die Opfer auszuführen.

Nach dem Geheimbesuch im Juni ist Ieng Sary, »Bruder Nummer zwei«, mit seiner Frau Khieu Thirit im September des gleichen Jahres 1975 noch ein zweites Mal in Peking gewesen, diesmal zu einem offiziellen Besuch, über den auch in der Presse berichtet wurde. Gemeinsam mit Sihanouk wurden die Gäste an das Krankenbett des dahinsiechenden Zhou Enlai geführt.

Der Pragmatiker Zhou zog aus der Analyse der chinesischen Revolution einen völlig anderen Schluß als Mao Zedong, der offenbar glaubte, nur eine Verschärfung der Mittel und des Tempos könne dem Mißerfolg der Revolution entgegenwirken. Zhou mahnte die Genossen aus Phnom Penh, aus den Fehlern Chinas zu lernen und in Etappen vorzugehen, sich dem Sozialismus nur sehr vorsichtig zu nähern. »Folgen Sie nicht unserem schlechten Beispiel der ›großen Vorwärtssprünge‹. Gehen Sie vielmehr in kleinen Schritten voran: Das ist das sicherste Mittel, um Kampuchea und sein Volk zur Entwicklung, zu Wohlstand und Glück zu führen.«

Ieng Sary und Khieu Thirit haben dem kranken Zhou nicht widersprechen mögen. Ihr Urteil über den Rat hat Shianouk auf den Gesichtern ablesen können. Sie lächelten »ungläubig und überlegen«.

Zhous Warnung wurde auch von den eigenen Genossen in Peking in den Wind geschlagen. Maos Interpretation setzte sich auf ganzer Linie durch. Partei und Militärführung identifizierten sich mit der Revolution in Kambodscha, gaben Pol Pot politische Rückendeckung und stellten die materiellen Ressourcen der Volksrepublik China zur Verfügung, ohne die das Terrorregime in Phnom Penh nicht hätte überdauern können.

Im August 1975 vereinbarten die Volksrepublik und das »Demokratische Kampuchea«, wie sich das Mordregime offiziell nannte, eine Hilfeleistung von einer Milliarde US-Dollar für einen Zeitraum von fünf Jahren. Fünfzig Prozent der gesamten Hilfe, die China damals vergab, gingen an die Roten Khmer. Die chinesische Militärhilfe scheint darin nicht einmal enthalten gewesen zu sein. Die Volksarmee schickte viele tausend Berater nach Kambodscha, die den – gescheiterten – Versuch unternahmen, bis zum Jahre 1978 aus dem Guerillaapparat der Roten Khmer 23 moderne Divisionen zu formen, ausgerüstet mit Artillerie, Panzern und sogar mit einer eigenen Luftwaffe.

Chinesische Techniker – und auch einige aus dem Korea Kim Il Sungs – haben Pol Pot geholfen, eine rudimentäre Industrie wieder in Gang zu setzen. Die Zahl der chinesischen Berater im Kambodscha der Roten Khmer wird auf 10 000 bis 20 000 geschätzt.

Bis zum Tode Maos im September 1976 und dem kurz darauf erfolgten Sturz der »Viererbande« hat die Volksrepublik China vorbehaltlos und jede Hilfe gewährend hinter dem revolutionären Experiment Pol Pots gestanden. Nicht Zhou Enlai, sondern Mao Zedong hat die Politik gegenüber Kambodscha definiert. Der Große Vorsitzende hat seinen letzten großen Traum geträumt, der die schon seit langem geschwächte Khmer-Nation an den Rand des Abgrunds gebracht hat. Eine Million Menschen, jeder siebte Khmer, hat das Delirium sozialistischer Phantasten mit dem Leben bezahlt.

Hua Guofeng, für eine Übergangszeit der Nachfolger Maos nach dessen Tod, erklärte im September 1977 im Beisein Pol Pots: »Ihr Genossen seid nicht nur gut beim Zerstören der alten Gesellschaft, sondern auch beim Bau einer neuen.«

Vizepremier Chen Yonggui, ein betrügerischer Hennecke-Typ aus der vermeintlichen Musterkommune Dazhai, dem Souffleure das richtige Wort in den Mund gelegt hatten, stellte zur gleichen Zeit ganz im Sinne Maos die Revolution in Kambodscha über die eigenen chinesischen Errungenschaften. Die Partei in Phnom Penh, die sich jetzt beim Besuch Pol Pots in Peking, zwei Jahre nach dem Sieg, endlich enttarnte und die Identität von *Angka* und der kommunistischen Partei offenbarte, sei besonders zu loben, »weil sie gewagt hat, auf ganz furchtlose Weise die alte Gesellschaft umzuformen ... Sie hat durch höchste Anstrengung etwas erreicht, was allen Vorgängern nicht gelungen ist.«

Der vietnamesischen Führung wurde von Peking angeraten, »von den Roten Khmer zu lernen, wie man eine Revolution macht«. Wenn also eine Regierung der Welt über die Lage im Totenreich Pol Pots ziemlich exakt informiert war, dann war es die Regierung in Peking, die genügend Beobachter im Land hatte, um sich ein klares Bild machen zu können. Die Berater aus China haben sogar ungerührt zugesehen, wie die Roten Khmer auch ihre eigenen Landsleute, die chinesische Minderheit in Kambodscha, planmäßig und konsequent liquidierten. Peking hat offenbar nichts unternommen, um den Auslandschinesen zu Hilfe zu kommen. Durch Schweigen hat die Führung in der Volksrepublik China Mitschuld auf sich geladen am Massenmord in Kambodscha. Es ist undenkbar, daß die Roten Khmer angesichts der totalen Abhängigkeit von der Hilfe aus Peking auch gegen den Protest der Volksrepublik China zum Beispiel die chinesische Minderheit hätte liquidieren können.

Man ist für das persönliche Verhältnis Mao Zedongs zu Pol Pot nicht nur auf Mutmaßungen angewiesen. Prinz Sihanouk hat den Chef der Roten Khmer sehr genau beobachtet und dabei diese Erkenntnis gewonnen: »Pol Pot möchte wie Mao Zedong sein. Nicht nur als großer Führer des Landes, sondern auch als revolutionärer Held.« Er habe sogar den Stil Maos kopiert, als er im April 1976 abtauchte, unsichtbar blieb, um ein Jahr später mit Aplomb wieder aufzutreten. Kein Zweifel: Pol Pot hat Mao bewundert und von ihm gelernt. Aber er hat wohl auch den Ehrgeiz gehabt, das Vorbild schließlich an historischer Größe zu übertreffen.

Die atomare Gefahr geringschätzend, hatte Mao im August 1958 vor dem Zentralkomitee in Peking erklärt: »Auch wenn die Hälfte der Menschheit in einem Krieg getötet wird, hat das nur geringe Bedeutung.« In einer geheimen Instruktion des berüchtigten »Büro 870« hat Pol Pot die Formel Maos variiert: »Auch wenn eine Million Menschen geopfert werden müssen, empfindet unsere Partei kein Bedauern; unsere Partei muß stark bleiben ... Auch wenn in Kambodscha überhaupt nur zwei Millionen Menschen übrigbleiben, wären wir immer noch imstande, das Land wiederaufzubauen.«

Ein chinesischer Diplomat, der während der Pol-Pot-Zeit in Phnom Penh stationiert war, hat die amerikanische Journalistin Elizabeth Becker später glauben machen wollen, daß die Führung in Peking und auch die Beobachter im Lande nichts Genaues gewußt hätten. Pragmatiker und Ideologen hätten gleichermaßen geahnt, »daß einiges falsch gelaufen sei«. Seine Regierung hätte Pol Pot sogar »für extrem linke Fehler« kritisiert. Nie hätte man die Khmer Rouges als »moderne Maoisten« anerkannt.

Wenn es jemals ein kritisches Überdenken der Allianz mit den Roten Khmer gegeben hat, dann erst nach dem Tode Mao Zedongs und der Verhaftung der Viererbande. Als im August 1977 auf dem XI. Parteikongreß in Peking ein Drittel des Zentralkomitees, die Anhänger der Radikalen, abgewählt wurde, war keine Delegation der Roten Khmer im Saal. Die kambodschanische Partei hatte nicht einmal ein Grußtelegramm geschickt. Dennoch reiste zwei Monate später, Ende September 1977, Pol Pot nach Peking, um sich nachgerade enthusiastisch feiern zu lassen. Es war sein erster öffentlicher Auftritt als Generalsekretär der selbst enttarnten Kommunistischen Partei Kampucheas; der erste sichtbare Beweis auch dafür, daß Pol Pot jener Mann war, den die Parteigeschichte vor 1975 als Saloth Sar gekannt hatte. Von einer kritischen Distanz der chinesischen Gastgeber zu ihren Revolutionshelden aus Phnom Penh war nichts zu spüren. Pol Pot war Ehrengast am 1. Oktober, dem Jahrestag der Gründung der Volksrepublik. Er saß mit Hua Guofeng auf derselben Tribüne, auf der vor acht Jahren noch Lon Nol Platz genommen hatte. Ein großes Feuerwerk krönte die Staatsgründungsfeier und den von den Medien der Partei breit herausgestellten Staatsbesuch Pol Pots.

Die zeitweilige Irritation zwischen Peking und Phnom Penh scheint rasch ausgeräumt worden zu sein. Möglich, daß die neue Führung nach dem Sturz der Viererbande die Innenpolitik der Roten Khmer mit Vorbehalten beurteilt hat. Die Machtinteressen der Volksrepublik besaßen jedoch Vorrang; und das außenpolitische Interesse Chinas gebot, die strategische Position im Rücken Vietnams zu halten und auszubauen. In dem sich anbahnenden Konflikt mit Hanoi war Kambodscha ein Degen, der auf das Herz der »feindlichen Brüder« zielte. Peking hat seine Unterstützung der Roten Khmer fortgeführt, auch wenn offenkundig wurde, daß das Terrorregime noch mehr folterte und mordete als zuvor. 1978 begannen die schlimmsten »Säuberungen« in der Nordwest- und in der Nordost-Provinz. Das Massaker im »Demokratischen Kampuchea« erreichte jetzt erst seinen Höhepunkt.

Hat die neue Führung in der Volksrepublik, hat Deng Xiaoping, der doch so pragmatisch dachte und handelte wie Zhou Enlai, wenigstens versucht, auf die Khmer Rouges einzuwirken?

Prinz Sihanouk war im September 1975 aus dem Exil in Peking in die Heimat zurückgekehrt. Nie hat er Einfluß auf das Regime der Roten Khmer gewinnen können, wenngleich er nominelles Staatsoberhaupt des »Demokratischen Kampuchea« war. Im April 1976 legte er sein Amt nieder. Seither lebte er in Hausarrest. Der einzige aus der Führungsclique der Roten Khmer, der ihn gelegentlich besuchte, war Khieu Samphan.

Nachdem Sihanouk vor dem Einmarsch der Vietnamesen im Januar 1979 aus dem Hausarrest in Phnom Penh befreit worden und nach Peking zurückgeflogen war, hörte er aus dem Munde Dengs diese Version: »Wir haben das versucht. Wir haben unser Bestes getan, um Pol Pot zu veranlassen, seine harte Politik gegenüber dem eigenen Volk abzumildern. Aber wir haben nicht viel erreicht. Weil wir die Souveränität Kampucheas respektierten, konnten wir nicht zu stark eingreifen.«

Sihanouk hat damals keine Zweifel daran gelassen, daß er China als mitverantwortlich ansah für die Verbrechen der Roten Khmer. China »hat mein Leben gerettet, aber nicht das Leben meines Volkes«.

Schreie, die ungehört verhallten

China hat den Roten Khmer Hilfe gewährt und den Massenmord in Kauf genommen. Der Rest der Welt hat sich ebenfalls schuldig gemacht durch Desinteresse, Schweigen, durch stille Duldung eines Mordregimes, das freilich bemüht war, sich vor den Blicken der Öffentlichkeit zu verbergen. Schon zwei Wochen nach der Evakuierung Phnom Penhs sind die letzten ausländischen Beobachter über die Grenze nach Thailand abgeschoben worden. Vom grauenvollen Exodus der Stadtbevölkerung hat die Welt noch Kenntnis erhalten. Dann senkte sich Schweigen über das »schreiende Land«. Die spärlichen Nachrichten aus Rundfunksendungen des Regimes in Phnom Penh fanden wenig Beachtung. Die hermetische Absperrung von der Außenwelt gab den Roten Khmer freie Hand, zu foltern und zu morden, ohne daß die Schreie der Gequälten draußen gehört wurden.

Jetzt wirkten die verharmlosenden Argumente nach, die in der Lon-Nol-Zeit erdacht worden waren, jene Mythen von den nationalistischen Bauern-Revolutionären, die zunächst Khmer und dann erst Kommunisten wären. Auch Sihanouks Zeugnis für die guten Absichten der Roten Khmer beruhigte die Weltöffentlichkeit. Viele Beobachter standen zudem noch unter dem Eindruck der amerikanischen Intervention. Würden Enthüllungen von Greueln, begangen von Khmer Rouges, nicht als eine nachträgliche Rechtfertigung der Politik Nixons gedeutet werden? Konnte mit Sicherheit ermittelt werden, ob die beunruhigenden Informationen über die Lage in Kambodscha aus dem Land selber oder eben doch nur aus der Fälscherwerkstatt der CIA stammten?

Viele Jahre später hat ein amerikanischer Kambodscha-Experte ein informatives, provokantes, in ideologischer Verblendung ver-

harrendes Buch über die Terrorzeit der Roten Khmer geschrieben.
Seine damalige Sprachlosigkeit gegenüber den Verbrechen hat er
darin mit folgendem Argument gerechtfertigt: Angesichts der eigenen Verbrechen in Kambodscha »sollten Amerikaner, die die neue
Entwicklung nicht wenigstens mit qualifiziertem Optimismus verfolgen konnten, das Maul halten«.

Zur Beruhigung der gemeinhin äußerst sensiblen Meinungsträ-
ger auf der linken Seite hat eine gewisse ideologische Sympathie
beigetragen, die darauf baute, daß die Khmer Rouges doch immerhin dem Fortschritt verpflichtet waren, bemüht, eine bessere und
gerechtere Welt zu bauen. Opfer für den Fortschritt haben eine
entschieden geringere Wirkung auf die Befindlichkeit der Progres-
siven als Opfer der Reaktion. Dieser Mechanismus hat schon einmal seine verhängnisvolle Wirkung gehabt, als die große Mehrzahl der kritischen Intellektuellen angesichts der faschistischen
Bedrohung durch Hitler-Deutschland die Augen beharrlich verschloß vor den schrecklichen »Säuberungen« Stalins, den Mas-
senmorden an den Kulaken und später vor dem Archipel Gulag.

Die geringe Anteilnahme der Weltöffentlichkeit hatte jedoch
auch noch eine objektive Ursache. Niemand konnte ins Land reisen, um sich ein eigenes Bild von den Verhältnissen zu machen.
Kambodscha hatte sich isoliert. Der einzige Beobachtungspunkt,
um ein paar hundert Meter weit ins Land hineinzublicken, war die
Grenzstation Aranyaprathet, etwa 200 Kilometer südöstlich von
Bangkok gelegen. Aus dieser unscheinbaren thailändischen Kleinstadt führt eine schnurgerade Landstraße heraus, die an einem
kleinen Fluß, den eine schmale Eisenbrücke überspannt, die
Grenze nach Kambodscha erreicht.

Wie jeder Korrespondent bin auch ich viele Male mit meinem
Kamerateam von Bangkok nach Aranyaprathet gefahren, um mit
der Telelinse leibhaftige Soldaten der Roten Khmer zu filmen, die
jenseits der etwa zwanzig Meter langen Brücke in einem Holz-
häuschen saßen und mit dem Fernglas auf die Thai-Seite blickten.
Die schwarzgekleideten Khmer-Soldaten versuchten, sich zu verbergen, sich nicht beobachten und filmen zu lassen. In der Mitte
der Brücke markierte eine Rolle Stacheldraht den Grenzverlauf.

Thai-Händler auf knatternden Mopeds fuhren unter der Brücke durch das Flußbett auf die andere Seite. Sie transportierten Reis, Zigaretten, Seife und Öl. Diese Ware ließen sie sich in Gold, Silber, in US-Dollar oder in der eigenen Währung, in Bath, bezahlen. Gelegentlich kam auch eine Händlerin mit zwei Körben voll getrockneter Fische zurück. Der Fisch stammte aus dem Tonle Sap, dem großen Binnensee, keine 100 Kilometer entfernt. Welchen Schluß durfte man im Herbst 1975 daraus ziehen, daß ein Land tierisches Eiweiß gegen das Grundnahrungsmittel Reis eintauschte? Eine große »Versorgungskrise« haben wir damals vermutet, womöglich eine »Hungersnot«, die durch den kleinen Grenzverkehr mit Thailand nur unzureichend gemildert würde.

Am 17. April 1976, dem ersten Jahrestag der Evakuierung Phnom Penhs, sind wir in Aranyaprathet an Nachrichten gelangt, aus denen sich ein Bild des Schreckens zusammenfügen ließ. Die Roten Khmer hatten jeden Grenzverkehr gestoppt, an der Brücke herrschte Totenstille, die Wachmannschaften waren noch mißtrauischer und scheuer als im vergangenen Jahr.

Als Dolmetscher stand uns bei der Recherche Henri Becker zur Seite, ein französischer Journalist von kleiner Gestalt mit einem zernarbten Gesicht, in dem die Spuren seiner zwanzig Arbeitsjahre in Kambodscha eingegraben waren. Becker war mit den letzten Ausländern nach dem Sieg der Roten Khmer ausgewiesen worden. Er lebte seither in Thailand, wo er die Nachrichtensendungen von Radio Phnom Penh auswertete und Informationen in den Flüchtlingslagern sammelte. Henri Becker half uns, in einem Lager Zeugen zu finden, deren Aussage nicht nur glaubhaft erschien, deren Zeugnis Becker durch Aussagen anderer Flüchtlinge überprüfen und verifizieren konnte. Am Ende wählten wir drei Khmer aus, die ihre Erlebnisse vor unserer Kamera schilderten.

Ein Händler aus der nahe von Aranyaprathet gelegenen Provinz Battambang: »Die Arbeitsbedingungen sind unerträglich. Die Roten Khmer verlangen den Einsatz der letzten Kräfte. Wir leben wie Kriegsgefangene im eigenen Land. Für Kranke gibt es keine moderne Medizin. Behandelt wird nur noch mit Kräutern der traditionellen Medizin. Mit eigenen Augen habe ich gesehen, wie

Rote-Khmer-Soldaten sechs Oberschüler mit Reishacken erschlugen. Sie haben ihnen die Galle herausgeschnitten, um diese als Medizin zu benutzen. Ich selber habe die Leichen begraben müssen.«

Ein 17 Jahre alter Oberschüler aus der Stadt Sisophon in der benachbarten Provinz Battambang: »Ich habe ein richtiges Blutbad gesehen, das die Khmer Rouges an Schülern und Studenten angerichtet haben. Ich weiß nicht, warum sie so grausam gegen Schüler und Studenten sind. Vielleicht sind wir so schwer zu kommandieren. Die Hände waren ihnen auf dem Rücken gefesselt. Dann wurden sie mit Hacken erschlagen. Ich habe die Verbrechen mit eigenen Augen gesehen.«

Ein 20 Jahre alter Student, der erst vor vier Wochen ins Lager gekommen war: »Eines Tages sah ich einen Lastwagen durch unser Dorf fahren, auf dem etwa 30 ehemalige Lon-Nol-Soldaten standen, darunter auch mein Onkel, ein Leutnant der alten Armee. Einige Zeit später kam der Wagen auf der Rückfahrt wieder durch das Dorf. Auf der Ladefläche konnte ich die gestapelten Leichen erkennen. Das Erlebnis hat mich veranlaßt zu fliehen.«

Henri Becker hatte eine ganz ähnliche Version der Liquidierung der Soldaten mit übereinstimmender Ortsbeschreibung schon aus anderer Quelle gehört. Wir haben den Zeugen geglaubt und seither in der Berichterstattung keinen Zweifel mehr daran gelassen, daß die Bevölkerung Kambodschas unter einem schlimmen Terrorregime lebte. Wir haben die Behauptung gewagt, daß die Khmer Rouges Massenmorde begingen, ohne daß es Beobachtern draußen möglich war, das Ausmaß der Massaker zu quantifizieren.

Zur gleichen Zeit, am 19. April 1976, erschien ein Bericht über den Terror der Roten Khmer im amerikanischen Magazin *Time*. Die Autoren schätzten, daß 500 000 bis 600 000 Menschen, ein Zehntel der Bevölkerung, durch Terror, Krankheit oder Hunger zu Tode gekommen seien. Die von *Time* befragten Zeugen hatten ganz ähnliche Horrorgeschichten zu erzählen wie jene Khmer, die vor unserer Kamera gestanden hatten. Im Kambodscha der Roten

Khmer, so summierte ein Flüchtling die Lage, »ist es besser, tot als lebendig zu sein«.

Das blutige Schicksal der Khmer vor Augen, haben wir ein paar Monate später »Bruder Nummer zwei«, Ieng Sary, und den intelligenten und formvollendet wirkenden Khieu Samphan bei ihrem ersten großen öffentlichen Auftritt im Ausland gefilmt: auf dem Rollfeld des Flughafens von Colombo in Sri Lanka, wo im August 1976 die Gipfelkonferenz der blockfreien Staaten tagte. Eine chinesische Sondermaschine hatte die beiden Führer eingeflogen. Mit leuchtenden Augen, ganz im Bewußtsein ihrer revolutionären Sonderrolle, im Mao-Look gekleidet, schritten Ieng Sary und Khieu Samphan die Gangway herunter.

Hier waren die Monster aus Phnom Penh, die Spießgesellen Pol Pots, die ihr Land in ein Totenreich verwandelt hatten. Und niemand buhte, niemand protestierte, hielt ihnen Plakate oder Spruchbänder entgegen, auf denen die Morde angeprangert worden wären. Wie bedeutende Exzellenzen wurden sie begrüßt: von der Ministerpräsidentin Sri Lankas, Frau Bandaranaike, und von einer Ehrenkompanie; nach dem Abschreiten der Front wurde die Nationalhymne intoniert.

Von den Verbrechen, vom Terror in Kambodscha, wollte niemand Kenntnis nehmen. Der Gipfel der Blockfreien widmete sich den großen Themen der Weltpolitik: dem amerikanischen »Imperialismus«, der Unterdrückung des palästinensischen Volkes, der Rassenfrage in Südafrika und vielen anderen wichtigen Themen mehr. Vom Schicksal der gequälten Khmer war keine Rede.

Mit Empörung haben wir die Szene in einem Filmbericht für »Panorama« geschildert. Daß Politik mit Interessen zu tun hat, sich an der Nützlichkeit, nicht an der Sittlichkeit und schon gar nicht an der Humanität orientiert, war mir geläufig. Ich rechnete mich durchaus zu den Realisten, die Bismarcks Feststellung kannten: »Jede Regierung nimmt lediglich ihr Interesse zum Maßstab ihrer Handlungen, wie sie dieselben auch mit rechtlichen oder gefühlvollen Deductionen drapieren mag.«

Selten aber ist mir die Brutalität der Politik, die Unmenschlichkeit ihrer ehernen Gesetze so bewußt geworden wie auf dem Gip-

fel von Colombo, wo sich niemand für befugt hielt, nach den
Opfern in Kambodscha zu fragen, nach den einfachen, politikfer-
nen, völlig unschuldigen Bauern, den Frauen, den Alten und den
Kindern, die verhungerten oder mit der Hacke erschlagen wurden.
Nie habe ich den Verdacht ganz abweisen können, daß solche
Gleichgültigkeit einer weißen oder doch christlichen Nation in
ähnlicher Lage nicht widerfahren wäre.

Im Frühjahr 1976 hatte der französische Priester François Ponchaud in *Le Monde* eine Serie über die Greuel in Kambodscha
publiziert, die bald darauf auch als Buch erschien: »Cambodia:
Year Zero«. Fast gleichzeitig erschien das Buch der Reader's-
Digest-Autoren John Barron und Anthony Paul: »Murder in a
gentle land«, das bei allen Fehlern im Detail und trotz ideologischer Ausrutscher das Bild eines brutalen Terrorregimes bestätigte.

Viel Echo haben die Berichte und Bücher über die Schrecken in
Kambodscha nicht ausgelöst. Die meisten Zeugen stammten in
der Tat aus dem Bürgertum der Großstädte und aus dem früheren
Anhang von Lon Nol. Weil viele Beobachter ihre Abneigung
gegen die alte Bourgeoisie nicht überwinden konnten, mochten sie
auch den Informationen über den Terror der Roten Khmer nicht
glauben. Die Mehrheit der Khmer hat für das schlechte Image der
alten Elite einen schrecklichen Preis bezahlt.

Am 31. März 1977 nahm Jean Lacouture, der wie wenige im
Westen das Bild des Vietcong und der Roten Khmer in der Weltöffentlichkeit mitgeprägt, genauer gesagt: durchweg positiv und
heroisch gezeichnet hatte, das Buch des Priesters Ponchaud zum
Anlaß, um der neuen Erkenntnis die Ehre zu geben. In *The New
York Review* publizierte er eine Rezension, die durch ihre selbstkritische Ehrlichkeit die Öffentlichkeit überraschte:

»François Ponchauds Buch kann von jenen von uns nur mit
Scham gelesen werden, die die Sache der Roten Khmer unterstützt
haben. Es sollte auch alle in der Nixon-Administration beschämen, die Kambodscha bombardiert und ruiniert haben, was
zum Sturz Sihanouks beigetragen hat ... Das Buch bereitet jenen
Journalisten geradezu Schmerzen, die nach dem Massaker an 17

unserer Kollegen im April und Mai 1975 versucht haben, deren
Tod als Berufsrisiko in einem chaotischen Guerillakrieg zu erklären. Tatsächlich sind unsere armen Kollegen ermordet worden,
einige, das wissen wir nun, hat man mit der Hacke erschlagen,
ausgeführt von den entschlossenen Soldaten Khieu Samphans ...
Wenn Menschen, die vom Marxismus reden, sagen können, wie
Ponchaud einen zitiert, daß nur 1,5 bis 2 Millionen junge Kambodschaner von den insgesamt 6 Millionen ausreichten, um eine
reine neue Gesellschaft zu bauen, dann kann man nicht einmal
mehr von Barbarei sprechen; welcher Barbar hätte je schon so
gehandelt? Hier ist der Wahnsinn am Werk.«

Demgegenüber stand das Urteil des schwedischen Autors Jan
Myrdal, Sohn berühmter Eltern, dem die Roten Khmer erlaubt
hatten, 1978 ins Land zu kommen und sich mit eigenen Augen ein
Bild von der Lage zu machen. Myrdal sah nur das, was er sehen
wollte, nämlich den Bau »eines Königreichs der Gerechtigkeit.
Thomas Müntzer und seine deutschen Bauern des 16. Jahrhunderts hätten sich wohl gefühlt in diesem Land.«

Ein jugoslawisches Fernsehteam durfte im Frühjahr 1978 im
Kampuchea der Roten Khmer drehen und wurde sogar von Pol
Pot zu einem Interview empfangen. Die Greuel kamen in dem
Film nicht zur Sprache. Der Kernpunkt wurde nur indirekt beleuchtet. Die Bilder besaßen dennoch eine starke Aussagekraft,
die Betroffenheit auslöste und den Betrachter spüren ließ, daß
dort mehr von der Hölle als vom Himmel verwirklicht worden
war. Die einzige Person, die in diesem Film fröhlich lächelte, war
Generalsekretär Pol Pot.

Den Menschen in Kambodscha hätte nur durch eine internationale Kampagne, durch Druck und notfalls durch eine militärische
Intervention von außen geholfen werden können. Pin Yathai, ein
junger Ingenieur, dem wir eine eindrucksvolle Schilderung des
großen Exodus aus Phnom Penh verdanken, ist 1977 die Flucht
nach Thailand gelungen. Er hat bald darauf in Amerika und Westeuropa Vorträge gehalten und um Hilfe für sein Volk gebeten. Er
plädierte für eine Intervention von außen, dafür, »etwas gegen die
Roten Khmer zu unternehmen«. Die westlichen Staaten, so hat er

in seinen Erinnerungen resignierend festgestellt, »zeigten sich jedoch ratlos und griffen nicht ein«.

Soweit ich sehe, hat nur der amerikanische Senator George McGovern, ein langjähriger Kritiker der Washingtoner Vietnam-Politik, der mit seinem Friedensplan im Präsidentschaftswahlkampf gegen Richard Nixon vernichtend geschlagen worden war, den Gedanken einer internationalen Polizei-Aktion aufgegriffen und öffentlich befürwortet. Der Senator aus Süd-Dakota, einer der ganz wenigen Politiker, die nicht nur in den Kategorien des Machbaren, sondern auch des Wünschbaren dachten, ist für diesen Vorschlag kritisiert und verspottet worden. Die Grundsätze des Völkerrechts hätte man für eine Intervention von außen umstürzen müssen. Der Begriff der Souveränität hätte einer neuen Interpretation bedurft. Es wären Formeln und eindeutige Definitionen nötig gewesen, um zu verhindern, daß Einmischung in die inneren Angelegenheiten eines souveränen Staates vom Rechtsproblem zum reinen Machtproblem degeneriert.

Die Schwierigkeiten, einen solchen Eingriff zu legalisieren, sind offenkundig. Evident ist aber auch die Tatsache, daß die Mittel der Staatsführung, Verbrechen gegen das eigene Volk zu begehen, in diesem Jahrhundert stetig gewachsen sind. Immer häufiger sind Phantasten, Hasardeure, verantwortungslose Träumer und Ideologen an die Hebel der Macht gelangt. Kann und darf die Gemeinschaft der zivilisierten Völker tatenlos zusehen, wenn Männer wie Pol Pot oder Idi Amin in Uganda Hunderttausende in den Tod treiben?

»Die Sache ginge wohl, aber sie geht nicht«, hat der alte Wilhelm Liebknecht Ende des vergangenen Jahrhunderts über den Generalstreik gesagt. So wird auch die Problematik einer internationalen Polizei-Aktion ungelöst bleiben. Das Eisen ist zu heiß, um es überhaupt anzufassen. Die Khmer werden nicht das letzte Volk bleiben, das von den eigenen Führern gequält, dezimiert und ruiniert wird, ohne daß die Opfer auf Hilfe von außen rechnen dürfen.

Propaganda-Blitz und Invasion

Nicht um die Khmer-Bevölkerung vom Terror Pol Pots zu befreien, sondern aus nationalem Interesse hat die Führung Vietnams sich im Frühjahr 1978 entschlossen, in Kambodscha militärisch zu intervenieren und die Roten Khmer aus Phnom Penh zu
vertreiben. Blutige Gefechte an der langen gemeinsamen Grenze
waren vorangegangen. Die Roten Khmer riskierten Vorstöße bis
30 Kilometer tief in vietnamesisches Territorium hinein. Nahe der
Stadt Ha Tien, im Süden Vietnams, an der Küste des Südchinesi-
schen Meeres, richteten sie im März 1978 ein Blutbad an.

Die Regierung in Hanoi beeilte sich, eine Gruppe von westlichen Korrespondenten nach Ha Tien zu bringen, die sich mit
eigenen Augen vom Massaker an der Zivilbevölkerung überzeugen sollten. Die Pressetour eröffnete eine Propagandakampagne
gegen das Terrorregime Pol Pots, der sich bald der Presseapparat
des gesamten Ostblocks anschloß. Das Material überzeugte auch
die Medien im Westen, die nun begannen, in Titelgeschichten über
die Greuel der Roten Khmer zu berichten.

Vietnam bereitete mit dieser Kampagne die militärische Lösung
vor. Seine Invasion Kambodschas konnte jetzt als Rettungsaktion
für das gequälte Volk der Khmer gerechtfertigt werden; und wenn
es auch eigentlich um Vietnams nationale Interessen ging, so hatte
Pol Pot doch selber den Vorwand geliefert, den Feldzug gegen sein
Regime als einen humanitären Akt erscheinen zu lassen.

In der im südvietnamesischen Hochland gelegenen Provinzhauptstadt Ban Me Thout, dort, wo die »große Frühjahrsoffen-
sive« im März 1975, die zum Sieg über Amerika führte, ihren
Anfang genommen hatte, begann in der Weihnachtsnacht, am
24. Dezember 1978, auch der Feldzug gegen Kambodscha.

Von Ban Me Thout führt die Straße Nummer 14 an die 50 Kilometer entfernte Grenze. General Hong Can, der die Operationen
hier leitete, galt als Spezialist für Ost-Kambodscha. Er hatte schon
im Krieg gegen Lon Nol die vietnamesischen Einheiten in diesem
Raum befehligt. Der zweit Keil gegen Phnom Penh wurde im Mekong-Delta angesetzt. Mehrere vietnamesische Divisionen rück-

ten auf den Straßen Nummer 1 und Nummer 7 nach Kambodscha vor.

Noch bevor die militärische Entscheidung gefallen war, bauten beide Seiten ihre Positionen für den Tag danach auf. Wieder einmal war Prinz Sihanouk der Joker im Spiel. Die Regierung in Hanoi hätte ihn gern in der Hand gehabt, um der neuen Administration politischen Rückhalt zu verschaffen. Mit Sihanouk an ihrer Seite hätten die Vietnamesen die Invasion Kambodschas politisch legitimieren können. Ein Sihanouk auf der anderen Seite würde ihrer Aktion den Makel der rechtswidrigen Besetzung anheften.

Am 2. Januar 1979 erreichten die ersten vietnamesischen Einheiten die Außenposten der Hauptstadt Phnom Penh. Sie schickten zwei *sapper*-Trupps, Spezialeinheiten für den städtischen Guerillakrieg, über den Tonle-Sap-Fluß, um Prinz Sihanouk in seinem Hausarrest zu überraschen und zu entführen. Die Aktion mißlang. Die *sapper* wurden entdeckt und bis auf einen einzigen Mann niedergemacht.

Nun erkannten auch die Roten Khmer die neue Bedeutung von Sihanouk. Am 5. Januar, als der Kriegslärm schon im Stadtzentrum zu hören war, schickte Pol Pot seine Soldaten aus, um Sihanouk aus seiner Wohnung in das zweistöckige Gästehaus der Regierung am Tonle-Sap-Ufer zu bringen, in eine Villa, in der früher der französische Gouverneur gewohnt hatte. Dort führte Pol Pot am Vorabend der Flucht aus Phnom Penh ein zweites Gespräch mit Sihanouk. Die erste Begegnung lag fast sechs Jahre zurück. Sie hatte während der Reise Sihanouks in die »befreiten Gebiete« stattgefunden.

Schon damals hatte Pol Pot den Prinzen durchaus beeindruckt. Der Generalsekretär, so hat Sihanouk berichtet, sei von liebenswürdiger und freundlicher Art gewesen, ein Mann mit Charme, der lächeln konnte, ein perfekter Gastgeber, der so unterhaltend erzählte, daß man ihm stundenlang hätte zuhören können.

Jetzt, beim zweiten Gespräch, setzte Pol Pot den ganzen Charme ein, der ihm zur Verfügung stand, um den Prinzen zu veranlassen, an der Seite »Kampucheas« zu bleiben, und das hieß

in Wahrheit, an der Seite der Roten Khmer. Der Generalsekretär
bot Sihanouk eine Sondermaschine an, die ihn nach Peking ausfliegen würde, damit er vor der UNO die Anklage gegen Vietnam
verträte.

Ieng Sary konnte auch in dieser Situation nicht von seiner Abneigung gegen den Prinzen lassen. Er wollte Sihanouk lediglich in
Begleitung von Prinzessin Monique ausreisen lassen. Aus Platz-
mangel, so argumentierte Ieng Sary, könnten die übrigen Mitglieder des Haushaltes nicht mitreisen. Es war offenkundig, daß »Bruder Nummer zwei« einige Geiseln wollte, um Sihanouk gefügig zu
halten.

Pol Pot schien viel realistischer als Ieng Sary. Er hatte begriffen,
daß nun Sihanouk die Konditionen diktieren konnte, und begann
deshalb, dem Prinzen zu schmeicheln, ihn zu hofieren, um die
Bitterkeit zu mildern, die drei Jahre Arrest, Beleidigung und Bedrohung bewirkt hatten.

»Eure Hoheit«, sagte Pol Pot, »ich entschuldige mich dafür, daß
Genosse Khieu Samphan mich bei Ihnen vertreten hat.« Pol Pot
verneigte sich dabei gebührend, die Hände nach der Tradition des
Landes vor der Brust gefaltet. Er vermied beim Reden zumeist das
Wort »ich«, so hat Sihanouk sorgfältig registriert. Der Generalsekretär sagte statt dessen »Euer Diener«, wie die Etikette des Hofes
es verlangte.

»Sie sind frei. Sie können nach China reisen, so oft Sie wollen«,
sagte Pol Pot. »Wenn Sie zurückkommen, werden wir Sie herzlich
willkommen heißen. Wenn Sie sich entschließen, ein paar Tage
bei uns zu bleiben, dann wird uns das ein großes Vergnügen sein.«

»Oh, wirklich?« gab Sihanouk zurück. »Ich danke Ihnen sehr.«

»Innerhalb von zwei Monaten«, so sagte der Generalsekretär in
dem insgesamt vier Stunden dauernden Gespräch voraus, »werden wir die Vietnamesen vernichtet haben.«

»Herzlichen Glückwunsch, Herr Präsident, herzlichen Glückwunsch!« antwortete Sihanouk.

Noch am selben Tag verließ der Prinz mit seiner Begleitung
Phnom Penh an Bord einer chinesischen Boeing 707. In seine
Koffer hatte der Prinz einen dunklen Diplomaten-Anzug gepackt

für den Auftritt vor der UNO, aber auch ein Paar Ho-Chi-Minh-
Sandalen für den Fall, daß er vom Dschungel aus erneut den
Kampf beginnen müsse.

Am 6. Januar 1979 flohen die Führer der Roten Khmer aus der
Hauptstadt. Sie setzten sich an die Grenze nach Thailand ab, wo
sie die Reste ihrer Truppen sammelten. Am 7. Januar marschierten
die Vietnamesen in Phnom Penh ein. Sie installierten ein neues
Regime: die Regierung des übergelaufenen Khmer-Rouges-Offi-
ziers Heng Samrin.

In Peking und New York ließ Prinz Sihanouk endlich seinen
Gefühlen freien Lauf. Zum Mißvergnügen seiner chinesischen
Gönner, die über den Tag hinaus weit in die Zukunft blickten,
nannte Sihanouk die Dinge beim Namen. Drei Jahre lang hatte er
schweigen und leiden müssen. Jetzt wollte er reden. Jetzt wollte er
die ganze Wahrheit über die Verbrechen der Roten Khmer enthül-
len.

Das Herz lief über. Mal weinend, mal lachend, klagte der Prinz
mit sich überschlagender Stimme die Verbrechen der Roten
Khmer an. Er, der frühere König, sprach nun für die Nation. Und
die Weltpresse hörte ihm in Konferenzen und Interviews zu, die
sich über viele Stunden hinzogen. Immer mehr Details der
Schreckenszeit in Phnom Penh fielen ihm ein. »Pol Pot mag ein
Patriot sein«, so sagte er vor der Presse in New York, »aber er ist
ein Schlächter. Er behandelt das kambodschanische Volk wie
Vieh, das zur Zwangsarbeit taugt, und wie Schweine, die ins
Schlachthaus gehören.«

Die Vietnamesen, daran ließ er keinen Zweifel, hätten sein
Land erobert und in ihre Gewalt gebracht. Einen solchen Rechts-
bruch dürfe die Gemeinschaft der Völker nicht durchgehen lassen.
Aber die Vietnamesen hätten die Roten Khmer vertrieben, die
Monster und Mörder, die sein Volk gequält und ermordet hätten.
Noch mehr als die Vietnamesen, das war der Kernpunkt seiner
Botschaft, fürchteten die Menschen in Kambodscha die Roten
Khmer. Nie dürften sie an die Macht zurückkehren.

Die Führung in Peking hat den Prinzen gewähren lassen, hat
sich seine Anklage gegen Pol Pot aber nicht zu eigen gemacht.

Jetzt, nach dem vietnamesischen Einmarsch in Kambodscha, war das Bündnis mit den Roten Khmer erst recht unverzichtbar. Die Roten Khmer waren in der Einschätzung Chinas die einzige Kraft, die gegen die vietnamesischen Besatzer mit Aussicht auf Erfolg ins Feld geschickt werden konnten. Aus prinzipiellen Gründen, so hat die Partei in Peking entschieden, müsse die Weltöffentlichkeit die Verbrechen der Vergangenheit, die in der Sprachregelung zu »Fehlern« verharmlost wurden, vergessen. Der Terror war Geschichte. Die Zukunft hatte Vorrang vor der Vergangenheit. Nur die Roten Khmer könnten Hanoi zwingen, das Abenteuer in Kambodscha zu beenden.

Mit erstaunlicher Rücksichtslosigkeit und einer schier unendlichen Geduld hat die chinesische Führung sich an die Arbeit gemacht, dieser schmerzhaften und moralfreien Realpolitik internationale Geltung zu verschaffen. Man mochte die Roten Khmer verachten und sogar hassen, auf ihre militärisch-politische Wirkung konnte nicht verzichtet werden.

»Wenn du ins Wasser gehst, erwarten dich Krokodile, und wenn du aufs Land steigst, frißt dich der Tiger«, so prophezeit ein kambodschanisches Sprichwort. Es beschreibt sehr anschaulich die Lage, in der Sihanouk sich nun befand. Er sah die Unvermeidlichkeit, zwischen zwei Übeln zu wählen. Vor der UNO und der Weltöffentlichkeit hatte er eine Mittelposition gewählt, die ihm kurzfristig erlaubte, beide Seiten zu verurteilen.

Als Führer seines Landes würde er früher oder später wieder in die Pflicht genommen werden. Der Prinz fühlte sich dem Druck nicht mehr gewachsen. Zum erstenmal machte er den Versuch, aus seiner Verantwortung zu fliehen.

Eine Leibwache der Roten Khmer hatte Sihanouk im Januar 1979 nach Amerika begleitet. Das also war die Freiheit, die Pol Pot ihm beim Abschiedsgespräch versprochen hatte! Vor seinen privaten Zimmern im Hotel »Waldorf Astoria« standen zivil gekleidete Khmer Rouges Wache, die ihn genauso beschatteten und bespitzelten, wie dies früher in Peking Ieng Sary getan hatte. Selbst im westlichen Ausland blieb er eine Geisel der Roten Khmer.

Am 13. Januar 1979 gelang es Sihanouk und Prinzessin Moni-

que mit Hilfe von amerikanischen Geheimdienstagenten, denen
er am Nachmittag die schriftlich formulierte Bitte um Hilfe wie ein
Trinkgeld in die Hand gedrückt hatte, aus dem Hotel zu entkom-
men, ohne daß die Wache sein Verschwinden bemerkte. Sihanouk
setzte seine Hoffnung auf den schwarzen Politiker und Diplomaten Andrew Young, Präsident Carters Botschafter bei der UNO. In
sein Büro im UNO-Gebäude flüchtete er. Zwei Wochen vor dem
sorgfältig vorbereiteten Besuch Deng Xiaopings in den Vereinigten Staaten beantragte Sihanouk politisches Asyl in Washington.
Andrew Young informierte unverzüglich den chinesischen UNO-
Botschafter. Beide Diplomaten waren besorgt darüber, daß der
unweigerlich von Fanfarenstößen begleitete Frontwechsel Sihanouks den Deng-Besuch, an dem beide Seiten nach der vietnamesischen Invasion Kambodschas besonders interessiert waren,
schwer belasten würde.

Nach langen und sorgenvollen Gesprächen, die sich bis in die
Morgenstunden hinzogen, fand man eine Zwischenlösung, die
alle Optionen offenließ. Prinz Sihanouk ließ sich in das Lennox
Hill Hospital in New York einweisen, wo er sich von den Strapazen und dem seelischen Streß erholen konnte, wo er vor allem
noch einmal Zeit gewann, über seine politischen Pläne nachzudenken. Mit einer akuten Krankheit konnte das Abtauchen Sihanouks für die Öffentlichkeit glaubhaft begründet werden.

Die Carter-Administration ließ Sihanouk in den folgenden
Tagen wissen, daß er Asyl erhalten könne, daß er sich dadurch
aber seiner politischen Wirkung beraube. »Flüchten Sie vor den
Khmer Rouges?« fragte ihn Unterstaatssekretär Holbrooke. »Jedermann weiß, daß Sie schon mit ihnen gebrochen haben. Fliehen
Sie aus Ihrem Land, in das Sie ohnehin nicht zurückkehren können? Wer unterstützt Sie noch?«

In Amerika war er nicht willkommen. Frankreich würde ihm
nur Asyl gewähren, wenn er sich aus der Politik heraushielte und
auch keine Interviews mehr gäbe, wie der französische Botschafter ihn wissen ließ. In Hanoi wies man den Prinzen ab. Dieser Weg
wäre für ihn ohnehin nicht gangbar gewesen. Zur Legalisierung
der vietnamesischen Invasion und Besatzung wollte er sich nicht

hergeben. Dem erschöpften Prinzen blieb dann nur noch die Rückkehr in den goldenen Käfig.

Die Entscheidung fiel, als Deng in Washington weilte und die amerikanische Regierung in Blair House, der Residenz der Staatsgäste, ein Treffen mit Sihanouk arrangierte. Den Verlauf dieser Zusammenkunft am 31. Januar 1979 hat Sihanouk dem Journalisten Nayan Chanda so geschildert:

»Samdech Sihanouk, Sie sind ein großer Patriot«, sagte Deng Xiaoping. »Sie sollten Ihr Vaterland, das Demokratische Kampuchea, nicht im Stich lassen.«

»Mein Vaterland«, antwortete Sihanouk, »ist Kambodscha, nicht das Demokratische Kampuchea. Ich bin nicht sehr demokratisch, ich bin ein feudaler Prinz.«

Deng Xiaoping widersprach entschieden. Er mochte die feudale Stilisierung nicht gelten lassen. Er war entschlossen, Sihanouk an der Seite der Roten Khmer zu halten, auch wenn er dafür Selbstkritik üben mußte.

»Wir Chinesen müssen zugeben, daß wir einige Aspekte der Politik Pol Pots nicht mögen. Er ist zu hart.«

Jetzt reagierte Sihanouk sarkastisch: »Wirklich? Sie glauben, daß man einen Tiger in ein Kätzchen verwandeln kann?«

China, so mahnte Deng den zögernden Prinzen, hätte immer an seiner Seite gestanden. China hätte die Fehler der Roten Khmer nicht verhindern können, aber es hätte doch seine schützende Hand über ihn gehalten und ihn am Ende, rechtzeitig vor dem vietnamesischen Zugriff, ausgeflogen. Was daraus folgerte, durfte Deng getrost dem Prinzen überlassen.

Der Verpflichtung, eine Hilfeleistung bei passender Gelegenheit zu erwidern, mag die Gegenleistung noch so schmerzhaft sein, kann sich in Asien kein Mann von Charakter entziehen. Sihanouk waren die Hände gefesselt. Er konnte zudem unter keinen Umständen zulassen, daß China sein »Gesicht« verlöre, wie Deng Xiaoping mit Recht befürchtete.

Am Ende des Gesprächs hatte der chinesische Parteichef erreicht, daß Sihanouk auf den Frontwechsel verzichtete und an der Seite Pekings blieb. In einem Punkt freilich mochte der Prinz nicht nachgeben: Er weigerte sich entschieden, mit den Roten Khmer im Bündnis zu bleiben und mit Pol Pot zu kooperieren. Deng Xiaoping versprach, ihn nicht zu drängen und zu nötigen. Um den Prinzen günstig zu stimmen, machte Deng noch eine zweite Zusage: China werde sich bemühen, von den Roten Khmer zu erfahren, was mit einigen der Kinder Sihanouks und mit seinen Verwandten in den vergangenen Jahren geschehen sei.

Beide Versprechen haben Sihanouk nicht weitergeholfen. Welches Schicksal seine nächsten Angehörigen erlitten haben, ist bis heute nicht geklärt worden. Ihre Spur verliert sich im Dschungel, wo sie an Krankheit oder Hunger gestorben oder von Khmer-Rouges-Soldaten liquidiert worden sind.

Das Versprechen, keinen Druck auszuüben, hat Deng Xiaoping in einer Zwangssituation gegeben. Es zu erfüllen, kann er selber nie beabsichtigt haben. Die politischen Interessen Chinas geboten, Sihanouk zurückzubringen in die Allianz mit den Roten Khmer. Ein Sihanouk, der als Privatmann in Peking hofhielt, kostete Devisen und nutzte wenig. Ein Sihanouk, der wie 1970 seine Bedenken überwand und sich mit den Khmer-Rouges-Widerstandskämpfern, die von Lagern an der thailändischen Grenze aus operierten, solidarisierte, war eine politische Trumpfkarte, die China im Propagandakrieg gegen Vietnam auszuspielen hoffte. Sihanouk mochte sich zunächst sträuben und zieren, am Ende, so hoffte die chinesische Führung, würde er sich den politischen Notwendigkeiten doch fügen. Ohne Druck würde dieser Erkenntnisprozeß allerdings nicht zum gewünschten Ergebnis kommen. Deng baute in der Kambodscha-Politik die neuen Positionen auf, an denen er konsequent, ohne Rücksicht auf die Meinung der Weltöffentlichkeit, festgehalten hat.

Die Gefahr der Vietnamisierung

An der thailändisch-kambodschanischen Grenze haben Pol Pot und sein Führungsstab die Reste der von Vietnam geschlagenen Armee gesammelt und neu formiert. Schon nach Wochen trafen erhebliche Geld- und Waffenlieferungen aus China ein. Die Thai-Generalität war von Peking durch ein förmliches Abkommen gewonnen worden, logistische Hilfe zu leisten, den Nachschub in die Lager der Roten Khmer zu schaffen. Als Modell, so darf man vermuten, hat die Vereinbarung zwischen Sihanouk und Zhou Enlai gedient. Zwanzig bis dreißig Prozent der Lieferungen aus China gingen als Entgelt für die Hilfe in die Hände der Thai-Armee. Schon bald hatte Pol Pot wieder 10 000 Mann unter Waffen. Im Laufe der Jahre ist seine Armee auf etwa 30 000 Mann angewachsen.

Sihanouk zu veranlassen, den Blick nach vorn zu richten und die Vergangenheit zu vergessen, hat die chinesischen Führer mehr Mühe gekostet, als sie wohl selbst geglaubt haben. Der Prinz lebte seit der Abreise aus Amerika abwechselnd in Pyongyang und in China. Nordkoreas Führer Kim Il Sung hat für Sihanouk eine Residenz bauen lassen, in der er jederzeit ohne Auflagen und Kostenbeteiligung leben darf. Der irrationale, politisch unberechenbare, dem Größenwahn verfallene Kim hat dem Khmer-Prinzen gegenüber eine anrührende Sympathie, Freundschaft und Solidarität bewiesen, die auch dadurch nicht gemindert wurde, daß Sihanouk nach den Erlebnissen im Reich der Roten Khmer seine Abneigung gegen den Kommunismus als Gesellschaftsform unverhüllt zum Ausdruck brachte. »Ich habe kommunistische Freunde, wie Präsident Kim Il Sung«, sagte er im Sommer 1979 in Pyongyang, »aber ich bin sehr anti-kommunistisch. Der Kommunismus und ich sind Todfeinde. Nach drei Jahren Erfahrung kann ich vom Kommunismus nichts mehr hören ...« In Nordkorea fand Sihanouk eine schwer zugängliche, stille Nische der Weltbühne, in der er sich vom Druck, der allenthalben auf ihn ausgeübt wurde, zeitweilig befreien konnte.

Wann immer er in Peking weilte, wurde er von den chinesischen Führern bedrängt, sich mit den Roten Khmer zu versöhnen. Der Prinz hat dem Druck lange Zeit standgehalten. Pol Pot und Ieng Sary, so schrieb er 1979 in einem Buch für den Pariser Hachette-Verlag, seien einem Gespann vergleichbar, »das sich aus einem Krokodil und einer Hyäne zusammensetzt«.

Als Khieu Samphan sich im August 1979 zutraute, persönlich an den Prinzen zu schreiben und ihm erneut die Präsidentschaft im »Demokratischen Kampuchea« anzubieten, das freilich nur noch aus einem Dschungelstreifen an der Thai-Grenze bestand, nahm Sihanouk sich die Freiheit, auf jede diplomatische Verbrämung zu verzichten und offen auszusprechen, was er für Pol Pot und seine Armee, die vierzehn Enkelkinder, drei Töchter und zwei Söhne in den Tod getrieben hatten, wirklich empfand.

In seiner Antwort an Khieu Samphan nannte er drei Gründe, die ihm jede weitere Zusammenarbeit verböten:

»Erstens muß ich das Andenken aller Männer und Frauen respektieren, die seit dem 17. April 1975 von den Roten Khmer unschuldig ermordet worden sind.

Zweitens muß ich das Andenken meiner Kinder und Enkel ehren, die ... spontan bereit waren, dem Regime der Roten Khmer unter dem Namen des Demokratischen Kampuchea zu dienen und die von den Roten Khmer gefoltert und getötet wurden.

Drittens haben die Roten Khmer Lüge, Täuschung und intellektuelle Unredlichkeit zu einer staatlichen Institution erhoben ... Die von den Roten Khmer geschaffene neue Front und das neue politische Programm sind unstrittig eine neue Täuschung. Nur Idioten und Schwachköpfe werden sich von diesen ihren neuen Vorspiegelungen in die Falle locken lassen.«

Je länger die vietnamesische Besatzung freilich dauerte, um so deutlicher erkannte Sihanouk die Gefahr, daß die geschwächte Khmer-Nation von den vitaleren Nachbarn im Osten assimiliert und aufgesogen werden könnte. »Nam Tiem«, der schier unaufhaltsame »Marsch nach Süden«, hat Vietnam zu einer tödlichen Gefahr für die Khmer gemacht.

Im 15. Jahrhundert waren die Siedler-Soldaten aus dem Delta des Roten Flusses auf dem Marsch nach Süden auf das Königreich Champa gestoßen, das in Zentral-Annam, auf der Höhe der heutigen Städte Hue und Da Nang, existierte. 1471 wurde die Hauptstadt Indrapura zerstört. Nur ein paar Tempelruinen, die im Museum von Da Nang besichtigt werden können, sind von der einstigen hinduistisch geprägten Hochzivilisation von Champa übriggeblieben. Vietnam hat dieses Reich völlig aufgesogen und »vietnamisiert«.

Im 19. Jahrhundert erreichten die südwärts drängenden Vietnamesen das Mekong-Delta, das die Khmer seit Urzeiten besessen hatten. Prey Nokor hieß damals die Stadt, die später mit ihrem vietnamesischen Namen Saigon weltbekannt werden sollte. Das einst mächtige und stolze Reich der Khmer geriet nun unter doppelten Druck: An der Ostgrenze fraß sich Vietnam unaufhaltsam in das Khmer-Territorium hinein, und die gleiche expansive Politik verfolgten die Thais an der Westgrenze. Die großen herrschenden Familien in Oudong und später Phnom Penh zerfielen durch die Jahrhunderte in rivalisierende Lager, die Vietnam und Thailand einluden, in den Machtkampf einzugreifen. Mit Khmer-Territorium haben sie sich für »Hilfe« entschädigt.

Die Thais waren dabei keineswegs bescheidener als die Vietnamesen. Aber der Hof von Siam war im allgemeinen mit einer formellen Oberhoheit zufrieden, die den Khmer nach chinesischer Tradition eine Art von Vasallenstatus auferlegte. Die Vietnamesen verlangten mehr. Sie übten nicht nur die politische Herrschaft aus, sondern sie versuchten zugleich, die Khmer-Zivilisation zu behindern und eine fremde Kultur zu oktroyieren, die Khmer zu vietnamisieren, zu assimilieren, bis auch dieses Reich am Ende verschwinden mochte wie das Königreich Champa in Zentral-Vietnam. Aus dieser kollektiven Erinnerung rührt die Furcht, ja die Panik, die die Khmer-Nation erfüllt, seit Vietnam 1979 das Land erobert und besetzt hat.

Auch Sihanouk hat in den ersten Monaten nach der »Befreiung« die These vertreten, daß die Besetzung des Landes durch Vietnam besser sei als die Herrschaft der Roten Khmer. Nach zwei Jahren hat er diese Einschätzung korrigiert. Der Prinz entdeckte den langen Schatten der Geschichte. Die Besatzer verwandelten sich in Kolonisatoren, die die Kultur der Khmer, ja ihre nationale Existenz bedrohten.

»Die Gefahr«, so hat Sihanouk seinen Kurswechsel gerechtfertigt, »kommt von Hanoi und von Moskau, nicht von Pol Pot. Deshalb haben die Khmer ihre Meinung geändert... Die Khmer

Rouges sind jetzt wieder willkommen, weil unser Volk weiß, daß die Vietnamisierung die tödliche Gefahr für Kambodscha ist.«

Für Sihanouks guten Namen zählt nicht die Tatsache, daß er seine eigenen Worte hat »essen« müssen, daß er »umgefallen« ist und den Mördern wieder die Hand gereicht hat. Die Geschichte wird immer erwähnen müssen, wie er sich mit aller Kraft gegen die Zumutung gesträubt hat, wie er litt und stöhnte, bevor er sich, bildlich gesprochen, aber dem Vorgang angemessen, wieder auf das Kreuz der Khmer-Nation hat nageln lassen.

Im Herbst 1981 war der Prinz endlich bereit, dem Drängen Chinas und der ASEAN-Staaten nachzugeben und sich mit den Khmer Rouges förmlich zu verbünden. Gemeinsam mit Khieu Samphan und Son Sann, seinem früheren Ministerpräsidenten, der eine »bürgerliche«, nach Westen orientierte Widerstandsgruppe, die KPNLF, gegründet hatte, stand er im September 1981 im Ballsaal eines großen Hotels in Singapur, um der Weltöffentlichkeit die neue Allianz gegen die vietnamesischen Besatzer zu präsentieren.

Scheinwerferlicht und Blitze der Photographen begleiteten seinen Einzug in den Saal. Khieu Samphans funkelnde Augen ließen erkennen, daß er diesen Augenblick als Triumph genoß. Son Sann, ein hochgewachsener, asketisch wirkender, in Wahrheit kränkelnder alter Mann von 71 Jahren, schaute bedeutend und traurig wie immer durch seine dicken Brillengläser. Nur Sihanouk schien anders zu sein als früher: zurückhaltender, ernst, gezeichnet von einem inneren Kampf, dessen Spuren er nicht verheimlichen konnte. Er erfüllte eine Pflicht, die ihm Schmerzen bereitete. Das Lächeln für die Kameras hatte unfrohe, tragische Züge.

In Singapur wurde zunächst nur eine Absichtserklärung publiziert. Das Feilschen um Posten und Zuständigkeiten, aber auch um Zusagen für Waffen und Geld aus China zog sich bis in die ersten Monate des Jahres 1982 hin. Der Druck der Gönner in Peking und der Druck, den die ASEAN-Staaten ausübten, wurde fast unerträglich. Dennoch hat Sihanouk die formelle Ausrufung der »Koalitions-Regierung des Demokratischen Kampuchea« bis in den Juni verzögert. Wenigstens dieses letzte seiner großen politischen Unternehmen sollte nicht unter dem ungünstigen Einfluß der Sterne in den Monaten März und April stehen. Dann endlich präsentierte sich in der malaysischen Hauptstadt Kuala Lumpur die neue Gegenregierung. Als Präsident an der Spitze: Seine Königliche Hoheit Prinz Sihanouk. Vizepräsident und zuständig für die Außenpolitik wurde »Seine Exzellenz Khieu Samphan«. Das Amt des Ministerpräsidenten fiel an »Seine Exzellenz Son Sann«.

Um die Roten Khmer wieder koalitionsfähig zu machen, hat China die Genossen im Dschungel an der Thai-Grenze gedrängt, sich ein neues Image zu geben. »Stellt für den Augenblick nicht die kommunistische Partei in den Vordergrund«, so hat Peking geraten, »betont statt dessen Patriotismus, Nationalismus und Demokratie.«

Am 6. Dezember 1981 ist die Kommunistische Partei Kampucheas formell aufgelöst worden. Im Juli 1985 beschloß eine Arbeitskonferenz von 70 militärischen und zivilen Kadern ein neues politisches Programm, das nach der Rückkehr an die Macht verwirklicht werden soll. Sihanouk, so heißt es in diesem Dokument, bleibe Staatspräsident. Kambodscha erhalte eine kapitalistische Wirtschaftsordnung und ein parlamentarisches System.

Den Höhepunkt erreichte die Maskerade, als Vizepräsident Khieu Samphan am 24. August 1985 mit »Beschluß Nummer drei« die Pensionierung von Pol Pot anordnete. Sein Nachfolger als Oberbefehlshaber wurde Son Sen, ein alter Gefolgsmann, Verteidigungsminister von 1975 bis 1982 und verantwortlicher Kommissar des Mord- und Folterinstituts Toul Sleng, in dem mehr als 10000 Khmer liquidiert worden sind. Die Absetzung Pol Pots war von keinerlei Kritik an der bisherigen Politik begleitet. Der abgetretene Oberbefehlshaber wurde zum Präsidenten eines bis dahin unbekannten »Hohen Instituts für Nationale Verteidigung« ernannt.

Die öffentlichen Erklärungen der Roten Khmer sind ein plumpes Täuschungsmanöver, das durch die Kühnheit imponiert, mit der die Weltöffentlichkeit verhöhnt wird. Es gehört blanke Verachtung für den Rest der Welt dazu, einen Untergrund zu simulieren, in dem Führer mit 60 Jahren in Pension gehen. Weil Pol Pot noch keine 60 war, darf man annehmen, daß man für ihn eine »Vorruhestandsregelung« getroffen hat. Der alte und neue Führer der Roten Khmer will mit List zurück an die Macht. Glaubwürdigkeit ist dabei durchaus entbehrlich.

Der Prinz macht sich keine Illusionen darüber, daß Pol Pot nach wie vor der starke Mann der Roten Khmer ist, der insgeheim als Generalsekretär der Partei und als Oberkommandierender amtiert. Sihanouk hat auch die größten Zweifel daran, daß die Roten Khmer, wie sie öffentlich versprochen haben, sich dem Urteil der Wähler beugen werden.

Nach dem Sieg 1975 hat der Prinz erlebt, wie die Roten Khmer das gemeinsam vereinbarte Programm für Kambodscha von A bis Z verletzt haben. Sihanouk kennt das Risiko der neuen Koalition: »Ich kann absolut nicht vorhersagen, ob sie diesmal ihre Versprechen halten oder nicht.«

Erbarmen mit den Khmer

Die Furcht vor der Vietnamisierung, vor dem Verlust der kulturellen Identität, macht die letzte große Mission Sihanouks so dringlich. Sein Volk besitzt nur noch schwache Kräfte, sich wieder aufzurichten. Die totale Revolution Pol Pots hat tragende Elemente der Khmer-Zivilisation wahrscheinlich für immer zerstört.

Als ich im März 1982 zum erstenmal seit 1975 mit meinem Kamerateam wieder nach Phnom Penh reisen konnte, habe ich in einem Film den Eindruck so formuliert: »Das Phnom Penh, das ich kannte und noch wenige Monate vor dem Sieg der Roten Khmer besucht hatte, um über den Krieg zu berichten, das heitere, französisch geprägte Phnom Penh, existiert nicht mehr. Die Roten Khmer haben es planmäßig zerstört, haben die Bewohner aufs Land vertrieben, die leere Stadthülse den Ratten überlassen. Das Phnom Penh der Gegenwart ist ein Mahnmal an die Kulturfeindlichkeit und Menschenschlächterei der Roten Khmer und zugleich eine Stadt, die aus einem Todesschlaf erwacht ist und den Weg zurück zu den Lebenden sucht.«

Wohnrecht haben vor allem jene Khmer-Familien erhalten, die sich dem von Vietnam eingesetzten Regime Heng Samrin zur Verfügung gestellt haben: jene, die schreiben und lesen konnten, und jene, die technische und handwerkliche Fähigkeiten besaßen. Phnom Penh ist wieder eine »Beamtenstadt«, allerdings auf einem Niveau, das tief unter dem der alten Zeit liegt.

Die Bewohner sind in Wohnungen eingewiesen worden, für die sie auch zehn Jahre nach der Vertreibung der Roten Khmer keine Miete zahlten. Alle Häuser gehören dem Staat. Der tropische Regen hat im Laufe der Zeit die Farben weggespült. Die Außenwände wirken dreckig und modrig. Die Bausubstanz verfällt. Niemand hat Interesse daran, durch Investitionen dem Verfall entgegenzuwirken.

Ganz ähnlich sind die Verhältnisse bei der Strom- und Wasserversorgung. Niemand zahlt für den Verbrauch. Nur stundenweise läuft Wasser aus der Leitung. Auch Strom wird nur unregelmäßig geliefert. »Blackouts« sind an der Tagesordnung. Die ausländischen Experten, auch die Sowjets, verfügen über eigene Generatoren, die sie unabhängig machen vom städtischen Kraftwerk. Es gibt kein administratives Fundament, auf dem die Gesellschaft geordnete Verhältnisse begründen könnte. Warum sollte der Staat investieren, wenn für seine Leistungen kein Geld an ihn zurückfließt? Die Wirtschaftsordnung, zumindest in der Hauptstadt Phnom Penh, hat mit Sozialismus sowenig zu tun wie mit Kommunismus. Sie ist das reine Chaos.

Das Straßenbild mit Autos, Motorrädern und Fahrrad-Taxis könnte den Besucher glauben machen, daß die Lebensumstände sich normalisiert haben. Die ganze Wirklichkeit Kambodschas kommt erst in den Blick, wenn man die Vorstädte hinter sich läßt und in die Provinz hinausfährt. Die Straßen bestehen hier nur aus einer endlosen Kette von Schlaglöchern. Die Bauern leben fast ohne Ausnahme in einfachen Holzhütten, aus Bambusstangen und Palmenblättern gefertigt. Die Khmer Rouges haben das Land nicht in die Steinzeit, sondern in die Holzzeit zurückgeführt. Auch in den Provinzhauptstädten gibt es nur wenige Gebäude aus Stein: meistens ist es das Quartier für die Parteileitung und für die

Armee. Die Gebäude aus der Sihanouk-Zeit sind von den Roten
Khmer zerstört worden. Über die erste, provisorische und äußerst
primitive Stufe ist der Wiederaufbau noch nicht hinausgekommen.
Die Menschen haben ihr Leben gerettet. Für einen wirklichen
Neuanfang fehlen die Mittel.

Der Westen hat bislang nur humanitäre Hilfe geleistet, um die
große Hungersnot zu lindern, die das Land nach dem Sturz der
Roten Khmer erlebte. Allerdings ist die vom Kinderhilfswerk UNI-
CEF koordinierte Hilfe zum größten Teil in Phnom Penh versik-
kert. Das Heng-Samrin-Regime hat den Hilfsorganisationen die
Bedingungen diktiert, hat UNICEF, OXFAM und das Rote Kreuz
gegeneinander ausgespielt, hat die Nahrungsmittel und die Lkw,
die zur Verteilung mitgeliefert worden waren, vor allem dazu benutzt, den eigenen Behördenapparat zu stabilisieren. Nur ein kleiner Teil der Hilfe hat die Hungernden und Notleidenden in den
Provinzen wirklich erreicht.

Entwicklungshilfe, die allein die Lebensgrundlage auf Dauer
verbessern könnte, ist Kambodscha nach 1979 nur aus den Ländern des Ostblocks zugeflossen. Sie hat nicht einmal ausgereicht,
um die Stromversorgung in der Hauptstadt sicherzustellen. Die
Provinzen leben allesamt ohne Strom, ohne moderne Medizin,
weitgehend ohne Maschinen und Motoren. Nur mit massiver
Hilfe der gesamten westlichen Welt hätte Kambodscha eine
Chance, sich aus dem Elend, das der Krieg und die Selbstverstüm-
melung durch die Roten Khmer verursacht haben, zu befreien.
Aber diese Hilfe wird verweigert, solange Vietnam das Land besetzt hält.

Im Sommer 1985 bekam ich durch Zufall Gelegenheit, die
Reste des einstmals stolzen und berühmten Balletts zu beobach-
ten. Es tanzte dort, wo es früher jeden Morgen, häufig unter den
Augen Sihanouks, geprobt hatte: auf der Freiterrasse über dem
Haupttor des königlichen Palastes mit Blick auf den Tonle-Sap-
Fluß. Zwanzig Tänzerinnen waren versammelt. Jung waren sie alle
nicht mehr. Im früheren Ballett hätten sie die Plätze längst dem
Nachwuchs überlassen müssen. Jetzt zwängten sie sich mit Hilfe
ihrer Prinzipalin, Madame Theay, die zur Generation der Groß-

mütter zählte, in die viel zu engen Kostüme. Einige der Frauen hatten ihre Kinder mitgebracht, die am Rande der Tanzfläche unter der Obhut von Verwandten spielten.

Nach langen Vorbereitungen begann endlich der Tanz. Eine Episode aus dem Ramayana wurde im strengen klassischen Stil getanzt. Die Musik dazu machte ein Gamelan-Orchester. Madame Theay sang mit monotoner, krächzender Stimme den Ramayana-Text. Kunstvoll setzten die Tänzerinnen ihre geübten nackten Füße auf den Steinfußboden.

Früher hat Sihanouks Lieblingstochter Bopha Devi als Ballerina in dieser Truppe getanzt. Den heutigen Tänzerinnen sah auch der Laie an, daß sie von der Perfektion der Vergangenheit weit entfernt waren, daß sie eine Rück-Show boten, eine Erinnerung an bessere Zeiten. Auch die Tänzerinnen haben 1975 Phnom Penh verlassen müssen, haben auf den Reisfeldern gearbeitet, obwohl sie auf dieses Leben nicht vorbereitet waren. Von rund hundert Mitgliedern des königlichen Balletts sind nur zwanzig zurückgekehrt, die das Erbe lebendig halten und bemüht sind, ihre Kunst an die jüngere Generation weiterzugeben. So improvisiert die Aufführung auch wirken mag: die Fortführung der Ballett-Tradition ist eine politische Entscheidung, eine Selbstbehauptung gegen die Gefahr der Vietnamisierung.

Es gibt keine verläßlichen Kriterien, um die Bedrohung der Khmer-Nation durch Überfremdung aus Vietnam zu messen. Früher lebten im Königreich etwa eine halbe Million Vietnamesen, die Mehrzahl davon in der Hauptstadt. Ein Massaker im Frühjahr 1970, gleich in den ersten Monaten der Lon-Nol-Zeit, hat vielen Tausenden das Leben gekostet. 200000, so wird geschätzt, sind danach nach Südvietnam repatriiert worden. Der Rest wurde von den Roten Khmer abgeschoben oder umgebracht.

Nach 1979 sind Vietnamesen in erheblicher Zahl über die offene Grenze nach Kambodscha zurückgewandert. Vietnamesische Fischer haben sich am Tonle-Sap-See angesiedelt, und Handwerker haben sich in Phnom Penh niederlassen dürfen, wo sie heute einen wichtigen Teil der Wirtschaft kontrollieren.

Ministerpräsident Hun Sen, der starke Mann neben Präsident

Heng Samrin, hat die Zahl von 60000 genannt. Wahrscheinlicher ist jedoch, daß heute etwa eine Million Vietnamesen wieder in Kambodscha leben, mehr als vor dem Sturz Sihanouks. Nicht die Größe der vietnamesischen Kolonie ist das wirkliche Problem. Die Vietnamisierung ist eine Gefahr, weil die Khmer-Nation so geschwächt worden ist, daß ihr Fortbestand nicht mehr gewiß erscheint.

Besonders stark und nachhaltig geschädigt worden ist das buddhistische Fundament, auf dem die Khmer-Kultur sich einmal gründete. Der Theravada-Buddhismus, der, von Sri Lanka kommend, in Burma, Thailand und Kambodscha feste Wurzeln geschlagen hat und eine lebensfrohe Symbiose eingegangen ist mit dem Animismus und der Folklore, hatte in der Khmer-Gesellschaft in allen Schichten, bei den Bauern und bei der städtischen Elite, einmal den Rhythmus des Lebens bestimmt.

Um eine neue Gesellschaft zu schaffen, haben Pol Pot und seine Weggefährten, fast zwangsläufig aus der Logik ihrer Ideologie handelnd, die Axt an die Wurzeln des alten Systems gelegt. Den Khmer-Buddhismus vor allem haben sie ausrotten wollen mit Stumpf und Stiel. Alle Bonzen ohne Ausnahme wurden gezwungen, ihre safrangelben, braunen oder orangefarbenen Roben abzulegen, die Klöster zu verlassen und sich an der Arbeit auf den Feldern zu beteiligen. Die Mehrzahl der Mönche hat dabei den Tod gefunden, nicht wenige sind brutal ermordet worden.

Die geräumten Pagoden haben Khmer-Rouges-Soldaten demoliert. Millionen von Buddha-Statuen haben sie von den Gläubigen zerstören oder in die Flüsse werfen lassen. Nur einige Hauptpagoden in der Nähe des Palastes von Phnom Penh haben sie abgeriegelt und vor der Zerstörung bewahrt. Die Pagoden in den Dörfern sind allesamt Opfer eines ideologisch begründeten Vandalismus geworden.

Nach der Vertreibung der Roten Khmer haben die Überlebenden versucht, die Reste der buddhistischen Tradition wieder zusammenzufügen. Dabei entstand ein erschreckendes Bild. In ganz Kambodscha sind nur 3600 Mönche in den Orden zurückgekehrt. In vielen Dörfern gibt es keine Pagode und keine Bonzen mehr.

Nie wieder wird Kampuchea, wie der Staat heute genannt werden
will, ein so frommes buddhistisches Land sein wie vor dem Sieg
der Roten Khmer 1975. Zum Kambodscha der goldenen Zeiten
Sihanouks führt kein Weg zurück.

Die Zukunft muß zeigen, ob Vietnam bereit ist, auf die Verwirklichung seiner »Indochina-Konzepte« zu verzichten, also auf die
Kontrolle und politische Durchdringung von Laos und Kambodscha. Die Vietnamisierung ist eine tatsächliche Gefahr, die nicht
unterschätzt werden sollte. Auch wenn Hanoi Kompromisse
macht, wird es versuchen, seine Oberhoheit über die Länder des
früheren französischen Indochina zu verteidigen.

Sihanouk weiß, daß er von Hanoi um den Lohn seiner riskan-
ten Hilfe für den Vietcong betrogen worden ist. »Ich habe dem
vietnamesischen Widerstand während des Krieges gegen die USA
wirklich sehr geholfen. Dies hat mich 1970 nicht nur zu Fall gebracht, sondern auch noch die Monarchie gekostet. Meine Hilfe
für den vietnamesischen Widerstand war sehr kostspielig für mich
und das kambodschanische Volk. Die vietnamesischen Kommunisten sind . . . undankbar wie Krokodile.«

Dennoch hat der Prinz die unabänderliche Tatsache zur Kenntnis genommen, daß Kambodscha und Vietnam Nachbarn sind.
Ganz ähnlich, so hat er gesagt, habe das Schicksal Deutschland
und Frankreich verbunden, die nach langen und blutigen Kriegen
jetzt ihre Freundschaft entdeckt haben. »Ich möchte, daß Kambodscha und Vietnam in Freundschaft leben um des Friedens willen. Ich verlange aber Unabhängigkeit für mein Land. Ich kann
Vietnam nur dann als Freund akzeptieren, wenn Vietnam die
volle Unabhängigkeit Kambodschas respektiert.«

China hat die Roten Khmer wieder bewaffnet und ins politische
Spiel gebracht. Die Lösung des Kambodscha-Problems ist deshalb
primär ein internationales Problem.

Ausländische Mächte, Vietnam, China und die Vereinigten
Staaten von Amerika, haben ihren Teil dazu beigetragen, daß das
friedliche Königreich in den Indochina-Krieg verwickelt worden
ist. Der Sturz Sihanouks und die Machtergreifung der Roten
Khmer sind ohne die Wirkung exogener Faktoren nicht zu erklä-

ren. Der Prinz und die Elite Phnom Penhs haben dabei eine wesentliche Rolle gespielt. Ihr Verhalten allein hat jedoch die Katastrophe nicht heraufbeschworen.

Die internationale Gemeinschaft schuldet den Khmer Hilfe und
Anteilnahme, damit das Land seine Unabhängigkeit zurückge-
winnt und endlich mit dem Wiederaufbau beginnen kann. Es muß
eine international garantierte Lösung geben, die Vietnams legi-
time Sicherheitsinteressen respektiert und dem kambodschanischen Volk eine zweite Schreckensherrschaft der Roten Khmer
erspart, zugleich aber die Unabhängigkeit von Vietnam garantiert.

Die Khmer-Zivilisation ist ein menschheitliches Erbe, das im
Interesse aller Völker erhalten werden muß. Die dauernde Besetzung und Assimilierung durch Vietnam würden den Khmer das
Schicksal Champas bereiten. Ein Blick auf Angkor sollte die internationale Politik überzeugen, daß Kambodscha gerettet werden
muß, daß dieses Land mit massiver Hilfe aus Ost und West rehabi-
litiert werden sollte, geschützt vor den Utopien der Roten Khmer,
der Bevormundung durch Vietnam und gesichert für den Frieden.

Thailand:
Anna und der König von Siam

Die Gouvernante Ramas IV.

In einem abgelegenen Dorf im Norden Thailands, vier mühsame Autostunden von Chiang Mai entfernt, erwarten die Bewohner den Besuch ihres Königs. Etwa 2000 Menschen, Bauern oder Landarbeiter mit ihren Familien, füllen den Platz vor dem Wat, dem buddhistischen Dorftempel. Im Tempel haben nur die Mönche Platz. Eng aneinandergerückt sitzen sie auf einem Podest an der Stirnwand und geben sich einem monotonen Chorgesang hin.

Draußen auf dem ungepflasterten Dorfplatz ist der Singsang nur schwach zu hören. Es ist neun Uhr morgens. Die Sonne brennt vom wolkenlosen Himmel. Seit Stunden sitzen die Dörfler dicht gedrängt auf dem roten Sandboden, trotzen der Hitze und dem blendenden Licht der Sonne. Sie lassen einen schmalen Weg frei, über den sich der König in den Tempel begeben wird. Zu beiden Seiten dieses Durchgangs drängen sich die Menschen eng zusammen. Hier hat man eine Chance, mit gefalteten Händen dem König einen Geldschein entgegenzustrecken, den dieser aus der Menge »pflückt« und an seine Begleiter weiterreicht. Der Monarch verschafft seinen frommen Untertanen Gelegenheit, durch Spenden für einen gemeinnützigen Zweck Verdienste zu erwerben, das »Karma« zu verbessern, die Lebensbilanz, die nach buddhistischer Überzeugung einmal anzeigen wird, in welcher Form und in welchem Rang der Mensch nach dem Tode wiedergeboren wird.

Hockend erwarten viele Frauen den König. Sie haben kleine Tücher auf seinen Weg gebreitet. Durch bloße Berührung wird sein Schuh die Stoffe in geweihte Glücksbringer verwandeln. In Rahmen gefaßt und an den Holzwänden der heimischen Hütte aufgehängt, werden diese Talismane der Gnade des königlichen Besuchs Dauer verleihen.

Unversehens verstummt jeglicher Lärm, breitet sich eine nur von Kommandorufen der Leibwächter durchbrochene Stille aus. Der Wagen König Bhumibol Aduljadehs (gesprochen Bumipon) ist vorgefahren. Kein Jubel, kein Beifall wird laut, als der Souverän aussteigt. Stumm und ergriffen blicken die Bauern auf ihren Herrscher. In ihren Augen verkörpert er das Göttliche, hält das Schicksal jedes einzelnen, das Wohlergehen von Land und Dorf in seinen Händen.

Die Thais wissen wenig von den Textbüchern des Buddhismus, aus denen die kahlgeschorenen Mönche derweil rezitieren. Sie kennen aber die Grundideen der Lehre Buddhas: die Sehnsucht, sich aus dem Kreislauf von Geburt und Tod zu befreien und einmal in das Nirwana einzugehen. Ganz ähnlich fundamental sind ihre Vorstellungen von der Stellung und Funktion des Königs. Mittler ist er zwischen Himmel und Erde, Wahrer der Harmonie, oberster Priester im Reich. Er gebietet über die Fähigkeit, Geister zu besänftigen, Frieden und Wohlstand zu sichern. Ein solcher König ist die Verkörperung der Nation. In der Sprache der Thais ist »Geschichte« gleichbedeutend mit der Lebensgeschichte des Monarchen.

Der Schauder und die Ergriffenheit, die sein Auftreten unter den Einheimischen auslöst, sind mit dem äußeren Erscheinungsbild Bhumibols nur schwer in Einklang zu bringen. Auf seinen Inspektionsreisen trägt der König für gewöhnlich einen olivgrünen Kampfanzug ohne Rangabzeichen. Den Kopf bedeckt eine Schirmmütze amerikanischen Stils. Vor der Brust pflegt eine klobige Kamera zu baumeln. Aus einer der ausgebeulten Jackentaschen ragt die Antenne eines Walkie-Talkie heraus; nur bei ganz großen zeremoniellen Auftritten mag Seine Majestät auf die Sprechfunkanlage verzichten.

Der schlanke, mittelgroße Mensch, der eine Brille trägt, wirkt schüchtern, sogar etwas linkisch. Sein Glasauge rechts verleiht dem Blick das gewisse hilflos-milde Etwas, mit dem Bhumibol nicht nur seine Landsleute geheimnisvoll beeindruckt.

Mit bedächtigen Schritten nähert sich der König dem Tempel, wo er Kerzen entzündet und den Mönchen neue Roben schenkt. Die Leibwächter und Mitglieder des Hofstaats achten darauf, immer unter der Kopfhöhe des Monarchen zu bleiben. Zuweilen sind sie genötigt, sich auf den Knien fortzubewegen. Daß der

Königin Sirikit und König Bhumibol (im olivgrünen
Kampfanzug und Schirmmütze, mit Kamera und Walkie-Talkie)
beim Besuch der Meo-Siedlung Tha Kham
an der Grenze zu Laos (Photo vom Dezember 1981).

König gelegentlich die Kamera zum Schnappschuß vors Auge
nimmt, tut der Feierlichkeit keinen Abbruch.

Die Ergebenheit, mit der Thailands Gott-König seiner ersten
und wichtigsten Amtspflicht, dem hundertfach wiederholten Anzünden von Räucherstäbchen und Kerzen, nachkommt, hat geradezu etwas Anrührendes. Nicht ohne einen Anflug von Selbstironie hat er seine besondere Position in der Hierarchie so beschrieben: »Traditionalisten sehen ein Königreich wie eine Pyramide,
mit dem Monarchen an der Spitze und dem Volk darunter. In
Thailand steht diese Pyramide auf dem Kopf. Deshalb spüre ich
manchmal einen Schmerz auf der Schulter.«

Aufgeklärten Beobachtern fiel und fällt es nach wie vor schwer, das Zeremoniell des Hofstaats von Bangkok ohne Herablassung zu schildern. Ein bekanntes Beispiel dafür war das erfolgreiche Hollywood-Musical über Mongkut, den vierten König der regierenden Chakri-Dynastie, der in Thai-Schulbüchern als Rama IV. figuriert und im Film von Yul Brynner dargestellt wird.

Die Story des Films mit dem nicht allzu demütigen Titel »Der König und ich« geht auf eine Anna Leonowens zurück. 1862, als Thailand noch Siam genannt wurde, war die aus Bengalen zugereiste Dame als Englisch-Lehrerin der Königskinder an den Hof von Bangkok verpflichtet worden. Witwe eines britischen Kolonialoffiziers, empfand sie die siamesische Herrschaftsform als barbarisch und die ortsübliche Vielweiberei als Beleidigung der menschlichen Würde. Sie wollte mehr sein als Lehrerin. Sie fühlte sich berufen, Siam zu missionieren und mit der westlichen Zivilisation zu beglücken.

Mrs. Leonowens gehört in die lange Reihe westlicher Beobachter, die gar nicht erst versuchen, das Wesen einer fremden Kultur zu verstehen. So überzeugt war sie von der Universalität ihrer viktorianischen Moral, so gewiß war sie sich der Überlegenheit des Christentums, daß sie jedwede andersartige Lebensform selbstsicher ablehnte und diskriminierte. Für die Thai-Lebensart, ihre unterschiedlichen Wertvorstellungen, hat die europäisch erzogene Erzieherin keinen Blick erübrigen mögen.

Als sie merkte, daß sie weder den Hof reformieren noch den König zu Monogamie und Christentum bekehren konnte, hat sie Bangkok enttäuscht verlassen. Heimgekehrt nach England, hat sie freilich rasch begriffen, daß eine »saftige« Beschreibung der siamesischen Verhältnisse ein dankbares und skandalbeflissenes Lesepublikum finden würde. Ihr Buch »Die englische Gouvernante am Hof von Siam«, erschienen 1870 in London, wurde ein beträchtlicher Erfolg. Mit gutem Gespür für ihre Kundschaft hat sie ein zweites Buch nachgeliefert, das die mit Prüderie und geheucheltem Abscheu kaschierte Lüsternheit der viktorianischen Gesellschaft treffsicher bediente: Einblick in den königlichen Harem, gepaart mit Impressionen von Sklaverei und Despotie.

Mit der Wirklichkeit im Reiche König Mongkuts hatten die Bü-

cher Anna Leonowens' nur wenig zu tun. Sie zielten auf die Stimmungslage des westlichen Publikums, ganz ähnlich wie heute die
lustvolle Beschäftigung illustrierter Unterhaltungsblätter mit den
Massagesalons der thailändischen Hauptstadt. Bangkok wird
dabei auf ein Bordell reduziert, einen riesigen Sündenpfuhl. Die
Boulevardpresse von heute muß freilich nicht einmal mehr moralische Entrüstung vorschützen, anders als Mrs. Leonowens, die
nach dem Buch zu danken hatte, »that I was not a Siamese sub-
ject«.

Kaum jemand in Bangkok wird leugnen, daß es Feudalismus,
Polygamie und altertümliche Rechtspflege damals gegeben hat.
Aber ebensowenig sieht man dort Veranlassung, sich für die ge-
schichtliche Phase zu entschuldigen, aus der solche Überlieferun-
gen stammen. Der von Anna Leonowens persiflierte König Mongkut selbst war es, der die Reformen der Gesellschaft energisch
vorangetrieben hat.

Ein noch größeres Verdienst, vielleicht sein größtes, besteht
darin, durch kluge Diplomatie und durch vorbeugende Öffnung
des Landes die Gefahr der Kolonisierung abgewendet zu haben.
Mag er in der Rückschau noch so komisch, noch so schrullig
wirken: die Briefe, die er, ein Thai, in englischer Sprache an Königin Victoria richtete, sind zu Recht berühmt. Mongkut und sein
Erbe Chulalongkorn gelten als die Gründungsväter des modernen
Thailand, als die Architekten einer Außenpolitik, die dem Königreich als dem einzigen Land Südostasiens das Schicksal der kolonialen Entmündigung erspart hat.

Man muß nicht sentimentaler Royalist sein, um sich mit der
Thai-Monarchie ernsthaft zu beschäftigen. Thailands Geschichte
des 19. Jahrhunderts und auch seine gegenwärtige Lage sind ohne
Würdigung der Rolle seiner Chakri Dynastie nicht zu verstehen.
Das erklärt, warum die Thai-Gesellschaft auf den Film »The king
and I« so empfindlich reagiert hat. Kukrit Pramoj (gesprochen
Pramot), ein liberaler, weltläufiger Intellektueller, hat den Holly-
wood-Film ein »Verbrechen gegen König Mongkut« genannt.
»Könige in den Händen Amerikas sind wie Mäuse in den Klauen
der Katzen.« Aber Thai-Könige in den Händen frustrierter ameri-

kanischer Missionare »sind wahrscheinlich für ein noch schlimmeres Schicksal bestimmt gewesen«.

Das Beste in Thailands Lage, so sah es Kukrit, sei, die Augen fest zu schließen und um Schutz zu beten für die alten Könige. Das Musical und der Film sind bis heute in Bangkok nicht gezeigt worden.

Nicht Fische, sondern Angel und Leine

Welche Entwicklung Thailand unter der Führung seiner Herrscher zurückgelegt hat, wird offenkundig, wenn man König Bhumibol nach den Riten im Dorftempel auf seinem Gang durch die umgebende Landschaft begleitet.

Er war 1955 der erste Monarch in der Geschichte Thailands, der den Palast von Bangkok verließ, um eine drei Wochen währende Inspektionsreise in die Provinz zu unternehmen. Der arme und unterentwickelte Nordosten war damals von einer Dürre schwer betroffen. Die Reisen in die Provinz und die persönliche Begegnung mit dem einfachen Volk haben das bis dahin strenge Hofzeremoniell fast zwangsläufig verändert. Früher war es den Untertanen nicht einmal gestattet, den König anzublicken. Die Thais hatten sich abzuwenden, wenn der Monarch erschien. Erst 1850 hat König Mongkut dieses Verbot aufgehoben.

Weiterhin in Kraft blieb die Bestimmung, daß kein Untertan Mitglieder der königlichen Familien berühren durfte. 1880 widerfuhr der Königin, Chulalongkorns Frau, das Unglück, während der Fahrt auf dem See des Sommerpalastes aus dem Boot zu fallen. Niemand wagte, ihr zur Hilfe zu eilen. Die Königin ist ertrunken.

Vom strengen Hofzeremoniell der Vergangenheit sind nur noch wenige Gebote in Kraft. Kein Thai darf, wie schon erwähnt, die Kopfhöhe des Königs überragen. Niemand, auch kein Kameramann, darf auf einer Brücke stehen, unter der die königliche Gesellschaft hindurchfährt. Diese Regel wurde sogar bei der 200-Jahr-Feier Bangkoks beachtet, als die goldene Barke an der großen

Bootsparade auf dem Menam teilnahm. Die Filmsequenzen, oben von den Brücken geschossen, waren am Tage zuvor bei der Generalprobe aufgezeichnet worden.

Lockerer wird das Protokoll bei Reisen durch die Provinz gehandhabt. Der König geht auf die Bauern zu, ermutigt sie zu sprechen, stellt sachbezogene Fragen, die erkennen lassen, daß er sich intensiv mit den Problemen der Agrarentwicklung beschäftigt hat. Seine Inspektionsreisen verfolgen nicht zuletzt einen erzieherischen Zweck. Mit stockender Stimme, gesenktem Haupt und unterwürfigem Blick hat ihn ein Bauer anläßlich einer dieser Reisen angesprochen. »Euer Majestät mag uns glauben, das Land ist nicht so gut, wie es aussieht. Die Felder sind voller Steine.«

Doch Bhumibol Aduljadeh hat die landwirtschaftliche Qualität der Felder beim Anmarsch bereits geprüft. Er bückt sich, hebt einen Stein auf, führt ihn den umstehenden Dörflern auf der flachen Hand liegend vor Augen und doziert: »Seit drei Jahren arbeitet ihr schon auf den neuen Feldern. Hättet ihr jeden Tag einen Stein aufgehoben, gäbe es hier kaum noch Steine.«

Kaum die Hälfte des Jahres verbringt der König im Chitralada-Palast von Bangkok. Die übrige Zeit lebt er, begleitet von Teilen der Familie, in drei Residenzen, die er in Außenprovinzen hat bauen lassen, um die Anfahrtswege seiner Inspektionsreisen zu verkürzen.

Mit mannigfaltigen Modellprojekten hat er der Entwicklung auf vielen Gebieten den Weg gewiesen. Im nördlichen Bergland von Chiang Mai und Chiang Rai, im »Goldenen Dreieck«, das nach Burma und Laos hineinreicht, hat er die Bergstämme ermuntert, statt Opium Agrarprodukte anzubauen, die auf den Märkten der Städte eine Chance haben. Im dürren Nordosten hat der Monarch den Aufbau von Bewässerungssystemen unterstützt. Per Fernstudium hat er sich selbst zum Fachmann dieses Problem-Sektors weitergebildet. Dem Dammbau widmet er bei seinen Inspektionen die meiste Zeit. Der König berät sich mit den begleitenden Beamten und Experten. Er scheut auch weite Wege über Trampelpfade nicht, um seine königlichen Empfehlungen durch Ortsbesichtigung auf eine solide Basis zu stellen.

Am liebsten lösen die Thais ihre Alltagsprobleme mit *sanuk*, mit Spaß und Unterhaltung. Darin mag Bhumibol Aduljadeh sie nicht bestärken. Er sieht sich als der erste Entwicklungshelfer der Nation und widmet sich dieser Aufgabe mit einem Ernst, der nicht einmal ein Lächeln zuläßt. Auf dem Heimweg, im Gespräch mit den begleitenden Journalisten, wird klar, warum er auf *sanuk* verzichtet. Ob die Dörfler dankbar seien, wird er gefragt.

»Niemand nimmt die Arbeit richtig ernst«, sagt er, »alle wollen nur mehr. Deswegen müssen wir sie ermuntern, sich selbst zu helfen, auf eigenen Füßen zu stehen. Deshalb ist es so wichtig, ihnen nicht zuviel zu geben oder zuviel zu versprechen. Bei zu ehrgeizigen Projekten braucht nur eine Kleinigkeit schiefzugehen, und das ganze Programm leidet. Das schafft Enttäuschung. Wir geben ihnen keine Fische zu essen, sondern eine Angel und eine Leine. Man darf ihnen nur das Minimum geben. Nur das Minimum.«

Wer das Ausmaß an Korruption, öffentlicher Verschwendung und Bürokratie in Thailand kennt, der hat keine Mühe, den Sinn und die Wirkung der königlichen Entwicklungsarbeit zu ergründen. 28 Projekte zur Wiederaufforstung Thailands betreibt Bhumibol Aduljadeh. Doch in fast allen Provinzen gibt es Polizisten und Forstbeamte, die vor illegalem Holzfällen beide Augen verschließen, wenn die Firmen nur genügend Schmiergeld zahlen.

Mit seinen Projekten will der König die Behörden und die Untertanen beschämen. Scham schmerzt in Asien noch mehr als anderswo. Wer beschämt wird, verliert sein Gesicht. Die Furcht davor kann unglaubliche Energien freisetzen, nicht nur konstruktive, auch zerstörerische. König Bhumibol hofft auf die konstruktive Wirkung seines Beispiels.

Als Bhumibol Aduljadeh 1946 im Alter von 18 Jahren den Thron bestieg, hatte die Monarchie in Thailand ihren Tiefpunkt an Macht und Prestige erreicht. 1932, kurz nach den prächtigen 150-Jahr-Feiern der Stadt Bangkok, die eine Gründung der Chakri-Dynastie ist, war die absolute Macht des Thai-Königs durch einen unblutigen Staatsstreich der Armee beendet worden. Seitdem hat der Herrscher nur mehr eine religiöse und symbolische Autorität.

Mit politischer Macht ist sie nicht mehr verbunden. In den vielen Verfassungen, die sich Thailand seither gegeben und durch Putsche wieder genommen hat, findet sich die Bedeutung der Monarchie immer wieder wortreich beschrieben. An keiner Stelle aber werden dem Herrscher Rechtstitel eingeräumt, auf Politik und Personalentscheidungen der Regierung Einfluß zu nehmen.

Zur Zeit der Thronbesteigung Bhumibols war das Ansehen der Chakri-Dynastie außerdem noch durch unbewältigte Vergangenheit belastet gewesen. Im Zweiten Weltkrieg hatte Thailand eine dubiose Rolle an der Seite Japans gespielt. Im ersten Nachkriegsjahr war König Ananda Mahidol aus bis heute ungeklärter Ursache zu Tode gekommen. Nur auf asiatische Weise war die Staatsaffäre bereinigt worden: durch rigorose Tabuisierung, durch eine Methode also, derer sich auch andere asiatische Gesellschaften bei drohendem Gesichtsverlust bedienen. Nicht grundlos finden im alten Königspalast auf dem Gelände des sogenannten »Grand Palace« nur mehr Staatsakte statt. Die Wohnräume werden nicht mehr genutzt. Potentieller Tatort, werden sie dem Geist des toten Königs überlassen.

Zurückgewonnen hat erst Bhumibol das Ansehen seiner Dynastie. Und nur durch die kluge und vertrauenerheischende Rolle, die er auf dem Höhepunkt der Staatskrise 1973 gespielt hat. Damals, als eine Militärregierung aus Panzern und Hubschraubern auf die demonstrierenden Studenten feuern ließ, fiel dem Monarchen die Rolle des obersten Schiedsrichters zu. Er erwies sich als fähig, sie zu spielen. In jeder Krise blicken die Thais seither auf den König und stellen ihm die Entscheidung anheim, eine taumelnde Regierung wiederaufzurichten oder gewandelte Verhältnisse herzustellen.

Blutsonntag am Denkmal der Demokratie

Schmächtig, kaum der Kindheit entwachsen und mit weißen Hemden und Blusen fast uniform gekleidet, konnten die Studenten Bangkoks auf fremde Beobachter damals den Eindruck einer

harmlosen, höflichen, verspielten Jugend machen, die den Idealen
der Eltern nacheiferte und bestrebt war, gleich nach dem Examen
den dienstfertigen Junior-Platz im Establishment einzunehmen.

An den zwei Elitehochschulen, der 1917 gegründeten Chula-
longkorn- und der 1934 gegründeten Thammasat-Universität,
nahmen Anfang der siebziger Jahre Kinder von Bauern und Arbeitern nur fünf Prozent der Studienplätze ein. Die große Mehrzahl
der Studenten stammte (und stammt noch heute) aus dem Bürgertum und der Elite Bangkoks. Sie trauten sich 1973 fast unvermutet
zu, der Stimmung der ganzen Bevölkerung Ausdruck zu geben,
die fast zwei Jahrzehnte lang von autokratischen Führern entmün-
digt worden war.

An der Spitze der Regierung stand damals ein heterogenes
Zweigestirn: der herrenhafte und elegante Feldmarschall Thanom
Kittikachorn als Premierminister und ein kugelrunder, abstoßend
häßlicher, fettleibiger Mensch namens Prapas (gesprochen Pra-
pat) Charusathiara als stellvertretender Premierminister und In-
nenminister. 1971 hatten die beiden gerade eine drei Jahre alte
Verfassung außer Kraft gesetzt und seither das Land mit einem
Exekutivrat regiert, in dem Mitglieder von Armee und Polizei das
Übergewicht besaßen.

Im Juni 1972 verlangten die Studenten rasche Rückkehr zu
verfassungsmäßigen Zuständen. Der nationale Studentenrat
NSCT kündigte an, er selbst werde sich an die Arbeit machen,
werde einen Verfassungsentwurf formulieren und ihn bis Ende des
Jahres der Öffentlichkeit vorlegen. Als Vorsitzender eines Verfas-
sungskomitees der Regierung hatte Prapas jedoch soeben angekündigt, sein Gremium werde für die Ausarbeitung der Verfassung
nicht weniger als drei Jahre benötigen.

Mahnwachen, Proteste und Demonstrationen wurden vom
NSCT im Laufe des Sommers geschickt zu einer politischen Mas-
senbewegung gebündelt. Die Studenten planten nicht länger, sie
machten Politik. Doch die Potentaten der Regierung nahmen die
Veränderung der Stimmungslage anscheinend noch immer nicht
wahr. Der Innenminister mokierte sich nicht nur über die politischen Forderungen der Studenten, sondern über die Studenten

selbst. Er gab sich angewidert »vom beschämenden Mangel an guten Manieren«.

Anfang Oktober 1973 gaben die Studenten noch immer keine Ruhe. Im Gegenteil: sie begannen jetzt, Handzettel zu verteilen und die Bevölkerung Bangkoks zu politisieren. Da wähnte Prapas den Zeitpunkt für gekommen, durchzugreifen und aufzuräumen. Elf Aktivisten ließ er verhaften, darunter Professor Thirayuth, Lehrer der Volkswirtschaft an der Thammasat-Universität. Das Exempel sollte die Studenten zur Räson bringen. Prapas ließ die elf Verhafteten in den Rang von »Umstürzlern« erheben. Konspiration zum Sturz der Regierung unterstellte er ihnen.

Der Skandal begann auch hier, um es mit Karl Kraus zu sagen, als die Polizei ihm ein Ende machen wollte. Die Studenten erhielten Rückendeckung von prominenten Hochschullehrern; und von ihnen wiederum ließ sich das Bürgertum Bangkoks auf die Seite des Protests herüberziehen. Die Thammasat-Universität, liberaler und moderner als die ältere Chulalongkorn, setzte sich an die Spitze der Protestbewegung. 180 Mitglieder des Lehrkörpers solidarisierten sich in einem offenen Brief mit den Verhafteten. Ein Bruder des Premierministers und Generalmajor der Polizei, Sanga Kittikarchorn, ließ sich öffentlich mit der einleuchtenden These vernehmen, wenn das Verlangen nach einer Verfassung Hochverrat sei, dann bestünde die ganze Nation aus Verrätern.

Am 11. Oktober, einem Donnerstag, saßen auf dem Campus der Thammasat schon 50 000 Studenten und Sympathisanten. Sie vertrieben sich die Zeit mit Gesang; mit improvisierten Sketchen und Lehrstücken karikierten sie den tapsigen Innenminister Prapas als Feind des Volkes. Mit einer vermeintlichen Enthüllungsshow im Fernsehen revanchierte sich die Regierung. Ein Sprecher zeigte Schriften Mao Zedongs und andere Broschüren aus Peking vor, um die Gesinnung der Verhafteten bloßzustellen. So sorgte die Regierung für die eigene Lächerlichkeit. Denn die revolutionäre Literatur stand längst in den Regalen vieler Buchhandlungen. Jetzt wurde sie auch gelesen.

Am Samstag, dem 13. Oktober, war die Menge auf 400 000 angewachsen. Sie marschierte von der Thammasat-Universität zum

»Denkmal der Demokratie«. Porträts des Königs und der Königin wurden vorangetragen, auch die blau-weiß-rot gestreifte Fahne Thailands war allenthalben zu sehen. Die Demonstranten ließen keinen Zweifel aufkommen an ihrer Königstreue und ihrer patriotischen Gesinnung. Als »echte« Thais stritten sie für die Freiheit. Eine Regierung, die diese Freiheit verweigerte, geriet ins Abseits.

Das Denkmal der Demokratie erinnert an das Ende der absoluten Königsherrschaft im Jahre 1932. Im Herbst 1973 gewann diese künstlerische Mißgeburt eines von vier Engelflügeln gebildeten Karrees mit einem Tabernakel-Häuschen in der Mitte erstmals eine wirkliche Bedeutung.

Gegen 10 Uhr entschied die Regierung, die Verhafteten ohne Vorbedingungen freizulassen. Am Nachmittag empfing der König den Premierminister nebst Kabinett im Chitralada-Palast. Der Inhalt der Unterredung ist vertraulich geblieben. Was der König dachte, wo seine Sympathien lagen, wurde dennoch bald für jedermann deutlich. Die einstündige Audienz war kaum beendet, da empfing Bhumibol Aduljadeh eine Delegation des NSCT. Für neun Studenten nahm sich der König beträchtlich mehr Zeit als für die Regierung. Diese Geste war entscheidend. Nicht die Ratschläge, die er ihr folgen ließ. Der König appellierte an die Vernunft: mit der Freilassung der Verhafteten hätten die Studenten ihr Ziel erreicht. Die Regierung habe versprochen, die neue Verfassung bis Oktober des nächsten Jahres zu verabschieden. Er hoffe jetzt auf »Frieden und Ordnung für das Volk«.

Die Intervention des Königs hat das Blutbad des nächsten Tages allerdings nicht mehr verhindert. Am Sonntag, dem 14. Oktober 1973, im Morgengrauen begann ein massives Aufgebot von Polizei vor dem Chitralada-Palast, mit Tränengas und bald auch mit scharfer Munition in die Menge zu schießen. Dabei gab es die ersten Todesopfer. Verstreut in Gruppen, hocherregt und kampfbereit, eilten viele Studenten zurück zum Denkmal der Demokratie. Dort hatte die Gegenaktion bereits begonnen.

Studenten stürmten das Gebäude des Presse- und Informationsamtes der Regierung. Einen Steinwurf entfernt lag die Zentrale der Lotterie. Wie das Presseamt stand sie bald in Flammen. Gegen

Mittag fuhren Panzer auf. Wahllos feuerten sie in die Menge. Ein
Chaos brach aus. Die Studenten rannten, duckten sich, suchten
Deckung, versuchten zu fliehen. Verwundete wurden mitgezerrt.
Ihre weißen Hemden waren verschmiert mit Blut und Dreck.
Viele weinten vor Hilflosigkeit. Tote lagen auf dem Pflaster, und
noch immer hörten die Soldaten nicht auf zu schießen.

Den Höhepunkt erreichte das Gemetzel, als Hubschrauber an
mehreren Stellen der Stadt auftauchten und vom Himmel herunter mit schweren Maschinengewehren in die Ansammlung von
Demonstranten schossen. Besonders dramatisch waren die Szenen auf der Rajdamnern-Avenue beim Denkmal der Demokratie.
Die Hubschrauber kreisten durch schwarze Rauchwolken, die aus
mehreren Gebäuden aufstiegen. Sie flogen schulmäßige Angriffe
auf die panikartig fliehende Menge. Was die Thai-Studenten bisher nur von der Kino-Leinwand kannten, hier wurde es schreckliche Wirklichkeit: Krieg, nervenzerfetzende Angst, schmerzhafte
Verwundungen und Selbstverletzungen, zugezogen beim untrai-
nierten Ducken und Zu-Boden-Werfen in höchster Erregung und
irrwitziger Hysterie.

Auf der Rajdamnern-Avenue erhielten die Bangkoker Studenten ihre Feuertaufe und eine höhere Weihe zugleich. Ein Regime,
das die Selbstkontrolle und wahrhaft den Verstand verloren hatte,
machte den NSCT zur politischen Kraft, die das Schicksal Thailands für eine geraume Zeit mitbestimmte.

Studenten machen Politik

Desperado-Aktionen gehörten bislang nicht zum Arsenal der
Thai-Politik. Putsche und Revolutionen waren durchweg mit Augenmaß durchgeführt worden. Am liebsten war allen Beteiligten
ein unblutiger Ausgang.

Feldmarschall Thanom und Innenminister Prapas verhielten
sich ganz und gar un-thai. Sie hätten aufgeben müssen, als die
Drohgebärde allein nichts mehr bewirkte. Der Befehl an Panzer-
und Hubschrauberbesatzungen, mit scharfer Munition in die

Menge zu feuern, hat ihren Abgang unvermeidlich gemacht. Beide flohen ins Exil. Sie haben in der Thai-Geschichte einen unrühmlichen Platz erhalten.

In den Leichenhäusern der Hauptstadt mußten am folgenden Tag die Überreste von 350 Menschen identifiziert werden. Mehr als tausend Verwundete waren in die Hospitäler eingeliefert worden. Neunzig Prozent der Opfer, so wurde geschätzt, waren Studenten.

Und doch war dieser blutige Sonntag ein Ereignis, das die Studenten als Sieg, als ihren Sieg feiern konnten. Auch dabei bewiesen die jungen Leute, daß sie die Tradition wahrten, sich anders als die gestürzte Regierung an die besten Thai-Werte hielten. Mit Schaufeln und Besen drängten sie auf die Straßen, um die Spuren der Zerstörung zu beseitigen. Die Studenten standen im Mittelpunkt des öffentlichen Interesses, als sie unter den Augen der Weltpresse und vor den Kameras der Fernsehanstalten Schutt wegschaufelten und verbrannte Autos zur Seite räumten.

Eine Welle der Sympathie schlug ihnen entgegen. Die Mehrheit der Thais, nicht nur in der Hauptstadt, auch in den Provinzen, identifizierte sich mit der Bewegung der Jugend. Nach Jahren der Stagnation und der Entpolitisierung erlebte die Thai-Gesellschaft einen kräftigen Pendelausschlag hin zu demokratischen Reformen. Der König blieb die Konstante, die Säule des Reiches. Seine Autorität, seine Aura war neu gefestigt. Alle anderen Bereiche des öffentlichen Lebens schienen in Bewegung zu geraten. Eine Suche nach neuen Formen setzte ein und wurde fündig. Eine Atmosphäre des Wandels und der Offenheit breitete sich aus. Die Jahre von 1973 bis 1976 wurden zu den kreativsten und faszinierendsten in der Geschichte des modernen Thailand.

An der Spitze des Fortschritts marschierten die Studenten, mit dem Photo des Königs in der Hand. Ein Verfassungsausschuß formulierte eine neue Verfassung. Bei der Planung eines zweiten Flughafens machten die Studenten massive Korruption aus. Millionen Dollar Bestechungsgelder seien, so schien beweisbar, von einer interessierten amerikanischen Firma an die entscheidenden Beamten gezahlt worden. Die amerikanische CIA geriet an den

Pranger, weil sie sich in die inneren Angelegenheiten Thailands einmischte. Im Januar 1974 wurde die erste »Rotchina-Ausstellung« eröffnet. Der Außenpolitik erschloß sie ein neues Feld.

Den nachhaltigsten Eindruck aber bewirkten Streiks und Demonstrationen vor dem Amtssitz des Premierministers. Wie ein roter Faden ziehen sie sich durch die dreijährige Reformphase. Überall im Lande wie in den Provinzen flackerten Streiks auf. Große Touristenhotels mußten zeitweilig schließen. Das Personal verweigerte die Arbeit und organisierte vor dem repräsentativen Haupteingang lärmende Mahnwachen.

Hunderte von Bauern lagerten für Tage, zuweilen für Wochen vor dem »Regierungshaus«, um höhere Preise für *paddy*, den Rohreis, durchzusetzen. Fischer forderten billigeres Dieselöl und bessere Exportkonditionen. Gemeinsam war allen Aktionen, daß Untertanen sich wie Bürger verhielten, die ihre Interessen selbst in die Hand nahmen, statt sich ausschließlich auf das Bezugs- und Beziehungssystem einer Feudalgesellschaft zu verlassen, in der Patronage und Abhängigkeit die Regel sind.

Mut und Phantasie gehörten dazu, diese chaotische Lernphase der thailändischen Demokratie positiv zu deuten. Ein Teil der alten Elite hat sich vom Beispiel des Königs nicht beeindrucken lassen. Konservative und Traditionalisten mißtrauten der politischen Aktivität auf der Straße. Im Wandel der Verhältnisse fürchteten sie um Macht und Privilegien. Die Studentendemokratie beobachteten sie mit höchstem Mißtrauen, bereit und entschlossen, jede gravierende Fehlentwicklung zum Anlaß zu nehmen, die Studenten in die Hörsäle zurückzuschicken und die Politik wieder den Profis anzuvertrauen.

Die Reformphase hat drei Jahre gedauert. Sie hätte nicht so lange gewährt, wäre nicht eine außergewöhnliche Figur des aufgeklärten Establishments an die Spitze getragen worden, eine Persönlichkeit, die fähig war, die neuen Kräfte in eine konstruktive Richtung zu lenken. Kukrit Pramoj (gesprochen Pramot) verband Bildung und selbstironischen Witz mit einem entschlossenen Vertrauen in die Monarchie und die wohlverstandenen Thai-Traditionen. Sohn eines Prinzen, stand ihm die Anrede »Mom Rachawongse« – Urenkel des Königs – zu, die die königliche Herkunft andeutet und dem Namen als Abkürzung M.R. hinzugefügt wird. In der Rangordnung des Thai-Adels steigt jede nachfolgende Generation um eine Stufe ab. Nach fünf Generationen ist die noble Abstammung aufgezehrt, kehren die Familien in das Heer der bürgerlichen Untertanen zurück.

Um solchem Abstieg zuvorzukommen, hatte Pramoj sich schon früh um andere Auszeichnungen bemüht. Willig hatte er sich im Kindesalter in höfischem Tanz und Gesang ausbilden lassen. Ein Leben lang ist er dem klassischen Thai-Tanz ergeben geblieben. In Oxford studierte er »PPE«: *politics, philosophy and economics*. Dort steigerte er sein Englisch zu literarischer Qualität. Seinen Sinn für Ironie dürfte er im britischen Milieu ebenfalls noch verfeinert haben.

Als Kukrit Pramoj am 13. März 1975 zum Premierminister gewählt wurde, hatte er, auch an bürgerlichen Maßstäben gemessen, eine beachtliche, wenngleich bizarre Karriere hinter sich. 1950 hatte er die Zeitung *Siam Rath* gegründet. Er hat sie durch eine eigene Kolumne und durch selbstverfaßte Fortsetzungsromane wie »Die vier Reiche«, heute längst ein Klassiker, zum Erfolg geführt.

1957 wurde Kukrit wegen Beleidigung des amerikanischen Botschafters verhaftet und später zu einer Geldstrafe verurteilt. Feldmarschall Pibul, seinerzeit Bangkoks starker Mann, hatte Wahlbeschwerden mit dem Hinweis abgewehrt, »Wahlschiebereien sind normal, der amerikanische Botschafter hat es mir bestätigt«. Kukrit hatte aus dieser Bemerkung in seiner Kolumne die Folgerung gezogen: »Was kann man von Thai-Wahlen erwarten, wenn sich der Ministerpräsident mit amerikanischen Gangstern einläßt?« Derlei Dialektik ist kennzeichnend für ihn. Eine Pointe war ihm so ziemlich alles wert.

Sein Showtalent in der politischen Arena brachte Kukrit 1963 das Angebot Hollywoods ein, bei der Verfilmung des Romans »Der häßliche Amerikaner« (mit Marlon Brando), die Rolle des exotischen Premierministers im imaginären Staat »Sarkhan« zu spielen. Der inzwischen renommierte Autor und Politiker fühlte

»Freund des Militärs und überzeugter Demokrat«:
Kukrit Pramoj, der in Oxford Politik, Philosophie und
Ökonomie studiert hatte, wurde im März 1975 zum
thailändischen Premierminister ernannt.

sich damit wohl auch in seiner Selbsteinschätzung bestätigt, zu
den »besser aussehenden« Thais zu gehören, die ihre äußere Erscheinung mit Wohlgefallen betrachten durften. Tatsächlich ist
Kukrit mit seinen grauen Haaren, dem breiten, etwas fleischigen,
aber ebenmäßigen Gesicht und der großen Brille noch in jedem
Milieu aufgefallen. Mit dem jungen Churchill hat man ihn verglichen. Aber dieser Vergleich hat ihm nicht gefallen.

Kukrit nahm das Angebot aus Hollywood wahrhaftig an – unter
der Bedingung freilich, seine Dialoge selbst schreiben zu dürfen.
Seine Auflage wurde akzeptiert. Kukrit nutzte die Rolle, um seine
Schwiegermutter zu karikieren, sie mit dem Polizeichef auf eine
Stufe zu stellen, und um dem amerikanischen Botschafter des
Romans seine Meinung zu sagen.

Zwölf Jahre später wurde der Leinwanddarsteller des Premiers
von Sarkhan wirklich Ministerpräsident von Thailand. In dieser
Eigenschaft erhob er keinen Widerspruch, als die Verleiher den
Film erneut in die Kinos brachten. Nur ließ er die Öffentlichkeit
wissen, daß er jetzt tatsächlich, nicht viel anders als im Film, dem
US-Botschafter die Meinung sage. Und die war nicht nur selbstbewußt, sondern entschieden kritisch gegenüber der Position Washingtons.

Thailand sollte nicht länger der Flugzeugträger Amerikas sein:
darin war sich Kukrit mit den Studenten einig. Nach der Niederlage der amerikanischen Streitkräfte in Vietnam und Kambodscha
im April 1975 sahen viele Thais ihre Sicherheit nur durch eine
rasche Annäherung an China gewährleistet.

Die amerikanische Botschaft in der »Wireless Road« wurde
1975 ein Sammelpunkt studentischer Proteste. Anders als in Europa kamen die jungen Leute nie mit roten Fahnen oder dem
Symbol der Vietcong. Auch bei Demonstrationen gegen Amerika
führten sie die Thai-Fahne und das Bild des Königs mit sich. Asia-
tisch war auch die Rhetorik, die mit Ausdrücken wie »Hunde-
sohn« und »Bastard« den Angegriffenen symbolisch zu erniedri-
gen suchte. Außer dem Anzünden einer Puppe passierte auf der
Straße nichts, was Ordnungskräfte hätten mißbilligen können.

Nicht wenige Beobachter verdächtigten den schlauen Kukrit,

der geheime Drahtzieher der Demonstrationen zu sein. Der Premier tat nichts, die Vermutung zu entkräften. »Es ist gute Thai-Tradition, sich gegenseitig zu helfen«, ließ er öffentlich verbreiten. Kukrit hat wohl nie geglaubt, daß der amerikanische Botschafter, daß westliche Beobachter überhaupt willens oder fähig wären, Thailand zu verstehen. Was sollte ihn hindern, die Mißverständnisse noch zu steigern und sich über den Unverstand zu amüsieren?

Eine Reise nach China

Ein Vierteljahr nach seinem Amtsantritt, Ende Juni 1975, reiste Kukrit zum ersten Staatsbesuch eines Thai-Premierministers ins kommunistische China. Seine Gespräche mit Deng Xiaoping, der schon damals für den erkrankten Zhou Enlai die Geschäfte führte, und auch das Gespräch mit Mao Zedong haben eines der Fundamente gelegt, auf denen Thailands Außenpolitik ruht. Die Kooperation mit China ist zur Konstante für Bangkoks Politik geworden. Sie gewährt Sicherheit gegen ein nach Laos und Kambodscha vordringendes Vietnam. Die Unterschiede der Gesellschaftsordnung sind dabei weder für die Chinesen noch für die Thais ein nennenswertes Hindernis. Beide paktieren mit dem Teufel, wenn ihr Interesse auf dem Spiel steht. Darin erkennen sie Vernunft, die ihnen in der Vergangenheit sehr häufig vom Westen abgesprochen worden ist.

Viele Staatsbesucher sind im Laufe der Jahre bei Mao Zedong in seinen Arbeitsräumen am Rande der »Verbotenen Stadt« gewesen. Aber keiner, nicht Helmut Schmidt, nicht Pompidou, nicht Nixon und nicht Lee Kuan Yew, Regierungschef in Singapur, haben von dieser Begegnung so anschaulich, heiter und selbstironisch berichtet wie Kukrit Pramoj.

»Mao war eine väterliche Figur. Ich fand ein gutes Verhältnis zu ihm, weil ich mich in bester Thai-Art genähert hatte, mit einer Geste, die ausdrückt: Du bist älter, und du bist besser. Ich habe mich nicht ganz in den Sessel gesetzt, nur so gerade auf den Rand. Ich hatte meine Hände im Schoß, die Beine gerade, nicht übereinandergeschlagen. Ich glaube, er mochte mich wegen dieser Haltung. Er hat mit mir geredet und Witze gerissen, als wäre ich ein jüngerer Verwandter.«

Mao Zedong machte auf Kukrit zunächst den Eindruck eines geistig präsenten, sogar physisch intakten alten Herrn. Während des Gesprächs sei er gelegentlich im Zimmer umhergewandelt. Das habe die Verständigung außerordentlich erschwert. Mao hatte einen Schlaganfall hinter sich. Seine Begleitung mußte von den Mundbewegungen des Vorsitzenden den Sinn der Worte ablesen. Wenn Nancy Tang, seine Nichte und Dolmetscherin, nicht weiterkam, wurde eine alte Amah (eine chinesische Haushälterin) herbeigerufen, die ihn auch persönlich betreute. »Sie war die höchste Instanz«, wenn es darum ging, den Sinn seiner Rede zu erraten.

Der alte »Mörder und Bandit«, wie er sich selber gern nannte, weil ihm die westliche Propaganda gefiel, gab dem Gast aus Bangkok Ratschläge, wie er mit seinen Kommunisten im Dschungel fertigwerden könnte.

»Macht keine Propaganda gegen die Kommunisten. Die Leute werden euch nicht glauben. Sie haben ein dickes Fell.«

»Bringt eure Kommunisten nicht alle um. Sie wollen alle Heroen werden. Sie lieben es, getötet zu werden.«

»Schickt keine Soldaten gegen Kommunisten. Das ist eine Verschwendung von Zeit und Geld.«

»Es gibt nur eine Möglichkeit, die Kommunisten zu besiegen: Füllt die Mägen der Leute, macht euer Volk glücklich, dann werden sie sich den Kommunisten nicht anschließen.«

Etwas enttäuscht habe Mao hinzugefügt: »Ich bin schon seit vielen Jahren hier Vorsitzender. Nicht ein einziger Kommunist aus Thailand ist bislang bei mir gewesen.«

Kukrit nahm das zum Anlaß, auch dieses Gespräch mit Ironie und Komik zu würzen. »Herr Vorsitzender, warum haben Sie das nicht früher gesagt? Ich werde Ihnen sofort fünf Kommunisten aus Bangkok zuschicken lassen.«

Mao Zedong hatte in diesen Jahren all seinen Gästen gesagt, daß er alt sei, bald sterben und »Marx sehen« würde. Wenige Besucher mögen die Selbstbespiegelung des alten Buddha mit einem Scherz pariert haben wie Kukrit. »Nein, Sie können nicht sterben. Die Welt kann es sich gar nicht leisten, den Schurken Nummer eins zu verlieren, als den Sie sich selber geschildert haben.«

Mao schüttelte sich vor Lachen.

Als Deng Xiaoping endlich meinte, es sei Zeit zu gehen, glaubte Kukrit zu beobachten, wie der alte Mann plötzlich abschaltete. »Er schaute an die Decke und tauchte wieder ein in die Senilität. Ganz plötzlich wurde er uralt.«

Die Geschichte von Mao hat er besonders gern erzählt, wenn er im Garten seines Privathauses hofhielt und Gäste empfing. Kukrit besaß ein klassisches Thai-Haus in einem eleganten Villenviertel Bangkoks, in dem sich auch Sihanouks Sohn und designierter Nachfolger Prinz Rannarith niedergelassen hat. Das Holzhaus hatte einen offenen, luftigen Wohnbereich, aus dem man in den Garten blickte, dem Tamarinden-Bäume Schatten spendeten. Ein kleiner Teich gehörte auch dazu.

So jedenfalls habe ich den Platz in Erinnerung, wo es Besuchern schwerfiel zu glauben, daß sie im Zentrum einer Metropole waren, die gewöhnlich durch Umweltkatastrophen Schlagzeilen macht. In seiner Privatwohnung nahm sich Kukrit viel Zeit, um sich von Auslandskorrespondenten interviewen zu lassen. Für die eigene Person hielt er dabei Selbstironie bereit und für die Fremden viel Skepsis und Spott. Fast immer hat er der Versuchung nachgegeben, die »Kaukasier«, die Weißen, zu examinieren, ihr Wissen oder Unwissen über Thailand zu ergründen und sie schalkhaft in die Irre zu führen.

»Wenn in Thailand ein Ministerpräsident amtiert, den die Generale als ihren Gegner betrachten, dann besteht Gefahr für die Demokratie. Wenn der Mann an der Spitze sowohl ein Freund der Militärs als auch ein überzeugter Demokrat ist, dann wird es keine Probleme geben.« Ein feines ironisches Lächeln überzog sein Gesicht. Er war so frei, bei der Verabschiedung noch ein Selbstporträt zu liefern.

Familienplanung auf thailändisch

Man kann Thailand auch negativ sehen. Man kann die Korruption, die Ämterpatronage, die Kluft zwischen arm und reich, man kann vor allem die verantwortungslose Zerstörung der Umwelt zum Anlaß nehmen, um ein düsteres Bild von den Verhältnissen in Thailand zu zeichnen.

Wie rapide die negative Entwicklung verläuft, mögen diese Zahlen verdeutlichen: Die Waldfläche hat sich durch illegales Abholzen in knapp zehn Jahren von 24 Prozent auf 14 Prozent verringert. Jahr für Jahr wird Bangkok in der Regenzeit von Überschwemmungen heimgesucht. Wegen extensiver Grundwasserentnahme sinkt der Boden. Die umliegenden Provinzen sind bei der »Entwicklung« völlig kahlgeschlagen worden. Zur Monsunzeit saugen sie daher die Regenfluten nicht mehr auf. Mit Mutterboden angereichert, fließt das Wasser folglich in den Menam, der nach schweren Regenfällen über die Ufer steigt und Teile der Hauptstadt überschwemmt.

Ein anderes ungelöstes Problem ist die Armut auf dem Land. Die Zahl der Menschen wächst. Unerschlossene Landreserven, also Wald, der gerodet und dann landwirtschaftlich genutzt werden könnte, gibt es nicht mehr.

Wie soll Thailand einer wachsenden Bevölkerung noch eine Existenzgrundlage schaffen? Das eindrucksvolle Freiheits- und Unabhängigkeitsgefühl der Thais hatte mit dem natürlichen Reichtum an Land zu tun. Jedermann hatte das Recht, aus bestehenden Bindungen »auszusteigen«, sich irgendwo ein frisches Stück Land zu roden und darauf nach der eigenen Fasson selig zu werden. Diese Gesellschaft sei »locker strukturiert«, hat ein Soziologe formuliert. Er meinte damit die Fähigkeit und Neigung der Thais, ihre persönliche Unabhängigkeit mit Entschiedenheit gegen soziale Verpflichtungen, auch gegen Familienbindungen zu verteidigen. Es dürfte kein Zufall sein, daß sich die Thais erst aufgrund einer königlichen Verordnung von 1907 einen Familiennamen zulegten. Die Vornamen spielen bis heute die wichtigere Rolle.

Die agrarischen Reserven, die die materielle Grundlage der eigentümlichen Thai-Freiheit bildeten, sind aufgezehrt. Ein Heer von landlosen Bauern wandert durch das Land auf der Suche nach Arbeit und Reis. Viele ziehen in die Städte. So entstehen die Slums, an denen Bangkok zu ersticken droht. Auf acht Millionen ist die Bevölkerung der Hauptstadt jetzt angewachsen. Die gesellschaftlichen Probleme haben sich so zugespitzt, daß die Behörden sich vor einiger Zeit aufrafften, deren Existenz wenigstens zuzugeben. Der Presse des Landes wurde nahegelegt, den Begriff »Slum« nicht länger zu verwenden. Die nunmehr gewünschte Bezeichnung lautet: *crowded community*, übervölkerte Wohnbezirke.

Nimmt man Kinderarbeit, Prostitution und schamlose Ausbeutung hinzu, kann man in der Tat ein Porträt des Landes zeichnen, in dem der Königshof und der folkloristisch angereicherte Buddhismus nurmehr der Vertuschung einer unerträglichen Wirklichkeit dienen.

Dennoch hat Thailand auf mich nie hoffnungslos gewirkt. Ein Teil seiner Elite ist von den Verhältnissen nicht korrumpiert worden. Er hat sogar auf exemplarische Weise gezeigt, wie existentielle Probleme des Landes mit Geschick, Tatkraft und Beharrlichkeit zu lösen sind.

Zu diesem positiven Teil der Elite rechne ich Mechai Viravaidya. Seit mehr als zehn Jahren hat er sich die Familienplanung zur Lebensaufgabe gemacht. So erfolgreich sind seine Kampagnen geworden, daß die »Dinger« aus der Gummiindustrie allenthalben seinen Namen tragen. Ganze Nobelparties und gesellschaftliche Großveranstaltungen hat Mechai schockiert oder erheitert, wenn er unversehens Verhütungsmittel, zu Luftballons aufgeblasen, über die elegante Menge schweben ließ. Seine nicht-staatliche, aus vielen Quellen, auch aus Entwicklungshilfe finanzierte Organisation hat die Geburtenrate Thailands binnen eines Jahrzehnts von drei unter zwei Prozent gesenkt. 1,5 Prozent ist das nächste Ziel. Es erscheint nicht einmal unrealistisch. Mechais *public relations*-Effekte zielen mit Erfolg auf das Unterhaltungsbedürfnis der Thais.

»Noch nie in der Geschichte der Menschheit hat der Zwang im

Bereich zwischen Nabel und Knie etwas ausgerichtet.« Das ist der Grundgedanke Mechais, der ihn darauf gebracht hat, es mit *sanuk*, mit Spaß und Unterhaltung, zu versuchen, mit der »Supermarkt-Methode«, wie ein Kritiker es formuliert hat. Winston Churchills von zwei gespreizten Fingern gebildetes *victory*-Zeichen ließ er auf T-Shirts mit dem Slogan drucken: »Zwei sind genug.« Besonderen Erfolg hat ein in Plastik eingeschweißter »Mechai« als Schlüsselanhänger. Der Aufdruck empfiehlt: »To break in case of emergency.« Auch »A condom a day keeps the doctor away« gefällt den potenzbewußten Thais. Mechai ist darauf gefaßt, auch zwei oder mehr am Tag zu liefern.

An Geburtstagen der königlichen Familie baut er auf den Festplätzen des ganzen Landes Schaubuden auf. Ein mobiler Operationstrakt schließt sich an diese Buden an: Männer, die schon zwei Kinder haben, können sich da im Schnellverfahren sterilisieren lassen. Draußen an der Außenwand des Zeltes ist eine Tafel angebracht. Auf ihr wird die »Strecke« des Tages verzeichnet. An einem Geburtstag der Königin wurden auf dem »Sanam Luang«, dem Hauptplatz in Bangkok, einmal 600 Sterilisationen ausgeführt.

Soziale Hilfen und Entwicklungsprojekte begleiten die Familienplanung, die nach vielerorts schmerzlicher Erfahrung ohne eine Gesamtstrategie keinen Erfolg hat. Bei den Wirtschaftsprojekten leisten Prämien, die das Eigeninteresse der Menschen ansprechen, das, was in der ersten Phase die Unterhaltung bewirkt: Die Thais machen aus freien Stücken mit, weil Mechai sie hat überzeugen können, daß Geburtenkontrolle der eigenen Familie und der Gemeinschaft nutzt.

Die weltweiten Mißerfolge der Familienplanung erklärt der ganz unasiatisch direkte, fast brutal ehrliche Mechai so: »Es fehlt an Mut und Engagement. Viele Leute arbeiten in der Familienplanung und mögen die Dinger nicht einmal beim Namen nennen, die sie täglich verteilen. Sie glauben nicht an ihren Job, und sie lieben ihn schon gar nicht.«

Der Buddhismus oder das, was die Thais als Lebensform daraus gemacht haben, scheint die Aufgabe der Familienplaner zu erleichtern. Die Geburt ist der Beginn des Leidens, so hat Buddha gelehrt. Er selbst hatte ein Kind und wußte, wovon er sprach. Mechai leugnet die günstigen Voraussetzungen nicht. Er warnt aber, sie zu überschätzen. »Entscheidend ist, daß die Thais pragmatisch sind. Hat man sie vom Sinn einer Sache überzeugt, dann machen sie mit. Viel zu häufig hört man in anderen Ländern das Argument, wir haben ein religiöses Problem, wir haben ein soziales Problem.«

Mechai, der engagierte, der leidenschaftliche Reformer, mag diese Erklärung nicht gelten lassen. Er spricht ein Urteil, das feinfühlige, alles verzeihende Experten aus dem Westen nie selber formuliert hätten: »Mehr als die Hälfte der Entschuldigungen hat mit einem Mangel an Einsatz zu tun. Wenn es religiöse Hindernisse gibt, dann müssen die Familienplaner ihre Anstrengungen eben verdoppeln. Nicht die Hindernisse zählen, sondern der entschlossene Einsatz der Betroffenen.«

Der Regenmacher

Weithin zu Recht wird der Elite Bangkoks vorgeworfen, ihre eigenen Interessen über die der Gemeinschaft zu stellen und sich zu bereichern, auch wenn dadurch die Lebensgrundlagen der Nation geschädigt werden. Aber es gibt Ausnahmen, sogar viele Ausnahmen, die auf exemplarische Weise öffentliche Tugenden vorweisen, die den Rest der Elite beschämen. Der König überragt alle. Mechai gehört dazu; und auch ein Sonderling und zugleich eminent praktischer Pionier, den der König vor zwanzig Jahren beauftragt hat, Regen zu machen: Professor Theparit. Wie Kukrit Pramoj ist Theparit königlicher Abstammung, ein Enkel des großen Reformkönigs Chulalongkorn. Das Kürzel »M.R.« ziert auch seinen Namen.

Der kleine stämmige Mann mit dem fürstlichen Kopf und den dunkelgrauen, wie verknorpelt wirkenden Augen hat das »Königliche Regenmacher-Forschungs- und -entwicklungsinstitut« aufgebaut und zu relativem Erfolg geführt.

Achttausend Flugstunden ist er am Himmel gewesen, Wissenschaftler, Organisator und Pilot zugleich. »Ein Regenmacher muß Entschlossenheit und Willenskraft besitzen, um Regen zu machen«, sagt Theparit; und er muß ein »unverbesserlicher Optimist sein«.

Die Meteorologen haben sein Unternehmen von Anfang an als chancenlos und sogar als gefährlich beurteilt. Sollte Regen wirklich einmal künstlich gemacht werden, dann müßte mit schweren internationalen Konflikten gerechnet werden, prophezeite der Bangkoker Chefmeteorologe noch 1970.

Theparit hat nie an seinem Erfolg gezweifelt. Dabei waren die Schwierigkeiten so groß, daß ein Mann von geringerer Statur vor ihnen kapituliert hätte.

Theparit wurde 1914 in Berlin geboren, wo sein Vater als Diplomat tätig war. In Amerika hat er Agrarwissenschaft studiert. Auf Wunsch König Bhumibols begann er in den sechziger Jahren, sich mit der Erforschung der Regenmacherei zu befassen. Er fand heraus, daß amerikanische und australische Erfahrungen keine Rückschlüsse auf die Verhältnisse in Thailand zuließen. Diese Erfahrungen beruhten auf Experimenten mit »kalten Wolken«. Tropische Wolken hingegen sind »warm«.

Theparit ist einen eigenen Weg zur Lösung des Problems gegangen. Nach fast zwei Jahrzehnten ist er überzeugt, daß die theoretisch-wissenschaftlichen Daten gesichert sind. Um Regen in großem Stil zu machen, aber auch um Regenwolken aufzulösen, bedürfe es nur noch eines großzügigeren materiellen Aufwands.

Das »Regenmacher-Institut« hat längst nicht genügend Flugzeuge, um die Wünsche der Bauern zu erfüllen. Die acht oder zehn Maschinen, »Casas« aus spanisch-indonesischer Produktion und altes Militärgerät, reichen nicht einmal aus, um die Anforderungen aus dem Nordosten Thailands zu erfüllen. Die Dürre ist dort zum Dauerzustand geworden. Die Bauern glauben an Theparit und seine Chemo-Techniker am Himmel. Sie haben Geld gesammelt, um die Luftflotte des Instituts zu vergrößern.

Mit der Kamera haben wir Theparit bei der Arbeit beobachten

können. Mit Hilfe eines Ballons wurde frühmorgens die Luft-
feuchtigkeit in 500 bis 1500 Metern Höhe gemessen. Lag die Hu-
midität höher als 50 Prozent, begann das Mischen der Stoffe, mit
denen die Wolken »geimpft« wurden: Trockeneis, Kalziumkarbid,
Salz. Das dampfende Eis schafft dabei eine Theateratmosphäre,
die an eine Alchemistenküche erinnert.

Vollbeladen mit Chemie, steigen die Maschinen in den Himmel.
Jedem Flugschüler wird eingeschärft, Wolken zu umfliegen und
um so größeren Abstand von den mächtigen Kumuluswolken zu
halten, je kleiner die Maschine ist. Theparit und seine Regenmacher fliegen bewußt mitten in die Wolken hinein. In den ersten
Jahren fehlte es ihnen an Erfahrung, um die Kraft der Aufwinde zu
taxieren. Gern erzählt der verwegene Theparit die Geschichte,
daß seine Maschine einmal in einer Turmwolke mit unheimlicher
Gewalt von 1000 auf 5000 Meter Höhe gewirbelt wurde. Sein
Kopilot habe die Besinnung verloren, er selber sei nur ein Moment
lang bewußtlos gewesen, danach hätte er die Maschine auffangen
und sicher landen können.

Thailands Regenmacher setzen sich etlichen Risiken aus. Sie
fliegen altmodische Kisten ohne Druckausgleich und experimen-
tieren im schwankenden Flug mit heiklen Chemikalien. Um ein
Gespräch führen zu können, braucht Theparit inzwischen ein
Hörgerät. Die krassen Druckunterschiede, die beim Durchqueren
der Wolken auftreten, haben ein Ohr schwer geschädigt. Ein
Stück Trockeneis, aus dem Fenster der Maschine geworfen und
vom Wind zurückgedrückt, hat den Regenmacher das andere
Trommelfell gekostet. Sichtbar verätzt ist seine linke Hand. Unbefangen, ja stolz spricht der Gelehrte von diesen körperlichen De-
fekten; er hat alles gegeben, alles gewagt, um sein Ziel zu erreichen.

Selbstverständlich ist seine Regenmacherei ein unzulänglicher
Versuch. Sie kann die katastrophalen Folgen einer Entwaldung
allenfalls mildern; darüber ist sich der sachverständige Theparit
im klaren. Am häufigsten wird seine Hilfe von Provinzen angefor-
dert, die seit einem Jahrzehnt schon kahlgeschlagen sind. Das
Königreich des Dschungels und der weißen Elefanten hat bereits

weniger Waldbestand als die hochindustrialisierte Bundesrepublik Deutschland.

Theparit macht sich keine Illusionen. Langfristig kann nur die Wiederaufforstung ganzer Regionen das Problem bereinigen. Theparit hat sein Erfindertalent bereits mit seinem »Eisernen Büffel« bewiesen, einem Klein-Traktor mit überbreiten Stahlrädern, die auch im tiefen Schlammboden nicht versinken. Jetzt tüftelt er an einer Methode, Baumsetzlinge im Schnellverfahren aus der Luft zu pflanzen. Eine Lösung dieser Aufgabe würde ihn sogar noch mehr befriedigen als die Regenmacherei. Es genügt ihm nicht mehr, Symptome zu lindern. An die Ursachen will er heran.

Der Enkel König Chulalongkorns erinnert mich an den weisen, erkenntnishungrigen und lebensfreudigen Fürsten Don Fabrizio in Lampedusas sizilianischem Roman »Der Leopard«. Träumend und forschend beobachten beide Fürsten den Himmel, die Wolken und die Sterne. Phantasten sind sie und Realisten zugleich.

1986 ist Professor Theparit gestorben. Die Leitung seines Instituts hatte er schon einige Jahre zuvor in die Hände seines langjährigen Assistenten gelegt. Die großen thailändischen Zeitungen meldeten seinen Tod mit Schlagzeilen auf der Titelseite.

Das Hofzeremoniell

Auf dem Sterbebett hat einst Rama III. seinem Hofstaat einen letzten Rat erteilt, eine Warnung, die noch heute zitiert wird: »Hütet euch vor den *farangs*, den Fremden. Sie werden in Zukunft euer großes Problem werden. Nehmt, wenn ihr könnt, alle guten Eigenschaften von ihnen an. Aber bewundert sie nicht, sie sind nicht besser als ihr selbst.«

Auf den ersten Blick scheint das moderne Thailand dieses Vermächtnis in den Wind geschlagen zu haben. Zumindest die Hauptstadt Bangkok wirkt ziemlich westlich, reichlich amerikanisiert. Coca-Cola und Hamburger gehören zum Alltag. Anders als Burma, das sich isoliert und gegen den Einfluß des Westens gesperrt hat, um die überlieferten Lebensformen in Armut, aber mit

Muße zu bewahren, hat Thailand sich für fremde Ideen und Stilrichtungen weit geöffnet. Das Land ist gleichermaßen empfänglich für die nützlichen wie für die schädlichen Seiten des Fortschritts. Wer unter Bangkoks jungen Leuten betucht genug ist, der spielt heute ein *modern living*, das an Chicago oder Frankfurt erinnert und vergessen läßt, daß Thailands Metropole einmal das »Venedig des Ostens« war.

Entwicklungsexperten der Vereinten Nationen haben der Regierung geraten, die malerischen Kanäle und Grachten der Hauptstadt zuzuschütten und in Asphaltstraßen zu verwandeln. Noch schneller als die Zahl der Straßenkilometer ist die Zahl der Autos gewachsen. Die Menschen nehmen es hin wie Regen und Gewitter. Eingehüllt in blaue Abgaswolken, zermürbt und gemartert vom Lärm der *tuck-tuck*, der dreirädrigen Motorrad-Taxis, die ihren Namen dem Knattern ihrer Einzylinder-Motoren verdanken, beginnt man zu fürchten, das alte asiatische Thailand, das Land der Pagoden und Mönche, der Elefanten, Büffel und Reisbauern, sei an unheilbarem Futurismus erkrankt.

Das andere, das klassische Bangkok ist von einem grauen Häusermeer umzingelt. Die Inseln der Geschichte liegen verborgen hinter Häuserzeilen, die den Blick verstellen. Eine schmale Gasse führt von der fast immer verstopften New Road zur Rückseite des alten viktorianischen »Oriental Hotel«, das sich einen unvermeidlichen Hochhaus-Flügel leistet. Ein Trost ist es schon, daß sich die Herberge aus dem 19. Jahrhundert immerhin ihren ursprünglichen Baukern bewahrt hat.

Wer die anheimelnde »Writers' Hall«, die zur großen Teestube umdekorierte Lobby des alten Flügels durchquert, tritt noch auf die Terrasse mit dem grandiosen Blick auf den Menam, der sich durch das Herz von Bangkok den Weg zum Meer bahnt. Hier bringt das Stadtbild noch einiges von den Farben und Konturen des alten, geheimnisvollen Siam in Erinnerung.

Anfang unseres Jahrhunderts hat der englische Schriftsteller William Somerset Maugham einmal auf der Terrasse des »Oriental« Erholung von einer schweren Malaria gesucht. Seine Eindrücke, die er in dem Buch »The Gentlemen in the Parlour« beschreibt, treffen noch immer das Milieu: »Ich war schwach wie ein neugeborenes Kind, einige Tage lang konnte ich nichts anderes tun, als auf der Terrasse zu liegen und auf den Fluß zu schauen. Motorboote ratterten hin und her. Ungezählte *sampans* lagen auf dem Fluß. Große Dampfboote und Segelschiffe kamen von der Mündung herauf, so daß die Atmosphäre eines geschäftigen Hafens entstand. Früh am Morgen, vor der Hitze des Tages, war die Szene fröhlich und lebhaft; und dann wieder gegen Sonnenuntergang, dann war das Bild voller Farben, und auch ganz bedrohlich mit den schweren Schatten der heraufziehenden Nacht.«

Der Fluß ist hier so eindrucksvoll wie an kaum einer anderen Stelle. Die *sampans* gibt es nach wie vor. Fährboote, die von einem Wedel-Ruder nach Art der Gondeln bewegt werden, schippern nur langsam über den Fluß, weil sie von der starken Strömung weite Strecken abgetrieben werden. Von Zeit zu Zeit zieht ein kleiner, ungemein lautstarker Motorschlepper ein langes Geleit von hölzernen Lastkähnen flußaufwärts. Die Teakboote liegen tief im Wasser, nur die Aufbauten, die Nissenhütten ähneln, sind zu erkennen. In der Dämmerung wirkt der Schleppzug wie eine gemächlich dahinziehende Büffelherde, die einem Leittier auf dem Heimweg folgt.

So einschneidend die Moderne das äußere Bild der Stadt verunstaltet hat – das gesellschaftliche Ambiente, aber auch das Lebensgefühl der Thais, sind der Tradition verhaftet geblieben. Siams geheimnisvolles Wesen ist nicht gänzlich verloren. Wenn Thailand ein verstorbenes Mitglied des Königshauses in gigantischer Prozession zur Verbrennung geleitet, dann zeigt diese Gesellschaft ihr ursprüngliches Gesicht.

Im thailändischen Verbrennungszeremoniell mischen sich Traditionen Siams mit buddhistischen Riten, und beide überlagert eine pomphafte brahmanische Hofetikette, die aus indischen Quellen stammt und den Thais von den benachbarten Khmer vermittelt worden ist. Als die Thais 1434 Angkor Wat, das monumentale Zentrum des Khmer-Reiches, eroberten und die Stadt zerstörten, nahmen sie nicht nur viele Gefangene als Sklaven mit, sondern auch die Idee und das Gepränge des Gott-Königtums, das

Angkor zur Blüte und auch zum Fall geführt hatte. Die Thais
fühlen sich als Erben.

Der verschwenderische Aufwand an Dekorationen und Kostü-
men hat immer wieder auch westliche Beobachter beeindruckt.
Reiseschriftsteller des 19. Jahrhunderts widmeten ihm beredte
Seiten. So kostspielig waren die Feiern, daß sie die Staatsfinanzen
von Mal zu Mal ruinierten. Noch heute ist die Prachtentfaltung
außerordentlich. Sie dient der Selbstbestätigung thailändischer
Eigenart. Ein vergleichbares Bedürfnis an dargestellter Identität
gibt es wohl nur bei den Japanern.

Am 14. Oktober 1974 hatte ich mit meinem Kamerateam Gelegenheit, ein solch außergewöhnliches Ereignis zu filmen. Ein Jahr
nach dem »blutigen Sonntag« ehrte Thailand die Opfer, die den
Sturz der Militärdiktatur mit dem Leben bezahlt hatten.

Wie sonst nur bei Mitgliedern des Königshauses und bei Ober-
bonzen der buddhistischen Klostergemeinschaft üblich, hatte man
die Leichen der 66 Gefallenen ein ganzes Jahr lang in einem Tem-
pelbezirk aufbewahrt. Gewöhnlich finden Verbrennungen nach
Wochen, spätestens nach einigen Monaten statt. Die »Märtyrer
des blutigen Sonntags« empfingen königliche Ehrungen.

Aus dem Tempel Samanes Viharn wurden die 66 Särge in einer
feierlichen Prozession zum Wochenendmarkt »Sanam Luang« gebracht. Begleitet von vielen Tausenden zogen die Leichenwagen
am Denkmal der Demokratie vorbei über die Rajdamnern-
Avenue wo durch die MG-Salven der Hubschrauber die meisten
der Opfer umgekommen waren. Auf dem »Sanam Luang« waren
fünf Holzgebäude errichtet worden: vier längliche Baracken, ma-
kellos weiß gestrichene Hütten für die Särge, und ein tuch-
bespannter Pavillon, in dem die königliche Familie an der Toten-
feier teilnahm.

Verteidigungsminister General Kruen Sudhanintr eröffnete den
Hauptteil des Rituals. In gemeinsamem Gebet mit dem Patriar-
chen bat der Repräsentant der Armee um Vergebung. Kein Protest,
kein Zwischenfall begleitete die »Ent-Schuldigung« jener, die das
Massaker ausgeführt hatten. Thais können verzeihen und vergessen.

Am Nachmittag betrat das Königspaar den Pavillon, abgeschirmt von Leibwächtern und gesichert durch mehr als tausend Polizisten in Zivil. Ein Gerücht hatte die Runde gemacht, dem König drohe ein Attentat. Die Behörden reagierten mit erhöhter Wachsamkeit.

Eine eigentümliche Art von Zündschnur war erkennbar, die am königlichen Pavillon begann und alle vier Hütten durchzog. Sie bestand aus lückenlos aneinandergereihten Feuerwerkskörpern. Den zündenden Funken setzte der König eigenhändig. Zischend durchschlängelte eine gleißendweiße Flamme die Hütten und erfüllte sie mit Rauch. Das Feuerwerk symbolisierte die Einäscherung der Gebeine. Der wirkliche Schlußakt wird dem König erspart.

Spät am Abend erst erfüllen andere Überlebende diese Pflicht in der Dunkelheit. Die sterblichen Überreste werden aus den Särgen gehoben und in Öfen verbrannt. Wer dem Vorgang erstmals beiwohnt, wird von der sachlichen Selbstverständlichkeit beeindruckt sein, mit dem er verrichtet wird. Angehörige und Freunde jedoch lassen ihren Empfindungen freien Lauf. Die Spannung des Tages darf sich entladen.

In diesem Augenblick geriet denn auch in einer der Baracken das Feuer außer Kontrolle. Nur mühsam wurde ein Übergreifen der Flammen auf das Holzdach verhindert.

Früh am nächsten Morgen landete ein Armeehubschrauber auf dem »Sanam Luang«. Er nahm die Asche der Verbrannten an Bord. Von den Blicken der Angehörigen verfolgt, stieg er in den Himmel. Vor der Mündung des Menam-Flusses, schon über offenem Meer, wurde die Asche ausgestreut.

Die Entmachtung der Studenten

Die Sturm-und-Drang-Periode, die Thailand von 1973 bis 1976 erlebte, erscheint in der Rückschau als tiefe Zäsur in der Geschichte des Landes. Studenten, Bauern und vor allem streikende Arbeiter mischten sich ein in die Politik, die bis dahin der Elite

vorbehalten war. Das war neu. Studenten marschierten in allen
Bereichen voran. Die Sprecher des nationalen Studentenrats
(NSCT) spielten in der Öffentlichkeit und in der veröffentlichten
Meinung eine zündende Rolle.

Eher im Rahmen der Thai-Tradition lagen dagegen die Kursän-
derungen der Außenpolitik. Zu China hatte der Königshof ein
freundschaftliches Verhältnis gepflegt. Die großen Mächte der
westlichen Welt waren ständig auf der Hut, jedwede Dominanz
einer anderen Nation in Thailand zu verhindern. Die potentiellen
Räuber hielten sich gegenseitig in Schach.

Während des Vietnam-Kriegs, so erklärte Ministerpräsident Kukrit Pramoj, seien die thailändisch-amerikanischen Beziehungen
»zu eng« geworden. Die thai-chinesischen Beziehungen hingegen
hätten darunter gelitten. »Wir verlangen von Washington keine
Scheidung, bitten aber, unsere Leistungen nicht für selbstverständlich zu halten. Wir verlangen bessere Konditionen und
Respektierung unserer Bedürfnisse.«

Das war elegant formuliert. Es markierte exakt die mangelnde
Bereitschaft der amerikanischen Außenpolitik, neben den eigenen
auch die Interessen, die Bedürfnisse und die Würde eines kleinen
und höflichen Partners gelten zu lassen. Nixon und Kissinger
haben im Umgang mit kleineren Mächten neue, erschreckende
Maßstäbe gesetzt. Der Wunsch der Thais, auf die Präsenz der
amerikanischen Truppen zu verzichten und die Militärbasen in
Korat, Sattahip und Utapao zu schließen, wurde von vielen Amerikanern als »unfreundlicher Akt« gewertet.

Als die US-Armee in Saigon gescheitert war und die Kriegsreporter fürs erste ihr Quartier nach Bangkok verlegten, entdeckten
auch die *instant experts* ihr besonderes Interesse an Thailand.
Den Versuch der Regierung Kukrit, die Sicherheit des Landes
ohne die amerikanischen GIs zu organisieren, erschien den meisten Reportern als sicherer Weg in den Ruin. Nach Vietnam sei
nun auch Thailands Schicksal besiegelt.

Den Schnellexperten unterliefen Fehlprognosen, weil ihnen die
Geschichte Thailands ein Buch mit sieben Siegeln war. Sie verkannten das politische Geschick der Bangkoker Elite, zwischen

den Fronten zu lavieren und Großmächte gegeneinander auszuspielen. Die Domino-Theorie war nach Meinung Kukrits »eine
große Beleidigung, weil wir nie ein kleines, unfähiges Stück Holz
gewesen sind. Wir haben unsere Interessen immer selbst vertreten
können.«

Die US-Basen wurden geschlossen, und das Verhältnis zu China
gestaltete sich danach so eng, daß Bangkok von einigen ASEAN-
Partnern als Interessenvertreter Pekings bezeichnet wird. China
zu Gefallen sind die Thais heute sogar bereit, den Roten Khmer im
Grenzgebiet zu Kambodscha logistische Hilfe zu gewähren. Von
Pol Pot glaubt man zu wissen, er lasse sich gelegentlich in einer
Bangkoker Klinik gegen Malaria behandeln.

In der Reformphase von 1973 bis 1976 haben sich freilich auch
kommunistische Tarnorganisationen unbehelligt in Szene setzen
können. Den streikenden Arbeitern und den Studenten entging
gelegentlich sogar, wie ihren harmlosen Aktionen Slogans, Ideen
und Symbole der internationalen Revolution beigemischt wurden.

Zum jährlichen großen Fußballspiel zwischen der Chulalong-
korn- und der Thammasat-Universität im Hauptstadion gab es
1975 ein politisches Beiprogramm. Eine »Uncle Sam«-Puppe
wurde nebst Dollar-Symbolen auf der Leichtathletikbahn herum-
geschoben und mit Spielszenen kommentiert, die von der Agit-
prop-Abteilung des Zentralkomitees hätten stammen können.
30000 Studenten füllten das Stadion bis auf den letzten Platz. Ein
Cheerleader, nach amerikanischem Vorbild, dirigierte die jungen
Leute bei kollektiven Aktionen. Tausende kleiner Farbtafeln, auf
Zuruf richtig hochgehalten, ließen riesige Porträts des Königs und
der Königin entstehen. Doch während die Studenten auf den Rän-
gen ihre Treue zur Monarchie bekundeten, marschierte unten auf
der Aschenbahn eine Pfadfinder-Kapelle auf und spielte die
»Internationale«. Kaum jemand im Stadion kannte die Bedeutung
der Hymne. Für die wenigen Kenner jedoch, die die Signale hörten und sie deuten konnten, war es keine Frage, wer der naiven
Band die heiklen Noten zugesteckt hatte.

Es war kaum anders zu erwarten: Die Front der Reformer brach
allmählich auseinander. Die Militärs hatten Macht und Einfluß

verloren. Sie begannen, aus ihren Geheimfonds Jugendorganisationen zu finanzieren, die den Studenten offen entgegentraten. Eine Berufsschüler-Vereinigung entstand, die auch vor Tätlichkeiten gegen demonstrierende Studenten nicht zurückschreckte. Eine unsichtbare Hand steuerte auch die besonders radikale Jugendorganisation »Red Gaur« (Rote Stiere), die sich zwischen den Königshof und die Studenten zu drängen suchte. Reaktionäre Mönche und Offiziere hatten sich auf die erfolgverheißende Strategie verständigt: die Studenten zunächst des Verrats an der Monarchie zu bezichtigen, um sie anschließend als Kommunisten zu denunzieren und sie am Ende aus der Gemeinschaft der Thais auszuschließen und zum Massaker freizugeben.

Ein Zufall, oder die Aktion eines »Maulwurfs«, spielte den Reaktionären dabei in die Hände. Im September 1976 verschärften sich die Spannungen auf das äußerste. Feldmarschall Thanom, der am »Blutsonntag« gestürzte starke Mann, war aus dem Exil zurückgekehrt. Im Kloster Bavornnives, das die engsten Beziehungen zur Chakri-Dynastie unterhält, hatte sich Thanom zum Mönch weihen lassen, angeblich um für seinen sterbenden Vater Verdienste zu erwerben.

Jeden Morgen um acht war der Mönch Thanom in safranfarbener Robe und mit kahlgeschorenem Kopf zu beobachten, wenn er die Wohnzelle verließ, um zur Kontemplation in den Tempel zu gehen. Mit der Kamera haben wir die Entwicklungsphasen dieser zweiten traumatischen Erfahrung der Thai-Gesellschaft exakt dokumentieren können. Der Plan der Drahtzieher war durchschaubar. Eine Konfrontation mit den Studenten und den sie tragenden »liberalen« Kräften sollte gesucht werden. Die internationalen Beobachter, Journalisten und Diplomaten, waren also vorgewarnt. Unverkennbar sollte die Religion politischen Zwecken dienstbar gemacht werden. Niemand nämlich darf nach den Regeln des *Sanghu*, der buddhistischen Mönchsgesellschaft, ordiniert werden, gegen den ein Gerichtsverfahren anhängig ist oder gegen dessen Aufnahme von den Gläubigen Einspruch erhoben wird. Über beide Bestimmungen hatte sich das königliche, im Regierungsviertel Bangkoks gelegene Kloster Bavornnives hinweggesetzt.

Die Studenten gingen in Massen auf die Straße. Auf Großveranstaltungen erhoben Redner den Vorwurf, der gestürzte Feldmarschall sei nicht aus religiösen Gründen nach Bangkok zurückgekehrt, sondern einzig und allein, um schon durch seine Anwesenheit einen Zustand der Unruhe und des Aufruhrs zu schaffen – einen für die Militärs hinlänglichen Vorwand zur Beseitigung der Demokratie. Die Erregung der Studenten steigerte sich noch erheblich, als zwei junge Leute, die Plakate gegen Thanom klebten, in einem Vorort Bangkoks von Polizisten gelyncht wurden. Die Gewalt eskalierte. Lynchmorde haben allemal die gewünschte Signalwirkung.

Die Studenten verlangten Aktionen der Regierung, die inzwischen Kukrit Pramojs älterer Bruder Seni Pramoj führte, ein Rechtsprofessor, dessen Gelehrsamkeit in umgekehrtem Verhältnis zu seiner politischen Tatkraft stand. Der schlanke, feingliedrige Akademiker, den die Konkurrenz zu seinem jüngeren Bruder Kukrit zeitlebens bewegte, war der Situation nicht gewachsen. Die Regierung erwies sich als handlungsunfähig. Voller Empörung ließen die Studentenführer sich zu einer Aktion verleiten, die dem Stilgefühl der Thai-Gesellschaft zuwiderläuft und höchste Gefahr heraufbeschwor: sie stellten der Regierung das Ultimatum, Thanom binnen Wochenfrist wieder außer Landes zu schaffen. Eine Seite mußte nun das Gesicht verlieren; die Konfrontation hatte begonnen.

Am 2. Oktober 1976, einem Samstagmorgen, als die des Lynchmords schuldigen Polizisten noch immer nicht festgenommen worden waren, spielte eine Gruppe von Thammasat-Studenten den grauenvollen Mord in einem Agitationsstück nach. Apinand, ein Student vom Theaterensemble der Universität, wurde unter dem Jubel von mehreren tausend jungen Zuschauern im Innenhof der Thammasat-Universität an einen Galgen gehängt. Sein Gesicht war im Stil chinesischen Polittheaters geschminkt. Wer genau hinsah, konnte Ähnlichkeiten mit Kronprinz Vajiralongkorn erkennen. Aber niemand schien in diesem Augenblick die Anspielung wahrzunehmen. Man habe, so erklärten die Veranstalter später, den Studenten Apinand nur deshalb für die Rolle ausgewählt, weil seine schmächtige Körpergestalt die Lösung der technischen Probleme beim Schau-Hängen erleichterte.

Ein weiterer Zufall, wie es damals schien, hatte ihn, den Kronprinzen Vajiralongkorn, aber bereits in die Ereignisse verwickelt. Noch vor dem Abschluß seiner Offiziersausbildung in Australien war er in diesen Tagen überraschend nach Bangkok zurückgekehrt. Einen Tag nach dem Schau-Hängen stattete er dem Abt eben jenes Klosters Bavornnives einen Besuch ab, das Thanom Kittikachorn regelwidrig ordiniert hatte. Die vorzeitige Rückkehr hatte mit Heiratsplänen des Hofes zu tun. Ein paar Wochen später wurde die Verlobung des Prinzen angekündigt. Doch davon ahnte die Öffentlichkeit einstweilen noch nichts.

Für den Augenblick war entscheidend, daß ein paar Photos vom Klosterbesuch veröffentlicht wurden. In Zeitungen, die den konservativen Militärs nahestanden, erschienen in den folgenden Tagen auch Bilder vom Schau-Hängen, Bilder, die eine Ähnlichkeit mit dem Prinzen belegten. Der »liberale«, angesehene Soziologe und damalige Rektor der Thammasat-Universität, Dr. Puey Ungphakorn, hat die These vertreten, daß die Photos auf den Redaktionstischen retuschiert wurden, um eine Ähnlichkeit vorzutäuschen.

Unsere eigenen Fernsehbilder vom Schau-Hängen können die Behauptung Dr. Pueys nicht erhärten. Die Ähnlichkeit war frappierend, auch wenn sie zunächst unbemerkt geblieben war. Ich mag Absicht von einigen wenigen, die im Hintergrund Regie führten, nicht ausschließen. Der »Zufall« kam jedenfalls kaum unerwünscht; er paßte exakt in einen Plan, der allen deutlich vor Augen stand.

Etwa 30000 Studenten hielten sich am 5. Oktober 1976 auf dem Campus der Thammasat-Universität auf, als der Sturm tatsächlich begann. Photos vom Schau-Hängen erschienen noch einmal in großer Aufmachung in der Zeitung *Dao Siam*, die den Militärs nahestand. Armeeeigene Rundfunkstationen werteten das Bildmaterial als Beweis dafür, daß die Studenten die Monarchie zu stürzen planten. Außerdem wurden die angeblichen Verschwörer als Kommunisten gebrandmarkt. Die Rundfunksender forderten die Bevölkerung Bangkoks geradezu auf, die in der Thammasat-Universität versammelten Studenten zu töten. Kommunisten zu töten, so hatte zuvor schon der radikale Mönch Kittivudho von der Kampforganisation »Nawapol« seinem Publikum gepredigt, sei kein Verstoß gegen die Lehre Buddhas. Wiederholt forderten die Armeesender jetzt: »Tötet sie, tötet sie, die Feinde der Monarchie!«

Die Szenen, die wir am frühen Morgen des 6. Oktober 1976 an der Thammasat-Universität gedreht haben, gehören zu den schrecklichsten Bildern, die ich während meiner Jahre in Asien gesehen habe. Einige tausend Zuschauer drängten an das Haupttor, von wo aus Polizisten in Richtung der Universitätsgebäude feuerten. Die Menge skandierte und bejubelte die Salven. Schon nach kurzer Zeit wurde jedem aufmerksamen Beobachter klar, von wem auf wen geschossen wurde: Geschossen wurde einzig und allein von der Polizei auf die im Campus versammelten Studenten. Das hat die Behörden aber nicht gehindert, noch am selben Tag die Behauptung zu verbreiten, auch die Studenten ihrerseits hätten Schnellfeuerwaffen, ja sogar schwere MGs besessen und damit zurückgeschossen. Außer ein paar Pistolen hat man später beim Durchsuchen der Universität in Wahrheit nichts gefunden.

»Überläufer«, junge Leute, die dem seelischen Druck nicht länger gewachsen waren und aus dem Campus herauskamen, um sich den Behörden zu stellen, erwartete ein schreckliches Schicksal. Obwohl zwei ausländische Filmteams die Szenen drehten, ließ man die Jungen und Mädchen an die 150 Meter weit Spießruten laufen. Mit langen Holzleisten schlugen »Rote Stiere« und »Nawapol«-Anhänger brutal auf sie ein. Die Hemden und Blusen der Geschlagenen verfärbten sich rot. Am Ende der »Gasse« wurden die zusammengeprügelten Studenten in einen Kleinbus geschoben und weggefahren.

Die Menge erlebte einen Blutrausch. Sie wollte junge Menschen aus der Thai-Gesellschaft ausstoßen und mitleidslos töten wie tollwütige Hunde. Nicht wenige wurden tatsächlich zu Tode geprügelt. Die Meute fanatischer Aktivisten hatte offenbar den Verstand verloren. Einen Leichnam hängte sie an einen Baum und schlug ihn mit Eisenstangen zu einem blutigen Klumpen. Das Bild hat die Welt schockiert.

Wann immer die Polizisten ganze Salven abfeuerten und mehrere Schnellfeuerwaffen gleichzeitig ratterten, warfen sich die fünf- oder zehntausend Zuschauer auf den Boden, um nicht getroffen zu werden. Die aufgepeitschten Thais fühlten sich wie in einem wirklichen Krieg gegen Kommunisten. Tatsächlich hielt die Kommandozentrale der Sicherheitskräfte alle Fäden in der Hand. Die Macht der Studenten sollte gebrochen werden. Nach dem »Massaker«, wie Rektor Puey das Ereignis nannte, gaben die Behörden die Zahl der Getöteten mit 40 an. Wahrscheinlich sind um die 100 Studenten zu Tode gekommen.

Gegen elf Uhr morgens begann die Polizei, das Universitätsgelände zu stürmen. Am selben Platz, an dem das Schau-Hängen stattgefunden hatte, wurden die Studenten gezwungen, sich enggedrängt auf den Boden zu legen und die Durchsuchung abzuwarten. Die vermeintlichen »Rädelsführer« wurden im Lauf des Tages in ein Militärcamp gebracht. Die Auslandspresse durfte sie dort aus der Ferne besichtigen – wie Schwerverbrecher.

Am Abend putschte das Militär. Die Regierung Seni Pramoj wurde genötigt, die Macht an Admiral Sangad, einen 60 Jahre alten farblosen Soldaten, abzutreten. Erwartungsgemäß diente Sangad lediglich als Übergangsfigur – bis ein strammer »rechter« Premier, Thanin Kraivichien, gefunden war.

Bei Sonnenuntergang am 6. Oktober 1976, noch bevor die Militärs zum Putsch ausgerückt waren, feierten Nawapol-Angehörige, »Rote Stiere« und Extremisten der Pfadfinder den Sieg. Sie trafen sich auf der Straße vor dem Kloster Bavornnives. Dort lebte Thanom Kittikachorn als Mönch. Der Kreis der Ereignisse hatte sich auch äußerlich geschlossen. Keine andere Feier als diese und an diesem Ort hätte augenfälliger verdeutlichen können, daß die Ereignisse, die zur Entmachtung der Studenten und zum Ende einer Phase der Demokratisierung führten, mit purem Zufall nicht zu erklären sind.

Die Thai-Regierung war beschämt, als die Filme vom Sturm auf

die Thammasat-Universität am Abend weltweit über die Fernsehschirme liefen. Die Fakten waren jedoch nicht zu bestreiten. Ihre
Verbreitung hat man der Auslandspresse dennoch verübelt. Unser
Verhältnis zum Bangkoker Außenministerium blieb einige Jahre
lang getrübt. Frei arbeiten ließ man uns im »Land der Freien«
gleichwohl. Und das verdient Respekt.

Keine Chance für den Untergrund

Diesmal hatte König Bhumibol nicht zugunsten der Studenten
interveniert. Der Studentenrat war zu laut, zu selbstbewußt und
zu unbeliebt geworden, als daß die Bürger Bangkoks eine solche
Stützungsaktion noch honoriert hätten. Das Pendel war zu weit in
eine Richtung ausgeschlagen. Ein Rückschlag war unvermeidlich.
Die Politik mußte danach wieder in einen Mittelweg münden, auf
dem das Gute bewahrt und weiterentwickelt werden konnte. Ein
Klima entstand, das die Extreme wieder zusammenführte. Politisches Geschick und Augenmaß waren vonnöten. Daran hat es den
Thais allerdings noch nie gemangelt.

Die blutige Strafaktion gegen die Studenten hatte die Virulenz,
die unerhörte Kraft der monarchistischen Gefühle augenfällig gemacht. Eine kleine Gruppe war durch geschickte propagandistische Manipulation der Majestätsbeleidigung bezichtigt und aus
dem Gesellschaftsverbund der Thais ausgestoßen worden. Sie zur
Liquidation freizugeben war in der Empfindungswelt dieser Nation eine folgerichtige Entscheidung.

Im Oktober 1976 hat sich gezeigt, daß der Royalismus auch ein
gefährliches Instrument sein kann. Mit Erschrecken haben viele
beobachtet, welche Kräfte freigesetzt wurden. Wer die Ereignisse
durchdachte, konnte sich aber auch der Einsicht nicht verschließen, daß die monarchischen Gefühle sich als fester Kitt erwiesen,
der die Nation zusammenhielt. Die Ausgrenzung der linken Studenten hatte eine Gefahr deutlich gemacht, aber auch eine unver-
wechselbare Identität, die eine Nation um den Königshof vereinte.

Die Demokratie, mit der Thailand experimentiert hatte, war

zum politischen Kuhhandel herabgesunken. Was sich Parlament nannte, war in Wirklichkeit ein Haufen politischer Unternehmer, die in ihre Wahl eine Menge Geld investiert hatten und bei jeder Abstimmung im Plenarsaal auf die Mehrung ihres Kapitals um Zins und Zinseszinsen achteten. Ähnlich der deutschen Republik von Weimar war es der Thai-Demokratie nicht gelungen, Verwaltung, Polizei und Armee zu demokratisieren und sie öffentlicher Kontrolle zu unterstellen. Die Mehrheit der Thais war sich einig, daß die putschenden Offiziere am Ende nur geschoben hatten, was ohnehin schon fallen wollte.

Und doch hat die radikale Phase der Thai-Demokratie von 1973 bis zum Oktober 1976 tiefe Spuren hinterlassen und eine Markierung gesetzt, hinter die der politische Alltag in Bangkok nicht mehr hat zurückfallen können. Nach der achten Verfassung, die unter Beteiligung der Studenten formuliert wurde, hat sich Thailand noch eine neunte Verfassung gegeben. Die Elite und vor allem die bestorganisierte staatliche Institution, die Armee, haben ihre Vorrechte darin behaupten können. Eine Militärdiktatur, wie die Generale Sarit und Thanom sie etabliert hatten, ist dem Land immerhin seither erspart geblieben. Der Premierminister kann sich nur im Amt halten, solange ihn eine Mehrheit der Parlamentarier trägt.

Zwei Putschversuche von »Jungtürken«, von Hauptmännern und Obristen, die sich am militärischen Establishment vorbei an die Spitze bringen wollten, sind 1981 und 1986 gescheitert. In beiden Krisen hat die Tatsache, daß der König das Gewicht seiner Autorität zugunsten legaler Regierungen in die Waagschale warf, den Ausschlag gegeben. Die neue Thai-Demokratie beginnt Wurzeln zu schlagen. Sie integriert Elemente der Thai-Tradition, und sie entwickelt Verfahrensweisen, die den Konfrontationsstil westlicher Demokratien abmildern. Entscheidend ist, daß die Politik in Bangkok transparenter, einsichtiger geworden ist, daß Verschwörungen und Mauscheleien in die Öffentlichkeit gebracht werden und sogar die Militärs mit der Macht der öffentlichen Meinung rechnen müssen.

»Wir haben eine komplette Demokratie in Thailand«, urteilte

der wortreiche Kolumnist Ayumongkul Sonakul, der sich selbst gern »Onkel Ayu« nannte, »wir haben eine komplette Demokratie – außer wenn wir sie nicht haben. Wenn wir zu demokratisch werden, rollen die Panzer. Wie weit sie rollen, hängt davon ab, wie oberdemokratisch wir geworden sind. Thailands Demokratie hängt von der Fähigkeit ab, kein Klima entstehen zu lassen, das Panzer auf die Straße rollen läßt.«

Witz und Ironie mildern in Thailand die Mängel des Systems. Die Fähigkeit, über sich selbst zu lachen, die Weigerung, etwas ernst zu nehmen außer Buddha und den König, machen Thailand menschlich und liebenswert. Die Thais glauben an ihre Fähigkeit, eigene Problemlösungen zu entwickeln. Sterile Aufgeregtheit ist ihnen fremd. Sie agieren geschmeidig, geduldig und mit erstaunlicher Gelassenheit. Mit dem Alltags-Rat »mai-pen rai« – »macht nichts«, »keine Sorge, wird schon werden« – haben die Thais zum Erstaunen vieler Beobachter einige schwierige Probleme tatsächlich gelöst.

Nach dem blutigen Exempel, das an den Studenten statuiert wurde, ist eine erhebliche Zahl von Aktivisten in den Untergrund gegangen. Seit langem schon hat Thailand eine »Befreiungsbewegung«. 1975, nach dem Sieg der indochinesischen Genossen in Saigon, Phnom Penh und Vientiane, rechnete sie sich Chancen aus, von dort wirksame Unterstützung zu erhalten. Das Problem der Front bestand darin, daß nur wenige Thais sich der Rebellion gegen den König anschlossen. Nationale Minderheiten aus dem thai-laotischen Grenzgebiet machten den Kern der Guerillastreitkräfte aus, die 1976 auf etwa 10 000 geschätzt wurden.

Das Untertauchen der prominenten Studentenführer, die ein paar hundert Sympathisanten mit sich zogen, lieferte der Front endlich die Chance, das Image der Minderheit loszuwerden und sich als die Vorhut eines neuen und besseren Thailand zu präsentieren. Schon am 14. Oktober 1976 verbreiteten die Aktivisten, geführt von Seksan Prasertkul, der dominierenden Figur im alten NSCT, aus dem Untergrund heraus eine wortreiche Erklärung. Sie ließ die jüngsten Ereignisse im Licht vulgär-marxistischer Theorien erscheinen. Das Massaker und der Putsch von Bangkok, so formulierten Seksan und die Genossen im Untergrund, seien ganz ähnlich wie der chilenische Militärputsch gegen Allende auf Anweisung der CIA erfolgt, um die Demokratie durch eine »faschistische Generalsclique« zu ersetzen. »Unsere friedlichen Methoden sind mit Granaten und Kugelsalven belohnt worden. Unser Volk hat keine andere Wahl, als seine Kräfte zu konsolidieren, um die reaktionäre Staatsmacht zu beseitigen und die neue revolutionäre Staatsmacht des Volkes an ihre Stelle zu setzen. Wir haben unwiderruflich diese Konsequenz gezogen: Weil der Gegner Waffen besitzt, müssen auch wir Waffen besitzen.«

Ganz so unwiderruflich, wie es schien, war die Konsequenz nicht. Mit keinem Wort waren die Jungrevolutionäre gegen die Monarchie vorgegangen. Ein endgültiger Bruch mit der Gemeinschaft der Thais hätte mit einer einzigen Andeutung besiegelt werden können. Die neuen Guerilleros hielten sich den Rückzug offen.

In Bangkok verlief denn auch die Entwicklung anders, als die KP-Theoretiker vorhergesagt hatten. Der schrullige Rechtspolitiker Thanin Kraivichien, der sich in der Nachfolge des unseligen amerikanischen Senators McCarthy fühlte, war bald am Ende. Ein politisch geschickter und ehrgeiziger General namens Kriangsak Chamanand brachte sich an die Macht. Seine Politik zielte auf Schadensbegrenzung, die nur durch eine Rückkehr zur Mitte erreicht werden konnte. Der Prozeß gegen die »Rädelsführer« der Studenten gab das Signal zur Versöhnung.

Rechtsverfahren dienen in Thailand dem Interesse der Regierung oder den Interessen der Gemeinschaft, bestenfalls der Gerechtigkeit. Dem Gesetz wird seltener Genüge getan. Das kodifizierte Recht ist ein Instrument, kein Wert an sich. Wenn andere Länder Prinzipien und unbeugsame Grundsätze brauchen, so stärken die Thais ihre Ordnung durch Opportunität. Nur der Weg in den Ruin verläuft in Thailand gradlinig und konsequent.

Die Weltpresse war zugelassen, als 1978 der Prozeß gegen die »Rädelsführer« eröffnet wurde. Ein Urteil ist in diesem Verfahren nie gesprochen worden. Noch bevor die Richter das gesamte Beweismaterial ausgebreitet hatten, amnestierte die Regierung

Kriangsak alle Studenten, die an den Ereignissen des 6. Oktober 1976 beteiligt gewesen waren – jene nicht einmal ausgenommen, die untergetaucht waren und sich dem kommunistischen Widerstand angeschlossen hatten.

Premierminister Kriangsak, der für seine Staatsgäste gelegentlich kochte, lud die freigelassenen Studenten in seine Privatwohnung ein und servierte ihnen eigenhändig Spiegeleier zum Frühstück. Mitglieder der Thai-Gemeinschaft hatten sich ausgesöhnt und wieder verbrüdert.

Außenpolitische Ereignisse halfen der Regierung in Bangkok, den bewaffneten Untergrund allmählich aufzubrechen. Die CPT, die Kommunistische Partei Thailands, stand unter dem deutlichen Einfluß Chinas. Nach dem Bruch zwischen Hanoi und Peking, der im Januar 1979 in einen verlustreichen Grenzkrieg mündete, geriet die Untergrundarmee zwischen die Fronten verfeindeter Brüder. Vietnam stellte seine Hilfe für die CPT ein. Ein Büro der Front in Vientiane, wo die Vietnamesen die Kommandos gaben, mußte geschlossen werden.

Die Thai-Regierung ließ nichts unversucht, die Rebellen im Untergrund von jedweder Hilfe von außen zu isolieren. Im Februar reiste der Außenminister Upadith Pachariangkul zu den Roten Khmer in die Geisterstadt Phnom Penh. Khieu Samphan zeigte Interesse, das Verhältnis zu Bangkok zum Nutzen beider Seiten zu verbessern.

Im September 1978 reiste der vietnamesische Premierminister Pham Van Dong durch die ASEAN-Staaten. Bei den Gesprächen in Bangkok wurde der Mandarin aus Hanoi vom Haudegen Kriangsak zu kräftigem Trinken genötigt. Er wurde demonstrativ umarmt und am Ende sogar als »älterer Bruder« bezeichnet.

Anfang November 1978 folgte Deng Xiaoping den Spuren des vietnamesischen Premiers. In Bangkok gelang dem Gast aus Peking ein veritabler Pressecoup. Deng ließ das vereinbarte Programm seiner Staatsvisite abändern, um sich zu den Ehrengästen zu stellen, die im Kloster Bavornnives der »Ordination«, der temporären Aufnahme von Kronprinz Vajiralongkorn in die Mönchsgemeinschaft beiwohnten. Vor den Augen der königlichen Familie wurde dem Prinzen der Kopf kahlgeschoren und die safranfarbene Robe des Bettelmönchs angelegt – ein ehrwürdiges Ritual, das »Verdienste« für die Eltern begründen soll, als Dank für die Mühen bei der nun abgeschlossenen Erziehung.

Live berichteten Bangkoks Medien aus dem Kloster; und Deng Xiaoping war dabei. Der Revolutionär und Kommunist aus Peking war inmitten einer buddhistischen Gemeinde zu sehen, die ergriffen dem Ritus folgte: anwesend war auch der König. Sein Auftritt verlieh dem Geschehen erst die höchste Weihe.

Alle Kommunisten-Chefs haben den Thais zugesichert, den Rebellen im thailändischen Untergrund keine Hilfe zukommen zu lassen. Sie verpflichteten jedoch nur ihre Regierungen. Für die Parteien mochten sie keine bindende Zusage geben. Die Partei handle selbständig, so lautet die taktische Variante seit den Tagen der III. Internationale. Aber die Partei würde über die Wünsche der Thais informiert.

Die Guerilleros im Untergrund, die sich an Maos Theorie orientiert hatten, begriffen rasch, daß sie vom China Deng Xiaopings wenig zu erwarten hatten. In Peking erhielten nun die eigenen, die nationalen Interessen Vorrang vor den sogenannten internationalen proletarischen Verpflichtungen. Thailands Revolutionäre hatten ihren letzten Patron verloren.

Heimkehr der verlorenen Söhne

In Massen sind die bewaffneten Untergrundkämpfer seit Anfang der achtziger Jahre in die Gemeinschaft der Thais zurückgekehrt. Vorbereitet wurden solche Massen-Kapitulationen durch Parlamentäre beider Seiten. Die Unterhändler vereinbarten die Bedingungen und auch das Protokoll zur Ordnung der feierlichen Rückkehr in den Schoß der Nation. Zugesichert wurden den Guerilleros eine Amnestie und die baldige Freilassung nach einem politischen Schnellkurs in Royalismus und Patriotismus. Darüber hinaus versprach die Regierung den Heimkehrern eine begrenzte

Geldhilfe und ein Stück Land zum Aufbau einer neuen, zivilen
Existenz.

Der politische Teil der Zusage ist fast immer vollständig erfüllt
worden. Die materiellen Starthilfen bereiteten dem Staat dagegen
Schwierigkeiten, weil Land – anders als in der Vergangenheit –
nicht mehr unbegrenzt zur Verfügung stand. Das zugesagte Geld
aber ist allemal gezahlt worden. Viele Heimkehrer sind damit in
die Städte, vor allem nach Bangkok, abgewandert, um nach den
harten Jahren im Dschungel die besseren Seiten des Lebens zu
genießen – solange es ging und soweit das Geld eben reichte.

Wichtig waren allerdings nicht nur die materiellen Bedingungen. Für die Regierung gleich wichtig war das große Zeremoniell
der feierlichen Abgabe der Waffen und der Wiedereingliederung
in den Verbund der Thai-Gesellschaft. Häufig war der Armee-
Chef persönlich zur Stelle, um die Hundertschaften der Guerilleros und deren Familien gebührend zu empfangen. Zunächst wurden auf dem mit Flaggen geschmückten Platz die Waffen feierlich
niedergelegt und eingesammelt. Dann hielt der Anführer der
Überläufer, häufig ein ehemaliger Student oder Lehrer, eine An-
sprache zur Begründung der Kapitulation.

Mit einem *wei*, der leichten Verbeugung mit vor der Brust gefalteten Händen, begrüßte der Oberkommandierende General die
Gegner von gestern. Gemeinsam wurde schließlich die National-
und Königshymne angestimmt. Dann war jenes unsichtbare Band
zur Thai-Gesellschaft wiederhergestellt, das die Ex-Rebellen zeitweilig durchschnitten hatten.

Natürlich wurde aus diesem Anlaß die nationale und auch die
internationale Presse aus Bangkok eingeflogen. Die Thais feierten
ein wirkliches Fest, ein Fest der Versöhnung. Die Nachricht, daß
die königliche Armee Wort hielt, wirkte zurück in den Untergrund
und förderte den Entschluß anderer Einheiten, den gleichen
Schritt zurück in die Gesellschaft zu tun.

Von den einmal 12 000 bis 15 000 kommunistischen Rebellen
sind heute kaum mehr als 1000 noch im Dschungel. Das Königreich Thailand hat eine Leistung vollbracht, die man auf dem Feld
der Politik getrost in die Nähe eines Wunders rücken darf. Ein

vergleichbarer Erfolg ist in den fünfziger Jahren nur auf den Philippinen unter Präsident Magsaysay einmal zu beobachten gewesen. Wo sonst auf der Welt haben kommunistische Rebellen, nachdem sie einmal die Waffen in die Hand genommen hatten, in Massen den Weg zurück in die Gesellschaft gefunden?

In Malaysia mußte die kommunistische Armee während des »Notstands« von 1948 bis 1960 von der Bevölkerung isoliert und dann blutig niedergeschlagen werden. In Vietnam und Kambodscha sind die Heimkehrer-Programme während des Indochinakrieges ohne Erfolg geblieben. Nur »Gepreßte« und »Mitläufer« gaben auf. Der Kern der Untergrundarmee hat die politische Versöhnung ausgeschlagen. In Thailand hat die Regierung mit nicht übertragbaren Argumenten und Methoden eine gefährliche Rebellion beendet. Die Vision einer Monarchie, die alle Thais vereint, hat dabei eine wesentliche Rolle gespielt.

Viele westliche Beobachter hatten Thailand eine Katastrophe prophezeit. Um so größer war die Befriedigung über den am Ende doch bezwingenden, so oft belächelten Optimismus. Schon immer hatten Bangkoks Führer wenig um Prognosen und Ratschläge der Fremden gegeben. Aus Höflichkeit hatten sie gegen die düsteren Szenarien, die Botschafter und Auslandskorrespondenten von der abschüssigen Entwicklung des Landes entwarfen, keinen Widerspruch erhoben. Darin steckt eine stille Überheblichkeit, keineswegs Mangel an Mut oder Artikulationsfähigkeit. Mit der gleichen Gelassenheit urteilen die Thais heute über neue, akute Bedrohungen: über die Überflutungen Bangkoks, die Vergiftung der Flüsse und Kanäle durch Überdosen von Pestiziden und auch über die Entwaldung, die das Klima langfristig verändert.

Diese Gesellschaft von Optimisten glaubt fest an das Irgendwie und Irgendwann. Sie lernt nur unter Zwang, wenn die Folgen falscher Verhaltensweisen jeden zu schmerzen beginnen. Die Erfolge der Familienplanung bilden dabei ein Beispiel.

Nur westliche Pessimisten können sich noch immer den Hinweis nicht verkneifen, daß der Schaden durch Zuwarten irreparabel werden könnte. Ein solch auswegloser Gedanke ist den Thais fremd. Andernorts mag er stimmen. Thailand ist eine Ausnahme.

Farangs werden es nie begreifen. Denn noch nie in der Vergangenheit haben sie die inneren Wirkungsgesetze, die Besonderheit ihres Landes, so glaubt die Mehrheit der Thais, wirklich verstanden und akzeptiert. Scheinbare Nebensächlichkeiten, Legenden zum Beispiel, liefern ihnen dafür immer wieder den Beweis.

1982 feierte Bangkok »Ratanakosin«, den 200. Gründungstag der Hauptstadt, deren Geschichte mit der regierenden Chakri-Dynastie eng verknüpft ist. Rama I. hatte nach der Zerstörung Ayuthias durch die Burmanen 1767 den Platz am Unterlauf des Menam bestimmt, an dem die Doppelstadt Thonburi-Bangkok gegründet wurde. In der Provinz kennt man die Hauptstadt nur unter dem Namen »Krung Thep«, »Stadt der Engel«.

Die Festlichkeiten zum 200. Gründungstag lockten Touristen in Mengen an. Die königlichen Barken mit 2000 kostümierten Ruderern paradierten auf dem Menam. Tempel waren restauriert worden, besonders schön und liebevoll der »Grand Palace« mit dem Kloster Phra Keo und dem smaragdenen Buddha, den die Thais vor langer Zeit einmal aus Laos entführt haben.

Der frühere Außenminister Upadith, der in Berlin studiert hatte und gutes Deutsch sprach, half dem ARD-Team bei der Kommentierung der großen Flußparade. Wichtig, so erklärte er dem deutschen Publikum mit spürbarer Ergriffenheit, sei, daß vor genau 200 Jahren, am Morgen des 5. April 1782, gegen 11 Uhr die Sonne einen großen Hof gehabt hatte. Die Thais seien überzeugt, daß sich die seltene Naturerscheinung heute, am 200. Gründungstag, wiederholen werde.

Überrascht waren nur *farangs*, als die Sonne wahrhaftig um 11 Uhr von einem nebeligen Kranz umgeben war, in genau dem Augenblick, als der König die Barke verließ und den Festplatz, den »Sanam Luang«, betrat. Triumphierend rückten die Kameraleute des Thai-Fernsehens die umkränzte Sonnenscheibe ins Bild. »Glaubt die Welt jetzt«, so schrieb die *Bangkok Post*, »daß die Thai-Monarchie wirklich über eine derartige Kraft verfügt? Wir besitzen ein Videoband, um es zu beweisen!«

Strenge Gesetze, die gnadenlos gegen Mitglieder der eigenen Gesellschaft angewendet werden, schützen das Ansehen der Mon-

archie. Gewiß werden Gerüchte kolportiert über Intrigen und Ri-
valitäten innerhalb der königlichen Familie; auch über Liebschaf-
ten und Krankheiten; und immer wieder Klatsch über die Weissa-
gung der Hofbrahmanen, ein Unglücksstern werde Dominanz gewinnen, sobald einmal dieser König, der Neunte der Rama,
abgetreten sei.

Schon mit der Andeutung solcher Gerüchte würden die Medien
eine Anklage wegen »Majestätsbeleidigung« riskieren; und der
Anklage würde ein Verbot der Zeitung auf dem Fuße folgen. Auch
die Auslandspresse, die sich im »Foreign Correspondents Club«
von Bangkok geradezu vorbildlich um eine faire Zusammenarbeit
mit dem Hof bemüht, hat die strengen *laesae maiestatis*-Bestim-
mungen zu respektieren. Als der *Christian Science Monitor* vor
ein paar Jahren zu detailliert über Konflikte am Hof berichtete,
wurde der Autor mit einem Einreiseverbot belegt und die Zeitung
ausgesperrt. Nach ein paar Monaten wurden die Sanktionen allerdings wieder aufgehoben. Das Land der Freien ist frei und tolerant
auch gegenüber der Auslandspresse, ein Vorbild für die Nachbarstaaten.

Wird die Monarchie überleben? Kukrit Pramoj hält eine Antwort bereit, die Ungeduld und Zuversicht zugleich offenbart:
»Alle *farangs*, die hierherkommen, stellen diese Frage. Was zum
Teufel soll ich ihnen antworten? Wir werden es versuchen, wir
werden die Monarchie erhalten. Warum die Frage?«

Von Thailand richtet sich der Blick zum Schluß auf das Allge-
meine. Werden die Zivilisationen Asiens ihre Eigenart und Eigen-
ständigkeit bewahren? Ist es Zufall, daß die beiden Staaten
Asiens, die nie Kolonie waren, die größte Homogenität und innere
Stabilität aufweisen? Warum haben Frankreich und Amerika die
Kraft des Nationalismus in Indochina unterschätzt?

Das letzte Kapitel ist ein Essay – ein Versuch, nicht mehr.

Das Ende einer Zeit

Städte wie Kansas City

Im Roman »Herz der Finsternis« läßt Joseph Conrad einen Pariser Tropenarzt auftreten, der einen Flußkapitän vor der Anstellung durch eine Reederei untersucht. »Sie gehen also dort hinaus, großartig und auch höchst interessant. Je ein Fall von Geistesgestörtheit in Ihrer Familie vorgekommen? Es käme der Wissenschaft sehr zustatten, die geistigen Veränderungen der Individuen an Ort und Stelle beobachten zu können ... Hüten Sie sich mehr vor Verdruß als vor den Strahlen der Sonne ... in den Tropen muß man vor allem die Ruhe bewahren. Du calme, du calme. Adieu.«

Rührt die Faszination der Tropen am Ende aus einer Gestörtheit des Geistes? Auch wer die Frage verneint, mag an der Selbstironie, die die Szene beinhaltet, Gefallen finden. Im Rat des Tropenarztes taucht zudem ein Schlüsselwort auf, das die Besonderheit des Lebens in tropischen Ländern zu erklären hilft. »Du calme« – Ruhe – empfiehlt der Doktor. Verdruß, so warnt er, berge mehr Gefahren als die Strahlen der Sonne. Ganz beiläufig hat Joseph Conrad damit den Grundzug benannt, der das Leben in den Tropen kennzeichnet.

Sonnenlicht und Wärme tragen dazu bei, daß die Menschen den niederdrückenden Verdruß abwehren können und durchweg Gelassenheit, wenn nicht sogar Heiterkeit erleben. Die Gesellschaften Südostasiens zeichnen sich aus durch eine positive Einstellung zum Leben, durch eine ansteckend gutgelaunte Grundstimmung, die ganz unabhängig ist von den materiellen Umständen, bei den Armen sogar noch stärker beeindruckt als bei den Reichen und Arrivierten. Das »Lächeln« Asiens ist viel beschrieben worden. Die Fähigkeit zu lachen ist nicht weniger bemerkenswert.

Die *old hands*, die weißen Kolonialtypen in Indochina, Malaya, Singapur und Hongkong, haben sich die wohltemperierte Grundstimmung der Asiaten zu eigen gemacht. Sie fühlen sich getragen von einer aufheiternden Atmosphäre, die die okzidentale Schwermut und die selbstquälerischen Zweifel zu verdrängen hilft. Vor dem »Verdruß«, der Frustration, wie man heute sagen würde, haben sie sich noch mehr gehütet als vor den Strahlen der Sonne.

In der zweiten Hälfte der sechziger Jahre, als ich nach Asien kam, waren Reste der Kolonialzeit noch an vielen Stellen zu besichtigen. Saigon, Phnom Penh und Vientiane erinnerten im Stadtbild an Provinzstädte Südfrankreichs, die in eine fremde Vegetation gestellt worden waren. Besucher mochten sich vom Rhythmus Asiens gefangennehmen lassen, mochten sich ganz der lokalen Gesellschaft zuwenden und fernab der »weißen Kolonie« am Leben der *natives* teilnehmen. Oder sie folgten auch hier den Traditionen der Heimat und genossen im Milieu der Europäer den Aperitif im Straßencafé und ein raffiniertes Diner in einem korsischen Restaurant, das selbstverständlich die Weine Frankreichs bereithielt.

In Malaya, Singapur und Hongkong spielten die Clubs die beherrschende Rolle. Für einen letzten Augenblick bot sich noch einmal das Bild jener Verhältnisse, das William Somerset Maugham in seinen Kurzgeschichten aus Südostasien gezeichnet hat. Die geräumigen alten Hotels, das »Continental« in Saigon und das »Raffles« in Singapur, bezauberten die Gäste mit einem altmodischen Ambiente, dem keine Spur von Luxus beigemischt war und in dem das technische Niveau gerade den bescheidensten Ansprüchen genügte. Fahrradtaxis überwogen im Straßenverkehr. Die Franzosen nannten sie *cyclopousses*, im Malayischen waren sie als *becaks* bekannt. Ihr gemächliches Tempo kennzeichnete die Lebensform der niedergehenden Kolonialzeit.

Paul Theroux, ein Amerikaner, der für ein paar Jahre als Gastprofessor in Singapur lehrte, hat in dem Roman »Saint Jack« versucht, die letzten Repräsentanten der trinkfesten *expat community* zu porträtieren, die Gäste der »Bandung«-Bar, die spürten, daß ihre Zeit unwiderruflich zu Ende ging. Über das Paradies und die Hölle von »Chinatown« blickend, hinab auf Opiumhöhlen, Bordelle, Massagesalons und Glücksspiel-Verstecke, bekennt einer von ihnen: »In ein paar Jahren werden sie dies alles niedergerissen haben, um hier Wohnblöcke, Hochgaragen, Pizza-Paläste und was sonst noch alles zu bauen. Ich habe Glück gehabt. Wenig-

stens kann ich sagen, daß ich noch erlebt habe, wie das Leben
früher war.«

Anfang der siebziger Jahre wurden die Reste des kolonialge-
prägten Südostasien niedergerissen. Der Krieg und Amerikas Niederlage in Vietnam zerstörten für immer, was aus französischer
Vorzeit in den drei Ländern Indochinas noch intakt geblieben
war. In Thailand, Malaysia und Singapur begann der bis heute
anhaltende wirtschaftliche Aufschwung, der viele Bereiche des
Lebens gründlich veränderte. Zumindest für den äußeren Schein
war es das Ende einer Zeit.

»Mit Gottes Hilfe werden wir Shanghai entwickeln, bauen und
umbauen ohne Unterlaß, bis es am Ende genauso ist wie Kansas
City«, träumte 1940, ein Jahr bevor die Vereinigten Staaten in den
pazifischen Krieg gegen Japan verwickelt wurden, der Senator aus
Nebraska, Kenneth Werry. Auf merkwürdige Weise hat sich ein Teil
dieser Vision tatsächlich erfüllt. Die großen Städte Asiens, Bangkok, Singapur, Jakarta, Manila und Hongkong, haben ihr Gesicht
gründlich verändert. Aus anheimelnd verträumten, vom Geist der
europäischen Kolonialmächte geprägten Verwaltungszentren sind
Millionenstädte geworden. Sie haben sich im Erscheinungsbild den
Metropolen in Amerika und Europa angeglichen.

Der Abriß der alten Stadtviertel erfolgte ohne Nostalgie und
Sehnsucht nach der guten alten Zeit. Wenn die »Birne« unnach-
giebig in die romantisch verwitterten Dachstühle fällt und die
Reste der Vergangenheit in Stücke schlägt, dann spricht man in
Asien von *development*, von Entwicklung, die durchweg positiv
empfunden wird.

Es scheint selbstverständlich, daß ein Immobilienbesitzer den
größtmöglichen Profit aus seinem Objekt zieht, das er verkauft,
umbaut oder niederreißt, wenn sich dadurch der Gewinn verdoppeln oder verzehnfachen läßt. Auch sollte nicht übersehen werden, daß viele »romantische« Quartiere, in denen Touristen aus
dem Westen ihre Erinnerungsphotos schossen, in Wahrheit drek-
kige und unhygienische Wohnplätze waren. »Bugis Street« in Singapur zum Beispiel, der Rummelplatz der Nachtjacken, auf dem
die Transvestiten ihre Show genossen, war zugleich ein Rattenloch

mit unzulänglichen sanitären Anlagen, die der florierenden Gastronomie schwere Probleme bereiteten.

»Bugis Street« ist der »Birne« zum Opfer gefallen. Abgerissen
wurde auch der größere Teil von Chinatown in Singapur; die alten
Ziegelhäuser im Zentrum Jakartas; die spanischen Fassaden am
Roxas Boulevard in Manila; der neoklassizistische »Hongkong-
Club« und die neugotische Hauptpost in Hongkong; und zugeschüttet wurden fast alle *klongs*, die Kanäle, die Bangkok einmal
ein unverwechselbares Gesicht gegeben hatten.

In Singapur hat man versucht, einige Attraktionen wiederherzustellen, die Außenwände zu erhalten, die Balken und Böden,
vor allem die sanitären Anlagen zu modernisieren. Bis heute hat
man nicht genügend Werktreue und Liebe zum Detail aufbringen
können. Bei den Restaurierungen in Singapur ist viel vom Charme
und der Ursprünglichkeit des Milieus verlorengegangen. Zu deutlich ist spürbar, daß nicht der Respekt vor dem historischen Bau-
werk – und sei es auch nur hundert Jahre alt – den Architekten
und Bauleuten die Hand geführt hat, sondern nüchterne Markt-
strategien überwogen, die auf Touristen zielten, für die eine At-
traktion erhalten werden sollte.

Neben dem »Raffles«-Hotel in Singapur, das unter Denkmal-
schutz gestellt worden ist, haben die Stadtplaner ein gigantisches
Kongreßzentrum gebaut. Das alte Hotel bietet den 3000 Menschen, die in »Raffles City« Platz finden, eine angenehme Dosis an
Romantik und Illusion, die mit Folklore garniert ist. Restauriert
wird in erster Linie für die Touristen, nicht weil ein Geschichtsbe-
wußtsein es verlangte. Die Bauten aus der Kolonialzeit besitzen
für die Menschen in Asien nur einen geringen Gefühlswert.

Die Stadtplaner der Gegenwart fühlen sich vom Erbe der europäischen Architektur unbelastet. »Identität ist, was man fühlt,
wenn man sich nackt auszieht«, sagt der thailändische Architekt
Sumet. Er hat seine Hochhäuser in Bangkok mit Versatzstücken
aus der antik-griechischen und der europäischen Architektur dekoriert, ohne dabei die Stilbrüche als Problem zu empfinden. Modern ist für die Baumeister in Asien nicht identisch mit »westlich«,
und *high tech* wird nicht als fremdartig empfunden. Sie geben in

ihren Bauten einem Lebensgefühl Ausdruck, das zwar Einflüsse von außen aufnimmt, das sich aber die Freiheit erhält, ohne Bedenken und Skrupel vielfältige Elemente zu mischen und zu variieren.

In Bangkok sind die unteren dreißig Meter eines Hochhauses als weißgetünchte griechische Säulenarchitektur zu besichtigen. Auf diesem klassischen Fundament ragt ein nüchterner, gradliniger Glas- und Betonbau hoch in den Himmel. Vom Diktat des vermeintlich guten Geschmacks, der in Wirklichkeit nur die temporäre Befindlichkeit der weißen Gesellschaft widerspiegelt, haben sich die Stadtplaner exemplarisch für den Rest der Bevölkerung befreit.

Die neuen Städte mit den Hochhaus-Silhouetten und dem Mut zum Cocktail aller Stile haben einen Hang zum Gigantischen, der sich in Zukunft noch weiter verstärken wird. Leben heute schon ein Viertel der Menschen Südostasiens im Umkreis der Städte, so werden es im Jahre 2000 nach Berechnungen von UNO-Experten etwa 40 Prozent der dann auf 3,6 Milliarden gewachsenen Bevölkerung sein. Tokio, Shanghai und Peking werden 22 bis 26 Millionen Menschen beherbergen. Jakarta muß mit 18 Millionen und Seoul und Manila mit 12 Millionen rechnen. Schon heute befindet sich auf der Liste der größten Städte der Welt keine einzige mehr in Europa.

Überproportional gewachsen sind auch die Organisationsprobleme in diesen Megacities, die ihre Einwohnerzahlen nur noch schätzen können. Bangkok rechnete 1987 offiziell mit einer Zahl von 5,4 Millionen. Aber der Gouverneur der Stadt, der tatkräftige, unbestechliche Ex-General Chamlong Srimuang, schätzte die wirkliche Zahl auf 7 bis 8 Millionen. Das Menschenheer muß Jahr für Jahr schlechtere Umweltverhältnisse hinnehmen, weil die Probleme noch schneller wachsen als die Mittel und Möglichkeiten der Behörden. Die Luft ist blau von den Abgasen der Autos. Das Wasser wird knapp. Die Müllabfuhr, die im tropischen Klima eigentlich täglich vorfahren müßte, schafft mit Mühe einen Standard, der das Chaos gerade noch verhindert.

In Europa und Amerika kennt man Pendler, die der Beruf

zwingt, wochentags in der Stadt zu leben. Ihre Vorliebe gilt aber der grünen Provinz, wo sie vom Asphalt, von Lärm, Überfüllung und Hektik verschont bleiben. Dergleichen findet man in Asien nicht. Den Menschen hier sind die Vorbehalte gegen großstädtisches Leben völlig fremd und unverständlich. Sie stehen robust in der Gegenwart. Die Umweltprobleme schaffen ihnen Mühe, aber keine Depressionen, die sie veranlassen könnten, zurück aufs Land, in die Provinz zu ziehen. Die »betriebsame Hölle«, hat Günter Grass die bengalische Hauptstadt genannt. Selbst in Kalkutta bei den Hungernden und Obdachlosen denkt niemand an Flucht zurück aufs Land. Die Stadt erlaubt Hoffnung, die Armut im Dorf nicht. Die Slumbewohner möchten ihr Milieu »entwickeln«, verbessern, nicht aber verlassen und eintauschen gegen die Natur draußen.

Slums zu verstehen, macht Besuchern aus dem Westen denn auch die größte Mühe. Sie sehen nur das Elend, den Dreck, die Armut und die Überfüllung. Die Hütten, in denen ganze Familien leben, sind kaum so groß wie die Autos in Amerika und Europa. Die Lebensplanung der Menschen reicht bis zur nächsten Mahlzeit. Krankheiten heilen hier nur von selbst – oder eben nicht. Der Tod sitzt unsichtbar immer dabei. Bei den Armen herrscht das Gesetz des Dschungels. Das ist die eine Seite der Realität.

Die andere offenbart Lebenskraft und Lebensbejahung, menschliche Qualitäten, die man bei den Reichen nur noch selten findet. Besucher aus dem Westen gehen in die Irre, weil sie aus dem äußeren Bild der Armut auf Verzweiflung und Verbitterung schließen. Hier findet man jedoch Geduld und eine fast übermenschliche Kraft, Schmerzen zu ertragen. Verzweiflung ist selten. Für Larmoyanz muß man wohlhabend sein. Wer täglich um seine Existenz kämpft, der kann keinen Gedanken an Resignation erübrigen. Lebensmut, das ist das Paradoxon, findet man ausgerechnet bei jenen, die scheinbar zur Hoffnungslosigkeit verurteilt worden sind. »Die Slums sollen bestehenbleiben«, argumentiert der erfolgreiche Familienplaner Thailands, Mechai Viravaidya. »Wir sollten die Versuche einstellen, sie zu beseitigen. Wir sollten lernen, sie zu managen und zu verbessern.«

Soziologen und Städteplaner in Asien haben sich inzwischen den Slums zugewandt. Klong Toey, das Hütten- und Armutsviertel am Hafen Bangkoks, ist wahrscheinlich die gesellschaftliche Enklave, die genauer kartographiert, befragt, ausgemessen und statistisch erhoben worden ist als alle anderen Regionen Thailands. Nicht die Blechhütten sind das wirkliche Problem, so haben Recherchen ergeben, sondern das Fehlen von sauberem Wasser, sanitären Anlagen und regelmäßiger Müllabfuhr. In Klong Toey sind diese Grundbedürfnisse inzwischen befriedigt worden. Die Bewohner weigern sich seither, in Wohnblocks umquartiert zu werden. Sie haben die befragenden Soziologen wissen lassen, daß sie mit den bestehenden Verhältnissen zufrieden sind und das Milieu als verträglich, auch für ihre Kinder, erachten. Niemand sehnte sich zurück aufs Land.

»To upgrade«, die Lebensqualität anzuheben, ist das Ziel der Planer. Sie haben erkannt, daß sich in Slums traditionelle Lebensformen erhalten, die in Hochhaussiedlungen längst verlorengegangen sind. Auch Handwerkskünste werden von Slumbewohnern gepflegt, die anderswo beim technischen und materiellen Fortschritt vergessen und verlernt worden sind. Die Slums werden bleiben, weil der Zuzug aus der Provinz vorerst nicht gestoppt werden kann und der Wandel in Südostasien auch künftig am stärksten die Städte betreffen wird.

Hochhauszentren und Slums prägen das Bild der Millionenstädte Asiens. Nicht Krieg und Bombenteppiche haben den radikalen Wandel und die Zerstörung der kolonialen Spuren bewirkt, sondern der wirtschaftliche Fortschritt. Dort, wo Krieg geführt worden ist, in Vietnam, Kambodscha und Laos, ist sogar das koloniale Erbe erstaunlich gut erhalten geblieben. Die amerikanische Luftwaffe hat die historischen Bauten, mit wenigen Ausnahmen, unversehrt gelassen. Nicht der Krieg, die Wirtschaft, ökonomische Umschichtungen, materieller Fortschritt und dadurch bewirkte Binnenwanderungen haben den Rest Südostasiens, vor allem die Städte der ASEAN-Staaten, radikal verändert.

Ein französischer Pflanzer, Henri Fouconnier, der in den zwanziger Jahren in Britisch-Malaya eine Gummiplantage betrieben

und in einem feinsinnigen Roman die inneren Strukturen dieser
Gesellschaft beschrieben hat, glaubte eine Kluft von Jahrhunderten zu erkennen, die den unabhängigen Staat Malaysia von der
früheren Kolonialgesellschaft Malayas trenne. In einem Vorwort
zur Neuausgabe des Romans »Die Seele Malayas« schrieb er
1980: »Zwischen dem Malaya meiner Jugend und dem Malaya
von heute liegt ein Unterschied so groß wie zwischen dem Gallien
vor der römischen Eroberung und dem Frankreich unserer Zeit. In
20 Jahren hat Malaya den Rückstand von 20 Jahrhunderten auf-
geholt.«

In Singapur, das an der Spitze der modernen Entwicklung mit-
marschiert, hat man Szenen aus dem Kolonialmilieu im Museum
nachgebaut. Eine Lautsprecherstimme erklärt den Besuchern,
westlichen und japanischen Touristen, aber auch jungen Leuten
aus der eigenen Stadt, die dergleichen nicht mehr gesehen haben,
die Figuren der Szenerie: Hafen-Kulis in Lumpen, chinesische
Händler und Kaufherren in traditioneller bodenlanger Kleidung, Kolonialherren mit braunen Lederstiefeln, Reithosen und
dem Tropenhelm, dem *topee*, ohne den kein Brite sich in die
Sonne wagte. Hier sind sie noch einmal versammelt: die Haupt-
figuren der Romane und Kurzgeschichten von William Somerset
Maugham. Draußen, im wirklichen Leben, ist diese Zeit abgetreten, die Menschen haben die Rolle und die Kostüme gewechselt.
Das Asien der Rikschas, der Kulis und der weißen Herren steht
ganz folgerichtig im Wachsfigurenmuseum auf der Insel Sentosa.

Neues Selbstbewußtsein

Die »romantische«, koloniale Kulisse aus der Zeit der Jahrhundertwende ist weitgehend verschwunden. Unvermindert aber
bleibt die Faszination, die von der Natur ausgeht: von der Geome-
trie einer Reislandschaft beispielsweise, von den Wolkentürmen
des tropischen Himmels und vom Farbenspiel der Sonnenunter-
gänge, die von einem lautstarken Konzert der Zikaden begleitet
sind. Solche Eindrücke sind eine Quelle des Heimwehs für alle,

die einmal in Asien gelebt haben und die, nach der Rückkehr in den Norden, sich zurückträumen in das Licht und die Wärme der Tropen.

Abseits von den großen Trampelpfaden der Touristen, häufig nur wenige Kilometer von den Zimmerburgen entfernt, kann man noch immer das unverfälschte, elementare Dasein der Reisbauern beobachten. Zwei Wasserbüffel, mit ausladenden schweren schwarzen Hörnern, scheinbar verdreckt, in Wirklichkeit durch über den massigen Körper gespritztes Schlammwasser gegen die Hitze des Tages geschützt, ziehen im Zeitlupentempo einen Holzpflug durch den glucksenden, von Wasser überspülten Morastboden, in dem die Beine von Mensch und Tier bis zum Knie versinken. Hier haben Frösche noch ihren Lebensbereich. Sogar Schlammfische gedeihen im flachen Gewässer der Reisfelder.

Immer häufiger sieht man jetzt allerdings auch Kleintraktoren mit überbreiten Stahlrädern, die den Schlamm aufwirbeln. »Eiserne Büffel« nennt man sie in Thailand, die teurer sind als Zugtiere, aber auch mehr leisten und den Bauern die Arbeit erheblich erleichtern. Nirgendwo sonst in der Landwirtschaft weltweit muß so schwer, so hart, mit krummem Rücken beim Pflanzen der Setzlinge im Wasser stehend, gearbeitet werden wie beim Anbau von Reis. »Reis«, so formuliert lapidar der französische Historiker Fernand Braudel, der den »Alltag« vergangener Jahrhunderte erforscht hat, »hält den Rekord an menschlichem Arbeitsaufwand.« Seit der Einführung des Anbaus von Naßreis vor tausend Jahren hat sich daran wenig geändert. Erst die Kleintraktoren bringen ein Element des Wandels.

Weit mehr als die »Attraktionen«, Chinatown oder die schwimmenden Märkte in Bangkok, die vor allem als Photomotive überleben, können Szenen aus dem Alltag beeindrucken, an denen die geführten Touristen zumeist vorbeihasten.

Im großstädtischen Milieu von Hongkong und Singapur gibt es Treffpunkte für Singvögel. Durch Konkurrenz sollen die Vögel veranlaßt werden, die Kraft und Schönheit ihrer Stimme darzubieten. Die Besitzer von Singvögeln tragen ihre mit Tüchern abgedeckten, kunstvoll gearbeiteten Käfige in einen Park oder zu einem mit Deckenstangen ausgerüsteten Versammlungsplatz, wo sie die Käfige von ihren Hüllen befreien und eng aneinandergerückt an die Stangen hängen. Besitzer und Gäste, allesamt Liebhaber und Kenner, hocken sich auf den Boden und lauschen versonnen dem Gesang der Vögel.

Die Beschäftigung mit Singvögeln war früher im alten China ein Zeitvertreib der Reichen und der Gebildeten. Heute sind es vor allem Angehörige der unteren Mittelklasse, die sonntagmorgens, gleich nach Sonnenaufgang, eine Ecke der Großstadt in eine Oase der Empfindsamkeit verwandeln. Im Anblick der singenden Vögel streifen die Menschen die Hektik ab und finden zu sich selbst. Sie genießen den Augenblick, abgehoben von den Sorgen des Alltags und von der Jagd nach dem Geld. Ein Stückchen Glück ist hier zu beobachten, das ganz unabhängig ist vom materiellen Fortschritt und vom Wohlstand. Der Wettstreit der Singvögel ist zugleich ein Hinweis darauf, daß sich hinter der veränderten Fassade der Großstädte viele alte Lebensformen erhalten haben.

Ähnliche Momente voller Glück, Schönheit und innerer Ruhe kann man erleben, wenn man morgens, ebenfalls gleich nach Sonnenaufgang, den buddhistischen Mönchen zusieht, die ihre Klöster verlassen und auf die Straße gehen, um Reis zu sammeln, um sich Nahrung schenken zu lassen. Der Buddhismus in Thailand, Burma, Kambodscha (wo ihn die Roten Khmer weitgehend zerstört haben) und in Laos hat mir immer ein Gefühl von Menschlichkeit vermittelt, das an den Kern dieser Zivilisationen rührt. Die gelehrten buddhistischen Texte bleiben rätselhaft für die große Zahl der Menschen. Die Gläubigen haben nur die Grundgedanken erfaßt, und die reichen aus, sie fest in einem Glauben zu verankern, der moralische Prinzipien vertritt, die praktizierbar, erfüllbar, der Schwäche der menschlichen Natur angemessen sind. Wer möchte leugnen, daß die ethischen Normen der indischen Religionen, aber auch der judaisch-christlichen Bekenntnisse die Kräfte gewöhnlich Sterblicher überfordern? Es handelt sich um »Virtuosen-Religiosität«, wie Max Weber treffend formuliert hat.

Die Normen des Buddhismus wirken überaus menschlich. Im

Karma, in der Bilanz des Lebens, zählt nur das eigene Verhalten. Kein Priester kann stellvertretend Gnade vermitteln oder Vergebung bewirken. Weil die Mönche keine Mittler zwischen den Gläubigen und Gott, keine Verwalter von Sakramenten und keine Fürbitter sind, ist der Buddhismus auch untauglich, zu einem Instrument der Herrschaft zu werden.

Das »Betteln« von Reis, das Mönche und Gläubige zusammenführt, macht diesen Grundgedanken jedermann verständlich. Die kahlgeschorenen, in safranfarbene oder braune Roben gekleideten Mönche tragen eine große silberne oder verchromte Schale vor sich her, in die Gläubige gekochten, dampfenden weißen Reis und auch kräftige Soßen füllen. Nach dem Einfüllen knien die Spender nieder, falten die Hände vor der Brust und neigen den Kopf zum Zeichen des Dankes. Die Mönche schließen die Schale und wenden sich ohne eine Geste der Dankbarkeit zum Gehen. Lautlos, auf nackten Füßen, kehren sie im »Gänsemarsch« zurück ins Kloster.

Die Mönche haben keinen Grund, sich für die Nahrung zu bedanken. Sie haben kein Almosen erhalten, für das ein Spender Anerkennung erwarten dürfte. Die Mönche haben in Wahrheit den Menschen nur Gelegenheit gegeben, ein Verdienst zu erwerben, um ihr Karma, ihre Bilanz, zu verbessern. Darin liegen die Selbstverantwortung, die Freiheit und die Würde des Buddhismus, der keine Proselyten macht, nicht missioniert, nicht bekehrt und die Welt auch nicht belehren will.

Die Zivilisationen Asiens haben eigene, unterschiedliche Lebensformen, die Beachtung, ja Bewunderung verdienen. Lebensformen, so hat der Historiker des Mittelalters, Arno Borst, formuliert, sind »geschichtlich eingeübte soziale Verhaltensweisen«. Es handelt sich also um Regeln gegen die Schwächen der menschlichen Natur.

Daß ein großer Teil der Bevölkerung in den Ländern Asiens auf engstem Raum zusammenlebt und zusammenarbeitet, ist im Westen weithin bekannt. Bekannt ist auch das Phänomen der Großfamilie, die besonders in der Provinz, in den Dörfern, noch immer die Regel, nicht die Ausnahme bildet. Ganz unzulänglich beachtet wird bei der Erwähnung solcher Eigenarten freilich der Umstand, daß die Ko-Existenz auf engstem Raum und das Miteinander in der Familie Probleme schaffen, daß das scheinbar so einfache Zusammenleben in Wirklichkeit unsäglich mühsam ist.

Das Zusammenballen von Millionen Menschen auf engstem Raum schafft nur dort geringe Reibungsflächen, wo persönliche Interessen hinter Gemeinschaftsinteressen zurückstehen. Der Umgang wird durch eine Tugend erleichtert, die chinesisch *li* genannt wird, nämlich gesittetes, sozialbewußtes, maßvolles Verhalten. Auch das Leben in der Großfamilie wäre die reine Hölle, wenn die gesellschaftliche Tradition nicht jedem Mitglied einen genauen Rang und genaue Pflichten zuwiese. Form, Höflichkeit, Respekt vor den Älteren spielen dabei eine zentrale Rolle.

In China, Japan und Korea, aber auch in Vietnam, kurz im ganzen chinesisch beeinflußten Kulturkreis werden die Lehren des Weisen Konfuzius beherzigt: gesellschaftliche Disziplin, persönliches Beispiel, Respekt vor Bildung und vor allem Respekt vor dem Älteren und vor dem Alter. Der deutsche Philosoph Leibniz hat diese Lehre bewundert, weil, wie er schrieb, »alles auf den öffentlichen Frieden hin und auf die Ordnung des menschlichen Zusammenlebens angelegt ist«.

Das gesellschaftliche und politische System Europas, verdichtet in der parlamentarischen Demokratie, basiert auf der Grundüberzeugung von der produktiven Funktion des Konflikts: Konflikte zwischen Regierung und Opposition, zwischen Arbeitgebern und Arbeitnehmern, zwischen Presse und der Obrigkeit schützen und mehren den Freiheitsraum der Bürger, sofern diese Konflikte nach vorgegebenen, von der Verfassung und von Gesetzen definierten Regeln ausgetragen werden.

Viele Zivilisationen Asiens haben Probleme mit der parlamentarischen Demokratie, weil die Idee des produktiven Konflikts mit der eigenen politischen Tradition kollidiert, die auf Harmonie und Konsens gegründet ist und Konflikte als »Konfrontation« empfindet, die der unterlegenen Seite unweigerlich das Gesicht raubt.

Der Konfuzianismus will eine Anleitung sein zum Leben in Harmonie und in Frieden. Es überrascht nicht, daß das Bedürfnis danach heute größer ist denn je zuvor. Karl Marx und Max Weber haben sich geirrt. Beide haben die These vertreten, der Konfuzianismus stehe der Modernisierung im Wege. Der Mandarin, der nur die alten Texte kenne, so schrieb Weber, besitze zwar »Bildung«, aber keine Sachkompetenz. Die Wirtschaftsethik der chinesischen Gesellschaft sei recht eigentlich nur die Standesethik einer literarisch gebildeten »Pfründnerschaft«.

In Japan haben die Tugenden des Konfuzianismus die Organisation einer modernen Industriegesellschaft eher gefördert als behindert. Lange Zeit haben westliche Manager über japanische Führungsmethoden, über *corporate identity* und über die Motivationsexerzitien der dortigen Großbetriebe besserwisserisch gelächelt. Heute möchten viele in Europa und Amerika die durch konfuzianische Traditionen abgestützten Führungsmethoden am liebsten kopieren. Das wird nicht möglich sein. Das überlegene Lächeln ist uns längst vergangen.

Vorurteile des Westens

»Wir haben die Rituale der Chinesen falsch beurteilt«, schreibt der französische Aufklärer Voltaire, »weil wir ihre Gebräuche nach den unserigen glaubten beurteilen zu können, denn wir tragen die Vorurteile unseres herrschsüchtigen Geistes bis ans Ende der Welt.«

Als nach der Entdeckung der Seewege Europäer in größerer Zahl mit den Zivilisationen Asiens in Berührung kamen, waren die Berichte, die sie nach Hause trugen, fast zwei Jahrhunderte lang gekennzeichnet von Bewunderung und Respekt für die Eigenständigkeit und Gleichrangigkeit der kulturellen Leistung. Erst zu Beginn des 19. Jahrhunderts mit dem heraufziehenden Liberalismus und einer aggressiven Missionsarbeit, die die bis dahin gleichrangigen Kulturnationen Asiens zu »Heiden« herabminderte, die aus Götzendienst und Sklaverei zum Licht des wahren Glaubens geführt werden sollten, fand das Verhältnis der Gleichrangigkeit ein Ende. Eine protzige, arrogante öffentliche Meinung im Westen hielt sich zugute, was Karl Kraus, der Wiener Analytiker, in diesem Satz zusammengefaßt hat: »In der Sittlichkeit sind wir ihnen über.«

Kolonialismus wird im Westen bis auf den heutigen Tag vor allem als ein wirtschaftliches Problem angesehen. Geradewegs aus der Schatzkammer der marxistischen Ideologie stammt der Gedanke vom expansiven Kapital, das sich in den Kolonien noch rascher vermehren konnte als in den Industrienationen, das dabei den »Süden«, wie man heute sagt, ausplünderte und ruinierte.

Tatsächlich waren die europäischen Kolonialmächte materielle Nutznießer und Entwicklungshelfer zugleich. Einzelne Firmen und Konsortien haben draußen phantastische Gewinne eingefahren. Die Regierungen haben jedoch zugleich erhebliche Investitionen in die Infrastruktur finanziert. Von den deutschen Kolonien haben 1914 nur West-Samoa und Togo sich selbst getragen. Die übrigen benötigten Zuschüsse vom Reich. Der ganz unsentimentale Reichskanzler Otto von Bismarck hat sich über den wirtschaftlichen Nutzen der Kolonien nie Illusionen gemacht.

Auch Frankreich in Indochina und Großbritannien in Burma und in Malaya haben ausgebeutet und entwickelt zugleich. Zur kollektiven Scham, zur moralischen Selbsthinrichtung geben die ökonomischen Fakten allein keinen Anlaß.

Die Schande des Kolonialismus ist nicht die Ausbeutung, sondern die rassische Diskriminierung der Kolonialvölker, die Selbsterhöhung des weißen Mannes zum Werkzeug des göttlichen Heilsplanes und die Erniedrigung der Farbigen zu Menschen zweiter Klasse, zu »Primitiven«, »Eingeborenen«, die nur dann das Licht und das Glück erreichen könnten, wenn sie der eigenen Kultur und Tradition entsagten, sich zum Christentum bekehrten und die Zivilisation der Weißen übernähmen. »Die Bürde des weißen Mannes«, die Rudyard Kipling so beredt gefeiert hat, war in Wahrheit eine unerhörte Anmaßung Europas, das sich absolut setzte und alle anderen Kulturen und Religionen der Welt deklassierte. Der Rassismus ist das schlimmste Verbrechen der Kolonialzeit. Die Geringschätzung, die Entwürdigung der Farbigen, die Aggression gegen ihre kulturelle Eigenwertigkeit hat schlimmere

Wirkungen in den Kolonien gehabt als die wirtschaftliche Ausbeutung und die Integration in den Welthandel zum Nutzen der Imperialmächte. Diesem rassistischen Vergehen hat Europa sich nie gestellt.

Die Gesellschaften im Westen erregen sich über die Apartheid in Südafrika. Die eigene rassistische Vergangenheit in den Kolonien ist ihrem Gedächtnis entglitten. Zur Avantgarde der Anti-Apartheidfront gehören weiße Siedlernationen wie Kanada und Australien, die ihre eigenen Minoritäten, Indianer und Aborigines, gnadenlos niedergemacht, beinahe ausgerottet haben.

Die Fähigkeit, den Rassismus der Vergangenheit zu verdrängen, hat dazu geführt, daß Europa nie begriffen hat, welche traumatischen Verletzungen den Völkern des Südens von den weißen Herrenmenschen angetan worden sind. Diese Unkenntnis, die Illusion über die Gefühle der diskriminierten Farbigen haben schwerwiegende politische Konsequenzen gehabt.

Noch immer zeigt Großbritannien sich verwundert darüber, daß sein stolzes asiatisches Imperium 1941 beim Beginn der japanischen Offensive wie ein Kartenhaus zusammenbrach. Weil ihnen der alltägliche Rassismus als von Gott gegeben erschien, weil sie gar nicht erkannten, welche Entwürdigung und Provokation den Völkern Asiens zugemutet wurden, die eine Kultur besaßen, älter als die der weißen Herren, weil sie die »Eingeborenen« nur als Kinder, als *boys* und Dienstpersonal zur Kenntnis nahmen, sind Großbritanniens Statthalter in Fernost im Dezember 1941 von der Tatsache überrascht worden, daß die mit indischen Soldaten aufgefüllten Regimenter, die Malaya und Singapur verteidigen sollten, in Scharen zu den Japanern übergelaufen sind. Die Japaner präsentierten sich als die Befreier vom kolonialen Joch. Der Verlust von Malaya und Singapur an die zahlenmäßig weit unterlegenen japanischen Angreifer, die vielen Beispiele von Inkompetenz, Verrat und feiger Flucht des Oberkommandierenden sind ein beschämendes Schlußkapitel der imperialen Herrschaft der weißen Rasse in Südostasien.

Auch die Erfahrung, daß die Japaner noch arrogantere, brutalere und ausbeuterische Kolonialisten waren, hat das Image der vernichtend geschlagenen Europäer nicht wieder aufgerichtet. Der Nimbus ist bei der Kapitulation Singapurs im Februar 1942 ein für allemal verlorengegangen. Die abtretende Weltmacht ist auch der eigenen Arroganz, Überheblichkeit, dem Rassismus zum Opfer gefallen.

Die Memoiren der *old hands* haben in London seit ein paar Jahren wieder Konjunktur. Zwei Korrekturanliegen stehen darin obenan. Die Veteranen möchten das negative Bild aufhellen, das der Schriftsteller William Somerset Maugham von ihnen gezeichnet hat, von den trinkfesten, gesellschaftlich und moralisch zweitrangigen Kolonialbeamten und Pflanzern in Fernost. Die andere These der Memoiren betrifft den Rassismus. Die *old hands* wollen von der Überzeugung nicht lassen, daß die Farbigen die Rassentrennung selbst gewünscht hätten, »daß sie sich nicht vermischt haben und es selbst so wollten«. Das Verhältnis der Rassen, so lautet der Grundtenor, sei sogar besonders harmonisch gewesen. Die verschiedenen Rassen des Fernen Ostens seien den weißen Herren »in Zuneigung« verbunden gewesen.

Ein radikal anderes Bild von den Verhältnissen in den Kolonien hat George Orwell gezeichnet. Von 1922 bis 1927 hat er als Polizist in der Kolonialverwaltung Burmas gearbeitet.

Wenige, die draußen in den Reservaten der weißen Herren komfortabel gelebt haben, sind davon so angewidert, aufgebracht und moralisch erschüttert worden wie George Orwell. Sein erster Roman »Tage in Burma« geißelt in Formulierungen, die auf tiefe Verbitterung und Empörung schließen lassen, die rassische Arroganz der mediokren Kleinbürger aus Europa, die hier draußen die Herren spielten, nein: die Herren waren über Leben und Tod. Ihr stumpfsinniges, um einen Club zentriertes Leben in der Phantasiestadt »Kyauktada in Ober-Burma«, wo kein Farbiger, auch nicht der indische Doktor Veraswami, Zutritt hat, offenbart die ganze Verachtung der weißen Herrenrasse für die »Orientalen«, für die »Nigger«. Wenn er je die »schwarze Schnauze« des Doktors im Club sehen müßte, sagte ein rabiates Mitglied, »er würde mit seinen Stiefeln hinter sich rausfliegen«. Den rebellischen Mr. Flory, den Freund des indischen Doktors, läßt Orwell einige Sätze sagen, die sein eigenes Credo enthielten: »Ich bin hier, um Geld zu verdienen wie alle anderen. Wogegen ich mich wende, ist nur der schleimige Quatsch von der Bürde des weißen Mannes. Sogar diese verdammten Idioten im Club könnten bessere Gesellschaft sein, wenn wir uns nicht alle immerfort auf diese Lügen einließen.«

Auch Frankreichs Kolonialherrschaft in Indochina war auf subtile Weise rassistisch. Ihr schlechtes Image in Amerika hat freilich mit der Diskriminierung der »Gelben« weit weniger zu tun als mit der vermeintlichen Raffgier der weißen Herren. Besonders der amerikanische Präsident Franklin D. Roosevelt, der sich während des Zweiten Weltkrieges den Ansprüchen de Gaulles konfrontiert sah, nach der Niederwerfung Japans das Kolonialreich in Fernost neu zu begründen, hat die zivilisatorischen Leistungen seines Kriegsverbündeten gering eingeschätzt. Seinem Sohn Elliot vertraute er auf dem Weg zur Kriegskonferenz von Casablanca im Januar 1943 diese Erkenntnis an: »Die eingeborenen Indochinesen sind so unerbittlich niedergetreten worden, daß sie sich gedacht haben: alles muß besser sein als das Leben unter französischer Kolonialherrschaft... Glaube nicht einen Moment daran, daß heute amerikanische Soldaten im Pazifik sterben müßten, hätte es nicht die kurzsichtige Raffgier der Franzosen, der Briten und der Holländer gegeben.« Frankreich, so wiederholte er wie ein Leitmotiv, regiere fast 100 Jahre Indochina, aber die Menschen dort lebten schlechter als je zuvor. Frankreich sauge seine Kolonien nur aus. Die Völker dort »verdienten etwas Besseres als das«.

In Casablanca bot Präsident Roosevelt dem verblüfften Chiang Kai-Shek an, ganz Indochina zu übernehmen, einschließlich der »hinduisierten« Staaten Kambodscha und Laos. Der Generalissimo, der die vertrackte Geschichte des Raumes besser kannte als Roosevelt und seine Berater, lehnte das Geschenk entschieden ab. Später hat Roosevelt in einem persönlichen Gespräch de Gaulle gedrängt, philippinische Berater und Experten anzustellen, um »eine fortschrittlichere Politik in Indochina« einzuführen. Der amerikanische Präsident bewies seine fatale Unfähigkeit, die Statur Frankreichs und die Persönlichkeit de Gaulles zu verstehen; und er ließ einen Mangel an Informationen über Indochina erkennen, der durch Vorurteile noch verschlimmert wurde.

Tatsächlich braucht die französische Kolonialpolitik in Indochina keinen Vergleich zu scheuen mit den Leistungen der Briten in Malaya und der Holländer im heutigen Indonesien. »Frankreichs Sünden auf dem Feld der Wirtschaft waren nicht die Hauptursachen«, urteilt der Historiker und Journalist Bernard Fall, dessen Bücher über Vietnam unbequeme Wahrheiten enthielten, die man weder in Paris noch in Hanoi oder Washington annehmen wollte. »Die Fehler Frankreichs waren allesamt politisch«, präzisiert Fall. Sie betrafen die Diskriminierung und den alltäglichen Rassismus.

Während Großbritannien die 350 Millionen Inder mit 4800 *civil servants* aus Europa regierte, gestatteten die Franzosen sich 5000 Beamte, um Indochina mit seinen 30 Millionen zu verwalten. Bis herunter zum Verkehrspolizisten waren die Jobs der Verwaltung den »Weißen« vorbehalten, die der lokalen Elite keine Chance ließen, in untere oder mittlere Funktionen hineinzuwachsen. Tausende von jungen Vietnamesen waren den französischen Bildungsweg gegangen. Nicht wenige hatten sogar akademische Diplome in Paris erlangt. Eine Beamtenstelle in der Heimat wurde ihnen dennoch verwehrt. Die *petits blancs*, die sich sogar um die untersten Ränge bewarben, wurden ihnen vorgezogen. Der weiße Türsteher an der Universität von Hanoi erhielt ein Gehalt, das etwas höher war als das eines vietnamesischen Professors mit dem Doktortitel einer Pariser Universität. *Les jaunes*, die Gelben, waren nicht nur Bürger, sondern Menschen zweiter Klasse. Sie wurden von den weißen Herren allesamt mit *tu* angeredet, das in Frankreich den Kindern vorbehalten ist. Das höfliche *vous* und die Anrede *Monsieur* wurde jedem Farbigen verweigert.

Diese subtile, den Stolz und das Selbstbewußtsein verletzende rassische Diskriminierung war eine Kraftquelle des vietnamesischen Nationalismus. Die »zivilisatorische Mission« Frankreichs gründete sich auf der anmaßenden These von der Minderwertigkeit aller nichtchristlichen Bekenntnisse und fremden Kulturen. Um sich vor der Geschichte zu rehabilitieren, um die Selbstachtung zu bewahren, mußte die Elite Vietnams gegen Frankreich rebellieren und seine Freiheit und Unabhängigkeit erkämpfen, wie schon im Dezember 1885 der Abgeordnete Delafosse in der französischen Nationalversammlung prophezeit hatte: »Wer in Asien kolonisieren will, versucht ein Hirngespinst zu verwirklichen. Er beschwört eine Gefahr herauf, weil er nicht bedacht hat, daß die Völker Asiens unseresgleichen sind, daß sie eine Kultur besitzen, die älter als die unsrige ist; daß sie die Erinnerung daran bewahrt haben und ihren Stolz daraus schöpfen dürfen. Einmal werden sie sich empören, und diese Empörung wird zweifellos siegen.«

Der Kampf gegen die weißen Herren gab den Vietnamesen ihre Würde zurück. *Doc lap*, Unabhängigkeit, ist das höchste Gut, hat Ho Chi Minh formuliert. Die Überzeugung von der Rechtmäßigkeit ihrer Erhebung gegen die Fremden aus Übersee, die ihre Würde verletzten und ihre Kultur mißachteten, hat die Berufsrevolutionäre um Ho Chi Minh beseelt, hat aber auch die Bauern, die »Kulis«, zu physischen Leistungen befähigt, die Frankreichs Generale nicht für möglich gehalten hatten. Jene Vietnamesen, die zum Glauben der Franzosen übergetreten waren und zum Teil mit größter Tapferkeit an der Seite des Expeditionsheeres kämpften, haben bei den *attentists*, bei den abwartenden Bauern und Bürgern, nie das volle Maß nationaler Glaubwürdigkeit besessen, das die von den Kommunisten geführte Befreiungsbewegung genoß. Die Weißen aus Übersee mußten das Land verlassen, damit Vietnam unabhängig würde, frei von fremder Herrschaft. Im Begriff *doc lap* steckt die Idee von der Freiheit der Nation. Die individuelle Freiheit war ein Ideal der fremden Herren; in den Kolonien haben diese es zugunsten der Farbigen nie verwirklicht.

Als die Vereinigten Staaten von Amerika nach der Genfer Konferenz von 1954 und der Teilung Vietnams am 17. Breitengrad an die Stelle Frankreichs traten und die Patronage über den nichtkommunistischen Südstaat übernahmen, geschah dies aus der Überzeugung heraus, daß Amerika rasch die Herzen der Bevölkerung gewinnen werde. Amerika meinte selbstlos zu handeln, keine imperialen oder kolonialen Interessen zu verfolgen. Die amerikanische Interventionsarmee sei unbelastet vom Erbe der Vergangenheit; sie biete Schutz und Hilfe, weil Südvietnam von einer Aggression aus dem kommunistischen Norden bedroht werde und aus eigener Kraft noch nicht fähig sei, sich zu verteidigen.

Der Pressechef der amerikanischen Botschaft in Saigon formulierte diese Hoffnung 1964 so: »Die Franzosen wollten ihr Kolonialreich erneut errichten, sie kämpften aus rein egoistischen, materiellen Motiven, und die Franzosen wußten das. Sie behandelten die Vietnamesen mit jener für die Franzosen typischen Arroganz, so als seien sie minderwertig ... Das amerikanische Image in Vietnam war das genaue Gegenteil. Das hatte sich hundertemal daran gezeigt, wie rasch die Amerikaner sich mit den Bauern und besonders mit den Kindern anfreundeten, die von den Franzosen ignoriert und von den Amerikanern instinktiv freundlich behandelt wurden.«

In der lauten und erbitterten Debatte über Amerikas Intervention in Südvietnam sind die idealistischen Motive, die viele Berater und Offiziere beseelt haben, ganz absichtsvoll verdrängt worden. Sie haben bei John F. Kennedy und bei Lyndon B. Johnson aber in Wirklichkeit eine erhebliche Rolle gespielt neben geostrategischen Überlegungen, die mit der Eindämmung eines expansiven Kommunismus zu tun hatten.

Die Hoffnung freilich, daß die Bevölkerung Südvietnams Amerika mit anderen Augen betrachten würde als die abgetretene Kolonialmacht Frankreich, hat sich nicht erfüllt. Für die Mehrheit der Bevölkerung blieben die GIs »Weiße«, Fremde, Eindringlinge, die Vietnams Kultur und Tradition sowenig verstanden wie seine Sprache. Sie verdienten keine Zuneigung und kein Vertrauen. Eine Großmacht, die vorgibt, selbstlos zu handeln, stößt in Asien auf instinktives Mißtrauen, weil Altruismus gegenüber Fremden nicht gewährt und nicht erwartet wird. Der vietnamesische Nationalismus ist entschieden fremdenfeindlich; und er ist nicht weniger rassistisch als die Herrschaftspraxis der früheren Kolonialmacht. Ho Chi Minh und die kommunistische Führung in Hanoi haben wenig Mühe gehabt, Amerika in die Nachfolge Frankreichs zu stellen. *Doc lap*, die Unabhängigkeit, war erst erreicht, als die Weißen endgültig das Land verlassen hatten.

Robust und leidensfähig

Es gab auch früher schon die europäischen Außenseiter, die kein rassistischer Hochmut bewegte, die mit den »Eingeborenen« gleichrangig verkehrten, sich in ihre Lebensweise vertieften. »To go native« hieß im Englischen die Beschreibung einer Verhaltensweise, die mit dem Ausschluß aus der weißen Gemeinschaft geahndet wurde. Jene Europäer, die Asien von unten kennengelernt hatten, besaßen freilich keinen Einfluß auf die Politik und das Denken der Kolonialbehörden. Die Einsichten in die innere Verfassung der ihnen anheimgegebenen asiatischen Gesellschaften blieb den weißen Herren versperrt. »Um Blumen zu pflücken, muß man vom Pferd steigen«, rät ein chinesisches Sprichwort, das den Sachverhalt treffend veranschaulicht. Von einem sehr hohen Roß hätten viele der selbstsicheren Weißen herabsteigen müssen, um die Kraft, die Leidensfähigkeit, die »unzerstörbare Lebensbejahung« der Menschen zu erkennen.

Jahr für Jahr werden Millionenstädte wie Bangkok oder Manila von den Fluten des Monsunregens überschwemmt. In der thailändischen Hauptstadt sind die Verhältnisse besonders schlimm, weil die Stadt durch zu starke Grundwasserentnahme stetig sinkt und sich rasch dem Pegel des Meeresspiegels nähert. Ganze Stadtteile gleichen dann einer Wanne, die volläuft. Die Straßen sind zuweilen für Tage, manchmal für Wochen, mit 30 Zentimeter Wasser überspült. Autos, Busse und Motorräder kämpfen sich mühsam durch die Flut, die die Motoren erst dann zum Stillstand bringt, wenn die Auspuffrohre vollaufen. Die Menschen waten bis zu den Knien in dem vom Unrat der Straße verdreckten Wasser.

Ökologische Katastrophen als Nebenwirkungen des Fortschritts würden in Europa Schmerzen und Verzweiflung auslösen, die die Stimmung verdüsterten und Panik verbreiteten. Die Thais und die

Filipinos bewahren Gelassenheit. Die Unannehmlichkeiten des Hochwassers scheint ihre Lebensfreude nicht zu trüben. Auch in nasser und verdreckter Kleidung lachen sie über die Komik der Situation, als spielten sie Nebenrollen in einem makabren Lustspiel. Ohne Zeichen von Entsetzen, Empörung oder Verzweiflung akzeptieren sie die Widrigkeiten des Hochwassers wie ein unabänderliches Schicksal. Die Menschen in Asien haben eine erstaunlich stabile Psyche, die sie befähigt, auch in extremen Situationen gelassen zu bleiben.

Ein englischer Sinologe und Korrespondent in Peking, der unbestechliche David Bonavia, hat ein brillantes Porträt der chinesischen Gesellschaft entworfen. Darin hebt er die stabile psychische Konstitution der Menschen hervor. Chinesen, so Bonavia, neigen nicht zur Panik. Sie lassen sich auch von schwierigen Zeitläuften nicht deprimieren. Es gilt ihnen als Weisheit, nicht zu weit in die Zukunft zu blicken, immer darauf zu vertrauen, daß ein ungünstiges Schicksal sich zum Positiven wendet.

Alle Gesellschaften leben mit dem Bewußtsein, daß die Fundamente, auf denen sie stehen, dünn und brüchig sind, jederzeit durch eigenes Verschulden oder durch höhere Mächte einstürzen und die bisherige Ordnung des Daseins darunter begraben können. Chinas Geschichte kennt den Kreislauf von Aufstieg, Blüte und Verfall von Reichen, von Perioden der Anarchie, der Verwüstungen und Kriege, die abgelöst werden von Phasen der Prosperität, der Einheit und des Friedens. Der Zusammenbruch des modernen Kambodscha 1975 war für die asiatischen Gesellschaften eine Erfahrung, die ihnen vor Augen geführt hat, daß ein gleiches Schicksal überall passieren kann, daß die einzige Gewißheit der Geschichte der stetige Wandel ist.

Die Völker und die Individuen Südostasiens denken den Gang der Welt als Kreislauf, der Aufstieg und Niedergang enthält, der Prestige, Besitz und Leben als zerbrechlich erscheinen läßt. Die Menschen leben und handeln im Bewußtsein des stetigen Wandels und der Begrenztheit der Existenz, die nur ein Glied ist in der Kette der Generationen. Das hilft ihnen, der eigenen Person nicht zuviel Bedeutung beizumessen, und das verschafft ihnen die bewundernswerte Fähigkeit, sich mit dem Alter und dem Tod zu befreunden.

In den Parks der Großstädte kann man sie allenthalben beobachten, Männer und Frauen im Herbst des Lebens, die sich mit großem Ernst und einer Konzentration, die die Umwelt verschwinden läßt, den Tai-Chi-Übungen widmen, die wir im Deutschen ganz unzulänglich mit dem Wort »Schattenboxen« bezeichnen. Tai Chi ist eine traditionsreiche chinesische Gymnastik, die nach strengen Regeln Bewegungen der Arme und Beine im Zeitlupentempo ausführt, Atemtechnik und innere Konzentration miteinander verbindet, um Entspannung und Harmonie zu erzeugen.

Sport in Europa ist auch ein zäher Kampf gegen das Alter und den Tod. Tai Chi will nichts dergleichen. Das Ziel ist innere Ausgeglichenheit, Selbsterkenntnis, Ruhe, Friede, Konzentration auf das Wesentliche. Für die Alten ist die Hauptsache klar erkennbar. Sie packen im ganz wörtlichen Sinne, packen rechtzeitig für den Abschied. Mit 55 Jahren darf man in den meisten Ländern Asiens in Pension gehen. Dann haben die Menschen ihr Werk vollendet, ihre Aufgabe erfüllt als Glied einer Generationenkette, dann beginnt die Zeit, sich Stück für Stück aus der Hektik des Alltags zurückzuziehen, sich innerlich vorzubereiten auf den Abschied. Der Blick richtet sich dann auf das Ende, ohne Furcht, ja ganz ohne Panik und Entsetzen, die die Menschen im Westen so häufig empfinden, wenn das Alter und unweigerlich der Tod nahen. Fröhliche Lebensbejahung und Todesbereitschaft gehören hier eng zusammen. Der Tod ist kein Tabu. Er ist der wichtigste Augenblick im Leben.

Die westliche Philosophie hat dem Problem der menschlichen Reife und des Todes nur geringe Aufmerksamkeit geschenkt. Europa, so hat die langjährige China- und Japan-Korrespondentin Lily Abegg in einem klugen Buch über die Grundbegriffe Asiens geschrieben, habe »Lebensanschauungen« entwickelt, während Asien »Todesanschauungen« kenne. »Im Sterben sind uns die Asiaten überlegen; es gibt vielleicht nichts anderes in ihrer Kultur und in ihrem Geistesleben, was so unumstritten unsere höchste Bewunderung hervorruft.«

Die Fähigkeit, mit dem Leben zugleich an den Tod zu denken, hat einmal auch das europäische Mittelalter ausgezeichnet. Studien über den Tod zeigen, daß die Menschen damals vorbereitet waren, daß sie stets die Initiative behalten haben, um die letzten Dinge selbst zu entscheiden. Der Sterbende dirigierte die Familie und bestimmte bis zum Schluß über sich selbst. Zu Recht hat der Historiker Horst Fuhrmann denn auch von der »Todesqualität« gesprochen, die den Menschen im Westen verlorengegangen ist, seit die Entscheidungen der letzten Stunde dem Personal der Intensivstationen anheimgegeben worden sind. Europa muß Qualitäten der Vergangenheit zurückgewinnen, muß Lebensformen wieder erlernen, die in Asien noch lebendig sind.

Seit Japan als erste Nation in Fernost sich modernisierte und neuzeitliche Technik auch in anderen Ländern Asiens eingeführt wurde, haben Dichter und Denker aus Europa sich gesorgt, daß der Umbruch die traditionellen Werte verschütten und die Kulturen »verwestlichen« könnte. Im äußeren Bild der »Megacities« mag sich dieser Eindruck heute noch verstärkt haben. Hinter der Fassade von Stahl und Chrom haben sich jedoch die hergebrachten Formen lebendig erhalten. Das kaiserliche Japan beispielsweise hat sich nach der gewaltsamen Öffnung 1854 nicht modernisiert und technisch entwickelt, um sich zu verwestlichen. Japan hat technische Parität erstrebt, um die Gefahr der Kolonialisierung abzuwenden und um hinter der äußeren Kulisse des Fortschritts im kulturellen Selbstverständnis so zu bleiben, wie es war.

Die Fähigkeit, im technischen Wandel Tradition zu bewahren, sich neuen Verhältnissen anzupassen, ohne die Orientierung, die Verwurzelung im Hergebrachten zu verlieren, ist in Asien offenbar größer als im christlichen Westen, der einer Stimmung von Mißvergnügen, Larmoyanz und Depression verfallen ist, die jeden Heimkehrer aus dem Fernen Osten beim Wiedereintauchen in den heimatlichen Alltag schockiert. Das Lächeln der Armen, der Lebensmut und die Lebensbejahung der Menschen in Asien sind eine Herausforderung an den Mißmut, an das Sauertöpfische, kurz an den miesen Zeitgeist, der die Konsum- und Wohlstandsgesellschaften des Westens beherrscht.

Es wäre töricht zu unterstellen, daß den Ländern Südostasiens jedwede Probleme erspart blieben. Sie erfahren mit zunehmender Industrialisierung die Folgen der Umweltzerstörung, und sie kennen auch Identitäts- und Orientierungsprobleme vor allem der akademisch gebildeten Jugend, die teilweise im westlichen Ausland studiert hat und inspiriert worden ist von Mitbestimmungsmodellen, Ideen der Selbstverwirklichung und der Freiheit von staatlicher Bevormundung. Die *Yuppies*, die »Young urban professionals«, sind im Stadtbild der Metropolen Südostasiens nicht zu übersehen. Sie empfinden sich als »Bananen«, wie einer selbstkritisch in einer Zeitung formulierte: außen gelb und innen weiß, von zwei Kulturkreisen beeinflußt. Sie sind Außenseiter und Störenfriede in einem Milieu, das noch fest in der Tradition verwurzelt ist.

Minoritäten der jüngeren Generation rühren an Tabus. Die Grundströmung der politischen und gesellschaftlichen Entwicklung haben sie dadurch noch nicht verändern können. Die auf konfuzianische Ethik gegründete Herrschaftspraxis behauptet sich auch in »Demokratien« wie Japan und Singapur, wo die Mehrheit ganz der Tradition verhaftet bleibt, den Konflikt fürchtet und dem Konsens den Vorzug gibt. Nicht einmal die sich vertiefende Kluft zwischen arm und reich kann die Harmonie ernsthaft gefährden.

Der geschmacklose Protz der Superreichen ist hier wahrscheinlich noch abstoßender und geschmackloser als in den westlichen Industrienationen. Aber anders als im Westen hat die arrogante Zurschaustellung des Reichtums keine spürbare Wirkung auf die Armen und Unterprivilegierten. Fatalismus, religiöse Vorstellungen von Wiedergeburt, von Verdienst oder Strafe aus einem früheren Leben verhindern, daß Sozialneid ein politisches oder gar revolutionäres Ferment würde. Reichtum taugt nicht einmal zum Imponieren. Kein schmachtender Blick begleitet die Reichen. Sie müssen die Schau für sich selbst inszenieren.

Trotz wachsenden Wohlstands neigen die Menschen Südostasiens zur »Economy-Gesellschaft«, die Sparsamkeit, Bescheidenheit und Augenmaß für das Nützliche und Vernünftige höher

schätzten als Luxus, Prestige und Überfluß. Allen scheint ständig
bewußt zu sein, daß materieller Besitz im Angesicht des Todes
jeden Wert verliert, daß sogar die Errungenschaften des sogenannten Fortschritts, nämlich Stabilität und die Abwesenheit von Not
und Seuchen, jederzeit ein Ende finden und wieder in einen Zusammenbruch münden können, wie ihn die Völker in Kambodscha und in Vietnam erst in jüngster Zeit erlebt haben.

Die aus solcher Lebensweise resultierende innere Stärke, Belastbarkeit und Leidensfähigkeit sind von den Kolonialmächten
nicht und schon gar nicht von den Politikern und Strategen der
Vereinigten Staaten von Amerika erkannt und in ihrer Wirkung
zutreffend kalkuliert worden.

Friedhof der Illusion

Im pazifischen Krieg gegen Japan 1942 bis 1945 haben rassistische Parolen auf beiden Seiten eine erhebliche Rolle gespielt.
Auch das liberale, christliche Amerika hat auf Formulierungen,
die die »Japs« zu Bestien, zu einer blutsaugenden, brutalen
Spezies weit unterhalb der menschlichen Rasse machten, nicht
verzichten mögen.

Über Vietnam hat die amerikanische Öffentlichkeit mit einer
Überheblichkeit debattiert, die des Rassismus verdächtigt werden
muß. »Ein paar tausend primitive Guerillas« vermutete zu Beginn
der Senator Thomas Dodd als Verursacher der Probleme. Konnte
und sollte man zulassen, daß »Primitive« der Supermacht Amerika ihren Willen aufzwangen? Darin vor allem lag ihre »Glaubwürdigkeit«, die sie nicht verlieren wollte, und der Texaner Lyndon B. Johnson schon gar nicht. Dieses »lumpige viertklassige
Ländchen«, höhnte Johnson, wenn ihn die Wut erfüllte über die
Halsstarrigkeit und Kompromißlosigkeit der Führung in Nordvietnam.

»Ich weigere mich zu glauben«, so formulierte einige Jahre
später der Sicherheitsberater der Nixon-Administration, »daß
eine kleine, viertklassige Macht wie Nordvietnam keinen Bruch-

punkt hat.« Diese Feststellung des gelehrten Historikers Henry Kissinger trifft den Kern des folgenschweren Mißverständnisses. Amerika fühlte sich in seiner Macht, die im Zweiten Weltkrieg gerade erfolgreich getestet worden war, herausgefordert. Die Nation der unbegrenzten Möglichkeiten war davon überzeugt, daß sie die Kraft und die materiellen Mittel besaß, um eine als wichtig erkannte politische Aufgabe in Südostasien zu erfüllen, nämlich eine viel kleinere, agrarische asiatische Nation in ihre Schranken zu weisen, notfalls mit Gewalt ihren Willen zu brechen.

In der festen Überzeugung, eine gerechte Sache zu vertreten und die militärischen Mittel zu besitzen, um sie auch durchzusetzen, lag die »Arroganz der Macht«, von der Senator William Fulbright später gesprochen hat. Sie war keine Hybris, keine Überheblichkeit, die nur psychologisch erklärt werden könnte oder müßte. Sie war vielmehr die Folge einer frappierenden Unkenntnis der wirklichen Verhältnisse in Südostasien. Die Administrationen in Washington waren unfähig zu verstehen, daß das Problem des vietnamesischen Nationalismus, den Ho Chi Minh monopolisiert hatte, mit Macht allein nicht zu lösen war. Auch die besten Absichten haben Amerika nicht zum Erfolg gebracht.

Die ganze Hilflosigkeit, Gutherzigkeit und Naivität des sympathischen Amerikaners, der von einer politisch bewußten Vietnamesin abgewiesen und von ihrem Bruder sogar verraten und mißbraucht wird, um den revolutionären Kampf voranzutreiben, personifiziert der amerikanische Film »Good morning, Vietnam«. Adrian Cronauer, der witzige Diskjockey, versteht am Ende die Welt nicht mehr, die ihn in Saigon umgibt. Der sympathische Grundcharakter des Soldaten Cronauer hängt unmittelbar zusammen mit dem Unverständnis und seinem Scheitern. Sogar Tuan, der vietnamesische Freund, der seinen »guten« GI schützt, die übrigen aber mit Bomben bekämpft, wirkt überzeugend und durchaus ehrenwert. So wahrhaftig und zutreffend hat Amerika sich selbst und die schmerzhafte Erinnerung an den Krieg in Vietnam in einem Film noch nicht dargestellt. Adrian Cronauer hat eine fremde Gesellschaft mit Kalauern und Parodien zum Lachen bringen können, verstanden hat er sie nicht.

Als der amerikanische Historiker Bernard Fall, der wie wenige die Wurzeln des tödlichen Mißverständnisses freigelegt hat, 1962 auch in Nordvietnam eingelassen wurde, gab Ho Chi Minh ihm diese Botschaft mit auf den Weg: »Wir haben acht bittere Kriegsjahre benötigt, um die Franzosen in Indochina zu besiegen. Die Amerikaner sind stärker als die Franzosen. Es mag vielleicht zehn Jahre dauern, aber unsere heroischen Mitbürger im Süden werden sie am Ende besiegen. Ich glaube, die Amerikaner unterschätzen ganz erheblich die Entschlossenheit des vietnamesischen Volkes. Das vietnamesische Volk hat schon immer große Entschlossenheit gezeigt, wenn Fremde unser Land besetzten.«

Ein anderer Autor, der australische »Sympathisant« Wilfred Burchett, dem die Türen in Pjöngjang, Peking und Hanoi offenstanden, hat den vietnamesischen Premierminister einmal direkt gefragt: »Was geht in euren Köpfen vor? – What makes you tick?« Pham Van Dong, der Mandarin, hat ihm diese denkwürdige Antwort gegeben: »In unserer Geschichte gibt es nur Kampf, Kampf gegen fremde Invasoren, die immer stärker als wir selbst waren; Kampf gegen die Natur – wir konnten nirgendwo anders hin, wir mußten kämpfen, wo wir waren. Das Ergebnis von solchen schweren zweitausend Jahren ist die Tatsache, daß unser Volk ein sehr stabiles Nervensystem besitzt. Wir kennen keine Panik.« Dreimal wiederholte Pham die Feststellung: »In unserer Geschichte gibt es nur Kampf.«

Die Blutopfer im Krieg gegen Frankreich und Amerika haben die Führer in Hanoi nicht spürbar belastet. 1968, nach der militärisch erfolglosen Tet-Offensive, in der mehrere zehntausend Vietcong-Soldaten abgeschlachtet worden waren, hat der Stratege der Operation, Vo Nguyen Giap, mit schockierender Gleichgültigkeit über die bisherigen Verluste gesprochen: Eine halbe Million könnten es wohl gewesen sein.

Die Mehrzahl der Führer neben Ho Chi Minh hat viele Jahre im Gefängnis verbracht. Ton Duc Tang, der Vizepräsident, hat mit André Marty eine Meuterei in der französischen Flotte angeführt und dafür mit 17 Jahren Haft im Gefängnis gebüßt. Die Opfer, die sie sich selbst zumuteten, mochten sie ohne Skrupel auch für die gesamte Nation verantworten. Die Berufsrevolutionäre aller Welt empfinden offenkundig eine Verachtung für das »kleine Glück«. Das Leben im Untergrund hat sie der Normalität entfremdet. Die Bedürfnisse und Wünsche ganz durchschnittlicher Menschen, die ihre Familie höherstellen als die Ideale der Politik, scheinen ihnen schwer verständlich. Das »kleine Glück«, so darf man vermuten, würde sie am Ende langweilen.

Der Bruchpunkt lag bei Ho Chi Minh und seinen Genossen keineswegs dort, wo Nixon und Kissinger ihn vermutet hatten; und die Bevölkerung Nordvietnams hat mehr Druck, Not, Entbehrung und Blutopfer verkraftet, als die Strategen in Washington kalkuliert hatten. Der »moralische Faktor« hat den Ausschlag gegeben. Die Administrationen in Amerika haben die innere Kraft, die Entschlossenheit und Leidensfähigkeit Vietnams nicht zutreffend beurteilen können, weil sie die Geschichte und die politische Tradition dieser fremden Gesellschaft ignoriert hatten und sich zutrauten, mit unbegrenzten materiellen Ressourcen jeden Gegner in die Knie zu zwingen.

Ein Stück Selbstüberschätzung der weißen Rasse wird dabei sichtbar. Unkenntnis der Region hat auch eine wichtige Rolle gespielt. Und am Ende hat die Illusion dominiert, Vietnam könnte mit westlichen Maßstäben gemessen werden. Die »Vorurteile des herrschsüchtigen Geistes« haben Amerika in die Niederlage geführt, die die Franzosen mit verständlicher Schadenfreude begleitet haben.

Tim O'Brien, der als Soldat in Südvietnam gekämpft hat und dem es gelungen ist, seine Erfahrungen später literarisch zu verarbeiten, hat freimütig bekannt: »Ich wußte damals nichts über die Kultur, nichts über die Religion, nichts über die Dorfgemeinschaft. Ich wußte nichts über die Ziele der vietnamesischen Gesellschaft – ob sie für oder gegen den Krieg war. Und ich wußte nichts über die Taktik, die wir verfolgten.«

Die Unkenntnis über die politischen und gesellschaftlichen Verhältnisse in Vietnam war eine schwere Gefahr für den Weltfrieden. Auch zukünftige Konflikte, in die fremde asiatische Zivilisationen einmal verwickelt sein könnten, werden, so muß man be-

fürchten, mit ähnlich unzulänglichen Erkenntnissen gemanagt
werden. Weit mehr als böser Wille beschwören Arroganz und Unkenntnis Gefahren für den Weltfrieden herauf. Das scheint mir die
wichtigste Lehre des Vietnam-Krieges zu sein. Daß dabei der tief
in der europäischen Staatsphilosophie verwurzelte, gelehrte Professor Dr. Henry Kissinger einige der schrecklichsten und folgen-
reichsten Fehlurteile gefällt hat, macht die Größe des Problems
noch bedrückender.

»In der Regierungskunst«, so faßt die amerikanische Historikerin Barbara Tuchman ihre Analyse zusammen, »bleiben die Leistungen der Menschheit weit hinter dem zurück, was sie auf fast
allen anderen Gebieten vollbracht hat.«

Zeichen in einem fremden Code

Hohe Barrieren müssen überwunden werden, bevor sich der Blick
in die Innenwelt der Zivilisationen Asiens öffnet. Das Wort »geheimnisvoll« drängt sich auf, weil viele Facetten des Lebens mit
Tabus umstellt sind und der westlichen Rationalität widerstehen.
Mythen besitzen hier noch ihre Kraft. Die Menschen fühlen sich
eingebettet in ein Universum, das Himmel und Erde umfaßt,
Natur und Kosmos. Vielfältige Kräfte, Götter und Geister erhalten
oder stören die Harmonie. Friede entsteht durch Einklang mit der
Natur. Dürre, Erdbeben oder Revolutionen manifestieren die Un-
ordnung kosmischer Verhältnisse. Das menschliche Schicksal,
aber auch die Politik sind bedingt und beeinflußt von Wirkungsfaktoren, die mit dem Walten solcher Kräfte zu tun haben. Man
opfert den Geistern, um unheilvolle Einflüsse abzuwehren. Die
Sterne verraten günstige und gefährliche Momente. Für das
fremdartige, schwer verständliche Lebensgefühl und Beziehungsgeflecht asiatischer Kulturen hält die rationale Analyse das ver-
nichtende Wort »Aberglaube« bereit. Ins Positive gewendet,
könnte man freilich auch sagen, daß Geisterkult, Geomantik und
Astrologie hilfreiche Mittel sind, Ordnung im Chaos zu stiften und
die Harmonie zwischen Himmel und Erde zu erhalten.

Die der aufgeklärten Vernunft widersprechenden Wirkungsfaktoren des Alltags und der Politik in Asien werden von vielen Beobachtern aus dem Westen übersehen oder geringgeschätzt. Daß der König von Thailand eine gottähnliche Stellung einnimmt, als Mittler zwischen Himmel und Erde fungiert und allein durch die Riten und Zeremonien, die er ausführt, unmittelbar die Wohlfahrt des Reiches und das Schicksal jedes einzelnen Bürgers beeinflussen soll, übersteigt die Phantasie und die Fassungskraft der Aufklärer aus Europa. Auch in Burma, in Kambodscha und in Java hat die Konzeption des »Gott-Königs« ihre Wirkung gehabt. Ohne die kosmische Dimension sind Geschichte und Politik dieser Länder nicht zu erfassen.

Kambodscha und Thailand sind zwei Nationen, die den kosmisch-mythischen Bezug, der bis tief in die Politik hineinragt, veranschaulichen. Beim Sturz des Prinzen Sihanouk im März 1970 haben, wie darzustellen versucht wurde, Kräfte und Faktoren eine Rolle gespielt, die aus dem Weben höherer Mächte, aus dem Stand der Sterne resultierten. Weil solche Einflüsse dem wissenschaftlichen Geist westlicher Beobachter merkwürdig, womöglich lächerlich erscheinen, werden sie von den Akteuren auf der politischen Bühne verheimlicht, verdrängt und tabuisiert. Die Sorge, nicht ernstgenommen zu werden, auf Unverständnis zu stoßen, dabei das Gesicht zu verlieren, veranlaßt die Menschen Asiens, ihre stark empfundene Abhängigkeit von Geistern und Sternen, von Wahrsagern und spirituellen Führern zu kaschieren.

Politische Analysen, die westlich-normale Verhaltensweisen unterstellen und das kosmische Beziehungsgeflecht als »Aberglaube« mißachten, münden zwangsläufig in die Feststellung, daß zentrale Entscheidungen »unerklärlich« bleiben, weil aus Gründen, die verborgen sind, das Offenkundige, das Naheliegende, das »Vernünftige« nicht getan worden ist. Vielleicht, so hat ein Historiker chinesischer Herkunft, der in Australien lebende Wang Gungwu, geäußert, stellen wir überhaupt die falschen Fragen an die Geschichte Südostasiens. Die Maßstäbe westlicher Historiker sind untauglich in einer Gesellschaft, die sich unwissenschaftlich verhält, die darin aber ihre Originalität und Unverwechselbarkeit sieht. »Solange nur westliche Maßstäbe akzeptabel sind für den zivilisierten wissenschaftlichen Menschen, solange werden die Völker Südostasiens sich weiterhin als Zeichen in einem fremden Code empfinden.«

Thailand ist das andere Beispiel, das die Unzulänglichkeit westlicher Politik-Kriterien veranschaulicht. Als Amerika nach der Niederlage in Saigon 1975 seine Militärmacht in Südostasien erheblich reduzierte, galt das Königreich im Urteil des Westens als der nächste Dominostein, der fallen würde. Thailand hat die kommunistische Herausforderung aus eigener Kraft gemeistert. Es hat die Revolutionäre aus dem Dschungel zurückgeholt und wieder erfolgreich in die Gesellschaft integriert. Es hat seither politische Institutionen entwickelt, die Elemente von westlicher Demokratie enthalten, aber zugleich ganz tief in der eigenen politischen Kultur und Tradition verankert sind. Das Gott-Königtum, das die Nation wie ein Band zusammenhält, hat in diesem Prozeß eine zentrale Rolle gespielt. Ganz ähnlich wie in Japan hat auch in Bangkok der Verzicht auf einen radikalen Wandel, und die damit einhergehende Pflege der Wurzeln, der traditionellen Umgangsformen, die neue Stabilität bewirkt.

»Demokratien« sind Japan und Thailand nur dem Namen nach. Sie haben den Fortschritt gewollt und dabei doch ihre Eigenart und ihre Seele bewahrt. Es mag zu denken geben, daß die beiden stabilsten Länder, die mit sich und ihrer Geschichte im Einklang leben, nie von einer europäischen Macht kolonisiert worden sind.

Durch den wirtschaftlichen Erfolg glauben die Völker Südostasiens (mit Ausnahme der Länder Indochinas, die von unfähigen Ideologen gehindert werden, ihre durchaus vorhandenen ökonomischen Kräfte zu entfalten), der Welt ihre Gleichrangigkeit zu beweisen. Das Wirtschaftswunder der vergangenen zwei Jahrzehnte hat die Wunden aus der Kolonialperiode vernarben lassen. Ein neues Selbstwertgefühl ist entstanden, das auch in der Diskussion um eine bessere Weltwirtschaftsordnung seinen Niederschlag gefunden hat. Im Welthandel, so lautet die Forderung, müssen die Reste der kolonialen Abhängigkeit beseitigt werden. Die Völker des Südens insgesamt und Südostasiens im besonderen verlangen einen angemessenen Anteil am Markt und am Reichtum dieser Erde. Diese unvermeidliche Umschichtung wird erhebliche Konsequenzen haben für die Welt des 21. Jahrhunderts.

Arroganz und Überheblichkeit sind freilich kein Monopol des Westens. Von Japan ausgehend, breitet sich in den wirtschaftlich erfolgreichen Nationen Südostasiens die Zuversicht aus, daß das kommende Jahrhundert den Ländern des Pazifiks gehöre, daß Amerika seinen Zenit überschritten habe und Europa gänzlich in den Windschatten der Weltgeschichte gerate. Als Boutique und Museum werde das alte Europa sich durchschlagen müssen. Die Sonne werde im Osten scheinen, dort, wo drei Milliarden Menschen lebten, deren Talente und Fähigkeiten sich jetzt erst voll entfalteten.

Auch diese Weltsicht enthält Anmaßung und Geringschätzung fremder Zivilisationen. Regierungschefs wie Lee Kuan Yew in Singapur und Dr. Mahathir in Malaysia haben sich hervorgetan mit abschätzigen Formulierungen über die verfallende Moral Europas, über die ethische Krise der Alten Welt, die sich in Drogensucht, Sexualrausch und Arbeitsverweigerung verzehre. Euro-Sklerose und Euro-Pessimismus sind die Schlagwörter, die diese Diagnose bestätigen sollen.

Dabei übersehen die Advokaten einer Abwendung vom Westen und einer »Look East«-Politik, die Japans Erfolg kopieren will, daß die negativen Wortschöpfungen von den Altersgebrechen der westlichen Zivilisation von niemandem anders als von den Europäern selbst stammen. Die Alte Welt philosophiert wieder einmal laut über die eigene Unlust, Unzufriedenheit und Unzulänglichkeit. Sie wendet den kritischen Sinn mit Wollust gegen sich selbst; sie zweifelt an allem und setzt dabei doch schöpferische, konstruktive Kräfte frei, die jene Zukunft meistern, die der Zeitgeist schon verloren gibt. Die Unzufriedenheit war allemal der Antrieb des Fortschritts. Die »Look East«-Politiker, die Europa den Niedergang prophezeien, sind einem Wunschdenken verfallen. Sie möchten ein Kraftfeld eliminieren, von dem unvermindert ideelle Ausstrahlungen ausgehen, die die autokratischen Herrscher Südostasiens als Gefahr empfinden.

Der fruchtbare Austausch zwischen Ost und West setzt die gegenseitige Achtung, die Gewährung von Gleichrangigkeit voraus, die den Europäern so schwerfällt wie den Asiaten. Globale Umweltprobleme werden neue Gemeinsamkeiten schaffen, die solidarisches Handeln aller Völker und Zivilisationen unumgänglich machen. Bescheidenheit wird die wichtigste Tugend des nächsten Jahrhunderts sein. Die Menschen in Asien werden sich leichter mit den neuen Verhältnissen arrangieren als die genußsüchtigen, noch immer verschwenderischen Gesellschaften in Europa und Amerika.

Nachwort

Freunde und Kollegen haben die Jahre in Asien faszinierend, fröhlich und fruchtbar gemacht.

Roger Van Linh, Ung Kim Seng und Nguyen Van Qui haben in Saigon meine ersten Schritte in eine fremde Gesellschaft begleitet und geholfen, den Menschen Vietnams näherzukommen.

Peter Heller, 1967 Sprecher der amerikanischen Botschaft, hat unter den Zumutungen des Amtes so sehr gelitten, daß er später, in vielen Jahren der Freundschaft, nie mehr von den Saigoner Erfahrungen hat reden mögen. Joachim Weste, Militärattaché der deutschen Botschaft, hat mich durch die Tet-Offensive begleitet; er hat mir auch die Grundkenntnisse der Militärorganisation und der Stabsarbeit vermittelt.

Die Botschafter der Bundesrepublik Deutschland in Hanoi, Claus Vollers, Gert-Hinrich Ahrens und Joachim Broudré-Gröger, haben sich für die Interessen der deutschen Presse über die Maßen engagiert. Sie haben zudem eine Gastfreundschaft bewiesen, die den Aufenthalt in Hanoi für viele Besucher verklärt hat.

In Bangkok haben mir Gustav (†) und Thum Dietrich Türen geöffnet, die ohne ihre Vermittlung verschlossen geblieben wären. Harald von Braunmühl und Klaus-Dieter Blome haben den Weg zu den Khmer-Widerstandsgruppen an der thailändisch-kambodschanischen Grenze geebnet. Dr. Upadith Pachariangkul und Dr. Pramote Nakornthab verdanke ich Einsichten in die besonderen Wirkungsgesetze der Thai-Politik, die zu verstehen einem *farang* besonders schwerfällt.

Aufs Ganze gesehen habe ich vom Grundrecht auf Irrtum angemessenen Gebrauch gemacht; weit mehr Fehlurteile wären mir indes unterlaufen, hätten nicht kenntnisreiche und erfahrene Kollegen bereitwillig ihr Wissen mit mir geteilt. Für Anregungen, Kritik und Hilfe habe ich zu danken: Hans Walter Berg, Peter Scholl-Latour, Christian Roll, Ulrich Grudinski, Carl Weiss, Hans Breithaupt, Friedhelm Kemna, Dietrich Mummendey (†), Hilmar

Pabel, Peter Neuhauser (†), Ekkehard Budewig (†), Wilfried von
Stockhausen, Günter Müggenburg, Hans Heine, Carlos Widmann
und Uwe Simon-Netto.

Besondere Erwähnung und Anerkennung verdient die Leistung
der *Far Eastern Economic Review*, der angesehenen, in Hongkong erscheinenden Zeitschrift, die Journalisten, Politikern und
Wirtschaftsführern erst ermöglicht, die ganze Region von Peking
bis Bali und von Samoa bis Kabul zu überblicken. Die Herausge-
ber führen das Blatt Woche für Woche durch ein wahres Minen-
feld, in dem auch kleine Fehler fatale Folgen haben. Derek Davies,
Philipp Bowring und David Bonaviat(†) haben mich auf vielfältige
Weise in ihre Schuld gebracht. Mein Dank gilt der ganzen Redaktion, die im analytischen Journalismus noch immer Maßstäbe
setzt.

Viele Freunde in Hongkong haben dazu beigetragen, daß vom
Leben und Arbeiten im Fernen Osten vor allem die positiven Seiten in Erinnerung geblieben sind. Christa (†) und Brian Tisdall,
Angela und Tiziano Terzani sowie Austin Coates, der Guru unter
den Literaten und Historikern der Kronkolonie, haben wesentlich
dazu beigetragen, daß die Jahre in Hongkong lehrreich und unterhaltsam waren.

Fernsehkorrespondenten arbeiten im Team. Das Produkt hat
viele Väter. In jeden Filmbericht fließen Ideen und Leistungen
eines Mini-Kollektivs ein, das den Zwang zur gemeinsamen
Arbeit, zum gemeinsamen Reisen entweder erleidet oder genießt.
Die Kameramänner und Toningenieure des Norddeutschen Rundfunks – Studio Hongkong (1973–1978) und Studio Singapur
(1981–1987) – haben die vielen Produktionsreisen allemal zu
einem Erlebnis gemacht. Aus Kollegialität ist Freundschaft geworden, die sich in vielen kritischen Situationen bewährt hat. Meinen
Teamgefährten Barbara und Henning Huge, Heiner Franck, Jens
G. Müller, Günter Selbach, Günter Sievers, Manfred Jentsch, Jür-
gen und Uletta Janssen, Suresh Patel und Arun Puranik danke ich
für einen Einsatz, den keine Arbeitszeitordnung behindert hat.

Der Norddeutsche Rundfunk war in all den Jahren ein beispiel-
hafter Arbeitgeber, der für die besonderen Probleme seiner im

Ausland stationierten Mitarbeiter großes Verständnis aufgebracht hat. Klaus Bölling, damals stellvertretender Chefredakteur des Hörfunks und Moderator des »Weltspiegel«, hat mich 1967 nach Vietnam entsandt und meine ersten Auslandsreportagen mit Interesse, Wohlwollen und Ermutigung begleitet. Alle Intendanten haben die Studios in Asien nachdrücklich gefördert und dem norddeutschen Sender einen weltoffenen Blick bewahrt, den keine Existenzkrise und keine Sparmaßnahme haben verengen können. Den Freiraum des öffentlich-rechtlichen Rundfunks habe ich als Privileg empfunden, das nie selbstverständlich war.

Alfred Steger, Gerd Berendonck, Helmut Türk, Walther Baron von Marschall und Claus Soenksen sind mir auf verschiedenen Stationen ihrer diplomatischen Karriere in Asien begegnet. Noch mehr als von ihrer Gastfreundschaft habe ich von ihren Kontakten profitiert, von ihrer Lust am Dialog, von ihrer Bereitschaft, Erfahrung und Wissen mit Journalisten zu teilen, die ihr Vertrauen gewonnen hatten.

Peter Schier vom Hamburger Institut für Asienkunde hat das Kambodscha- und das Laos-Kapitel im Manuskript gelesen und wichtige Anregungen gegeben. Christian Herrendoerfer und Josef Westhof haben redaktionelle Hilfe geleistet, die dem Buch in allen Kapiteln zugute gekommen ist. Renate Schott hat das Sekretariat in Hongkong und Singapur geleitet und die Entstehung des Buches seit Jahren mitverfolgt. Sie hat die Reinschrift des Manuskripts besorgt.

Konzept und Niederschrift des Buches sind ganz wesentlich von meiner Frau Christiane mitbeeinflußt und mitgestaltet worden. Sie hat dafür ihre eigenen photographischen Arbeiten lange, zu lange hintangestellt. Ihr und unseren Kindern Melanie und John ist das Buch in Dankbarkeit gewidmet.

Nachweis der wichtigsten Quellen

Vietnam

S. 25 »Alle verfügbaren quantitativen Daten...« Robert S. McNamara, zitiert in Barbara Tuchman: Die Torheit der Regierenden. Frankfurt 1984, S. 374.

S. 41 »Die flexibelste Bauernschaft...« Stuart Herrington: Silence Was a Weapon. Presidio Press 1982, S. 38.

S. 49 »Militärisch vernünftig und strategisch...« William C. Westmoreland: A Soldier Reports. New York 1976, S. 335.

S. 61 »Ich glaubte damals...« Westmoreland, a.a.O., S. 338.

S. 63 »Khe Sanh war ein Sieg für uns.« Vo Nguyen Giap in Oriana Fallaci: *Washington Post*, 6. April 1969.

S. 68 »Manchmal fühlt man sich wie ein Bastard.« Larry Burrows zitiert in Phillip Knightley: The First Casualty. London 1975, S. 409,

S. 69 »Man sieht nur unscharf...« Philipp Jones Griffith zitiert in Ph. Knightley, a.a.O., S. 406.

S. 71 »Tatsachen-Berichterstatter...« Nikolaus Born: Die Fälschung. Reinbek 1979, S. 302–308.

S. 76 »Gesichter spiegelten Entsetzen...« Westmoreland, a.a.O., S. 324,

S. 79 »Eine noch unbekannte Zahl von Vietcong-Soldaten...« Peter Arnett zitiert in Don Oberdorfer: Tet. New York 1971, S. 27.

S. 80 »Führt sehr starke militärische Angriffe...« Zitiert bei Westmoreland, a.a.O., S. 316.

S. 84 »Ich habe kürzlich herausgefunden...« Eddy Adams: *Newsweek*, 14. April 1985, S. 37.

S. 86 »Es war notwendig, die Stadt zu zerstören...« Peter Arnett zitiert in Don Oberdorfer, a.a.O., S. 184.

S. 87 »Seit zwanzig Jahren leben wir mit einer Illusion.« Robert Kennedy zitiert bei Don Oberdorfer, a.a.O., S. 177.

S. 89 »Graduell und vollständig in Einklang...« Philip Geyelin in: The Vietnam Legacy, herausgegeben von Anthony Blake. 1982, S. 167.

S. 89 »Was fundamental falsch war in der amerikanischen Politik und Strategie.« Harry G. Summers Jr.: On Strategy. Presidio Press 1982, S. 19.

S. 90 »Selten hat sich... moderner Krisenjournalismus...« Peter Braestrup: Big Story. 1977, S. 508,

S. 91 »Vorsicht vor zu vielen Symbolen, sie sind der bequeme Ausweg.«
Knightley, a.a.O., S. 416.

S. 93 »Amerika den Völkermord will...« Peter Weiss: *Spiegel*-Gespräch,
31/1968, S. 73.

S. 101 »Ihr habt uns nie besiegt...« H.G. Summers, a.a.O., S. 1.

S. 102 »Zum erstenmal in der modernen Geschichte...« Robert S. Elegant: *Encounter*, August 1981, S. 73.

S. 103 »Cronkite reflektierte Meinungen...« Stanley Karnow: Vietnam a
History. New York 1983, S. 548.

S. 103 »Viel zu selten, eigentlich nie...« Barry Zorthian in Vietnam Re-
considered, herausgegeben von H.E. Salisbury. New York 1984,
S. 137.

S. 104 »Amerika glaubt an Sachen...« Fred C. Weyand in H.G. Summers,
a.a.O., S. 40.

S. 105 »Wenn es das Fernsehen schon bei der Schlacht von Gettysburg...« George F. Will: *Newsweek*, 7/83, S. 39.

Laos

S. 115 »Laos ist Ihr großes Problem...« D. Eisenhower zitiert in Michael
MacLear: Vietnam The Ten Thousand Day War. London 1981,
S. 58f.

S. 115 »Laos war die Maus, die brüllte...« B. Tuchman, a.a.O., S. 362.

S. 116 »Die ganze Region abschreiben.« John F. Dulles in Tuchman, a.a.O.,
S. 363.

S. 116 »Das Unvermögen der Kennedy-Administration...« W. Rostow:
International Herald Tribune, 11.3.1971.

S. 120 »Einige Amerikaner rauchen Opium...« Zhou Enlai zitiert nach
Far Eastern Economic Review, 11.8.1983, S. 35.

S. 133 »Das war ein guter Flug, Jungs...« Thirty Tons from 30000 Feet,
Time 2.8.1968.

S. 138 »Mit Zweifel konzipiert...« Henry A. Kissinger: Memoiren,
Band 1. München 1979, S. 1061.

S. 143 »Ich kann heute abend berichten...« Nguyen Van Thieu zitiert in
MacLear, a.a.O., S. 300.

S. 143 »Vortrag in Zivil zu wiederholen...« Konrad Adenauer zitiert in
Kissinger, a.a.O., S. 1052.

S. 145 »Das Überleben von Laos hängt von Ihnen ab...« Souvanna
Phouma zitiert in Kissinger: Memoiren, Band 2. München 1982,
S. 29.

S. 146 »Hart bis zum Extrem...« A.J. Dommen: Conflict in Laos. New York 1967, S. 8.

S. 157 »Wir sind doch alle sterblich.« E. Haubold: Wo ist der König von Laos, *Frankfurter Allgemeine Zeitung*, 15. 6. 1988.

Kambodscha

S. 170 »Nur für gelegentliche Besucher lächelnd und freundlich...« M.Vickery in: Peasants and Politics in Kampuchea, herausgegeben von Ben Kiernan und Chanthou Boua. London 1982, S. 106.

S. 177 »Wir dienen unseren Interessen am besten...« Sihanouk zitiert in A. R. Isaacs: Without Honour. Baltimore 1983, S. 194.

S. 179 »Zhou Enlai bat den Prinzen persönlich...« The Chinese Ruler's Crime against Kampuchea, herausgegeben vom Ministry of Foreign Affairs People's Republic of Kampuchea. Phnom Penh 1984, S. 43 und W. Shawcross: Sideshow. New York 1979, S. 64.

S. 179 »Für diesen Preis...« Sihanouk zitiert in Shawcross, a.a.O., S. 64.

S. 181 »Die Hand gegen unser Land...« Prinz Sihanouk: Kambodscha – Chronik des Krieges und der Hoffnung. Berlin 1980, S. 80 (im folgenden zitiert als Chronik).

S. 184 »Ich begriff, wie zerbrechlich Kambodscha...« M. Osborne: Before Kampuchea. London 1979, S. 17.

S. 187 »Nie zum Hampelmann...« Sihanouk: Indochina von Peking aus gesehen. Gespräche mit Jean Lacouture. Stuttgart 1972, S. 94.

S. 189 »Mit einem bestimmten Ziel im Auge lobte Mao...« Zitiert in The Chinese Ruler's Crime, S. 40–42.

S. 192 »Ein Gefühl tiefer Entmutigung...« Sihanouk: Indochina von Peking aus, S. 93.

S. 196 »Prinz, die Situation in Kambodscha ist sehr ernst...« Dialoge und Details des Moskau-Besuches dargestellt von Sihanouk in *Bangkok Post*, 12.9.1985.

S. 202 *Spiegel*-Gespräch mit Sihanouk, 44/1979, S. 171.

S. 205 »Ich bin hin- und hergerissen...« Sihanouk: Indochina von Peking aus, S. 25.

S. 205 »März und April haben dir noch nie Glück gebracht...« Sihanouk in *Bangkok Post*, 3.10.1985.

S. 208 Gespräch Sihanouk – Pham Van Dong, *Bangkok Post*, 12.9.1985.

S. 211 »Je mehr Truppen...« Gespräch Zhou Enlai – Nasser in: The Truth About Vietnam – China Relations over the Last 30 Years, Ministry of Foreign Affairs Socialist Republic of Vietnam. Hanoi 1979, S. 37.

S. 212 »Sihanouk hat keine Soldaten...« in: The Truth about Vietnam – China Relations, S. 52.

S. 215 »Die Roten Khmer erschienen noch nicht wie die Mörder...« Sihanouk in: Peter Schier und Manola Schier-Oum: Prince Sihanouk of Cambodia. Hamburg 1980, S. 13.

S. 220 »Jetzt muß ich Ihnen die Wahrheit sagen...« Gespräch mit Russell Spurr, *Far Eastern Economic Review*, 23. 10. 1986.

S. 227 Ith Sarins Broschüre vgl. E. Becker: When the War Was Over. New York 1986, S. 155 f.

S. 244 »Das Volk der Chinesen ist zuallerest arm...« Mao zitiert in Wolfgang Bauer: China und die Hoffnung auf Glück. München 1971, S. 555 f.

S. 248 »In goldenen Lettern in die Weltgeschichte...« Sihanouk: Chronik, S. 106.

S. 250 »Ihr Genossen habt gerade...« Mao zitiert in: The Chinese Ruler's Crime, S. 75–77.

S. 250 Gespräch Nixon – Mao in Kissinger: Memoiren, Band 1, S. 1125.

S. 253 »Von den Roten Khmer zu lernen...« zitiert bei Nayan Chanda: Brother Enemy. 1986, S. 17.

S. 257 »Angesichts der eigenen Verbrechen in Kambodscha...« M. Vikkery: Cambodia, 1984, S. X.

S. 261 »Ponchauds Buch kann... nur mit Scham gelesen werden...« Jean Lacouture: *The New York Review*, 31. 3. 1977.

S. 265 Das Gespräch Pol Pot – Sihanouk in N. Chanda, a.a.O., S. 302 f.

S. 273 Antwort an Kieu Samphan vom September 1978 abgedruckt in *China aktuell*. Hamburg, Dezember 1979, S. 1311.

S. 276 »Beschluß Nummer drei« in: *Südostasien aktuell*, März 1986, S. 152.

Thailand

S. 291 »Verbrechen gegen König Mongkut«, Kukrit Pramoj: His Wit and Wisdom. Writings, Speeches and Interviews. Bankok 1983, S. 78.

S. 306 Kukrit bei Mao: a.a.O., S. 151 ff. und Interview mit dem Autor, Oktober 1976.

S. 323 Retuschierung der Photos in Puey Ungphakorn: A Siamese for All Seasons. Bangkok 1981, S. 74.

Ende einer Zeit

S. 349 Lebensformen sind »geschichtlich eingeübte soziale Verhaltenswei-
        sen.« Arno Borst: Lebensformen im Mittelalter. Berlin 1973, S. 14.

S. 356 Das höfliche »vous…« wurde… verweigert. Vgl. B. Fall: The Two
        Vietnams. London 1967, S. 87.

S. 361 »Im Sterben sind uns die Asiaten überlegen…« Lily Abegg: Ost-
        asien denkt anders. München 1970, S. 221.

Personenregister

Bildnachweis